RALPH GIORDANO

SIZILIEN, SIZILIEN!

EINE HEIMKEHR

KIEPENHEUER & WITSCH

1. Auflage 2002

© 2002 by Verlag Kiepenheuer & Witsch, Köln
Alle Rechte vorbehalten. Kein Teil des Werkes
darf in irgendeiner Form (durch Fotografie, Mikrofilm
oder ein anderes Verfahren) ohne schriftliche
Genehmigung des Verlages reproduziert oder unter
Verwendung elektronischer Systeme verarbeitet,
vervielfältigt oder verbreitet werden.
Umschlaggestaltung: Rudolf Linn, Köln
Umschlagfoto: © Rudolf Linn, Köln
Gesetzt aus der Garamond Stempel (Berthold)
bei Kalle Giese, Overath
Druck und Bindearbeiten: GGP Media, Pößneck
ISBN 3-462-03140-6

Sizilien ohne Musik ist nicht Sizilien.
Und so muß ich denn seine Musik in
meine Worte fassen.

Inhalt

»ZITSCHILIA, ZITSCHILIA!«

Eine Einleitung

Seit Stunden befinde ich mich am Bug der Fähre Genua–Palermo, um den Augenblick nicht zu verpassen, wenn am südlichen Horizont Land auftaucht.

Ich habe mich spät auf diese Reise gemacht, lange, nachdem ich schon einen großen Teil der Welt gesehen und von dort in Wort und Bild berichtete: aus Hongkong und Santiago de Chile, aus Dublin und Nairobi, Yogyakarta und Peru. Habe viele Länder gesucht und ihre Menschen, zu Wasser, zu Lande und aus der Luft. Hatte den Mount Everest im Visier, den höchsten Punkt der Erde, und verschwitzte an ihrer tiefsten Stelle, dem Toten Meer, die Hälfte meines Flüssigkeitshaushalts.

Doch nirgendwo und nirgendwann habe ich mich einer Küste mit Gefühlen genähert, wie sie nun in mir aufsteigen. Darunter Mythisches, das sich anschleicht, mit alarmierenden Gedanken, gegen die der Realist und Rationalist sich wehrt und doch weiß, daß es vergeblich sein wird: weil er immer in mir war, dieser Mythos, durch den Zufall der Geburt und, wie dieses Buch schildern wird, vertieft über ein langes, langes Leben hin.

Und so befinde ich mich denn seit Stunden am Bug der Fähre Genua–Palermo und warte, ja, fiebere dem Augenblick entgegen, daß sie endlich auftaucht und emporsteigt, die Insel, mit ihrer charakteristischen Topographie, jener Silhouette von Bergen, die sich bis zum Afrikanischen Meer auf der anderen Seite erstreckt, vollgepackt mit Geschichte, grün und ausgedörrt, erdbeben- und vulkanbedroht, heiter und grausam, und mittendrin der Ort einer sehr persönlichen Suche:

Sizilien, Sizilien!

Das hat eine lange, fast lebenslange Vorgeschichte.

Am Anfang war ein Pfiff, ein gellender Pfiff.

Er kam aus dem Mund meines Großvaters väterlicherseits und galt mir, seinem meist schon erregt auf der Straße wartenden Enkel, wenn der schwere Mann, gravitätisch am Spazierstock aus Hamburg-Hoheluft kommend, uns in Hamburg-Barmbek besuchte, die

Familie seines Sohnes Alfons und seiner Schwiegertochter Lilly – Rocco Giordano! Stets achtungsvoll, wenngleich mir damals eher unverständlicherweise mit *il grande maestro* angesprochen, war er für mich einfach der geliebte *Opa Rocco* – und die beherrschende Figur meiner Kindheit.

Die Erinnerungen an sie gehen zurück bis 1926, also in mein viertes Lebensjahr, und haben sich unverbraucht und ohne Trübung bis heute erhalten.

Dazu gehört die Aura einer gewissen Exotik, deren Ursprung die nie besprochene, geheime Herkunft des zwar höchst altmodisch gekleideten, jedoch stets wie aus dem Ei gepellten Großvaters war. Ein Eindruck, der sich für das kindliche Gemüt noch dadurch vertiefte, daß *Opa Rocco* des Deutschen nie mächtig wurde, sondern in einer seltsamen Mischsprache radebrechte, die mit vokalreichen Fremdlauten durchsetzt war und gerade in ihrer nur teilweisen Verständlichkeit einen großen Reiz auf den schon immer wortneugierigen Enkel ausübte.

Der schmolz nur so dahin, wie die bunten kalten Bälle, die der Großvater ihm in der Eisdiele nebenan zu spendieren pflegte, geriet aber in noch seligere Stimmung, wenn er das Wochenende in der Wohnung von *Opa Rocco* und *Oma Emma*, der Großmutter, zubringen durfte – ein unerhörtes Erlebnis.

Gewählt wurde dahin allerdings nicht die kurze Hochbahnstrecke Barmbeker Bahnhof-Hoheluftbrücke, sondern die längere Route – die am Hafen vorbei. Den wollte ich zwischen den Stationen Baumwall und Landungsbrücken einatmen, riechen, sehen. Die qualmenden bulligen Schlepper auf der Norderelbe; die grün-weißen Fährschiffe über dem Elbtunnel nach Steinwerder und Finkenwerder; die flinken Barkassen mit der Gischt vorm Bug; die gewaltigen Leiber der Passagierdampfer an der Überseebrücke oder in den Docks; die Front der Hellingen und Werften, der Kräne, Kais und Stapelhallen hin zur Süderelbe – das ganze Universum des Welthafens! Wobei ich mir die Nase platt drückte an der Scheibe des Zuges, während meine zitternden Hände in den beruhigenden des Großvaters lagen.

Dann die Ankunft in der Roonstraße, der unverwechselbare Geruch einer mir damals noch völlig unbewußten *italianità* aus der Zweieinhalbzimmerwohnung, hinten heraus im dritten Stock. Drinnen die Grünpflanzen auf den hölzernen Gestellen vor den Fenstern; der Zigarrenabschneider aus Messing; das total verstimmte, nie mehr benutzte Pianoforte und darüber das stark vergrößerte Kindheitsfoto meines Vaters. Dann der »kleine Raum«, das »halbe Zimmer«, mit dem winzigen, wie im Freien schwebenden Balkon und dem Blick tief hinab in den Innenhof des mächtigen Häuserblocks.

Schließlich der Gang in die Rumpelkammer, wo ich jedesmal wieder neugierig und unersättlich dieselben Gegenstände betastete: eine buntbestickte, mit Kordeln und Tressen besetzte Uniform, eine hohe Schirmmütze, dazu Jackett und Hose aus festem Stoff, alles in der gleichen stumpfbraunen Farbe und von mir vage in Zusammenhang gebracht mit dem Titel *il grande maestro*. Wie auch der schwere, nur zur Hälfte in der Scheide steckende Säbel; der gebogene Stab aus Eisenholz, der, soviel hatte ich aufgeschnappt, irgendwie mit dem Herrscher aller Russen zu tun gehabt haben sollte. Endlich, vorsichtig betastet, eine gedrungene patronenlose Pistole und, Glanzstück dieser aufregenden Asservatenkammer, *die Trompete*!

Schimmernd, offenbar regelmäßig poliert, mit einem übergroßen Mundstück versehen, von Klappen und Ventilen strotzend und einsam an der Wand hängend, war sie das Objekt fast heiliger Verehrung. Jedenfalls wurde über *die Trompete* nie direkt geredet, sondern, wenn überhaupt, nur geraunt.

Eine Folge der Tabuisierung war jenes gelinde Grausen, das mich bei der Vorstellung packte, das Instrument könnte sich selbständig machen und aus seinem Trichter würden plötzlich höllische Töne in den engen Raum hineingellen. Eine ganz sinnlich empfundene Erwartung, die mich mehr als einmal veranlaßte, die Rumpelkammer rasch zu verlassen, wenngleich immer sehr darauf bedacht, niemandem den Grund der Flucht mitzuteilen. Ihre Schauder machten mir den Aufenthalt dort nur um so kostbarer.

Dieses Domizil, wo alles und jedes mit *Opa Rocco* verwebt war, die Möbel, Geräusche und Gerüche, die Luft und das Licht – für mich war es der Hort der Geborgenheit, das Nest meiner Kindheit.

Absoluter Höhepunkt des Familienlebens aber war das Spaghettiessen, das uns alle, quasi rituell, bei jedem Wind und Wetter allmonatlich einmal hier zusammenbrachte, ein Ereignis von speichelfördernder Vorfreude und hektischer Aufregung.

Schon bei Betreten des Hauses in der Roonstraße, lange bevor die dritte Etage erklommen war, wehte es von oben herab, ein Duftgemisch aus gekochten Nudeln, erhitzten Tomaten, strengem Parmesan und – Spezialität dieser *Spaghettata siciliana* – gekochtem Ochsenfleisch.

Gleichzeitig dröhnten uns in der fürchterlichen Mischsprache des Hausherrn jene heftigen Anweisungen zur Zubereitung des Festschmauses in den Ohren, von denen Oma Emma mir gegenüber später behauptete, sie seien von ihr, so strikt wie glücklicherweise unbemerkt, nie befolgt worden.

Was nur die durchaus verständliche Rache gewesen wäre angesichts eines Ereignisses, das nun mit unerbittlicher Regelmäßigkeit eintrat.

Denn sobald mein Großvater seine auf den unter der Käsemasse fast erkalteten Spaghetti liegende Ochsenfleischscheibe verschlungen hatte, beförderte er mit nie fehlendem Gabelstoß das wohlweislich unangetastete Fleisch seiner Frau von ihrem Teller auf den seinen – und das ohne den Kopf auch nur um einen Millimeter in ihre Richtung bewegt zu haben. Ein Meisterstück von martialischer Originalität, dessen böses Zeugnis für die Herrschaftsverhältnisse in der großelterlichen Ehe ich damals natürlich noch nicht erkennen konnte.

Tragik also für Komik nehmend, blieb mir dennoch nicht verborgen, daß hier Trauer herrschte, tiefe Trauer sogar, ohne daß sich mir auch schon ihr Hintergrund erschloß.

Was sich mir aber im Lauf der Zeit als Synonym für die Bedrükkung einprägte, war ein Name, der sich mit dem Ort verband, wo *Opa Rocco* geboren sein mußte, ohne daß ich ihn damals schon hätte lokalisieren können – *Riesi*. Bei seiner Erwähnung veränderte sich Großvater Roccos Stimme deutlich, wurde brüchiger, manchmal fast noch unverständlicher als ohnehin schon, sorgte aber trotzdem für zwei bildhafte Vorstellungen, die sich mir unauslöschlich einstanzten: daß die Kirche in *Riesi* innen in einem unvergleichlich schönen Weiß und Blau getönt gewesen sei, und daß die Kirchturmuhr vor jedem Viertelstundenschlag die volle Zahl der gerade vergangenen Stunde gehämmert habe.

Obwohl das eigentlich Mitteilungen waren, die keinen Grund zu Melancholie boten, waren auch sie ihrem Tenor nach verschattet.

Das traf jedoch noch weit stärker zu auf ein anderes, ebenfalls stets wiederkehrendes Erlebnis aus den Jahren meiner frühen Erinnerungen an den Großvater.

Nachdem er seinen berühmten Pfiff ausgestoßen hatte, ich ihm entgegengelaufen und in die Arme gestürzt war, setzte er mich oben in unserem Wohnzimmer auf seinen Schoß und begann, meine Ohrläppchen zärtlich zwischen Daumen und Zeigefinger zu zwirbeln. Und während ich dabei schnurrte wie ein geliebkostes Kätzchen, geschah bald jedesmal das gleiche. Opa Rocco wiegte seinen Oberkörper rhythmisch hin und her, ehe er plötzlich in kurzen Abständen, wie unter Krämpfen flehend, zweimal einen Namen hervorstieß, wie ein Doppelwort, das ich damals nicht begriff, wohl aber phonetisch im Ohr behielt, und dies, vielleicht der inbrünstigen Wiederholung wegen, bis heute:

»Zitschilia, Zitschilia!« Und noch einmal: »Zitschilia, Zitschilia!« Und immer wieder: »Zitschilia, Zitschilia!«

So will mein kindliches Ohr es damals gehört haben, mir lange unverständlich durch das scharfe S des italienischen Originals – *Sicilia* – und das wie ein deutsches *tsch* ausgesprochene C. Bis ich, 1929 in die Schule gekommen und geographisch bald besser bewandert, die wimmernd hervorgestoßene Klage endlich identifizieren konnte mit dem Namen einer Insel im Mittelmeer.

Ein Jahr später, im Frühling 1930, ich war gerade sieben geworden, starb mein Großvater mit 65 Jahren an Herzschlag – übrigens zwischen den Hochbahnstationen Baumwall und Landungsbrücken, dort, wo ich mir unter seiner Obhut beim Anblick des Hamburger Hafens sooft die Nase an der Zugscheibe platt gedrückt hatte.

Damals, im zweiten Schuljahr, hatte ich natürlich keine Vorstellung vom Tod. Außer, daß da ein großes Loch in mir war, weil Opa Rocco unbegreiflicherweise verschwunden blieb, eine Lücke, die nicht mehr aufgefüllt werden konnte. Nur langsam begriff ich, daß es keinen Pfiff mehr gab bei der Ankunft, kein Spaghettiessen, kein zärtliches Zwirbeln meiner Ohrläppchen zwischen Daumen und Zeigefinger des Großvaters und auch kein »Zitschilia, Zitschilia!«.

Aber wie konnte ich wissen, daß dahinter Glanz und Elend eines gescheiterten Lebens standen, der Ruf nach dem Ursprung, die Sehnsucht nach Heimat und Jugend?

Es dauerte seine Zeit, bis der kindliche Bewußtseinsstand gesprengt und der Blick mit den Jahren frei wurde für die ganze Geschichte. Die wird am rechten Platz und zur richtigen Zeit erzählt. Denn es gäbe kein Verständnis für das Buch ohne die Kenntnis der großväterlichen Biographie, ihrer Folgen und eines späten Höhepunkts, der auch zur Stunde dieser Niederschrift für den Enkel nichts von der Unglaublichkeit eines Mirakels eingebüßt hat.

Aber wenn auch die Wurzeln des Werks in dieser Bindung liegen – seine Planung, seine lange Aufbereitung wie seine strapaziöse Realisierung, sie waren nie allein auf das Familiäre beschränkt –, das Thema und sein Facettenreichtum waren immer im Visier eines Autors, der gar nicht erst versuchen wird, seine kreatürliche Verlorenheit an Sizilien und seinen Mythos zu leugnen.

Doch von alldem am rechten Platz und in der Chronologie des Geschehens.

An dieser Stelle habe ich den in Köln lebenden italienischen Staatsbürger, Migrationsexperten, Sachbuchautor und Übersetzer Antonio Morten zu nennen, der mich von der ersten bis zur letzten Stunde, vom ersten bis zum letzten Meter auf der langen und beschwerlichen Reise begleitet hat und dafür seinen wackeren Renault Nevada zur Verfügung stellte. Das war nötig geworden, weil meine italienischen Sprachkenntnisse zwar für den täglichen Umgang ausreichen, nicht aber für ein Buch, das versuchen muß, in die letzten Kapillaren der menschlichen Seele zu dringen. Diese schwierige Aufgabe hatte Antonio Morten als glänzender Dolmetscher übernommen, aber darüber hinaus auch noch so manche andere als Organisator und Informationsmittler, und das auf einer Ochsentour, bei der wir auf der angeblich kleinen Insel an die 15 000 Kilometer zurückgelegt haben.

Daß er in der Kalsa Palermos überfallen und beraubt worden ist und erhebliche Schrammen davontrug, sei nicht verschwiegen. Ebensowenig, daß er mir, dem Urheber der Reise, danach kein schlechtes Gewissen suggerierte.

Für all das also gleich hier vorn meinen Dank an Antonio Morten.

ÄTNA

»Nur wer weiß, sieht ...«

Die Piazza Marconi, Zentrum von Trecastagni, liegt gleißend unter einer Märzsonne, die schon so heiß brennt wie an den Hundstagen des Hochsommers nördlich der Alpen.

Palmen mit einem dicken Pfropfen oben, eine Art Spitzenknolle, aus der sanft wedelnd die breitfächrige Krone herauswächst.

In der Mitte des Platzes ein wassergefülltes Rondell, darin drei ungleich große Kugeln, gewaltige Rundungen, die fortwährend benetzt werden. Davor zwei junge Männer, wortreich gestikulierend, während ein Mädchen an einen Brunnen radelt, sich die Sonnenbrille abnimmt, die dunklen Haare im Nacken bündelt und hingebungsvoll trinkt.

Die Läden um die Piazza haben ihre Rollos gelüftet, und die Bar Garden, von dem Platz durch eine schmale Straße getrennt, ist schon bevölkert – *tè limone, espresso*, farbenprächtig verpackte *dolci*, hinter Glas zuckersüße Kuchen, daneben in Folie abgepackte Makkaroni und der Raum ununterbrochen musikberieselt. Vor Kauf oder Verzehr muß der Obolus an den Kassierer entrichtet werden, einen Mann mit traurigem Gesicht, das offenbar nicht lächeln kann. In der Ecke sitzt ein anderer Herr, an die fünfzig, helle Hose, braune Schuhe, offenes Hemd, Brille, und schaut in die Runde, stumm. Er sitzt immer da, ohne etwas zu bestellen, jeden Tag. Niemand sagt etwas zu ihm, niemand fragt etwas, sowenig wie er.

Mir gegenüber ein Vater mit seiner Tochter, schwarzhaarig, neun, zehn Jahre. Sie lacht, ist ständig in Bewegung und hat gerade einen Teller mit *biscotti*, Plätzchen, leergeräumt. Das letzte steckt sie ihm in den Mund, aus dem er vorher die Zigarette nimmt. Dann legt sie ihre rechte Hand in seine linke, und so wiegen sie einander summend hin und her.

Draußen, an der Front der Bar, werden in Leuchtschrift die Zeit – drei Uhr fünfzehn nachmittags – und die Temperatur – 26 Grad – angezeigt. Die Temperatur mag stimmen, aber die Zeitangabe, es ist jetzt Vormittag, die stimmt nicht. Was keinen stört.

Ich gehe durch die Straßen von Trecastagni.

Schmiedeeiserne Tore und Gitter, Palmen, so umgrünt, daß die Stämme dahinter verborgen bleiben. Schattige Wandelgänge, von irgendwoher Musik. Ein Zitronenbaum drückt gegen eine schiefe Mauer. Hunde hinter Gittern, abgerichtet, argwöhnische Wächter. Gepflegtes neben Verrottetem. Zwischen zwei bewohnten Häusern eine Ruine, ausgehöhlt, in den Fassaden riesige Löcher, die Einblick erlauben in den Verfallsprozeß – längst hat die Vegetation das Innere erobert. Ein Kind ruft gellend nach seiner Mutter, will damit gar nicht aufhören, immer wieder – wo ist die *mamma*?

Ich lese auf einem Straßenschild *Via Fratelli Kennedy*.

Eine Marienkapelle, darunter ein Graffito: »Solo Jesu salva!« (Nur Jesus kann retten!). Eine winzige blaue Glühbirne beleuchtet sie Tag und Nacht. Etwas weiter Blumen vor einer Jesusstatue, das Kreuz ebenfalls ständig erhellt und daran geheftet ein handgeschriebener Text, fast vergilbt, aber noch lesbar: »Du schenktest mir, Herr, ein neues Herz« – »Per fede di Salvatore Romeo, 12. giugno 1996.« In Treue …

Dann auf Trecastagnis windumwehter Empore, dem *Belvedere* – hinter mir die Chiesa Madre, die Hauptkirche, wie ein steinerner Dorn aus dem Ort ragend, eine Silhouette in den Himmel hinan, von der nahen See her erkennbar wie ein Leuchtturm – und vor mir eine Weitsicht, die erschüttert.

Nach Norden wird der Blick frei bis Taormina und dem noch höher gelegenen Castelmola; nach Osten mächtige, begrünte, bis in die Ebene verstreute Aufwürfe, gigantischen Maulwurfshügeln gleich, und tief unter mir ein von unzähligen roten Dächern durchsetztes Grün bis hin zu Catanias hingebreitetem Stadtleib. Dann, weiter südlich, in der klaren Luft vom unglaublichen Blau des Ionischen Meeres reflektiert – Capo Campolato vor Augusta. Siracusa dahinter wie die Ahnung einer Tuschezeichnung.

Plötzlich, laut und nahe, schlägt die Uhr der Chiesa Madre zwölf. Ich drehe mich um, den Rücken der Küste zugewandt, und sehe: Sie ist schwarz, diese Kirche, schwarz wie so viele, wie fast alle Bauten hier, schwarz wie – *Lava*.

Und dann erblicke ich ihn, den Schöpfer der erstarrten und behauenen Glutschmelze, zu dieser Jahreszeit noch schneebedeckt, mit einem warnenden Rauchkringel obendrauf, ein schlafender, verhalten schnarchender Zyklop, eine *schreckliche Schöne*, Siziliens Urmythos – den Ätna!

Trecastagni liegt an seinen südöstlichen Ausläufern.

Von der Via Toselli eingebogen in den Vicolo Billotta, einen schmalen Gang, und durch ein ebenso schmales Tor, öffnet sich das Anwesen der Giuffridas, Marisa und Andrea – sie bis vor kurzem Lehrerin, er *avvocato*, Rechtsanwalt, beide nun im Ruhestand –, unsere Gastgeber.

Das erste, was ich sehe, ist eine Palme im Garten des Hauses – wohl an die 25 Meter hoch, ragt sie wie ein Monument in den Himmel. An dem mächtigen Stamm hängt das abgestorbene Blattwerk der Jahrzehnte, während oben aus dem Schopf, der Endknospe, gewaltige Wedel wachsen und sich federnd im Wind wiegen.

Ein Hof mit großen Quadern, blau, wilde Feigen, uralte Steinvasen; links, zweistöckig, der Gebäudeteil, in dem einst wohl das Gesinde untergebracht war, heute aber nur noch symbolisch durch ein kleines, efeuumranktes Tor getrennt ist vom einstöckigen Herrenhaus. Dort leben Marisa und Andrea Giuffrida, während wir in dafür hergerichteten Zimmern auf der Hofseite einquartiert werden.

Wir sind hier die ersten Gäste der Giuffridas überhaupt, so daß sich manche Improvisation ergibt, ohne daß dieser Umstand je Bedeutung bekommen wird angesichts der Noblesse von Wirtsleuten wie diesen.

Marisa ist eine stattliche Frau, mit schwarzem Haarschopf, wachem Blick, so zupackend wie zurückhaltend, Andrea von feiner Physiognomie und exzellenter Sprache, beide auf eine rurale Weise leger in der Kleidung und irgendwie unaufdringlich aristokratisch.

Der ländliche Ursprung des Anwesens ist unverkennbar, trotz der parkenden Wagen auf dem Hof. Über allem aber liegt die Patina eines generationenlangen Lebensstils, dem die wechselnden Gezeiten der Geschichte nichts antun konnten.

Aus Lavakrügen blüht es üppig heraus, ein Mandelbaum in voller Pracht, Schmetterlinge über gelben Blüten. Im Garten, eher ein Park, den ich erforschen muß, erspähe ich Eidechsen und eine Schildkröte; aus der *Washingtonia* (so heißt die Palme) türmt sich, schwertähnlich, der riesige Blattschopf, und über allem, fächelnd wie ein feiner Hauch, die Atmosphäre des südlichen Siziliens.

Trescastagni – das ist, schon so früh erkennbar, der richtige Ausgangs- und Einkehrort für die erste Etappe der großen Reise in alle vier Himmelsrichtungen der Insel.

Ätna – vorsichtige Annäherung an einen Riesen.

Transportmittel ist der alte Renault Nevada. Das ist ein tapferer PS-Kämpe mit wohl einer Viertelmillion Kilometer hinter sich, seine nicht mehr jungen Innereien, zählebig, scharf geprüft, doch verständlicherweise mit Aufmerksamkeit behorcht auf Zwischentöne und von seinem Besitzer kühn, aber exzellent gesteuert.

Von Trecastagni nach Nicolosi und über Pedara weiter in Richtung Zafferana. Links immer der gigantische Buckel, aus dessen Kessel zwischen weißen Schneestreifen schwarzer Qualm aufsteigt.

Allmählich beginnt der Berg von Osten her in seiner ungeheuren Ausdehnung sichtbar zu werden. Wohin man auch schaut, aus welcher Richtung man kommt – der Ätna ist überall. Die beschneite Hochregion ist noch fern, sehr fern, doch seine schwarze Galle hat er bis an die Straße ausgespuckt.

Lava überall. Auch die Befestigung der Fahrbahn ist aus Lava, und die dunklen Brocken dahinter werden immer monströser.

Auf Serpentinen mit Haarnadelkurven – *tornanti* – höher und höher. Verkrüppelte Bäume, kahl wie Skelette. Immer noch an der Peripherie des Massivs, tauchen jetzt Meßstäbe für die Schneehöhe auf, weiß, rot und schwarz markiert, eingerammt in die Mauern aus Lava links und rechts der Straße und derzeit funktionslos. Die Märzsonne hat in diesem Jahr den Schnee bis weit hinauf geschmolzen.

Zwischen Zafferana und Milo ein Anblick, bei dem einem der Atem stockt: wenige Meter vor einem Haus die Lavafront eines Ausbruchs von 1991/92, wie die Wasserwand eines plötzlich erstarrten Tsunami, gerade als hätte einer »Bis hierher und nicht weiter!« gebrüllt.

Natürlich sollen auch an diesem Platz, wie so oft schon am Ätna, höhere Mächte im Spiel gewesen sein, hat sie auch hier, bei Piano dell' Acqua, gewaltet, die *Santa Maria della divina provvidenza* (Mutter der Heiligen Vorsehung), wie einer Schrift unter jenem Mal aus Lava zu entnehmen ist, das am 13. November 1994 in Gestalt der Madonna mit dem Jesuskind errichtet wurde.

Frische Blumen davor, eine Farbsinfonie aus Blau, Rot und Gelb, zeugen von der Bereitschaft, an jenes Wunder zu glauben, »das uns und unsere Stadt gerettet hat vor dem drohenden Feuer«.

Davon ist auch Alesia überzeugt, eine junge Frau, die auf einem Tisch neben ihrem Auto verschiedene Sorten *miele* (Honig) anbietet, während sie ihr Kind, einen Säugling, mit einem Tuch vor der Sonne schützt.

Es soll, sagt sie und weist auf das Haus hinter sich, ein Lavaausbruch aus der Montagnola gewesen sein.

Im Sommer 1763 durch einen Lavaausbruch in 2500 Metern Höhe gebildet, so hatte ich gelesen, sei die Montagnola von allen Nebenkratern des Ätna der eindrucksvollste.

Ich kaufe Alesia ein Glas Kastanienhonig ab, gehe ein wenig an die Seite, setze mich in ein Feld von riesigen Lavabrocken und rekapituliere erworbene Vorkenntnisse.

Denn »nur wer weiß, sieht« – Johann Wolfgang von Goethe.

Die Sizilianer haben dem Ätna einen Namen gegeben, der sich zusammensetzt aus dem italienischen und dem arabischen Wort für »Berg«: also »Monte« und »Djebel« – daraus ist *Mongibello* geworden.

Mit einem Umkreis von 250 Kilometern und einer Fläche von 1260 Quadratkilometern ist er Europas größter und mit über 3300 Metern auch höchster Vulkan. Und ein topographisches und geographisches Wunder dazu. Denn wer die Strecke von der Metropole Catania bis hinauf zum Gipfel durchquert, erlebt auf nur 26 Kilometern Luftlinie die klimatischen Bedingungen von 48 Breitengraden, was einer imaginären Fahrt von 5300 Kilometern auf der nördlichen Halbkugel entspricht.

Diese Singularität steht seit März 1987 auf einer Fläche von 59 000 Hektar als erster der sizilianischen Naturparks unter dem Schutz des Gesetzes.

Die Vegetation ist betörend reichhaltig – Steineichenwaldungen, Pinien mit Panzerföhren, Kastanienhaine, Zitterpappeln und Buchen. Es gibt die Ätnabirke und den Ätnaginster (der mit seinem starken Wurzelwerk die Lava langsam, aber sicher zersetzt und so, ein optimaler Urbarmacher, das Terrain für die Bepflanzung vorbereitet). Erst mit dem Hochgebirgsklima ab 2500 Meter sind den Pflanzen Wachstumsgrenzen gesetzt.

Hier gedeiht jegliche Obst- und Früchteart, erlesene Landprodukte im Überfluß, wie Weinreben, Pistazien, Orangen, Limonen, Pfirsiche, Mandeln, Äpfel und Birnen.

In der Fauna sind zwar Wölfe, Wildschweine, Hirsche, Rehe, Otter und Marder verschwunden, aber Smaragdeidechsen, Bachnattern, Schildkröten, Füchse, Schleiereulen und Wildkatzen in großer Zahl vorhanden, sie alle unter strengstem Jagdverbot. Und in der Höhe, inzwischen wieder das Reich von Stein- und Königsadlern, gibt es in einer Zone, die keinerlei menschliche Ansiedlung duldet, große Gebiete unberührter Natur.

Ätna ...

Von alters her haben sie ihn gefürchtet und ihm gehuldigt, dem Feuerspeier und Fruchtbringer: Vergil, der große römische Dichter der »Aeneis«; Pindar, der griechische Lyriker und Dichter der Siegesgesänge antiker Olympiaden; der Tragödienschreiber Aischylos, Schöpfer der Tetralogie »Die Perser«, der auf Sizilen lebte; oder Hesiod, der in die griechische Götterwelt poetisch »Ordnung« bringen wollte.

Wie ihre bedeutenden und weniger bedeutenden Nachfolger der schreibenden Zunft bis in die Gegenwart, haben sie den Berg gepriesen, beschworen, angebetet und – verflucht.

Durchschnittlich bricht der Ätna alle fünfeinhalb Jahre aus, gehört aber trotz seines Rufes nicht zu den bedrohlichsten Vulkanen der Erde. Ist seine Lava doch so dünnflüssig, daß die Gase leichter entweichen können und die explosive Energie erheblich reduziert wird. Dennoch kann der Berg, wie gerade wieder durch den gewaltigen Ausbruch im Sommer 2001 bestätigt, die ganze Region erschrecken.

Damals hatte sich in 2100 Meter Höhe und mit einem Getöse, das noch in Catania zu hören war, neben der Bergstation Rifugio Sapienza die Bocca Duemillecento aufgetan. Mit vierzig Kubikmetern pro Sekunde wälzte sich ein tausend Grad heißer Lavastrom über die wichtigste Bergstraße des Ätna in Richtung Nicolosi, um erst unmittelbar vor der Stadtgrenze zu stoppen. Kurz nach dem ersten Ausbruch trat auf der südlichen Bergflanke in einer Höhe von 2600 Metern glühende Gesteinsschmelze aus, die die Parkplätze der *Sapienza* überflutete, die Kabinenseilbahn zerstörte und die planierten Hänge des Skigebiets in eine Mondlandschaft verwandelte.

Nachts bot der Ätna das schaurig-schöne Bild eines Bergs in Flammen – von der ganzen Welt via Bildschirm mit grausiger Faszination beobachtet. Wie die riesige Wolke, die noch lange über dem Gipfel stand und ihre Asche in drei bis fünf Kilometer Höhe bis weit ins östliche Mittelmeer trug.

Wissenschaftler hatten vor und während der Ausbrüche Tausende von Erdstößen registriert und zu ihrer Verwunderung festgestellt, daß die Magmamassen diesmal nicht wie gewöhnlich aus einer Tiefe von zwei- bis dreitausend Metern kamen, sondern aus zwanzig Kilometern hochgestiegen waren.

Mit Ausnahme eines Touristen, der sich zu nahe an eine Ausbruchstelle gewagt hatte und dabei von einem glühenden Lavablock tödlich getroffen wurde, kamen Menschen nicht zu Schaden.

Und so sind denn auch Ausbrüche wie dieser in beträchtlicher Höhe oder gar aus den Hauptkratern für Leben, Hab und Gut weit weniger gefährlich als Eruptionen aus den Lateral-, den Nebenkratern. Wie von der Plattform des *Belvedere* in Trecastagni aus von mir beobachtet, sind sie in großer Zahl rund um das Ätna-Massiv verteilt und damit den menschlichen Siedlungen viel näher. Mächtige Wölbungen über dem Boden, begrünt und schön anzusehen, sind die meisten von ihnen, wie es heißt, seit langem erloschen. Tatsächlich geben sie Zeugnis von einem unheimlichen geologischen und tektonischen Vorgang, der die oft schon über Jahrhunderte oder gar Jahrtausende hin währende Ruhe und Erkaltung in trügerischem Licht erscheinen läßt.

Denn ist der Lavastand in der Magmakammer unter dem Ätna normal, wird der Innendruck durch anhaltende Rauchentwicklung und ihre ungehemmte Verpuffung konstant gehalten. Drängen aber große Mengen an Magma aus der Staukammer nach und reichen die drei Hauptkrater nicht aus, um sie zu fördern, bahnt sich die Glutschmelze unter dem Bergmassiv ihren Weg, um dann irgendwo oben auszutreten.

Andrea Giuffrida hat versprochen, uns bald das Phänomen aus der Nähe zu zeigen

Denn »nur wer weiß, sieht«.

Das Glas mit dem Kastanienhonig in der Hand, sitze ich hier in dem Lavafeld, während Alesia auf weitere Käufer wartet. Vergebens, die Touristensaison hat noch nicht begonnen. Das in ein Tuch eingewickelte Kind auf dem Arm, steht sie vor dem Haus, das der Lavastrom aus der *Montagnola* unberührt gelassen hat – im letzten Moment, sagt sie, und weist mit der freien Hand gläubig auf die Madonna.

Ich sehe kleine und größere Brocken in dem schmalen Raum zwischen Wand und Haus, wie wütend ausgespiene Zähne, weil dieses Opfer nicht auch noch verschlungen werden konnte.

Aus Lava wachsen über Jahrzehnte hin kein Halm und Strauch. Aber wenn die Verwitterung ihr Werk getan hat, bricht die lange zurückgedrängte Vegetation, vom Mineralreichtum der erkalteten Schmelze genährt, mit doppelter und dreifacher Kraft hervor. Wie um dies zu demonstrieren, stellen hier hohe Forsythiensträucher ihre gelbe Pracht herausfordernd zur Schau.

Dann Abschied von Alesia, der Mutter mit Kind vor der Madonna mit dem Jesulein und der Lavafront.

»Er ist ein Mythos«

Hinter Milo, bei Formazzo, links eingebogen gegen den Berg und auf die Straße zum Rifugio Citelli. Und weiter, auf dem Weg nach Linguaglossa, Lava, nichts als Lava. Ein Haus, von dem nur die Frontseite aus der schwarzen Masse ragt. Wieder die Schneestäbe, hier gelb und schwarz. Ein verbeultes Schild *Attenzione – vacca* (möchte wissen, wann hier zuletzt Kühe gegrast haben). Birken und Kiefern, kahl. Jetzt im Blick der Monte Simone, 2086 Meter, und ihm auf die massige Pelle gerückt. Helle Schneefelder, ausgedehnter als an der südlichen Flanke, auf die die Sonne länger scheint.

Unterwegs Pausen eingelegt, Leute gefragt und ausgestiegen.

Da hat einen die ganze Zeit etwas begleitet, wie ein lauerndes Tier, das seine Tatzen von hoch oben her stumm weit nach unten streckt.

Vor Linguaglossa dann entfaltet sich, noch einmal dreizehnhundert Meter höher als der Monte Simone, das Panorama des östlichen Ätna bis zum Gipfel.

Der bleibt heute, auf dieser ersten, tastenden Tour, unbeklettert.

Wie Goethe es gemacht hat, als er hier war am 5. Mai 1787:

»Der Sturm kam gerade von Osten her über das herrliche Land, das nah und fern bis ans Meer unter mir lag. Den ausgedehnten Strand von Messina bis Syrakus, mit seinen Krümmungen und Buchten, sah ich vor Augen, entweder ganz frei oder durch Felsen des Ufers nur wenig bedeckt.«

So der Bergsteiger aus Weimar, von Catania aufgebrochen, in »Italienische Reise«. Das klingt wie »von ganz oben« gesehen, was jedoch nicht stimmt. Die Sicht war eben gut an jenem Frühlingstag vor

215 Jahren. Aber ziemlich weit hinauf muß er doch gestiegen sein, und wäre wohl noch weiter gekraxelt, »hätte nicht ein gewaltsam stürmender Morgenwind jeden Schritt unsicher gemacht; wollte ich nur einigermaßen fortkommen, so mußte ich den Mantel ablegen, nun aber war der Hut in Gefahr, in den Krater getrieben zu werden und ich hinterdrein. Deshalb setzte ich mich nieder, um mich zu fassen und die Gegend zu überschauen.«

Die letzten verpaßten Meter auf dem Ätna schmälern indessen die Leistung des Olympiers nicht. Daß Goethe auf den Rücken von Pferden oder Maultieren, unter meist jammervollen Herbergsbedingungen und mancher kriminellen Bedrohlichkeit, die Insel im strapaziösen Sauseschritt vom 2. April bis zum 13. Mai durchquerte, das bleibt bis in alle Zeiten eine abenteuerliche Anstrengung von athletischer Dimension, auch wenn der Italienwanderer damals erst 38 Jahre alt war.

Jetzt zurück nach Süden, den Ätna nun zur Rechten.

Da hat sich etwas Seltsames, hat sich bei mir Atemnot eingestellt, nicht durch die Höhe, sondern durch den Anblick. Der bleibt in einem, auch wenn man die Augen schließt. Die Wahrheit ist: Man kann sich nicht satt sehen an dem Ungetüm, sucht nach immer neuen Blickwinkeln, es zu betrachten, bleibt neugierig auf andere Aspekte und Perspektiven. Da ist etwas in einen hineingetrieben worden, eingepflanzt, ein Bild. Daran wird sich nichts ändern, bis zum Schluß nicht und aus der Ferne.

Wie jetzt, während ich diese Sätze niederschreibe.

»Er ist ein Mythos«, sagt Marisa, in der Küche der Giuffridas.

Der Raum ist groß, hat einen Kamin, einen schweren Tisch, ist elektrifiziert und, soviel war rasch zu erkennen, der Mittelpunkt des Hauses.

Dort lerne ich heute abend Roberto kennen, Marisas Bruder, an die sechzig, von Beruf Arzt. Er lebt und wohnt hier, praktiziert noch, hat ein dunkles Gesicht, nennt sich Siziliens größten Orangenvertilger (»zehn bis fünfzehn am Tag«) und kann auf dem linken Ohr nur schwer hören. Zur Heilung sollte er nach Verona, Spezialbehandlung, hat sich ihr aber nicht unterzogen. Jetzt sagt er: »Wozu auch? Ist doch gut, wenn man nicht alles hört. Wäre ohnehin doch meistens nicht Erbauliches, sondern Schlechtes, nicht wahr?« Wobei das breite Grinsen in dem gutmütigen Gesicht seinen Pessimismus Lügen straft.

Marisa kocht. Ihre Augen haben es mir angetan, wie ihr dunkler Schopf, auch von hinten, wie sie da so vor dem Herd steht.

Es gibt, hauptsächlich meiner bekennenden Vorliebe wegen, Spaghetti (ich esse auf dieser Reise jeden Tag, wo immer ich bin, Spaghetti); danach auch kleine Makkaroni, *con salsa,* mit Soße; Salat und Fleischbällchen, *polpette,* Obst und Süßigkeiten. Dazu ständig Gespräche. Andrea Giuffrida ist von fast furchterregender Belesenheit. Ich tippe nur an: Sizilien und die Antike ... Garibaldi und die Folgen ... »Der Leopard« und sein Autor ... und kann, dank Antonio Mortens Übersetzungskünsten, sicher sein, jedesmal gebildeter, kenntnisreicher von hier wegzugehen, als ich gekommen bin – eine herrliche Gastfreundschaft.

Beim Abschied wiederholt Marisa: »Er ist ein Mythos«, hält einen Augenblick inne, um dann fortzufahren: »Und zählt zu meinem Leben bis ans Ende der Tage.«

Sie führen eine gute, eine selbstverständliche Ehe, die Giuffridas, ich bin alt genug, das bald herausgespürt zu haben. Aber eben hat Marisa nicht ihren Gatten gemeint, sondern den Ätna.

Nachts klagt ein Hund hier, klagt jede Nacht und ganz in der Nähe.

Es muß ein wilder, ausdauernder Schmerz sein, der da bohrt und in Abständen, nach denen man die Uhr stellen könnte, vor sich hin seufzt und wimmert – von der Lautstärke und Stimmlage her eher ein kleines Tier.

Darum nenne ich es *Hündchen.*

Hier bellen auch andere Hunde, wie Hunde überall bellen, auf Sizilien und in der ganzen Welt – aber keiner von ihnen wie das *Hündchen.* So unglücklich – denke ich, wenn es mich in der Dunkelheit meines Zimmers im Hofteil der Villa Billotta wieder einmal aus dem Schlaf gerissen hat – so unglücklich, so durch und durch traurig kann nur eines klagen: fehlende Zuwendung, eine Liebe zu Frauchen oder Herrchen, die unerwidert geblieben und dennoch nicht gestorben ist.

Früh am Morgen gehe ich über den Hof und durch das schmale Tor mit dem efeuberankten Metallbogen in den Garten, der eigentlich ein Park ist.

Über eine uralte, poröse Treppe aus Lava hinab erst in den unteren Teil.

Eine Eidechse, huschend und im Grün rasch unsichtbar. Die Schildkröte, die ich bei der Ankunft schon erblickt hatte, im Gras, das so hoch steht wie ihr Panzer – ohne Unterbrechung fressend, und das, wie ich finde, mit ungewöhnlich raschem Tempo für die Gattung.

Ich lasse mich auf einer von Moos und Schimmelpilzen fleckig überzogenen Bank aus Stein nieder und beobachte das Tier.

Es soll in diesem Schlaraffenland noch sechs oder sieben weitere Exemplare geben, ohne daß sich jetzt auch nur eines von ihnen blikken läßt.

Terrakottafliesen, fester Grund zwischen kleinen Palmengewächsen, die ihre Blätter sehnsüchtig nach oben strecken und sehr nahe beieinander stehen, doch ohne sich dabei ins Gehege zu kommen.

Über allem aber das Wunder der *Washingtonia*!

Die Rinde rissig wie Elefantenhaut, und an ihr herab, schlaff und verdorrt, die Wedel verflossener Zeitalter, mündet sie oben, dort, wo ihr Leben sichtbar wird, in ein turmhohes, windgefächeltes Zepter der Natur, weithin schimmernd übers Land, als könnte ihr Wachstum durch nichts aufgehalten werden.

Ohne große Pflege oder gar gärtnerische Perfektion, eher sich selbst und der Dynamik der Vegetation überlassen, wirkt hier auf wundersame Weise dennoch nichts vernachlässigt.

Wie im oberen Teil des Parks, mit Pinien, gewaltigen Tannen und einem kleinen Haus am Ende der Mauer, das die Giuffridas einer Freundin vermietet haben.

Auch hier Steinbänke, Palmenwedel, Zitronenbäume mit schweren Früchten; zwei Hängematten an drei Bäume gepinnt, ein weißer Tisch, sechs Stühle, ein mächtiger Lavablock, aus dem Kaktusgewächse sprießen.

Ein bukolisches Bild – ein Bild des Friedens schlechthin.

Des Friedens? Kann man, darf man das Wort überhaupt nennen im Zusammenhang mit Sizilien?

Ich gehe zurück in den unteren Teil des Parks und setze mich auf die Steinbank.

»Chi viene dal mare, ci vuole derubare« (Wer vom Meer kommt, will uns bestehlen) – dieser Stoßseufzer, der sardischen Ursprungs ist, traf über Jahrtausende hin wohl auf viele Inseln des Mittelmeers zu, aber auf keine so sehr wie auf Sizilien. Hier sind sie alle eingefallen, ungefragt und von jeder Seite: Griechen, Karthager und Römer; Goten, Vandalen, Byzantiner, Araber und Normannen; Staufer, Franzosen, Aragonesen und, nicht zu vergessen, spanische und habsburgische Bourbonen. Das blieb nicht ohne Folgen. Ich bin ich auf dieser Reise schon ein dutzendmal auf Sizilianer gestoßen, denen ganz selbstverständlich *il continente* herausrutschte, also *der Kontinent*, wenn sie *Italien* meinten (dem die Insel seit der Errichtung des Königreichs Italien 1860/61 mit wechselndem Status angehört).

Eroberungen, Wiedereroberungen, Vertreibung, Versklavung, Ohnmacht, nie der Stärkere – wie wirkt sich das aus?

Ich sitze auf der Steinbank und überlege: Hat es nicht vielleicht doch, unglaublicherweise, trotz all dieser Invasionen Teile Siziliens gegeben, die verschont geblieben sind, vergessen von der Herrschaft und ausgespart vom Zugriff der Gewalt? Was ist mit Theokrit aus Syrakus (um 300–260 v. u. Z.), der mit der »Eydyllia« den Römer Vergil (70–19 v. u. Z.) zu dessen Hirtengedichten inspirierte und damit der Vorsänger der bukolischen Dichtung genannt werden darf? Waren die Schilderungen ländlicher Idyllen eines damals noch weithin bewaldeten Siziliens nur Ausdruck einer besonders starken Sehnsucht nach den »Gefilden der Seligen«, da doch gerade Theokrits Jahrhundert, mehr noch als andere, nur so widerhallte von Versklavung und Plünderung, Mord und Vergewaltigung? Oder hat seine »Eydyllia«, seine »Idylle«, tatsächlich und trotz allem existiert?

War, möglicherweise, Trecastagni ein solcher Ort gewesen? Und woher stammen Gedanken wie diese? Aus dem Gefühl eines Friedens, den ich hier erlebe wie kaum irgendwo sonst? Und das tief beunruhigt, weil er mir so gegensätzlich vorkommt gegenüber allem, was *sizilianische Geschichte* genannt werden kann.

In diesem Park entdecke ich, daß ich unfähig bin, Sizilien allein in *Gegenwart* zu denken, sondern nur von alters her. Da kommt in mir etwas von ganz tief herauf, kommt näher, früh initiiert, gewiß, durch die Bindung an den Großvater, und die seine wieder an Sizilien. Und dennoch mit Empfindungen, die über den verwandschaftlichen Ursprung hinausgehen und ihn sprengen.

Das ist das eine.

Das andere: Wie kommt es, daß mir hier so vieles rasch vertraut erscheint, als hätte ich es bereits erlebt? Warum wächst in mir das Gefühl, daß ich *zurückkehre*? Natürlich kenne ich das aus Deutschland und aus Israel, wenn auch mit sehr unterschiedlichen Vorzeichen. Aber da ist es nichts Verkapseltes, nichts, was entwickelt werden müßte, wie hier. Auf Sizilien, spüre ich, *appelliert* etwas an mich, quält mich etwas Unerfülltes, etwas, das, lange aufgeschoben, erforscht sein will.

Schließlich steige ich auf die Bank und schaue, den Feuerberg westlich im Rücken, über die Mauer nach Osten und Süden.

Da liegt es vor mir, keine fünfzehn Kilometer von Trecastagni entfernt und augenschmerzend blau – das Ionische Meer. Und ganz rechts, gerade noch zu erkennen, an seiner Küste die Stadt, die wie keine andere in geschichtlicher Zeit vom Ätna heimgesucht worden ist.

»Melior de cinere surgo« – Abstecher nach Catania

Clara Cristaudo ist dunkelhaarig, unter 25, Studentin, hat einen schimmernden Teint, eine manchmal etwas zu eindringliche Stimme und ist Feuer und Flamme, uns *ihre* Stadt zu zeigen.

Vom elterlichen Anwesen zwischen Trecastagni und der Küste soll es losgehen.

Mama Concetta, Tina gerufen, ist eine zarte Frau, mit strahlenden Augen und einer braunen Haarmähne, Vater Antonio, Nino genannt, Angehöriger der catanesischen *Polizia comunale* und in Ausübung seines Berufs abwesend.

Dafür ist Ralph da, ein schwarzer, mittelgroßer Hund, Mischling, mit seinen elf Jahren schon etwas grau um Schnauze und Ohren, und offenbar der Liebling der Familie, besonders von Clara. »Er ist meine Liebe«, sagt sie. Mehr nicht, keine Demonstration.

Da kann ich nur nicken.

Das Haus liegt in einem großen, verwilderten Garten. Üppige Vegetation – Indische Feige (*fichi india*), Farnkraut, Zitronenbäume –, die Früchte noch grün, doch prall; auf den Zweigen Vögel. Ein Pflaumenbaum, ganz weiße Pracht. »Nur zur Zierde«, sagt Concetta Cristaudo, als müsse sie sich dafür entschuldigen. Sie forscht fortwährend, ob sie dem Gast etwas Gutes tun kann. »Einen Kaffee, eine Orange, *acqua minerale*?«

Zwei Hühner picken unermüdlich in der Erde – Tina und Tina –, und Hahn Giorgio, ein Edelexemplar seiner Gattung, soll die Nächte auf einem Baum zubringen. Als Clara in meinen Augen etwas entdeckt, was wie Zweifel ausgelegt werden könnte, lacht sie und bestätigt: »Tatsächlich – das tut er.«

Klar, hier wird nicht geschwindelt.

Die Chiesa Madre von Trecastagni, der »Leuchtturm«, ist von hier zu sehen, in der Luft helle Schmetterlinge.

Und der Ätna qualmt still vor sich hin.

Auf meinen Blick sagt Clara: »Das erste, wenn ich aufstehe – ich muß *ihn* sehen, erst danach beginnt der Tag.« Dann Suche nach den richtigen Worten: »Er ist wie eine Mutter, eine strenge Mutter – wir kennen uns.«

Es ist noch früh, aber die Sonne dröhnt schon vom Himmel herab. Wie eine schwere Glocke liegt die Hitze über dem Land.

Dann, nach stürmischem Abschied von Hund Ralph, geht es los.

Clara entpuppt sich, wie zu erwarten, als verwegene, aber todsichere Fahrerin. Sie drischt ihren winzigen, gasbetriebenen Fiat mit fliegenden Gangwechseln nach der hier allgemeingültigen Regel, daß es keine Regeln gibt außer der einen: mit anderen nicht zu kollidieren.

Sie vibriert vor Energie, mir ihr Catania zu zeigen. Aber vorher auch ein bißchen Umgebung.

Bei Aci Castello an die Küste. Und »ah!« – da gleitet ein schwarzer Vogel über den stillen Spiegel des Ionischen Meers und schwingt sich mit harmonischen Flügelschlägen höher und höher, bis er hinter einem der drei Zyklopenfelsen verschwindet. Die soll, laut Homer, der Polyphem, Neptuns einäugiger Sohn, Odysseus und seinen Gefährten hinterhergeschleudert haben, als sie hier seiner Gefangenschaft entflohen, nachdem sie das menschenfresserische Scheusal geblendet hatten.

Isole dei Ciclopi, zackige Felsnasen, drei Höcker aus der See, links der höchste, an seiner Flanke, auf halber Höhe, eine Madonnenfigur. Hier springen im Sommer kühne Männer herab in das küstennahe, aber tiefe Wasser. Wie kommt man da hoch? »Es gibt kleine Pfade«, erklärt Clara mit einem Stolz, als sei das alles ihr Eigentum.

Auf einem Vorfelsen, hingeklotzt mit verwitterten Türmen und Zinnen, grau und zerklüftet, ein Monstrum, das dem Städtchen Aci Castello den Namen aufgezwungen hat – das Normannenschloß aus dem ii. Jahrhundert. Das kann, Krieg- und Kriegsgeschrei noch in der Luft, nicht so nebenbei kommentiert werden, hierhin muß ich später zurückkehren und die wie aufgeschlitzt wirkende Festung begehen.

Davor jetzt, wie schön, die Gegenwart: die Piazza Castello, der Ortsmittelpunkt, in der hellen Morgensonne. Am Fuß einer windbewegten Palme hebt ein Hund sein Beinchen; überall, wohin man auch schaut, *bambini*, von den Müttern wachsam beäugt und ständig berufen. Einige preschen auf Rollern mit winzigen Rädern über den Platz; eine Vierjährige versucht vergeblich, ein zu großes *bycicle* flottzumachen, ohne daß das Lächeln aus ihrem Gesichtchen weicht; eine andere *bambina* balgt sich, fortwährend juchzend, mit einer viel zu großen Kunststoffkatze herum, während zwei männliche Altersgenossen auf einer Bank selig an ihrer Schokolade kauen – es lebe das Leben!

Clara wird ungeduldig. Noch sieben Kilometer bis Catania.

Als die Peripherie erreicht ist, das Verkehrschaos der Stadt mit seinen Strömen von Pkws, Bussen, Motorrollern schon hier ausbricht, kurbelt Clara das Fenster herunter und schmettert laut hinaus: »Warum bleibt ihr nicht alle zu Hause, ihr verdammten *catanesi*!« Und gleich darauf, empört: »Dreihunderttausend Einwohner und fünfhunderttausend Autos!« Daß das ihre eines davon ist, scheint sie nicht zu bemerken.

Vor uns, in schnurgerader Länge ganz übersehbar, die Via Etnea, Magistrale, endlos und in der Mitte abgesenkt, ehe sie weit hinten wieder aufsteigt – dort nichts als die Bremslichter von Autos, deren Tempo selbst fußkranke Passanten mühelos übertreffen. »800 Hausnummern«, sagt Clara, als teilte sie eine Schande mit. Und ist doch stolz, *ihr* Catania zeigen zu können.

Dazu hat sie reichlich Grund. Denn nun hat uns die Stadt, kriegen die großen Namen plötzlich Gestalt: Piazza Bellini und Teatro Massimo Bellini, die Villa Bellini, das Nonnenkloster Sant' Agata, die Porta Garibaldi, der Dom auf der zentralen Piazza del Duomo, die Fontana dell' Elefante, die Università, der Municipio, vormals Palazzo del Senatorio, das gewaltige Benediktinerkloster von San

Nicolò, die Via Crociferi mit der grandiosen Kirche San Giuliano, das Schmuckstück Palazzo Biscari – vieles in den typischen Farben der Stadt, den Kalkkragsteinen aus schwarzer Lava und den weißen Streifen des Comisosteins.

Wir sind in einem Meer von Barock.

Ich setze mich auf der Piazza del Duomo, dem Domplatz, an die Fontana dell' Elefante. Hinter mir ihre silbrigen Kaskaden und vor mir Catanias Wappentier, der Elefant aus schwarzer Lava – über weißen Stoßzähnen den Rüssel erhoben und auf seinem Rücken einen Obelisken. Eine der vielen Barockschöpfungen des großen Baumeisters Giovanni Battista Vaccarini, dem die Stadt seit dem 18. Jahrhundert ihr neues, verspielt-großartiges Gesicht zu verdanken hat – nach zwei Katastrophen von geradezu biblischen Ausmaßen.

Als *Katane* die Gründung griechischer Kolonisten aus Chalcis (729 v. u. Z.), berichtet die Überlieferung schon früh, im 5. Jahrhundert v. u. Z., von einem schweren Ausbruch des Ätna mit 15 000 Toten. Und auch in der langen Herrschaftschronik von Römern, Byzantinern, Arabern, Normannen, Staufern und Spaniern ist immer wieder die Rede von Heimsuchungen durch den Vulkan und seinen unruhigen Untergrund.

Was dann aber 1669 aus dem Schlund des Ätna, seinen Hauptkratern, Lateralkratern und Flanken, über Catania kam, übertraf alle vorangegangenen Ausbrüche bei weitem. Ein Lavastrom von nie gekannter Breite und Länge floß an die 25 Kilometer herab bis zur Küste, verglühte den Westteil der Stadt und schuf eine neue Topographie.

Dafür gibt es noch heute ein überzeugendes Beispiel – in Gestalt des Castello Ursino.

Ein Festungsungetüm aus dem 12. Jahrhundert, eine Trutzburg mit gewaltigen Ecktürmen und unübersteigbaren Mauern, hatte sie nach dem Willen ihres Bauherrn im 13. Jahrhundert steil aus dem Meer emporgeragt. Bis das glühende Gestein aus dem Inneren des Ätna vierhundert Jahre später auch das mittelalterliche Kastell erreichte, ihm seine maritime Umwallung raubte und es für immer mit dem Festland verband.

Heute ein *Museo civico* an der Piazza Federico di Svevia, doch sonst noch ganz die einschüchternde Fortifikation ihres Ursprungs, steht das Castello Ursino gut 500 Meter entfernt vom Porto Vecchio, dem alten Hafen.

Davor ein gestürztes Pferd, die Hinterbeine hochgestreckt, ein mehrdeutiges Symbol.

Wir stehen vor den Mauern, und Clara weist auf eine Menora im Gestein der Festung hin, den jüdischen Leuchter – charakteristisch für den 1194 in Iesi am Adriatischen Meer geborenen Freigeist, Gelehrten, Praktiker religiöser Toleranz und Vorläufer des Renaissancemenschen, von den Zeitgenossen und der Nachwelt *stupor mundi* genannt, das »Staunen der Welt« – den Stauferkaiser Friedrich II.!

Aber als wäre es des Unglücks für die Stadt noch nicht genug gewesen, wurde alles, was in den 24 Jahren nach dem großen Ausbruch von 1669 neu aufgebaut worden war, 1693 durch eines der schwersten Beben, von denen Sizilien je erschüttert worden ist, endgültig dem Erdboden gleichgemacht. Man sprach von 20 000 Toten. In der langen Chronik des *terremoto* dürfte diese Opferzahl nur noch von der des 1908 völlig zerstörten Messina übertroffen worden sein.

Es zeugt von der Unverwüstlichkeit der Catanesen, daß sie gleich nach dieser Apokalypse, schon 1695, darangingen, ihre Stadt wieder aufzubauen: in einer Barockexplosion und nach einem neuen Muster – breiten Hauptstraßen und rechteckigen Platzanlagen, deren grundlegendes Achsenkreuz noch heute von der nordsüdlich geführten Via Etnea und der westöstlichen Via Vittorio Emanuele gebildet wird.

Bis hierher Claras historisches Kolleg, mit Verve und kundig vorgetragen.

Dann, an der Porta Garibaldi, steigt sie aus ihrem Vehikel und weist stolz auf einen Spruch hin, 1768 angebracht an dem Triumphbogen, als er noch Porta Ferdinandea hieß:

»Melior de cinere surgo.« – »Blühender stehe ich aus der Asche wieder auf.«

O ja! Wie hatte Vincenzo Consolo, Freund und Dichtergefährte von Leonardo Sciascia, noch in seiner Hymne an jenes Zeitalter geschrieben?

»Das Barock schafft diese unvergleichliche Schönheit, die außerordentliche, eines Mozarts würdige Musik von Locken, Voluten, Adagio und Forte. Das Barock war nicht nur die Frucht eines historischen Zufalls. Dieser phantasievolle und überfüllte, gewundene und üppige Stil ist im Sizilien der ständigen Naturbeben, der endlosen historischen Umwälzungen, des täglichen Risikos eines Identitätsverlustes die surreale Kulisse für das Bedürfnis der Seele gegen die Verwirrung der Einsamkeit, der Unklarheit und der Wüste, gegen den Schwindel des Nichts, der Masken und Grotesken, der Kuppeln, Kampanilen und Fialen.«

Das barocke Catania ist das Catania nach dem schweren Erdbeben von 1693.

»Melior de cinere surgo.« Clara wiederholt den Spruch und fordert mich auf, ihn nachzusprechen – was ich tue. Zwar flucht und greint sie über vieles, was sie ärgert, aber es ist *ihre* Stadt. Wie dürfte man auch nur einen Tropfen Wermut in den Wein dieser Glückseligkeit träufeln?

In Wahrheit ist mir bänglich zumute geworden. Die alte Pracht, sie ist, auch für den Laien erkenntlich, in hohem Maß renovierungs- und restaurierungsbedürftig. Säulen sind verfärbt, hinter abblätterndem Stuck nacktes Gestein, die Fassaden angeschwärzt – Folgen der permanenten Luft- und Abgasverschmutzung. Beim Anblick des Hauses von Vincenzo Bellini (1801–1835), berühmter Komponist und Catanias großer Sohn, kann einem nur das Herz weh tun. Gibt es, so kommt wie von selbst die Frage hoch, einen Ort auf der Welt, der die Fehlentwicklung des motorisierten Individualverkehrs erschreckender demonstriert als dieser, als Catanias barocke Innenstadt, der Centro storico? Wie wird es hier in fünfzig, wie in hundert Jahren aussehen? Welche Summen wären nötig, um den Verfall auch nur zu stoppen?

Natürlich ist die Finanzierung kein lokales, kein regionales und auch kein nationales Problem – es ist ein Weltproblem. Worum es geht und gehen wird, ist schlicht: Werden die Zeugnisse einer großen Kunst- und Lebensepoche das 21. Jahrhundert überdauern?

Ich scheue mich, Clara meine schwarzen Zukunftsgedanken mitzuteilen. Aber sie ist ohnehin schon weiter, auf dem Weg zur *Università dei studi* – »die älteste auf Sizilien« –, wie sie nicht vergißt anzumerken.

Doch vorher kehrt sie in eine Pizzeria ein, die derzeit bei der Akademikerschaft *in* ist. Und während wir von verwegen aussehenden, aber professionell arbeitenden Kellnern bedient werden, findet sie

Zeit für Kommentare über Professoren und Dozenten, die sich an Nebentischen eingefunden haben. Einmal sarkastisch (jenem müßte man, um etwas zu erreichen, die Füße küssen oder Getränke besorgen; dieser pflege entweder zu spät oder gar nicht zu den Vorlesungen zu kommen); ein anderes Mal wieder sympathisierend (der da lehre Spanisch, sei zugänglich für Fragen und kommunikativ, und der da neben ihm der einzige, der Englisch ohne jenen unmöglichen Akzent spricht, der für Italiener typisch sei).

Nebenher erfahre ich, daß sie gleich nach dem Lyzeum, mit neunzehn, die Fächer Sprachen und ausländische Literatur belegt hatte und es hier an die 1200 Immatrikulierte gibt – »das Zahlenverhältnis zwischen Studentinnen und Studenten ist fast ausgeglichen«. Für die Einschreibung müssen umgerechnet etwa 50 Euro bezahlt werden, für das Studium, abhängig vom Verdienst der Familie, zwischen 45 und 1000 Euro. Studienmaterial muß selbst bezahlt werden – mit einem üblichen Nachlaß von zehn Prozent.

Die Universität ist keine Lehrstätte, scheint mir, sondern ein Palazzo, der Boden des Hofes so wundervoll dekoriert, daß man sich scheut, ihn zu betreten. 1434 gegründet, hat sie 1984 ihren 550. Jahrestag gefeiert. Das klingt ehrwürdig, hat Patina, ist riesig und alt – die Gerüste und die Bauarbeiter überraschen nicht.

Eine Tafel führt die Namen der Gefallenen im Spanischen Bürgerkrieg auf, eine andere die Toten des Zweiten Weltkriegs an der Seite des Achsenpartners Deutschland 1940–43. Nach Ehrung der Widerstandskämpfer 1943–45 suche ich vergebens. Dafür wird des großen Geigers und Komponisten Antonio Vivaldi (1678–1741) pompös auf Marmor gedacht.

Clara kann ich nicht fragen, sie hat sich mit einem Kommilitonen festgeredet – mitten auf dem Hof, unter einer Sonne, die im Zenit steht und offensichtlich die Absicht hat, alles einzuäschern, was da auf der Insel kreucht und fleucht.

Es gibt einen Wächter, der nicht nur Wache hält, sondern hier auch wohnt. Er ist nicht zu sehen, dafür aber die Wäscheleine, die, dicht an dicht weiß flatternd besetzt, seine Frau über einen Teil des Hofs gespannt hat, während der Sohn gerade eine Rock-CD in höchster Lautstärke hört. Die Familiaria erfahre ich von Clara, die wieder zugänglich ist, aber das akustische Ambiente offenbar gewohnt, denn sie äußert sich dazu nicht.

Ich gehe eine Treppe hoch, auf eine geöffnete Tür zu, aus der ich Stimmen vernehme, und schaue hinein – ein übervoller Saal, an den Wänden stehen Menschen, und vorn ein älterer Herr, der, wenn auch vergeblich, versucht, gegen den Höllenlärm anzudozieren. Als ich den nächsten Studiosus wispernd frage, warum die Tür nicht geschlossen werde, antwortet er: Weil es dann zu heiß wäre, da die Fenster nicht geöffnet werden könnten.

Als ich wieder unten bin, wird eine Maschine angeworfen, die, man mag es nicht glauben, alles andere noch übertönt. Ich kriege die Wut, lasse alle inneren Anwürfe, meine Reaktionen wären typisch deutsch, an mir abprallen, und finde, was da passiert, nichts als ungehörig und taktlos.

Clara lacht und zuckt die Achseln. Da will ich nicht klüger sein.

Dafür aber wissen, was die seltsamen Gebilde in den Schaufenstern der Konfitüregeschäfte und Caffeterias zu bedeuten haben, die – manchmal mit einer Zuckerkirsche obendrauf, manchmal nicht – so süß wirken, daß einem vom bloßen Anblick schon das Würgen kommt, vor allem aber aussehen wie eine weibliche Brust.

Und genau das sollen sie darstellen – wie ich auf dem Rückweg zur Piazza del Duomo erfahre. Es ist die Geschichte und Legende der Schutzheiligen von Catania – Sant' Agata.

Eine schöne junge Frau, gottgläubig und Christi Jüngerin, soll Agata in der Mitte des 3. Jahrhunderts vom heidnischen Quintianus, Roms lasterhaftem Statthalter in Catania, heftig begehrt worden sein. Als Agata ihm nicht zu Willen war und ihrem Glauben in keuscher Überzeugung treu blieb, ließ der Unhold sie erst einkerkern, dann foltern und ihr schließlich beide Brüste abschneiden, woran sie jungfräulich verstarb.

So wurde Sant' Agata im christlichen Catania zur Schutzheiligen der Stadt, verewigt in Vaccarinis Hauptwerk, der Kirche des Nonnenklosters »Sant' Agata«, seit Jahrhunderten alljährlich in den ersten fünf Tagen des Februars um Mariä Lichtmeß gefeiert, mit Karneval, Markttreiben, Feuerwerk und Prozessionen, deren große Votivkerzen den Himmel über der Stadt wie mit Scheinwerfern erhellen.

Mag sein, daß dahinter mehr steckt als sakraler Pomp und weltlicher Kommerz, etwa die Verherrlichung von Frauenhaltungen gegenüber tradierter Männerwillkür, wie Clara ernsthaft erklärt.

Beim Anblick der strotzend-süßen Halbkugeln jedoch, auf die man hier überall als Symbol der Tragödie stößt, wird mir nun noch übler als vorher schon.

Lange Zeit zum Überlegen gibt es allerdings nicht.

Denn als nächstes geht es erst an die Fontana dell' Amenano, tausend sprühende Tropfen, glitzernde, funkelnde Kaskaden aus einem Fluß unter der Stadt – Aquae dell' Amenano, die Wasser des Amenano – und von da gleich über Stufen von der Südwestecke des Domplatzes hin zu Catanias *pescheria*.

Eine Treppe hinunter und durch einen Torbogen mit den Insignien Kaiser Karls V. (1500–1558) in ein teils überwölbtes, teils freiluftiges Tohuwabohu von Gestank, Sprachgewirr, glitschigen Steinböden, grellen Farben und Fischen, Fischen, Fischen. Große und kleine, aufgeschnittene, zerhackte und so abenteuerlich geformte, wie sie mir nicht einmal auf dem Hamburger Fischmarkt begegnet sind. Wie ein Gemälde, ein Stilleben, dunkelrot bis hellrosa – der aufgeschnittene Thunfischleib von der Größe eines Wagenrads.

Aus einem überdachten Karren grelle sizilianische Musik, hinter einem Fenster ein kleines blondes Mädchen, das mit den Händen gegen die Scheiben patscht, offenbar alleingelassen, aber frohen Mutes.

Das Konzert der Anpreisungen, in allen Tonlagen bis ins Fortissimo, ausladend und nie erlahmend. Eine der Hauptbeschäftigungen hier: Wasser über die Fische zu sprühen, zu spülen, zu träufeln – es ist noch nicht Mittag, aber die Sonne saharisch.

Auf den zweiten Blick entdeckt man, daß hier auch anderes als Maritimes angeboten wird: Erdbeeren, Kiwis, Oliven, Auberginen, groß wie kleine Bomben, und Käse aller Art. Aber all das wirkt irgendwie langweilig gegenüber dem unerschöpflichen Angebot der *frutti di mare*.

An einem der Fischstände steht: »Ich war immer der erste und werde immer der Beste bleiben.« Als wir lachen, kommt der Besitzer hervor und bestätigt, ebenfalls lachend: »E certo – das stimmt. Ich bin hier seit Jahrzehnten morgens immer der erste, und der Beste dadurch, daß ich der erste war, der Fisch auf Eis gekühlt hat.«

Am Mittag ist alles vorbei. Nur – wie wird das je wieder sauber? Man muß das gesehen haben.

Auf glitschigem Pflaster Reste, Haufen von Resten, Berge, Türmungen – Fische, Obst, Gemüse, Papier, Pappe, Kisten, ein Gewirr von Körben und Abfall. Was weggespritzt werden kann, wird weggespritzt, das andere kommt mit großer Geschwindigkeit irgendwie abhanden – Übungssache. Wer hier hinfiele, käme nicht wieder hoch, abgesehen davon, daß er sich den Gestank sein Leben lang nicht mehr von der Haut waschen könnte.

Flucht in ein kleines Lokal, direkt am Markt – rasch die letzten drei Plätze besetzt. Schnelle Bedienung auch hier, schlanke Jünglinge, kühne Physiognomien, pizarrohaft. Die Vorspeise üppig, der gegrillte Fisch von einem Schwarzkopf fachmännisch zerlegt. An der Decke ein Ventilator, an den Wänden alte Fotos, braunstichig, die *pescheria* in den Anfangszeiten der Daguerreotypie.

In der Menge der Gäste, unter den vielen Gesichtern das einer Frau, die Siziliens orientalische Geschichte beglaubigt: Mandelaugen, lange Wimpern, hohe Wangenknochen, elegante Wangenkonkaven, ebenholzschwarze Haare, geschwungene Brauen, unnachahmlich das Licht und Dunkel des wechselnden Mienenspiels und seiner Ausdruckskraft: Kleopatra mit Madonnenantlitz.

Vorbei an der rauschenden Fontana dell' Amenano zum Rathaus Catanias, dem Palazzo del Municipio.

Dort arbeitet Claras Vater Antonio Cristaudo, »Nino« gerufen – in der Uniform der *Polizia comunale* sieht er eher aus wie ein Admiral. Ein hochgewachsener Mann, über der Stirn etwas kahl, wenn er die Mütze abnimmt, freundlich und mit der Frage, ob er uns bei dem Rundgang begleiten dürfe.

Ich spüre so etwas wie die Hochachtung vor einem Vertreter der schreibenden Zunft, eine stille Neugierde mir gegenüber, gepaart mit Selbstbewußtsein.

Gleich im Parterre ein Anblick, der einen ins Barockzeitalter katapultiert, atemverschlagend: ein Luxusgefährt sondergleichen, längst außer Dienst, ein rollendes Prunkstück auf riesigen Hinterrädern, Glasfenster, draußen über und über goldbelackt, drinnen feinstes Leder, geräumig und nur sechsspännig zu bewegen, sozusagen der Rolls-Royce des 17. Jahrhunderts – Catanias museale Senatskutsche!

Dann zwei Marmortreppen hoch.

Oben eine Tafel, vom Rat der Stadt angebracht zur Erinnerung an die Richter Giovanni Falcone und Paolo Borsellino, 1992 getötet von der Mafia – »Il consiglio comunale in ricordo.« Ein Bekenntnis, immer noch nicht überall selbstverständlich.

Da ermutigt mich etwas.

Die Rotunde, Sitz der Ratsmitglieder, deren Arbeit das Volk von einer Bühne aus beobachten kann. Lange Gänge, rote Läufer, an den Wänden Gemälde, Köpfe, Senatoren – nur Männer. Salons mit zierlichen Stühlen, Tischen, Sofas.

Der Raum des Bürgermeisters, die Schaltzentrale. Ein großer Sessel, mit Kordel von Lehne zu Lehne – sich setzen verboten. Ausgenommen davon Papst Johannes Paul II., am 4. November 1994. Wie ein Heiligtum steht der Sessel da. In seiner Nähe auf dem Elefanten die Heilige Agata mit einer Krone.

Da pocht etwas an die Wand der Geschichte, reckt sich eine begehrliche Würde.

Säulen, Marmor. Ein gewaltiges, ein erschreckendes Gemälde, über eine Wand hin: der abgeschlagene Kopf des Pompejus, von einem Ägypter mit unterwürfiger Geste dem sich hoheitsvoll abwendenden Sieger Julius Cäsar dargeboten.

Mag die Historizität des Gemäldes zweifelhaft sein, der Sinn des Malers fürs Dramatische ist es nicht.

Die Flagge Catanias – Grün (für die Landschaft), Rot (für das Feuer des Ätna) und Blau (für den Himmel und das Meer). Natürlich darf ein anderes Gemälde nicht fehlen, und da ist es auch schon: Garibaldi landet auf der Insel.

Das erlesene Gestühl des Bellini-Saals. Von hier schaut man auf den Platz mit dem Elefanten. An der Wand die Konterfeis der letzten fünf Bürgermeister. Der jetzige, Pharmakologe von Beruf, ist gleichzeitig auch Europaabgeordneter.

Hier endlich sind sie einmal aufgeführt, die Namen der *resistenza*, des Widerstands gegen die deutsche Okkupation nach dem Abfall Italiens von der Achse mit Hitlerdeutschland, Erinnerung an »Catanias Söhne, die ihr Leben gelassen haben, mutig, um dem Vaterland Freiheit und Gerechtigkeit wiederzugeben«. Gezeichnet vom Bürgermeister (*sindaco*) Lui Gilaferita am 15. April 1955.

Diesmal hat mich nicht Clara geführt, auch nicht Nino, ihr Vater, obwohl er hier doch sein ganzes Berufsleben zu Hause ist – den Cicerone durch den Palazzo del Municipio macht vielmehr ein junger

Mann in Uniform, dessen Gesicht dabei leuchtet. In diesem Beamten personifiziert sich ein ungeheurer lokaler Stolz, wird ein Gefühl für Vergangenes hörbar, dessen Wurzeln tief reichen. Und dann, beim Abschied, geschieht etwas, das mich rührt. Er legt die rechte Hand an die Mütze und sagt: »Ich habe das gemacht zu Ehren des Schriftstellers.«

Hier muß, durchfährt es mich, unter den sogenannten einfachen Leuten etwas anders sein als in Deutschland.

Und genauso fühlt es sich an, als Antonio Cristaudo mir die Hand zum Abschied gibt – mit dem Versprechen, uns einmal um den Ätna herumzukutschieren: »Den kennt nämlich keiner so gut wie ich.«

Vor der Rückfahrt macht Clara eine Stippvisite in der Wohnung ihres Freundes Francesco, Arzt aus Ragusa und derzeit abwesend. Hier leben sie zusammen, wenn Clara ihrem Studium nachgeht.

Die Zimmerdecken sind hoch, das Durcheinander in den Räumen abenteuerlich, eine Improvisation, die, so scheint's, ewig währen wird, doch ohne die beiden zu stören. Die Wohnung ist groß, Eigentum von Francesco, ihm vom Vater zugeeignet für umgerechnet etwa 240 000 Euro und wohl gedacht als Nest der beiden jungen Leute in einer künftigen legalisierten Beziehung.

Diese Funktion übt die verworrene, aber komfortable Unterkunft schon jetzt aus, denn Clara und Francesco leben auch ohne Trauschein längst darin.

Was das bedeutet für die traditionell erzogenen und empfindenden Eltern, erfahre ich durch spärliche Andeutungen aus Claras Mund, während wir über Aci Castello und San Gregorio zurückfahren, besser sausen, denn eine andere Fahrweise ist ihr nicht bekannt (so daß der Beifahrer nun doch in manchen Situationen den Kopf einzieht, immer in der Hoffnung, daß es nicht bemerkt wird).

Concetta, Claras Mutter, weiß wie Vater Nino, daß das Verhältnis ihrer Tochter bisher zu keiner offiziellen Bindung geführt hat. Das wird so interpretiert, daß sie die Freundin ihres zukünftigen Mannes sei. Nicht diskutiert oder überhaupt nur angerührt wird, ob es trotzdem sexuelle Beziehungen zwischen beiden gibt. Denn die dürften nur sein, wenn zuvor bestimmte Riten beachtet würden, die immer noch gelten. Das heißt, es wird ein Scheinzustand erhalten, ohne daß die Beteiligten offen darüber sprechen. Ich kenne Francescos Eltern nicht, kann mir aber nicht vorstellen, daß da andere Traditionen wirksam wären.

Das sind enorme Veränderungen, die vor noch gar nicht langer Zeit so kaum möglich gewesen wären. Ergebnisse einer Emanzipation, die auch Sizilien erreicht hat und von der Clara jetzt, während sie verwegen steuert, eher karg und andeutungsweise, aber doch bestimmt spricht.

Die Frau sei auch hier stärker ins Berufsleben getreten, es gebe wirtschaftliche Veränderungen, vor allem mehr Mobilität, die den Kontrollmechanismus der alten patriarchalischen Familie außer Kraft gesetzt oder doch jedenfalls stark eingeschränkt hätten. Die ständige Überwachung früherer Zeiten sei in vielen Fällen nicht mehr möglich. Die Frau, die arbeitet und damit auch wirtschaftlich nicht mehr allein vom Mann abhängt, sei ein Teil dieser Revolution, dies fördere ihr Selbstbewußtsein und wirke damit auch auf das andere Geschlecht ein. »Die Emanzipation des sizilianischen Mannes erfolgt durch die Emanzipation der sizilianischen Frau«, sagt Clara, und fügt lachend hinzu: »Hier gibt es sogar schon Männer, die im Haushalt mithelfen.«

Dennoch weiß sie, daß die Vergangenheit noch mächtig und nicht so leicht zu überwinden ist. Der Mann fühle sich immer noch in der Rolle des Eroberers, »und er wird dabei durch die Haltung der Mütter gestärkt: Sie sind stolz auf Söhne mit Machogehabe. Nur die eigenen Töchter und Ehefrauen dürfen nicht ›erobert‹ werden.«

Clara möchte Kinder haben, »am liebsten drei«, und dennoch selbständig bleiben. Dabei schwebt ihr das warnende Beispiel einer Freundin vor Augen, die einen guten Job hatte, der ihr Unabhängigkeit verschaffte. Aber dann heiratete sie, gab ihre Arbeit auf – »und was blieb übrig? Die Mutterrolle – mit Kinderwagen.«

Ab und zu wird Clara durch Anrufe auf ihrem Mobiltelefon unterbrochen. Dann fährt sie nur mit einer Hand, aber genauso sicher wie mit zweien.

Die ganze Zeit hebt sich der Ätna wie ein Schattenriß gegen den rötlichen Abendhimmel ab, einem riesigen Tintenfisch gleich, der seine Tentakel nach allen Seiten lang ausgestreckt hat. So, in dieser Natur, erinnert der Vulkan mich an den Kilimandscharo, obgleich der noch einmal um 2500 Meter höher emporragt. Aber daß beide sich unmittelbar aus einer ebenen Umgebung erheben – das suggeriert die Verwandtschaft.

Dann ist das Anwesen der Cristaudos erreicht, das Tor wird im Scheinwerferlicht geöffnet, und Clara von Ralph wie von einem stürmischen Liebhaber begrüßt. Sie breitet die Arme aus, und der schöne schwarze Hund stürzt sich geradezu in sie – was für ein Anblick. »Er ist meine Liebe«, wiederholt sie.

Und meine inzwischen auch, was ich aber verschweige.

Abschied und Dank für den Abstecher nach Catania, einen lehrreichen Tag.

Noch einmal: »Er ist ein Mythos«

Avvocato im Ruhestand Andrea Giuffrida rüstet sich zu unserer Tour an die Nebenkrater am Südosthang des großen Feuerspeiers. Mit seiner grünen, strapazierfähigen Hose, heller Jacke und weißem Spitz-, Schnurr- und Schläfenbart in dem gutgeschnittenen Gesicht, stellt der Brillenträger mit den wachen Augen eher das Pendant eines englischen Landedelmanns dar.

Zuerst geht es zu seiner *vigna*, einem Weinberg, der eigentlich keiner ist, sondern eher ein Weingarten, ein flaches Feld am Rand Trecastagnis. Von Reben keine Spur. Die werden erst im August reif sein, und jetzt ist es Ende März. Also traubenlose *vigneti*, Weinstöcke, aus denen es winzig grün sprießt, bearbeitet von zwei tiefgebräunten Männern, die mir, wie sie da kleinwüchsig, in Hemd und Hose mit der Hacke werkeln, vorkommen wie das Urbild sizilianischer Landarbeiter.

Der eine schneidet mit einer Schere einen Zweig, pfropft eine Rebe darauf, umzieht sie mit Bast und verleimt die Stelle dann. Der zweite schneidet einen Ast, der schon in der Erde steckt, weit unten ab und pfropft einen anderen mit Bast und Leim auf die Wurzelrebe. Eine hundertfach zu wiederholende Prozedur, schon in der heißen Vormittagssonne höchst mühsam, wie also erst um die Mittagszeit und im Sommer Siziliens.

Der Avvocato ist gekommen, um den beiden Arbeitern in Geschirr und Papier ihr Essen zu bringen. Dann befühlen alle drei die Bambusstöcke, an denen sich die Rebpflanzen emporranken sollen.

Dazwischen werden Rosen gepflanzt, als Indikatoren für Gefahren, eine Art lebender Warnung – ehe die Reben von einer Krankheit befallen werden, zeigen die Rosen sie durch schlaffe oder fallende Blätter an.

Der Besitzer hat seine Jacke abgelegt und steht in Hosenträgern da. Es ist alles Lavaboden, auf dem wir stehen, längst zerfallen zu Staub und ungeheuer fruchtbar.

Kann man sich einen stärkeren Gegensatz vorstellen als den zwischen diesem Feld samt Ambiente und dem Rhein zwischen Koblenz und Bingen? Und doch wächst hier wie da Wein.

Dies ist, erklärt Andrea Giuffrida, ein altes Weingebiet, grundsätzlich Rotwein, auf einer Fläche, die alljährlich an die hundert Hektoliter hergibt – selbst verarbeitet in einer Weinkelterei der Villa Billotta, die zu gegebener Zeit, so das Versprechen, vorgeführt werden soll.

Am Rand des Feldes steht ein mächtiger Baum, eine Pinie, deren schwere Äste sich im Wind wiegen, während in ihrem Schatten, kieloben und von einer Plane halb abgedeckt, ein Boot liegt – etwas Deplacierteres an dieser weit und breit flußlosen Stätte läßt sich kaum denken. Des Rätsels Lösung: Das Holzschiff gehört Roberto, Marisas Bruder, dem Mann, der neben seiner Vorliebe für Orangen noch eine zweite Leidenschaft hat – an die Küste zu fahren und dort zu fischen. Der Kahn wird dann aufgebockt und von dem Seemann, der eigentlich Arzt ist, in die warmen Fluten des Ionischen Meeres gelassen. Das sind, wie berichtet wird, nur kurze Spritztouren, aber es dürften dennoch hin und zurück jedesmal mehr als hundert Kilometer mit der sperrigen Ladung auf dem Anhänger zu bewältigen sein.

Ich schaue über das Feld, dessen Früchte noch mickrig wirken. Als der Avvocato meine Zweifel bemerkt, führt er mich zu einem Zweig, der aussieht wie verkohlt, aus dem aber schon Grünes sprießt und, winzig, winzig, Trauben zu erkennen sind.

»Das geht ganz schnell«, sagt er und macht eine fahrige Bewegung nach oben, sonnenwärts. »So wie bei denen da heute schon.« Er zeigt auf Granatäpfel, auf Pflaumen-, Mandel- und Zitronenbäume, die ihre Zweige nach oben strecken und schon mit Blütenpracht protzen.

Ja, denke ich, und blinzele hoch, du mußt dir einen Hut kaufen, gegen alle Lebenstradition mußt du dir eine Kopfbedeckung beschaffen, dein Haarschopf allein genügt nicht mehr vor den Stichen dieses Himmelsungeheuers, das die Säfte treibt und zugleich so mörderisch sein kann – ganz wie der Ätna.

Der friedlich vor sich hinqualmt, als wir durch Plantagen von weißblühenden Birnbäumen seiner Peripherie entgegenfahren.

Im Kreis *Pedara* dann die ersten Laterankrater – wie überdimensionale begrünte Maulwurfshügel, Naturgebilde von seltsamer Schönheit, erloschen, wie es heißt, und das seit Jahrhunderten – und mir dennoch unheimlich.

Dabei sind die alten Nebenkrater bebaut, von oben bis unten, die ganze Fläche, Lieferanten von hervorragenden Weinen und herrlichem Obst, mit Waldstücken dazwischen: Kastanien, Eschen, Eichen.

Der Avvocato, der meine Reserve gespürt hat, lacht und sagt: »Die Krater sind sogar von innen bebaut, genauso wie von außen.«

Es bis dahin zu bringen muß schwierig gewesen sein. Der schwarze Boden, Lava, ist zwar fruchtbar, aber hart. Man mußte Terrassen anlegen und versuchen, so ein bißchen Humus zu gewinnen, eine außerordentlich beschwerliche Arbeit. Deshalb blieben die Grundstücke auch klein – was wiederum sein Gutes hatte. Denn während im Innern Siziliens großflächige Besitztümer von kurzfristig wechselnden Pächtern bebaut wurden, war diese Form der Ausbeutung hier infolge der topographisch erzwungenen Bodenparzellierung nicht möglich.

Vielmehr wurden die kleinen Grundstücke der Mühe wegen stets über einen längeren Zeitraum vermietet. Verhältnisse, die dazu beitrugen, daß im Lauf der Jahre aus Pächtern von Grundstücken deren Besitzer wurden.

»Das alles ist inzwischen Privateigentum. Was den Ätna und die Gegend um den Vulkan herum geprägt hat, ist das Fehlen von Feudalherrschaft«, sagt Andrea.

Und nach einer Weile: »Deshalb hatte die Mafia hier auch keinen Einfluß. Es gibt Kriminalität, natürlich, aber nicht die traditionelle Mafia.«

Während Andrea Giuffrida berichtet, gestikulierend und stolz, als wäre das alles ihm zu verdanken, kutschiert er verwegen durch das südöstliche Vorfeld des Vulkans von einem Lateralkrater zum anderen.

Das ist *sein* Land, das er kennt und liebt und um das er auch fürchtet.

So manches Grundstück ist für schweres Geld aufgekauft und zum Ferienrefugium wohlhabender Catanesen geworden, mit zum Teil negativen Folgen für die Altbewohner. Wie zur Demonstration hält der Avvocato an einer Müllhalde, wo der Abfall haufenweise neben die keineswegs schon vollen Behälter gekippt worden ist, ein schauerliches Bild geschändeter Natur. Nie, sagt Andrea, würde ein Einheimischer dergleichen tun.

»Das sind ordentliche Leute hier, sauber und verläßlich, ein Schlag, der sein Land immer gut bestellt und die Natur und den Nachbarn achtet, auf altsizilianische Weise. Und jetzt kommen die Leute aus der Stadt und machen das da – sie werfen den Abfall einfach auf die Straße. Und außerdem setzen sie noch häßliche Häuser in die Gegend. Als sie vor etwa zwanzig Jahren zum erstenmal kamen, die Städter, als Wochenendgäste, waren sie willkommen, sie brachten Geld und Leben. Jetzt sind sie hier ansässig und verschmutzen die Umwelt nicht nur, sondern verschandeln sie auch noch.«

Der Avvocato führt uns durch einen häßlichen Tunnel zu einer Straße, die dem Bau neuer Häuser dienen sollte, aber an den Grenzen des Regionalparks endet. »Hier darf nicht gebaut werden, die Spekulanten wußten das – und haben die Straße trotzdem bauen lassen. Wenn es nach denen geht, würde hier alles zubetoniert werden. Aber das ist ihnen nicht gelungen und wird ihnen auch künftig nicht gelingen.«

Dann drückt Andrea Giuffrida so fest aufs Gaspedal, als wollte er sich, nur fort von hier, in die Lüfte erheben.

Und da wird auch schon, ein frappierender Gegensatz, der Blick auf das Ionische Meer frei, auf sein wunderbares Blau und auf einen fernen Sandstrand.

Nach einer Weile hält der Avvocato an, steigt aus dem Auto, geht auf ein Gebirge üppig blühender Dolden zu, wölbt die Hand zärtlich über die fliederähnlichen Blumen, ohne sie zu berühren, und sagt: »Glicine« – Glyzinien.

Wieder ein großer Lateralkrater, Kirschbäume in der Blüte, Pfirsiche und Birnen, das alles noch nicht reif, aber schon so saftig anzusehen, als würde die Frucht jeden Augenblick von innen explodieren.

Der Avvocato steigt aus und zeigt auf Gitterstäbchen um die Bäume: »Der wilden Kaninchen wegen«, sagt er.

Dann, auf der Paßstraße zum Rifugio Citelli, kurze Rast.

Thymian, Wildfenchel, Steineichen. Es duftet nach Myrte, Tamarisken, Oleander. In der Ferne kreisende Punkte, Raubvögel in der Luft.

Andrea Giuffrida sieht meinen Blick: »Die gibt es wenigstens noch oder schon wieder – Adler, wenn auch nicht viele. Aber keine Wölfe mehr und keine Hirsche.«

Im Norden die Höhenzüge der Monti Peloritani – zerklüftet liegen sie da, mit Ausläufern bis Castel Mola und Taormina. Im Süden Catania und seine große Ebene – Piana di Catania – in dünstendem Schweigen.

Seidenschleier, wo die im Westen versinkende Sonne noch hinlangt, aber hier vorn, schon im Dunkeln, Wälder und Lava. Überall Lava.

Abends noch einmal auf die Piazza Marconi, den Zentralplatz von Trecastagni. Die oberen Spitzen der Palmen werden sanft beschienen. Auf den Bänken alte Männer. Die Blumenrabatten um den Brunnen mit den drei ungleich großen Kugeln gepflegt, wie immer.

Es ist Samstag, und die Bar Garden wimmelt von Menschen, vom Säugling bis zum Greis, dazwischen Kinderwagen. Die Musik stört, und die von mir bevorzugte Cremeschnitte ist ausverkauft.

Einem kleinen Jungen mit Ponyfrisur, vielleicht drei Jahre alt, wird vom Vater Eis spendiert. Er hält ihm den Becher, und während die rechte Hand des Kindes daraus löffelt, ruht seine linke vertrauensvoll auf dem Arm des Vaters. Der wischt ihm jetzt das Schnäuzchen ab.

Wir lächeln uns zu, alle drei.

Draußen sind die Laternen angegangen und werfen ihr gelbliches Licht über die Piazza. Frauen mit Kindern an der Hand oder im Wagen. Laue Luft, Vögel zwitschern.

An einer Ecke Jugendliche, darunter Mädchen, ganz junge, mit ihren Freunden. Sie rauchen, sitzen zusammen auf Motorrollern, berühren sich, lachen.

Es weht ein leichter Wind, die Palmenwedel bewegen sich gegen

einen stumpf gewordenen Himmel. Schwalben über dem Platz –
heute abend fliegen die Insekten tief.

Nach der immer noch falschen Zeitangabe in Leuchtschrift über
der Außenfront der Bar Garden müßte es bereits weit nach Mitternacht sein.

Später, als es dunkel geworden ist, gehe ich zu einem erhöhten
Platz auf der anderen, der Chiesa Madre entgegengesetzten Seite von
Trecastagni, eine Art Podest in der Nähe eines ehemaligen Wacht-
turms, von dem der Blick nach Norden und Westen frei wird.

Das Ungetüm aus dem Mittelalter im Rücken, denke ich: Seltsames Gefühl hier – unter einer hauchdünnen Kruste ein glühender Hexenkessel, mit Ventilen nach oben, aus denen es raucht, tost
und feuert. Wie jetzt, da der Berg in der Finsternis verschwunden,
der Vulkan vergessen sein könnte, schwebte da nicht aus dem un-
sichtbaren Krater, wie losgelöst von jeder Erdbindung, dieser halb-
kugelförmige, flammende Schein kochender Magma am nächtlichen
Himmel.

»Er ist ein Mythos«, hatte Marisa Giuffrida gesagt.

Ja.

»Du bist dabei, es zu begreifen«

Der »Admiral« in der Uniform der *Polizia comunale* Catanias, Claras Vater Antonio, ist nicht wiederzuerkennen – für die Ätnatour hat
er sich in zivile, leichte Kluft geworfen, seine Frau Concetta, Antonio
Morten und mich in seinem Polo verstaut, »avanti« gerufen und fest
ins Steuer gegriffen. Dann prescht er in nordwestlicher Richtung los,
auf Paternò und Adrano zu.

Dabei erfahre ich, daß das Gefährt bereits weit über 400 000 Kilometer hinter sich gebracht hat, was die Klappergeräusche erklärt,
aber weder Ninos Tempo schmälern noch seinen Redefluß hemmen
kann. Mit einer Hand immer wieder auf das ungeheure Bergmassiv
zur Rechten weisend und dabei die Augen überall, nur nicht auf der
Straße vor uns, will Nino sein Wissen an den Gast so ungestüm los-
werden, daß selbst mein bis ins Simultane hinein gewiefter Begleiter
im Fond des Wagens neben Signora Concetta der Suada kaum folgen
kann.

So erfahre ich denn, irgendwo zwischen Santa Maria di Licodia und Biancavilla, daß der vor zweieinhalbtausend Jahren lebende Grieche Empedokles aus Akragas, dem späteren Agrigento, der erste Vulkanologe der Geschichte gewesen sein soll, weshalb denn auch da oben – fahrige Bewegung ins Unbestimmte – ein sogenannter Philosophenturm nach ihm genannt worden ist. »In Wahrheit aber hat er«, so weiß Nino, »nichts von den vulkanologischen Phänomenen verstanden.« Daß Empedokles deshalb in den Höllenofen gesprungen und von ihm nur sein Schuhwerk übriggeblieben sein soll, hält Nino allerdings für eine Legende. »Vielmehr ist er wohl dem Krater zu nahe gekommen und von Pluto, dem Herrn der Unterwelt, in die Glut befördert worden. Was eigentlich schade war, weil der Grieche so kluge Sachen über die Elemente Feuer, Wasser, Luft und Erde gesagt hat.«

Und während der Polo knattert und rattert und wir inzwischen Adrano hinter uns gelassen haben, entdecke ich in mir eine Verwunderung, von der ich nicht weiß, ob sie unverschämt oder natürlich ist – nämlich darüber, daß hier Gedanken geäußert werden, die eine von einem »einfachen Polizisten« in der Regel nicht zu erwartende Bildung voraussetzen.

Was mich ebenfalls verwundert, gleichzeitig aber auch beruhigt, ist, daß Concetta, Ninos zarte Frau, ungeachtet des abenteuerlichen Fahrstils ihres Mannes völlig entspannt bleibt, während ich, vorn neben dem gesprächigen Chauffeur, eigentlich ununterbrochen erschauere – so hart, so millimetergenau rauscht der Wagen an allem vorbei, was rechts von ihm ist.

Aber ich bin eben, eingestandenermaßen, ein schlechter Beifahrer, denn Nino fährt seinen Klapperkasten mit überzeugender Sicherheit.

Am Westhang machen große Schneefelder den Ätna heller – hier kommt die Sonne später hin als im Süden, bleiben ihre Strahlen kürzer liegen. Herrlicher Blick auf den Monte Rosso und Monte Ruvolo, während es ganz oben, auf dem Mongibello, sacht aus den Kratern qualmt – Sommitali, Centrale, Bocca Nuova. Und südlich die erloschene Montagnola.

Wie hoch kommt man da hinauf? Das steht noch aus.

Vor Bronte überqueren wir den Simeto, einen der längsten Flüsse Siziliens, der im Nebrodischen Gebirge entspringt und südlich von

Catania ins Meer strömt – in den Foce del Simeto, die Mündung, so gepriesenes wie gesperrtes Naturschutzgebiet, ebenfalls ein späteres Ziel.

Vor Bronte über die Schienen der berühmten Ferrovia Circumetnea, der Bahn rund um den Vulkan – ohne daß jetzt von ihr auch nur das kleinste Anzeichen zu erblicken oder zu erlauschen wäre. Wie sieht sie aus, was ist das für ein Zug?

In der gebirgigen Landschaft, hinein nach Innersizilien, weit hinten eine Stadt, malerisch auf einer Felshöhe gelagert, wie ein Diadem aus Stein. »Centuripe«, klärt Nino auf.

Dauernd nennt er Namen – »Passo Zingaro, Castello di Spano, Monte Maletto« – und erzählt: Hier in dieser Gegend, vor Bronte, hat es nach dem Zweiten Weltkrieg Räuber gegeben, *banditi*, die Leute überfallen haben, ähnlich wie der berüchtigte Giuliano bei Palermo, der ganze Heere von Polizisten und Soldaten in Atem gehalten hat. »Das war schlimm hier, aber was heute vergessen wird, wenn man darüber spricht, war der Antrieb damals – *fame*, Hunger!«

Nino ist nicht zu stoppen, weder motorisch noch rhetorisch. Bei der Anfahrt auf Randazzo erfahre ich, daß er in Acireale geboren ist, außer Clara noch eine Tochter hat und einen Sohn – »Rosella und Angelo, werdet ihr heute abend kennenlernen«; daß es zwischen 1614 und 1624 ständige Vulkanausbrüche gegeben hat und 1979, bei einem unvorhergesehenen aus der Bocca Nuova, 9 Tote und 25 Verletzte. »Touristen, Idioten, die sich zu nahe an die Krater herangewagt hatten und von Lavabrocken erschlagen oder getroffen worden sind.«

Fortwährend weist er hin auf die Pistazienfelder am Fuß des Berges, auf die Feigen-, Oliven- und Mandelpracht in Grün und Rosa ringsum, und das so stolz, als wären sie seine Schöpfung und sein Besitz. Da kann kein Zweifel aufkommen, daß es nichts gibt, was er vom Ätna nicht weiß, und daß der Berg der geographische Mittelpunkt seines und seiner Familie Leben ist.

Dabei dröhnt und scheppert der Polo in immer höheren Tönen, während Ninos Mitteilungsdrang den unermüdlichen Übersetzer schier an den Rand seiner Leistungsfähigkeit bringt.

In Centro storico von Randazzo nimmt er mich sozusagen an die Hand, führt mich vor Kirchen – San Nicolo und Chiesa di Santa

Maria (die aussieht wie eine Miniaturausgabe der römischen Engels-burg) –, sagt, auf die alten Häuser zeigend, zwischen denen Wäsche-leinen gespannt sind: »Schau selbst, das meiste ist aus Lava«, und betritt einen Laden, in dem es himmlisch duftet. »Hier kriegst du Brot, wie nirgends sonst, aus einem Bimssteinofen – das macht den besonderen Geschmack.«

Als wir heraustreten, ein Blick nach oben – langgestrecktes Weiß, durchbrochene Schleier, wie an das Blau gehaucht und von der Sonne durchschienen, als seien Wolken zu nichts anderem da, als den Himmel zu schmücken.

Über den Fiume Alcantara – Steine im Bett, Gischt über Schnel-len – in Richtung Linguaglossa. Und dann ein Anblick, der einen erstarren lassen kann. Eine gewaltige, schwarze, zerklüftete Masse, die sich vom Berg herabgewälzt hat, mehr als hundert Meter breit und über die Straße weg bis hin zu einem Haus, von dem nur ein Mauerrest und das Dach aus der geronnenen Lava ragen.

Hatte der schwere Ausbruch vom Sommer 2001 den Südhang aus großer Höhe bis an den Rand von Nicolosi versehrt, so war dieser Teil, der nördliche, schon zwanzig Jahre vorher, 1981, durch Eruptio-nen aus Lateralkratern furchtbar heimgesucht worden. Zwar sind die Straße und die Trasse der Circumetnea inzwischen längst wieder frei-gelegt worden, aber die Wucht des Lavastroms und die vernichtende Wirkung dieser glühenden Zunge sind gleichwohl bis heute spürbar: Hilflosigkeit und ihr äußerster Ausdruck, der Zwang zum Gebet. Hier kann das selbst von einem Glaubenslosen verstanden werden. Zu überwältigend ist die menschliche Ohnmacht vor der Allmacht solcher Natur.

Ich bleibe stehen vor der unvernarbten Spur und entdecke in der Lava Risse, Spalten, Klüfte, aus denen es grünt, schwach, aber unver-bergbar. Und darüber dann hoch, lastend, schweigend und hier am Nordhang noch weithin von Schnee bedeckt, die ungeheure Wöl-bung des großen Zerstörers und Spenders in einem.

Nino, eine Geste des Lobes, klopft mir auf die Schulter, als wollte er sagen: »Du bist dabei, es zu begreifen.«

Allerdings, ich bin dabei.

Vor Linguaglossa wird eine Schranke heruntergelassen – also erlebe ich es doch noch. Ich steige aus, trete nahe heran an die Gleise der Circumetnea, und da kommt es auch schon herangezockelt, das berühmte Vehikel, erschreckend rasch, nachdem der Übergang gerade eben zugesperrt worden ist. Kein Zug, beim Zeus, eher eine Art Straßenbahn, genauer noch, ein Straßenbähnchen. Aber wie sie so dahergerattert kommt, die Ätnaumrundungsbahn, schwindsüchtig, jedoch geadelt von der Patina einer langen insularen Verkehrsgeschichte, erscheint sie mir weit jenseits von Gut und Böse. Dann verschwindet sie ächzend nach links, derart gerüttelt und geschüttelt, als wäre sie so alt wie der Ätna selbst.

In dieser Gegend war Concetta Lehrerin, in drei Gemeinden. Das berichtet sie vom Hintersitz, und es ist so ziemlich das einzige, was sie auf dieser Sturmfahrt äußert. Nino war und ist in seinem Mitteilungsdrang nicht zu bremsen.

Gerade klärt er auf über die Mineralien, die in der Lava sind und sie so fruchtbar machen, allerdings mit der Frist etwa einer Generation, dann jedoch ungestüm. »Das quillt förmlich aus dem Boden heraus, üppig geradezu!« Außerdem hatte der Ätna eine ursprüngliche Höhe von 5400 Metern und war immer eisbedeckt. »Wußtest du das?« Ja, ich wußte es, behalte das aber lieber für mich.

Zurück entlang am Osthang geht es, so Nino, über »die Schleichwege«. Die sollen kürzer sein als die große Straße nach Milo und Zafferana Etnea, steiler sind sie auf jeden Fall. Ich habe manche Serpentinen auf der Welt kennengelernt, doch selten solche wie diese mit ihren *tornanti*, Haarnadelkurven, und das in verstörender Häufigkeit.

Doch Nino fährt sie mit einer Gelassenheit, als sei dies die einzige Straße auf der Welt und außer ihm niemand sonst motorisiert. Dabei berichtet er, daß es in der Gegend Wasser gibt, das von natürlichen Brunnen aus 280 Meter Tiefe geholt wird, hält am nächsten von ihnen, läßt uns kosten und sagt: »Acqua purissima.« Da könnte niemand widersprechen – reiner und klarer geht's nimmer.

Nino ist auch der erste, der auf das Meer weist, das da links etwas dunstig im Osten liegt. Von der Höhe bei Zafferana ruht tief unten die bebaute Ebene von Catania wie Spielzeug mit dem Gemisch von roten Dächern und dem Grün der Vegetation.

Letzte Information von Nino auf dieser Reise: »Da seht ihr den dichtest besiedelten Teil Siziliens.«

Dann wird, südlich von Fleri, das Wahrzeichen von Trecastagni erkennbar, der »Leuchtturm« der Chiesa Madre.

Antonio Cristaudo, 62 und kurz vor der Pensionierung, hat eine große Tagesstrecke mühelos hinter sich gebracht. Er hat dabei unzählige Male das Steuer losgelassen, hat nach draußen gezeigt oder sich über das schüttere Haar gestrichen, seinen Polo traktiert, als wären die bereits gelaufenen fast eine halbe Million Kilometer ein Pappenstiel, und war voll, übervoll von *seinem* Ätna.

Ich wurde Zeuge eines Stücks Heimatverbundenheit, die von der Blut-und-Boden-Mentalität soweit entfernt ist wie der Sirius von der Erde.

Dann sind wir angelangt. Aber der Tag ist noch nicht zu Ende. Abends sind wir bei den Cristaudos eingeladen.

Tierliebe – ohne Weltanschauung

Es dunkelt schon auf halber Strecke zwischen Trecastagni und Acireale, als wir eintreffen und das Tor zum Anwesen der Familie von Angelo Cristaudo, dem Sohn, geöffnet wird. Er ist hochaufgeschossen, hager, und ich schätze ihn auf Mitte Dreißig. Während er den Besuch zum Haus geleitet, hält er eine weiße Gans im Arm, die er Toto nennt und die heftig an seinen Haaren herumpickt. Vor der Tür setzt er sie ab, und als sie ihm schnatternd nachwill, streichelt er sie sanft, worauf Toto zufrieden davonwatschelt.

Drinnen ist ein großer Tisch gedeckt, mit Blumen und Bestecken für zehn Personen. Es sind alle da, *mamma* Concetta und *papà* Nino, Tochter Clara, ihre ältere Schwester Rosella und deren Mann Giacobo, sie Ärztin, er Lateinlehrer, beide aus Acireale, Angelos Freundin Stefania und eine junge Frau namens Marzella, der Familie zugehörig.

Was ganz offenbar auch für die Hunde gilt, die hier mit allen Anzeichen der Vertrautheit und des Wohlbefindens im Haus herumstreunen: Ralph, den ich ja schon kenne und in dessen seelenvolle Augen ich hoffnungslos verliebt bin; Ariana, die ich jetzt erst kennenlerne, dalmatinerhaft und schmaler als mein (und Claras!) dunkelfelliger Liebling, und dazu nun noch Noah, eine Hündin, die Rosella und Giacobo mitgebracht haben. Obwohl erst ein Jahr alt, ist Noah schon riesig, so daß man sich erstaunt fragt, welche Ausmaße das erwachsene Tier einmal annehmen wird. Dabei scheint ihre

Friedfertigkeit ganz ihren Dimensionen zu entsprechen, denn obschon sie Ralph und Ariana leicht zu Boden werfen oder an die Wand quetschen könnte, leckt sie ihnen so sanft das Fell, als bettele sie um ihre Gastfreundschaft.

Während die Spaghetti weich kochen, führt Angelo uns kellerwärts über eine Treppe in ein Zimmer, das seine Leidenschaft ausweist: Bergsteigen. Einschlägige Bücher in Regalen, Fotos an der Wand – Valle d' Aosta, Dolomiten, das Trentino, auch der Monte Pellegrino von Palermo – »ein Kinderspiel«, lacht er. Da gibt es Ehrgeizigeres für den ausgebildeten Führer von Hunden, die abgerichtet sind, um Verschüttete aufzuspüren. Ein Profi ist Angelo, ebenso vernarrt in alles, was gebirgig ist, wie in Vulkane, »vom Ätna bis zum Stromboli«, nördlicher Ausläufer der von Südwesten nach Nordosten verlaufenden tektonischen Bruchkante der afrikanischen und der europäischen Kontinentalscholle. »Da müßt ihr hin, der Stromboli gehört zu Sizilien«, sagt Angelo, und schon flimmert ein selbstgedrehtes Video an der Wand von der »Fackel des Meeres«, wie die Seeleute des Altertums den Vulkan genannt haben. Da raucht er bedrohlich vor sich hin, der Krater, der alle fünfzehn Minuten einen glühenden Rülpser ausstößt und seine 1200 Grad heißen Emissionen über die Sciara del fuoco, die Feuerrutsche, ins Meer abfließen läßt, während die andere Seite der Insel ganz grün ist. Merken, den Stromboli.

Wieder oben dann, schaue ich mich im Haus um.

Im Kamin Feuer. An der Wand Landschaftsgemälde, in Silberrahmen Kinderfotos, Sohn und Töchter; auf Gesimsen und Fensterbänken Kristalle; eine alte Nähmaschine; ein altes Tintenfaß, ausgetrocknet; eine Gitarre ohne Saiten; ein Petroleumlämpchen.

Voller Stolz zeigt Clara mir einen Folianten, in den sie wunderbare Bilder der Barockgebäude von Acireale geklebt hat – die Bauten um die Piazza del Duomo; der Palazzo municipale; die Statue *David und Goliath* – der abgeschlagene Kopf des Riesen in Davids linker Hand. Gefährlich, wie Kunst das Schaurige ästhetisieren, ja, fast aufheben kann.

Das alles ist ohne Beschriftung, wohl auch ohne kulturhistorische Kenntnis des einzelnen Bildes. Da ist nichts in Clara als der blanke Stolz, daß es diese Kunstwerke gibt. Mit ihnen und ihrem Anblick ist sie groß geworden, sie sind ein Teil von ihr, und das, was ihr im Lauf der Zeit am besten gefiel, hat sie in den Folianten gefügt.

Dann das Festessen.

Es gibt, natürlich, Spaghetti, danach Meeresfrüchte, mit Brot und Wein, Salate, kleine gefüllte Tomaten, Früchte, Eis, Kaffee. Concetta ist fortwährend bemüht, ihren beiden Gästen aus Deutschland Wünsche von den Augen abzulesen, sie fordert sie ständig auf, mehr zu essen und zu trinken, und das mit der schon bekannten etwas schuldhaften Miene, als käme sie ihren Pflichten als Gastgeberin nicht hinreichend nach. Doch schließlich läßt sie sich einbinden in das unbefangene und ungezwungene Durcheinander, das da gestenreich und ausdrucksvoll an der Tafel zelebriert wird, ehe die sich von allein auflöst.

Nino sitzt im Sessel, neben Arianas angestammtem *posto*, und krault ihr den Hals; drei Mädchen stehen graziengleich vor dem Kamin, der fast niedergebrannt ist, aber seine Wärme im Raum verteilt hat; Angelo hockt auf der Treppe, neben ihm Noah, die ihm bis zur Schulter, nein, noch höher reicht, und nicht genug Streicheleinheiten einstecken kann. Schließlich geht sie staksig zu Rosella, die sie in den Arm nimmt und hin und her wiegt wie ein aus allen Nähten geplatztes Kind. Inzwischen kosen Ariana und Ralph miteinander, ehe sich Clara auf ihren Liebling stürzt und ihn nicht mehr losläßt, was Stefania, Angelos Freundin, ihr scherzhaft übelnimmt.

Hier wedelt es allerorten, Schnauzen werden getätschelt und Ohren gezupft. Endlich, gegen Mitternacht, beginnt Nino die Hunde mit Brot zu füttern, aber »piano! piano!«. Sie sollen nicht gierig zuschnappen, was sie am liebsten täten, alle drei, sondern die Brokken gesittet entgegennehmen – ganz vorsichtig. Darüber wird Ariana müde, und wenn sie müde ist, legt sie den Schwanz vor die Augen. Niemand stört sie.

Noah, die Riesige, so erzählt Giacobo lebt bei ihnen zu Hause in Acireale nicht nur mit sechs Katzen zusammen, sondern schläft auch gemeinsam mit ihnen. » Genauer – sie schlafen auf ihr. Und die Hündin steht erst auf, wenn die Katzen erwacht sind, nicht eher.«

Wie schön – Tierliebe ohne Weltanschauung, ohne deutsches Schäferhundgetue und ohne die unsägliche Formel: »Seit ich die Menschen kenne, liebe ich die Tiere.«

Was hier waltet, ist eine eingeborene, völlig unaufgesetzte Zärtlichkeit. Da wirkt etwas Unerschöpfliches. Sie kriegen einfach nicht genug davon. Alltag. Ich weiß, es gibt andere. Aber das Klischee von den tierfeindlichen Italienern – Blödsinn.

Alle treten nach draußen vor die Tür. Droben ein Viertelmond. Antonio Morten will hier auf Sizilien entdeckt haben, daß *la luna* manchmal doppelt zu sehen ist, ehe die beiden Erscheinungen sich wieder vereinigen – eine seltsame, von mir bisher nicht wahrgenommene Spiegelung. Skeptisch blicke ich hoch, und da sehe ich sie tatsächlich, zwei Teilmonde, die sich auseinanderschieben und dann wieder miteinander verschmelzen, ehe sich das Schauspiel der Trennung wiederholt.

Zum Abschied Begleitung durch die ganze Familie bis zum Tor, samt Hunden.

Bei der Rückfahrt nach Trecastagni bellt einer von ihnen. Aber welcher es ist, kann ich nicht heraushören.

»Giacomo Bertini war fünf Jahre alt ...«

Morgens stoße ich die Fensterläden zum Hof der Villa Billotta auf, und die Sonne strömt herein, gleißend und heiß, obwohl es noch so früh ist. Ihre Strahlen fallen auf eine große Karte, die, über und über blau und rot markiert, auf dem unbenutzten der beiden Betten in meinem Zimmer ausgebreitet liegt – Sizilien: blau die Orte und Regionen, die wir schon berührt haben, rot die anderen, die wir noch aufsuchen wollen und die bei weitem in der Überzahl sind.

Ich beuge mich über die Karte und ziehe mit dem Finger die deutlichste und stärkste der rot markierten Spuren nach, eine Strecke, die von Trecastagni über die Autobahn Catania–Palermo bis vor Enna führt, dort an Caltanissetta vorbei südlich abbiegt und etwa dreißig Kilometer weiter in einem Ort endet, den ich mit einem Doppelkreis versehen habe: Riesi.

Und wieder diese eine Frage, wie jeden Morgen seit meiner Ankunft: Was läßt mich zögern, dahin zu fahren und den Ort aufzusuchen, wo mein Großvater, *il nonno mio*, geboren wurde? Wann kommt die richtige Stunde dafür, wann das grüne Licht von innen?

Hier wird ein Einschub nötig.

Es ist an der Zeit, die Leserschaft aufzuklären, daß ich schon einmal in Riesi war – 1973, also vor dreißig Jahren. Unterwegs für eine Fernsehdokumentation über Herkunftsländer von Gastarbeitern in Deutschland, hatte die Reise das Team durch die ganze Halbinsel geführt bis hinunter nach Sizilien, das ich nun, obwohl schon so oft in Italien, zum erstenmal betrat.

Wir drehten in Niscemi, einer für die damalige Zeit typischen Ortschaft, mit hochbepackten Eseln, unbefestigten Straßen, sichtbarer Armut und – nur wenige Kilometer von Riesi entfernt. Noch nie war ich der Geburtsstadt meines Großvaters so nahe gekommen. Aber hatte es überhaupt Sinn, dorthin zu fahren? Schließlich waren alle meine schriftlichen Versuche, vom Municipio, dem Rathaus von Riesi, eine Information über Rocco Giordanos Herkunft zu bekommen, über Jahrzehnte hin an einer geradezu erbitternden Antwortlosigkeit gescheitert.

Wir standen kurz vor der Rückreise, waren seit Wochen unterwegs und, wie immer bei Dreharbeiten, in Zeitnot. Aber Riesi, so nahe, unaufgesucht zu lassen, das konnte ich, trotz der passiven Resistenz des Teams gegen eine Verlängerung, doch nicht über Herz und Gewissen bringen.

Und so trafen denn der Kameramann, der Kameraassistent, der Toningenieur und ich abends ein, suchten, staubbedeckt und todmüde, eine Unterkunft, fanden aber nichts – Riesi hatte kein Hotel.

Nach langem Umherirren stießen wir schließlich auf etwas, das sich *Pension* nannte, ein zweistöckiges Haus, dessen Wirtin pro Zimmer und Person umgerechnet ganze zwei Euro forderte, was nichts Gutes ahnen ließ. Dennoch konnte ich dem Wunsch der Kollegen, es in einer anderen Ortschaft zu versuchen, nicht nachgeben. Denn neben den vielen Geräuschen der Stadt hatte ich eines vernommen, das alle anderen übertönte: die Kirchturmuhr, die bei jedem Viertelstundenschlag die Zahl der gerade vergangenen vollen Stunde davorsetzte – ganz wie Opa Rocco es mir vor mehr als vierzig Jahren berichtet hatte. Und da er damals schon mindestens die gleiche Frist von Riesi fort gewesen war, bedeuteten die dröhnenden Glockenschläge im Jahr 1973 nichts anderes, als daß die Uhrzeit hier auch fast hundert Jahre später noch nach dem gleichen System zu Gehör gebracht wurde!

Ich war wie betäubt und gleichzeitig elektrisiert.

Fehlte nur noch, daß die Kirche nun auch immer noch getönt war in jenem Weiß und Blau, das der Großvater, mir wie gestern im Ohr, zu rühmen gewußt hatte.

Das auf der Stelle nachzuprüfen hatte ich allerdings nicht gleich Gelegenheit, obwohl die Schläge aus der Nähe kamen. Denn meinen Paß in Händen, fragte die Wirtin stirnrunzelnd: » Giordano – Giordano? Sind Sie Italiener?« Kurze Aufklärung von mir, daß der Großvater väterlicherseits Italiener war. »Italiener? Woher?« – »Aus Sizilien.« Pause. Dann: »Und von wo dort?« – »Aus Riesi.«

Was darauf geschah, ist nicht so leicht zu schildern.

Der Raum im Parterre der Pension war plötzlich voller Lärm und Menschen und mein Paß verschwunden. Alle wollten wissen, wer der Großvater war und welchen Beruf er ausgeübt hatte. Worauf während meiner eher grobmaschigen, unvermeidlicherweise aber dennoch bewegten Skizze der großväterlichen Biographie eine atemlose Stille der Bewunderung eintrat, ehe plötzlich alle wie auf Kommando auseinanderliefen, nachdem ich noch einmal den Namen genannt hatte und das Geburtsjahr – 1865.

Kein Zweifel, die Meute war, mir von der Wirtin strahlend bestätigt, ausgeschwärmt, um trotz der unmöglichen Stunde nach den Spuren meines *nonno* zu suchen!

Werden konnte daraus natürlich nichts, zumal an einem Samstagabend. Ich war, nach allen vergeblichen postalischen Mühen, ja auch nur mit dem Wunsch gekommen, wenigstens einmal die Geburtsstadt des Großvaters betreten zu haben. Ohne also irgend etwas zu erwarten, war ich vom Forschungstemperament der selbstlosen Fahnder dennoch berührt.

Mit solchen Gefühlen und in der Hoffnung, meinen Paß bald wiederzusehen, machte ich mich in der Dunkelheit auf den Weg, ging einfach den Glockenschlägen nach, stieß an einer großflächigen Piazza auf die Kirche, fand sie geöffnet, betrat sie – und sah mich inmitten eines hochgewölbten Traums von Weiß und Blau.

Da habe ich mich auf eine der hinteren Bänke gesetzt und ein bißchen vor mich hin geheult.

In dieser Nacht habe ich nicht einschlafen können, nicht allein, weil das Bettzeug des Vorschläfers offenbar nicht gewechselt worden war, sondern auch weil ich in der Finsternis auf dem winzigen

Balkon Stunde um Stunde auf die Schläge von der Chiesa Madre Riesis horchte.

Bis es, auf die Minute um 5 Uhr 45, an meine Tür klopfte, der Kameramann erschien, mich zu sich in sein Zimmer bat, dort auf eine Matratze wies, die an eindeutigen Beflekkungen nicht ihresgleichen hatte, und im Namen der anderen, denen es ähnlich ergangen war, auf sofortige Abreise drang – »auch wenn dein Großpapa hier geboren wurde«.

Das war so unmißverständlich wie begreiflich.

Meinen Paß bekam ich, wenn auch sichtlich benutzt, zurück. Und das unter dem lebhaften Kommentar der Wirtin: *i bambini* hätten noch lange im Rathaus gesucht, aber nichts gefunden, dann jedoch – und nun bekam der Report eine donquichottehafte Note – in Palermo einen Bürgermeister telefonisch aus dem Bett geklingelt, der sich sogar auf den Weg gemacht habe, wenngleich ebenfalls umsonst. Aber man habe Namen und Adresse von mir und werde nicht ruhen, bis geklärt sei, was es mit den Ursprüngen des »großen Sohnes von Riesi« auf sich habe. Ich würde bestimmt von ihnen hören. Doch so hochgestimmt das Versprechen auch abgegeben worden war, sowenig wurde es eingehalten – das einmal vorausgeschickt.

Ganz umsonst allerdings war, wie sich später herausstellen sollte, dieser erste Besuch in Riesi trotzdem nicht gewesen.

Seit dem Tod meines Großvaters im Jahr 1930 waren bis zu jenem Tag 43 Jahre vergangen, und meine Kenntnisse über sein Leben weit hinaus über die kindliche Beschränktheit von damals ergänzt worden – durch Großmutter Emma, 1869 in Schweden als eine von Schoultz geboren, die es aus nie mitgeteilten Gründen schon als junge Frau nach Deutschland verschlagen hatte.

Ich weiß nicht, ob sie mir in den 22 Jahren bis 1952, die sie Rocco Giordano überlebte, die ganze Wahrheit gesagt hat, aber auch noch mit solcher Einschränkung kann man sich das Leben an der Seite dieses Mannes abenteuerlicher und phantastischer kaum vorstellen.

Zunächst: Wenn die Leserschaft sich an den nie fehlenden Gabelstoß erinnert, mit dem mein Großvater bei dem allmonatlichen Spaghettiessen das Fleisch vom Teller seiner Frau auf den seinen beförderte, dürften alle Unklarheiten über die Herrschaftsverhältnisse in dieser Ehe beseitigt sein.

Kennengelernt hatten die beiden sich um 1895 herum, ihr gemeinsamer Sohn Alfons, mein Vater, wurde Ende 1896 geboren. Als Emma in Hamburg Rocco zum erstenmal begegnete, war er bereits ein berühmter Mann – der Maestro des *Erstklassigen Blasorchesters Giordano unter der persönlichen Leitung des Sizilianers Rocco Giordano aus Palermo.* So wiesen es in Fettschrift großformatige Programme aus, auf denen, ziffernmäßig geordnet und unter Angabe des jeweiligen Komponisten, als Repertoire 250 Märsche, 25 Polkas und 24 Mazurkas verzeichnet waren. Darunter, als Lieblingsstücke des über etwa dreißig italienische Musiker gebietenden Dirigenten kursiv hervorgehoben, Carl Maria von Webers *Aufforderung zum Tanz*, Ponchiellis *La danza delle ore*, Beethovens *Egmont* und die Ouvertüre von Rossinis *Wilhelm Tell.*

Es müssen nach den großmütterlichen Schilderungen furiose, exakt inszenierte Auftritte gewesen sein.

Kerzengerade auf dem Podium großer Konzerthäuser vor der Kapelle postiert, in wechselnden Phantasieuniformen von pseudomilitärischem Zuschnitt, einen langen Säbel umgeschnallt und angetan mit einer Schärpe von der Schulter bis zum Gürtel herab in den Farben des Königreichs Italien, wurde die Majestät seiner Haltung noch gekrönt durch einen weißen Federbusch auf seiner hohen Mütze mit Schirm. Die Federn auf den Kopfbedeckungen der Musiker waren dunkel.

Von ihm gnadenlos regiert, gehorchten sie ihm auf das Zucken seiner Braue, nachdem er einen Posaunisten niedergestreckt hatte, als dessen Einsatz um den unhörbaren Bruchteil einer Sekunde zu spät gekommen war. Jedem Konzert gingen gefürchtete Proben voraus. Sie dauerten oft so lange, daß den Bläsern der Atem ausging, dem Trommler der Schlagarm versagte und aus den Manschetten des Maestro das Wasser troff. Nur seiner Trompete entfuhren, so spät es auch geworden sein mochte, makellose Töne, als ginge es nicht um eine Vorübung, sondern schon um die Vorstellung selbst.

Und so führte denn der wie aus dem aus dem Nichts erschienene Sizilianer bis zur Wende des 19. zum 20. Jahrhunderts und darüber hinaus seine in ein *Philharmonisches Blasorchester Giordano* umbenannte Kapelle über London, Paris, Hamburg, Berlin, Warschau und St. Petersburg (wo Zar Nikolaus ihm den Stab aus Eisenholz überreichte) von Triumph zu Triumph, ein ebenso unbeherrschter wie gesegneter Künstler, glorienscheinumstrahlt, von gekrönten Häuptern huldvoll empfangen, vom Publikum vergöttert und überall denkwürdig verabschiedet. Das Dasein eines anscheinend ewigen Erfolgs.

Was sich änderte, nach Großmutter Emmas Erinnerungen, war das Äußere ihres Mannes. 1910, gerade 45 geworden, wirkte er weit älter. Auch steigerte sich seine Unduldsamkeit ins Maßlose. Als ihm einmal im Wintergarten zu Hannover Noten verlegt worden waren, beschimpfte er den schuldlosen Büfettier und goß dem Mann, als der ihm widersprach, ein Glas Bier ins Gesicht. Und als ihm ein Jahr darauf in Kopenhagen drei Instrumente gestohlen wurden und einer seiner Musiker den Fehler machte, ihm die Hiobsbotschaft während der Ouvertüre von Rossinis *Barbier von Sevilla* flüsternd zu hinterbringen, schlug er sich vor dem erstarrten Publikum des City-Konzertsaals mit den Fäusten hemmungslos gegen die Brust und verfiel in schiere Tobsucht.

Ein wahrer Zuchtmeister, wuchsen seine Schwierigkeiten, die Musiker im Zaum zu halten – weshalb er sich, unverhohlen, eine Pistole zulegte. Was ihm einmal fast zum Verhängnis geworden wäre (Großmutter Emma konnte bei der Schilderung ihrem Enkel gegenüber auch soviel später noch deutliche Zeichen von Schadenfreude nicht unterdrücken).

Ihrem Bericht nach soll der Maestro im schwedischen Malmö, wo er bereits öfter gastiert hatte, schon an der Pier von begeisterten Studenten empfangen, auf ihre Schultern gehoben und immer wieder hoch in die Luft geworfen worden sein. Knallrot im Gesicht, stieß der Gefeierte unartikulierte Laute aus, wobei er mit der rechten Hand krampfhaft seine hintere Hosentasche umklammerte. Als er schließlich zu Boden gelassen wurde, brach er weinend und seiner Stimme nicht mehr mächtig zusammen – was allgemein als Freude über den stürmischen Empfang gedeutet wurde. Tatsächlich jedoch war er halb wahnsinnig vor Angst, daß sich ein Schuß aus der Pistole lösen könnte, die er in besagter Tasche zu tragen pflegte. Mit der Waffe, so hatte er gedroht, werde er jeden Musiker, der desertiere, auf der Stelle niederstrecken oder ihm, sollte wider Erwarten die Flucht gelingen, bis ans Ende der Welt nachstellen und richten.

Wozu ihm niemals Anlaß gegeben wurde.

Denn nichts, so schien es, konnte ihm etwas antun, nicht der Disziplin, der Autorität und dem Genie, die er verkörperte, und nichts einer Karriere, die unaufhaltsam schien.

Einmal am Abend, wo auch immer er auftrat – im Königs-Café Berlins, im Zeltgarten von Breslau oder in Leipzigs Pologne –, einmal am Abend blies der Maestro, höchste Auszeichnung für das Publikum, ein Solo auf seiner Trompete. Jetzt sanft und tremolierend, dann wieder mit mauersprengendem Schall über das wohlig erschauernde Parkett hin, während der auf die fünfzig zugehende Kapellmeister da oben aufrecht und wie neugeboren stand.

Die bedeutendsten Häuser Europas rissen sich um ihn, und der Kunstschein des Königlichen Konservatoriums von Dresden war nur eine der zahlreichen Auszeichnungen, die auf ihn herabregneten. Auf den Programmen waren viele von ihnen, nicht alle aufgeführt, wie auch die Städte im Deutschen Reich und im Ausland, wo das *Philharmonische Orchester Giordano unter der Direktion des Sizilianers Maestro Rocco Giordano aus Palermo* aufgetreten war. Dutzende und aber Dutzende von Namen, ab 1896 in der Rubrik »Referenzen« säuberlich aneinandergereiht, samt den Etablissements, denen die Ehre seiner Anwesenheit und Könnerschaft gegeben worden war.

Das Herkunftsland des Maestro allerdings fehlte dabei. Offiziell hieß es, der Reiz einer italienischen Blaskapelle beginne nun einmal erst nördlich der Alpen. Was der wirkliche Grund dafür war, so meine Großmutter, hatte sie nicht aus ihm herausbekommen. Jedenfalls hatte er Italien nie wieder betreten.

Und gerade von daher sollte die Katastrophe kommen.

Hatte es im August 1914, als die Fackel des Kriegs Europa in Brand setzte, noch Stimmen gegeben, die prophezeiten, daß wohl der Kontinent, nicht aber das *Philharmonische Blasorchester Giordano* zerstört werden könnte, so sollte der 15. Mai 1915 sie eines anderen belehren. Es war das Datum, an dem das Königreich Italien dem deutschen Kaiserreich und seinen Verbündeten den Krieg erklärte – und das Lebenswerk meines Großvaters auf einen Streich zertrümmerte.

Zu feindlichen Ausländern erklärt, kamen ihm seine Musiker abhanden, liefen ihm kopflos davon und kehrten nicht wieder, während ihm zwar Internierung oder gar Haft erspart blieben, nicht jedoch die Fremdenpolizei und ihre Schikanen.

Da saß er nun mit Frau und dem inzwischen zwanzigjährigen Sohn in jener Wohnung in Hamburg-Hoheluft, die ihm und den Seinen während des rastlosen Nomadentums zwischen West- und Osteuropa zu so etwas wie einer Andeutung von Seßhaftigkeit geworden war.

Ein letzter Versuch, in die Heimat seiner schwedischen Frau auszubrechen, in ein Land des Friedens und der Neutralität, wo ihm im renommierten Stockholmer Bernd Salonger die Stelle eines Hauskapellmeisters mit der Aussicht auf eine zweite Karriere angeboten war – dieser Versuch scheiterte: Hamburgs Fremdenpolizei verweigerte Ehepaar und Sohn die Ausreise.

Man kann sagen, daß sich von dieser Stunde an Dunkelheit über Rocco Giordano senkte und in seinem Leben nie wieder ein Licht geschienen hat.

Das erfolgsgewohnte Genie zog danach noch fünfzehn Jahre lang bei einer Schneiderei in der Hamburger Innenstadt die Nadel durch die Stoffe fremder Leute, ein sozialer und kultureller Abstieg, wie man ihn sich schlimmer wohl nicht vorstellen kann. Was ihn gerade zu dieser Arbeit bewog, war nicht zu ergründen. Vielleicht, weil sie die erste beste war, die ihm angeboten wurde, und er fürchtete, sonst auf der Straße zu stehen.

Immerhin ernährte er seine Familie, ja, fand sogar noch die Mittel, Sohn Alfons, der vom musikalischen Genie seines Erzeugers nichts mitbekommen hatte, auf dem Hamburger Konservatorium Musik studieren zu lassen – wo mein Vater dann seine Frau Lilly, geborene Seligmann, meine Mutter, kennengelernt hat.

Den Boden Italiens oder gar seiner Geburtsinsel Sizilien betrat Rocco Giordano, wie gesagt, nie wieder. Was in seiner Brust und seinem Herzen vorging, blieb darin verschlossen, bis auf das wenige, das sich, mir damals noch unverständlich, in dem wie unter atmosphärischem Druck herausgepreßten »Zitschilia, Zitschilia!« gespenstisch Luft zu machen versuchte. Und das so unvergeßlich war wie der zärtliche Druck seiner Finger auf meinen Ohrläppchen.

Wie er Teil des meinen, so war ich ein Teil seines Lebens, infantiler Zeuge der letzten Jahre Opa Roccos, der nur 65 wurde. Ihn inzwischen mit meinen fast Achtzig an Jahren weit überflügelnd, hat er mich doch mein Dasein lang begleitet.

In meiner Hamburger Familien-und-Verfolgten-Saga »Die Bertinis« habe ich ihm gleich zu Anfang ein literarisches Denkmal gesetzt:

»Giacomo Bertini war fünf Jahre alt, als er beschloß, sein erbärmliches Geburtsnest Riesi im sizilianischen Regierungsbezirk Caltanissetta auf dem Rücken eines nachbarlichen Esels unabgemeldet zu verlassen – das Meer, Palermo, Musik! Aber er kam nur knapp auf den Weg. Noch im Weichbild der Ortschaft bockte das Tier, warf den jugendlichen Reiter ab und schmetterte ihm den rechten Hinterlauf so nachdrücklich ins Gesicht, daß das Blut spritzte – spitz durchstieß das Nasenbein die Haut.
Giacomo wendete.«

So steht es da als erster Absatz.

Jede in dem stark autobiographischen Roman auftretende Figur hat eine historische Ausgangsperson – die für Giacomo Bertini war mein Großvater Rocco. Wie bei allen anderen, besteht auch bei ihm hohe Übereinstimmung zwischen Buch und Wirklichkeit.

Die Idee, das eigene Leben als Romanvorlage zu nehmen, hatte ich schon im Januar 1942 – kurz vor meinem neunzehnten Geburtstag. Als das Werk dann endlich erschien, 1982, war ich 59. So lange hatte es gedauert, den Stoff innerlich zu bewältigen. Mit dem Schwerpunkt der Jahre 1933 bis 1945, reicht er von den großmütterlichen und großväterlichen Ursprüngen aus dem letzten Drittel des 19. Jahrhunderts bis in den Mai 1946, also ein Jahr nach der Befreiung.

Ganz umsonst war der mißglückte Versuch von 1973 also dennoch nicht, hatte ich nun doch immerhin eine Vorstellung von Riesi und seiner Umgebung, ohne die die zitierte Einleitung des Buches kaum möglich gewesen wäre.

Ich hatte im Lauf der Zeit etwa 1800 Notizen über die Familiengeschichte aufgezeichnet. Hauptinformationsquelle für meinen Großvater war meine Großmutter. Bei meiner Geburt, 1923, 54, war sie 83, als sie 1952 starb.

Für mich war Oma Emma immer eine alte Frau gewesen. Dürr wie eine Bohnenstange, bis an ihr Ende in Kleidern, die auf die Erde reichten, und, darin ganz Skandinavierin, pfeiferauchend wie ein Schlot.

Zu jeder Auskunft bereit, konnte sie *eine* Kenntnislücke dennoch weder verbergen noch schließen – die Jahre von Rocco Giordanos Geburt bis zu ihrem ersten Zusammentreffen in Hamburg gegen Mitte der neunziger Jahre des 19. Jahrhunderts.

Außer daß er mit der Kapelle von Palermo gekommen war, gab es nichts als weiße Flecken. Wer seine Eltern und Verwandten waren, welche Berufe sie hatten, was er in Riesi getan, wann er die Stadt verlassen hatte und ob es dort noch Nachkommen und Verwandte gab – davon wußte sie nichts. Ebenso unbeantwortet die Frage, wie er zur Musik fand und ob er sie schon in Riesi als Beruf ausgeübt hatte. Unbeantwortet ferner, wie der Funken, der in ihm schwelte, zu jener Hochofenglut angefacht werden konnte, die ihn in den besten Häusern halb Europas zu *der* Attraktion aller zeitgenössischen Blaskapellen gemacht hatte. Und dann dieses Ende.

Was für ein Schicksal, und – *che nonno!* – was für ein Großvater!

Ich war dann nach dem ersten Aufenthalt des Jahres 1973 noch zweimal auf Sizilien. 1975 in Agrigento, wo ich auf den Stufen des Concordiatempels mit der Reinschrift der »Bertinis« begann, aber wegen Erkrankung meiner Frau Helga sofort nach Deutschland zurückkehren mußte, ehe ein zweiter Besuch in Riesi möglich werden konnte. Und 1985, abermals unterwegs für eine Fernsehsendung über *Araber in Europa*, doch auch diesmal unter ständiger Terminnot und nur in Palermo und Umgebung. Es hat nicht sollen sein.

Nun bin ich also zum viertenmal auf der Insel, und diesmal will ich es wissen, wenn es denn etwas zu wissen gibt. Nur hat sich inzwischen so etwas wie eine innere Blockade in mir festgesetzt.

Und so beuge ich mich in meinem Zimmer zum Hof der Villa Billotta über die große Karte Siziliens, ziehe ich die breiteste der rot markierten, also noch nicht befahrenen, Spuren nach – von Trecastagni auf die *Autostrada 19* Catania–Palermo, dann in westlicher Richtung bis vor Enna, dort nach links abgebogen und, an Caltanissetta vorbei, etwa dreißig Kilometer südlich bis zu dem mit einem Doppelkreis versehenen Endpunkt: Riesi.

Da will ich hin! – nicht heute und nicht morgen, sondern wenn die richtige Stunde gekommen sein wird, das grüne Licht von innen. Bis dahin aber wird es sich wohl immer weiter verdichten, jenes seltsame Gefühl in Bauch und Kopf – zwischen Hoffnung und Entmutigung.

Der Mann gehört zu den Sizilianern, die ich nie vergessen werde

Noch einmal auf den Ätna, auf die große, die Hochtour – mit Antonio Nicoloso.

Einen besseren Bergführer als diesen kleinen, drahtigen, höchst vertrauenerweckenden Mann gibt es nicht. Bekannt mit den berühmtesten Vulkanologen unserer Gegenwart, haben ihn seine Forschungen auch auf die feuerspeienden Berge anderer Kontinente getrieben, darunter solche in Äthiopien, die tief unter dem Meeresspiegel liegen – Abenteuer, die seinen Namen weit über Sizilien und über die Fachkreise hinaus berühmt gemacht haben. Nicht zuletzt dazu beigetragen hat sein Abstieg in den rauchenden Zentralkrater des Ätna bis auf 250 Meter in den Höllenpfuhl hinunter. Das war 1974. Seither hält man ihn für von den Toten auferstanden, ist Antonio Nicoloso noch zu Lebzeiten seine eigene Legende.

Jetzt, an einem frühen Aprilmorgen, fahren wir durch Plantagen blühender Birnen- und Kirschbäume auf den Südhang zu, bis der vierradangetriebene Jeep, vorbei an den ersten Lavaformationen, zu steigen und zu schnaufen beginnt – Anstrengungen, die dem braven Nevada nicht zuzumuten gewesen wären.

Die Sicht ist so klar, als würde hier das Licht der ganzen Welt erstrahlen. Der Berg und sein Haupt liegen frei unter einem wolkenlosen Himmel, jede seiner Furchen ist entblößt, und über dem verborgenen Schlund hängt das übliche Rauchwölkchen.

Nicoloso kennt die Pfade, es geht rasch aufwärts. Beim ersten Halt schon reicht der Blick bis Siracusa und auf die Höhenzüge der Monti Iblei, der Hybläischen Berge, weit im Süden. Nahe die Lateralkrater, mühelos zähle ich zehn von ihnen. Und einer davon war es, der, inzwischen längst bewaldet und kultiviert, im 17. Jahrhundert mit seiner Glutzunge bis Catania geleckt hat, das da unten friedlich wie eine Spielzeugstadt in der Sonne liegt.

Hier oben aber beginnt die Welt der Lava, nichts als Lava. Und Sand, der ebenfalls Lava war – *roccia sabbiosa*, Zeuge geologischer Äonen. Zu beiden Seiten türmt sich Erdinneres zuhauf, zyklopenhaft, schartig, ein anderer Planet.

Krater wie schwarze Löcher, an denen Nicoloso lässig mit einer Hand am Lenkrad vorbeisteuert, als befände sich der Jeep auf einer asphaltierten Edelpiste. Dabei ist unter den Rädern nichts Festes mehr, sondern ein Schotterweg, auf dem Antonio Morten im Fond und ich neben Nicoloso durchgerüttelt und -geschüttelt werden wie in einem abstürzenden Aeroplan, während tatsächlich die Erde und das Meer da unten immer ferner, entrückter, unwirklicher werden.

Ohnehin, wie schon gebeichtet, ein eher gestörter Beifahrer, zucke ich jedesmal vom Wagenschlag weg ins Innere, wenn der Bergführer sehr nahe am Rand von Kratern deren Geschichte kommentiert – »Der da ist 1978 geboren« oder »Der hat sich 1980 vergrößert« – und wie nebenbei bemerkt: Selbst wenn einer von denen jetzt speien würde, wisse er, wie ihm auszuweichen sei.

Ein Haus, verfallen, verlassen, ein fürchterlicher Anblick, da hat die Lava ganze Arbeit geleistet. »1985«, präzisiert Nicoloso. Und hier haben sich Menschen mal sicher gefühlt.

Es geht im ersten Gang hoch, unglaublich, daß ein Motorfahrzeug solche Steigungen schafft.

Schneeflecken über Lava. Ich habe mich noch nie in der Natur so verloren gefühlt wie inmitten dieser dunkel erstarrten Massen.

Wir steigen aus. Wind weht, orkanartig. Weit hinten, im Osten, hinter dem Mare Ionio, Gebirgszüge, Grate – Kalabrien, Aspromonte. Nicoloso: »1800 Meter.«

Wir hier sind schon höher, höher als die Bergstation des Rifugio Sapienza und seine Seilbahn, die im Juli und August 2001 von der Magma fünf kochender Krater zerstört wurde, ein Ausbruch, wie es ihn seit Beginn der Messungen nicht gegeben hatte.

Ich denke: Niemand wird hier oben ohne Furcht vor einer Eruption sein, niemand. Außer vielleicht Antonio Nicoloso. Denn er spricht so ruhig, als stünden wir nicht ein paar hundert Meter unterhalb des Gipfels von Europas aktivstem Vulkan.

»Diese Stelle heißt ›Tal des Sees‹. Denn früher, bevor die Lava kam, schwappte hier ein regelrechter See, auf dem Boote fuhren.« Dann weist er hinauf, zu einem Punkt etwas oberhalb unseres Standorts. »Bis dahin, 3000 Meter hoch, führte der alte Lift, ehe er 1971 durch einen Ausbruch zerstört wurde, genau wie eine Warte dort oben, ein Beobachtungsort.«

Einsteigen, weiter. Hier befiehlt der Boß. Recht so, denn ohne ihn wären wir verloren. Also höher hinauf als die etwa 2700 Meter, die wir erreicht haben. Wie kann man sich in diesem Labyrinth aus Eis und Lava zurechtfinden? Aber Nicoloso steuert sicher drauflos, wobei er gerade über eine Schicht fährt, die so schief ist, daß das Gefährt nach links zu kippen droht. Ein Blick in das unbewegte Gesicht des Chauffeurs bestätigt allerdings, wie töricht solche Furcht ist.

Jetzt steigt der Zentralkrater düster empor, unheimlich nahe – und wirft Schwarzes und Helles aus. »Das Dunkle, das da hochstiebt«, erklärt Nicoloso, »ist kein Rauch, sondern Sand, zerstäubte Lava; die weiße Wolke aber Gas und Rauch, mit Temperaturen von 1200 Grad und mehr. Die Gase steigen mit einer Geschwindigkeit von 700 Kilometern die Stunde hoch und verspritzen dann die Lava.«

Und jetzt noch einmal ein Stück darauf zu.

Dann ausgestiegen. Wir sind nun auf 3000 Meter Höhe, der äußerste Punkt des Mongibello wird derzeit mit 3323 Meter gemessen. Starker Wind, das Atmen fällt schwer.

Antonio Morten, der Jüngere, hat weniger Lasten. Nicoloso hält mich fürsorglich am Arm.

Sizilien aus der Vogel-, nein, aus der Adlerperspektive!

Selbst die bergnahen Orte – Paternò, Biancavilla, Belpasso, Nicolosi, das es 2001 fast erwischt hätte – sie sind schon fern. Aber dann, ich will es nicht glauben, sehe ich Enna, so etwas wie die Mitte der Insel, auch ihr »Nabel« oder ihr »Herz« genannt. Darüber die Gebirgskette der Nebrodi, und dahinter, noch höher als sie, die der Madonie, die schon in den Nordwesten auslaufen, während sich nach der anderen Seite, hinter den Kämmen der Peloritani, Siziliens Nordosten mit Messina verbirgt.

Auf der östlichen Seite des Inseldreiecks aber bietet sich heute von hier oben in glitzernder Schönheit das volle maritime Panorama dar – von der Meerenge der Skylla und Charybdis im Norden bis zum Golfo di Noto im Süden.

Man möchte etwas sagen, aber es bleibt einem in der Kehle stekken. Der Wind weht ohnehin so stark, daß man sein eigenes Wort nicht versteht und umgeworfen zu werden droht.

Da, in dieses Staunen hinein, pufft es plötzlich höchst prosaisch aus dem nahen Krater hoch, unheildrohend und nachhaltig, wie es seit der Ankunft vor einem Monat jedenfalls nicht beobachtet worden ist. Antonio Morten eilt, ein Foto davon zu machen, während ich krächzend gegen den Wind anfeixe: »Morgige Schlagzeile der sizilianischen Presse: ›Bedauerlicherweise wurde der aus Deutschland stammende Enkel eines sizilianischen Großvaters gestern samt seinen Begleitern eben unterhalb des Gipfels von einem unerwarteten Ausbruch des Ätna überrascht und dabei ...‹«

Also das nun lieber doch nicht.

Tatsächlich kriege ich einen mächtigen Schreck, der sich nur legt, weil der ersten Explosion keine zweite folgt. Zwar qualmt es noch mächtig aus dem Schlot, aber beruhigenderweise pufft es nicht mehr daraus hervor.

Antonio Nicoloso hatte übrigens keine Miene verzogen.

Höher geht es nicht mehr, und ich bin nicht traurig darüber. Vielmehr muß man mir bei der Fahrt nach unten wohl meine Erleichterung angesehen haben, denn Antonio Nicoloso und mein weniger schreckhafter Begleiter werfen sich Blicke zu, die zwar von einer sensiblen Reaktion zeugen, aber eine gewisse Belustigung nicht ganz verbergen können.

Die Wahrheit ist, daß ich, ungeachtet meiner Ängste, auf dieser dritten Tour in den Mythos Berg gekrochen bin, und daß mein Schrecken vor ihm dazugehört. Ich habe seine organische und anorganische Natur inhaliert, habe seine erkalteten Massen betastet und seine brütenden Kräfte im Schoß der Erdrinde gespürt. Will sagen: Da ist in mir heute etwas eingezogen, das gestern noch nicht da war.

Es staubt, als wir herunterfahren, stark, nach Osten – *roccia sabbiosa.*

Beim Anblick von Pinien atme ich auf. Dann Blumen, Obstspaliere, Gemüsegärten, eine Million Tomaten – Menschenwelt. Aber gedeiht das hier nicht alles auf Lava, die von oben kam? »Richtig, von 2300 Meter, eine Riesenwelle, damals – 1893«, sagt Antonio Nicoloso.

Der Mann gehört zu den Sizilianern, die ich nie vergessen werde.

»Da bleibt kein Tropfen in der Torte«

In den Weinkeller der Giuffridas steigt man durch eine Tür in der Wohnung – und ist in einer anderen, fast mittelalterlich anmutenden Welt.

Der Hausherr macht sein Versprechen wahr. Eine staubbedeckte alte Leuchte in der Hand, geht es ein paar Stufen hinab – und da sind sie, alte Fässer, riesig, aus Kastanienholz und mit Eisenreifen umspannt. »Der Wein bleibt eine Zeitlang darin, um den Geschmack seiner Hülle anzunehmen, dann wird er umgefüllt in andere Fässer.« Einführung in eine uralte Wissenschaft, für die es keiner Universität bedurfte.

Ein Gewölbe mit verschiedenen Ebenen, eine steinerne Höhle eher, ein überdimensionales Arbeitsgemach, um Wein herzustellen. Das erste, was einem neben den einschüchternd großen Fässern auffällt, ist ein ungeheurer, wohl an die zwölf Meter langer und querliegender Baumstamm (*palmento*), selbst für einen Laien erkennbar als das Hauptinstrument zum Auspressen der Frucht.

Wie funktioniert das?

Oben Becken, deren Boden aus Lava ist. Dahin geht es hoch, über knarrende Stufen. »Hier wurden die Trauben mit Füßen getreten, acht Leute stampften darin herum, in kurzen Hosen und mit Schuhen – Schuhen, die besonders dicke Sohlen hatten. Aber es wurde nicht, wie üblich, getreten, sondern gestampft, so.« Andrea Giuffrida macht es vor, geht mit kleinen Schritten im Kreis herum, ohne die Knie hochzuziehen, also mit steifen Beinen auf einem Boden, der nicht glatt, sondern porös ist. »Auf diese Weise konnten die Trauben ergiebiger zerquetscht werden.«

Der Saft floß durch eine Öffnung in ein unteres Becken, wo er 24 oder 48 Stunden gärte, je nachdem, welche Farbe gewünscht war. Je länger, desto intensiver. »Alles Rotwein, nur Rotwein.«

Andrea Giuffrida hält einen Stöpsel in der Hand, mit dem der Ausfluß aus dem oberen Becken in ein unteres reguliert wurde. »Der ist 120 Jahre alt und aus Metall. Wie in Römerzeiten.«

Es ist gruftig und kühl hier, angenehm bei den in diesem Frühling bereits sommerlichen Temperaturen.

Im Gegensatz zu Antonio Morten, der ein großer Weinkenner und -liebhaber ist, gestehe ich meine Ignoranz ein. Ich trinke keinerlei Flüssigkeit mit Alkohol, weil ich seinen Geschmack nicht mag – also sind keine Überwindung, kein Verdienst und keine Weltanschauung im Spiel.

Doch ändert meine Abstinenz nichts an der Faszination, die dieses alte Gewölbe und sein Arbeitsmechanismus auf mich ausüben. Deshalb höre ich zu und schaue und bin ganz dabei, wenn der Hausherr gestenreich und inbrünstig doziert.

Wie der Wein in Kannen aus den Becken geschöpft, in dudelsack-ähnliche Behälter aus Schafsfell entleert und dann durch einen kastenförmigen Trichter in die Fässer gegossen wird. Und wie die durch Menschenkraft erst vorentsafteten Trauben dann bis auf den letzten, den allerletzten Tropfen ausgequetscht werden – durch ein vorindustrielles Drucksystem, das es, so einfach wie genial, mit jeder motorischen Kraft aufnehmen kann.

Das ausgetretene Gut, »Gestrüpp« oder »Torte« genannt, wird auf eine große, mit Metallketten am *palmento* befestigte Platte befördert und dort zunächst dem ungeheuren Eigengewicht des riesigen Baumstamms ausgesetzt. Dann aber tritt die eigentliche Erfindung und ihr sinnvoller Mechanismus in Aktion: Eine Schraube – »aus härtestem Holz!« –, die nicht nur durch Drehung mit einer Eisenstange die Pression erhöhen, sondern die ungeheure Last noch einmal furchteinflößend steigern kann – durch einen vom Erdboden hochgehievten Steinklotz von zwei Tonnen, also vierzig Zentnern, der sich nun anhängt.

»Da bleibt kein Tropfen in der Torte.«

In einem Verschlag entdecke ich ein Diplom: »Patente di assaggiatore rilasciato a Giuffrida Andrea, Trecastagni, 28 Marzo 1999.«

Es wird eingeschenkt – »Salute!« –, auf unsere Bekanntschaft, nein, inzwischen Freundschaft, und auf *das Buch*. Da geht's nicht anders, da nippe ich an meinem Glas, wenigstens.

Hier wird jedes Jahr noch Wein gekeltert, nicht im alten Maß, nicht unter den damaligen Strapazen und nur noch mit den Trauben vom eigenen Feld. Aber der Monolith da, der tritt jedesmal wieder in Kraft – als ob es Spaß machte, den Klotz dank menschlicher Erfindungskraft spielend zu überwinden.

Die Italiener, sagt der Hausherr, hätten es nicht verstanden, ihre Weinproduktion in Brüssel zu verteidigen, gegen das sogenannte Hygienegesetz von dort. Aber er sagt es ohne Verärgerung. »Wir kümmern uns ohnehin nicht darum, sondern machen weiter auf unsere altbewährte Weise.«

Ich bleibe, wieder heraufgestiegen, noch ein wenig in der Wohnung der Giuffridas.

An der Wand Bilder von biblischen Ereignissen; alte Spiegel; eine spanische Galeone als Modell. Hinter Glas, in einem Holzrahmen, eine Wanduhr, auf zehn Minuten nach vier stehengeblieben. Konsolen aus kostbarem Holz, mit blumengeschmückten Stoffen überzogene Stühle. Fotos der Familie, Tochter, Schwiegersohn, Enkelinnen und Enkel.

»Fünf im ganzen«, sagt Marisa.

Abends in ihrer Küche, wie es sich eingebürgert hat. Spaghetti, sonst hier nicht jeden Tag serviert, doch für mich obligatorisch. Danach erst wird richtig aufgetischt. Gegenwehr vergeblich.

Im Kamin Feuer, kann man vertragen, abends wird es kühler. Marisa bei der Vorbereitung des Mahls. Sehen wir uns an, wo immer wir uns begegnen, geschieht es mit Sympathie.

Das tut gut.

Ich bin verheiratet und liebe meine Frau Roswitha, genannt Röschen, ohne Wenn und Aber. Für die Dame des Hauses jedoch mit dem vollen, dunklen Schopf entdecke ich eine Schwäche, und sie, das fühle ich, mag mich auch, eine wortlose Verständigung. Ich denke oft an sie, auch wenn wir uns Tage nicht sehen, frage mich nach diesem und jenem in ihrem Leben und spüre, daß ich sie, die Frau eines anderen, richtig liebgewonnen habe. Und das – wie wunderbar! – ohne zu begehren. Wer kann da bestreiten, daß das Alter auch seine lichten Seiten hat?

Mit Andrea Giuffrida gibt es keine langweiligen Gespräche. Der hochgebildete Avvocato im Ruhestand ist Historiker und Linguist, ein geistiger Selfmademan. Sein politischer Standort ist nicht leicht zu erkennen. Wenn der Begriff noch gilt, steht er eher links. Meint, zum Beispiel, daß der Kapitalismus sich nicht selbst regulieren kann, eine sozialistische Alternative aber wahrscheinlich nie existieren wird. An diesem Punkt könnte ich kommentieren: Wie wahr das.

Da wird, ganz allgemein und über das Ironische hinaus, eine kritische Skepsis spürbar, ohne daß etwa Pessimismus vorherrschte. Hier obsiegt ein grundsolides Lebensgefühl, eine Festigkeit, um die ich den Mann mit dem weißen Spitz-, Schnurr- und Schläfenbart fast beneide.

Einmal sagt er, am Tisch in der Küche, wie nebenbei und abwesend, quasi als Nachtrag: »Ich könnte nie einem Menschen die Hand geben, von dem ich wüßte, daß er andere Menschen bewußt geschädigt hat.«

75

Beide sind besorgt um das Wohl ihrer »Untermieter auf Zeit«. Als es mir einmal schlecht ging, war sofort Roberto, Arzt und Orangenesser, zur Stelle. Allein sein breites, gutmütiges Lächeln schon mochte zu meiner Gesundung beigetragen haben.

Nachts klagt das unsichtbare Hündchen wieder, klagt bis in die Frühe.

Ja, es muß ein wilder, inniger Schmerz sein, der da in ihm bohrt und das Tier in Abständen, nach denen man die Uhr stellen kann, seufzen und wimmern läßt. Wie ein Symbol ist dieses feine, singende Klagen, wie aus dem Abgrund einer dreitausendjährigen Geschichte, die über die Insel gekommen ist, ohne je ihre Bewohner befragt zu haben.

Ich liege hier am Fuß des Ätna zu Beginn des 21. Jahrhunderts und denke: Altes, uraltes Sizilien!

Und doch – wie jung die menschliche Historie, gemessen an dem Feuerberg, der da draußen vor 700 000 Jahren mit ungeheurem Gebrüll aus der Ebene hervorbrach, 5000 Meter hoch gegen den erschrockenen Himmel explodierte und – heute morgen schneebedeckt ist, weithin, vereister Tau, über Nacht.

Da klagt das Hündchen wieder, und ich, der sonst so krankhaft Lärmempfindliche, denke: Klage nur, Hündchen, klage!

Ich gehe noch einmal auf die Piazza.

Es schummert schon, aber zwei Jungen und ein Mädchen, so um die sieben, acht Jahre, sind noch auf dem Platz. Als sie sehen, daß ich etwas in mein Diktiergerät spreche, kommen sie unbefangen näher, wollen wissen, was das für ein Instrument ist und was ich da hineingesprochen habe. Ich erzähle ihnen von meinem Großvater. Der eine Junge nimmt seine Brille ab und fragt und fragt. Dann die anderen. Ich gebe ihnen Auskunft, soweit ich kann. Es macht mir Spaß, ihre Neugierde zu bedienen und ihnen als jemand von *fuori*, von außerhalb, zu begegnen, der dennoch dazugehört. Sie schauen mich aus ihren dunklen Augen an und wollen dann nacheinander etwas in das Diktiergerät sagen. Als sie danach ihre eigenen Stimmen hören, lachen sie aufgeregt und stieben davon, als wäre ihnen unheimlich zumute.

In der Bar Garden herrscht reges Leben. Kinder auch hier noch, mit Mutter oder Vater. Kaffee, *té limone*, Espresso; zuckersüße

Kuchen, farbenprächtig verpackte *dolci* (es geht auf Ostern zu – *Pasqua*); der Fernseher in voller Aktion, und der Kassierer, wie immer, ohne zu lächeln. Als ich dann auch noch den Mann in der Ecke sehe, der, wie immer, stumm dasitzt und in die Runde schaut, erschrecke ich. Er hat auch heute nichts verzehrt, der Tisch vor ihm ist leer, und er steckt in der gleichen hellen Hose, dem offenen Hemd und den brauen Schuhen – als habe er sich, seit ich ihn das letzte Mal vor einigen Tagen gesehen habe, nicht vom Fleck gerührt.

Nun zurück, vorbei an der blau beleuchteten Marienkapelle und ihrem »Solo Jesu salva«; vorbei auch an der Jesusstatue und dem am 12. Juni 1996 handgeschriebenen Text »Du schenktest mir, Herr, ein neues Herz«; dann eingebogen in die Via Toselli und durch den schmalen Gang auf den Hof der Villa Billotta.

Wir sind schon etliche Wochen Gäste hier. Trecastagni, ein guter Auftakt.

Morgen geht es auf große Tour.

SIZILIEN, SIZILIEN! (I)

Heute wäre Theokrit wohl eher fündig geworden

Ein großes Tor öffnet sich, lange, steingesäumte Wege, rechts und links Zitronenbäume – Auffahrt zur Casa Isabella in Santa Maria delle Grazie, nördlich von Catania.

Der Park, gesprenkelt mit Tausenden von gelben Blumenköpfchen, bis an den Abhang zum Ionischen Meer. Ein abschüssiger Pfad, steil hinunter, wohl an die hundert Meter, daneben Kakteen, Wildwuchs Indischer Feigen, Bäume mit gelben Blütendolden, die Blumen hier blau.

Von unten rauscht und schwallt es hoch, Gischt, davor ein Fels, immer wieder überspült wie ein Ertrinkender, der versucht, den Kopf über dem Spiegel zu halten.

Hier oben ein kleiner Podest, porös gemauert, von alten Töpfen bestanden, und – Vorsicht! – rutschig.

Dann das Haus, die Casa Isabella, eingehüllt in eine Patina, wie nur die Zeit, kein Künstler, sie schaffen kann, eine Residenz mit großen Bögen und zur Empore eine Treppe hoch. Oben die Dame des Hauses, klein, Zigarette im Mundwinkel, sprühende, lachbereite Augen, nachdem die Sonnenbrille bei der Begrüßung abgenommen worden ist – eine Begegnung, die einen zur Anrede »Lady« inspirieren könnte, wenn auch, weiß Gott, unter sizilianischen Vorzeichen. Ich nenne sie deshalb lieber »Donna«. Sie trägt einen braunen Rock, der bis auf die Knöchel fällt, und eine braune Bluse. Mit ihren grauen Haaren und der dunkel getönten Haut wird sie je länger betrachtet, desto schöner.

Erste Informationen: Das Haus ist Anfang des 19. Jahrhunderts gebaut worden und um 1930 in den Besitz der Familie des verstorbenen Ehemanns gekommen. Er war Ingenieur in Gela, die Witwe ist in Enna geboren. Keine Kinder.

Die Casa Isabella ist in ihrem ursprünglichen Zustand verblieben, weder Großmutter noch Schwiegervater noch Ehemann wollten Veränderungen. »Natürlich gab es mehr als ein Angebot, hier ein Hotel zu errichten, mit horrenden Summen. Aber dagegen hat sich die Familie immer gewehrt, wie ich auch.«

Das klingt nach *basta*, unumstößlich.

Kein Wunder. Ich sehe von hier aus: die samtige Küstenlinie bis zum Landvorsprung bei Acireale; nach Osten die blaue Unendlichkeit der See, drüberhin nach Norden, im Dunst, Kalabrien – *il continente* und seine gebirgigen Ausläufer. Landeinwärts: die begrünten Zuckerhüte der Lateralkrater; die Nadel der Chiesa Madre auf dem Belvedere von Trecastagni; die rot-gelbe Flut der Orangen- und Zitronenhaine zum Ätna hin und den Vulkan selbst, wie er da still vor sich hin raucht, zeigt, daß er atmet, und mir, wie jedesmal noch bei seinem Anblick, die Sprache verschlägt.

Die Donna sieht meinen Blick, lächelt, sagt: »Ja, der ...«, und beantwortet meine Frage, ob ich mich draußen umtun könnte, mit »chiaro«.

Um mich herum große, trompetenförmige Blüten, die aus einem Dschungel von Grün hervorschießen, als wollten sie sich aus der Umklammerung befreien. Ein Hahn, aus dem Wasser quillt, Goldfische und Seerosen in einem Becken; ein Swimmingpool, trocken und eingeteilt in eine flache und eine tiefere Zone; die Zisterne, obendrauf ein schwerer eiserner Deckel mit einer Klappe – ich öffne sie und sehe tief unten Wasser blinken.

Eidechsen huschen umher.

Unten ein unberührter Strand, heute nicht anders als vor zweieinhalbtausend Jahren, zur Zeit der Magna Graecia, der griechischen Siedlungen in Süditalien und auf Sizilien. Und während die See ihre ewige Melodie hochschickt, dröhnt ein kleiner Eindecker mit absterbenden Geräuschen auf den Horizont zu.

Hierher geführt hat uns Angelo Cristaudo, der Sohn von Nino und Concetta, Claras Bruder. Befreundet mit der mütterlichen Donna, ist er ein gerngesehener Gast des Hauses, das dem passionierten Bergsteiger mit dem fast senkrecht steilen Hang hinab zur See zwar keine alpinen, aber durchaus halsbrecherische Möglichkeiten für seine Leidenschaft bietet.

Dann im Haus.

Wir sitzen mit der Donna im großen Wohnraum. Ein mächtiger alter Schrank, schwere Sessel, schweres Sofa, schwerer Tisch, darauf Blumen. Kristall auf Konsolen, Kerzen in Kristalleuchtern, Silberschalen. Fliesen, Teppiche. Die Fensterläden sind geöffnet, Blick durch die Tür auf einen sprudelnden Brunnen. Hier dringt nie ein Sonnenstrahl herein.

Ich sehe einen Regenschirm. Wann wird der gebraucht? »Raramente« – selten. Und was bedeutet hier Winter? »Pochissimo« – es gibt so gut wie keinen. »Ein bißchen kühler als sonst.« Aber wenn der Wind stark weht, kriegt man das schon mit: »Das Meer ist zu hören.« Die Mauern sind dick, gut für die Hitze und gut auch für kältere Monate. Heizung ist, für alle Fälle, installiert.

Wie muß ein Leben bis ins siebte Jahrzehnt verlaufen sein, wenn die Augen so sprühend und jung geblieben sind? Und gewöhnt man sich an ein Paradies, dessen Mittelpunkt man selbst ist?

»Manchmal, wenn ich in Urlaub fahre und zurückkomme, entdecke ich einige Sachen, die ich sonst nicht bemerke.« Dann: »In der Abendsonne, wenn es klar ist, sieht man von der Terrasse aus auf der einen Seite die Lichter und Türme Kalabriens, auf der anderen den Ätna. Das kann sich nicht abnutzen.« Und nach einer Pause: »Eine besonders schöne Aussicht hat man von der Stelle, wo die Steinbank steht. Da wäre es leicht, sich zu verlieben. Ich war allerdings schon verliebt, als ich hierherkam.«

Mehr Italienerin oder Sizilianerin? Darauf eine Handbewegung, die keinen Zweifel läßt – dachte ich mir. Die Erklärung: »Meiner Ansicht nach ist die Gefühlswelt hier in Sizilien ausgeprägter, herzlicher, betonter.«

Freunde, die woanders wohnen, in Rom, Mailand oder Turin, würden alle nach Sizilien zurückkehren, wenn sie denn Arbeit fänden. »Niemand, der von hier kommt, würde da oben bleiben.«

Und der Ätna?

»Eine Macht.«

Obwohl es lange her ist, 1981, wird sie nie den Anblick eines Hauses bei Randazzo, auf der Nordseite des Bergs, vergessen, das viel größer war als dieses und verschüttet wurde – von dreißig Metern Lava.

»Dreißig Meter! Eine Macht.«

Daß die Lava bis hierher kommen könnte, das allerdings fürchtet sie nicht. Da sind Erdbeben gefährlicher – *terremoti*. Die hat sie schon erlebt, auch ein schweres. Da hat alles gezittert und gewackelt. »Aber es war ein Erdbeben, das sich nicht von unten nach oben bewegte, also nicht senkrecht – deshalb hat der Lüster nicht geschaukelt. Das geschieht nur, wenn die Stöße horizontal kommen.«

Der Lüster – ein Monstrum von der Zimmerdecke herab.

Wir treten nach draußen.

»Wenn der Mond scheint«, sagt sie und zeigt nach Osten, »dann wirft er von dort immer einen gelben Strahl übers Meer, ein richtig leuchtendes Band. Und wenn man sich umdreht«, sie tut es, »dann leuchtet *der Berg* da oben.«

Angelo bleibt hier, für ein paar Tage.

Durch das Rückfenster des alten Nevada sehe ich, wie sie dasteht und uns nachwinkt, die Donna, klein, zierlich und an den Füßen Sandalen.

Von der Straße landeinwärts mache ich die Casa Isabella über eine weite Fläche von Zitronenhainen und Palmen hin noch einmal in ihrer stolzen Einsamkeit aus – jenseits das Meer, diesseits der Vulkan und sonst nichts.

Mag Theokrit mit seiner Bukolik Schimären angehangen haben, aus einer tiefen menschlichen Sehnsucht heraus, die keine Wirklichkeit werden konnte im Zeitalter antiker Eroberungen, Einfälle und Vertreibungen – heute wäre der Dichter der »Eydyllia« aus Syrakus wohl eher fündig geworden.

»Ein perfektes Paar sind wir nicht, aber ein glückliches«

Zur Mündung des Simeto – Foce del Simeto –, mit seinen hundert Kilometern einer der längsten Flüsse Siziliens (der längste, der Salso, mißt gerade mal 44 Kilometer mehr).

Dafür fließt der Simeto, dem Hochmassiv der Sara del Re (1757 Meter) im Nebrodigebirge entspringend und von den Wassern des Wildbachs Saracena genährt, durch die wunderschönen Landschaften östlich des Ätna, bis er südlich von Catania im Ionischen Meer mündet – in den Oasi del Simeto, eine *Riserva naturale*, ein Naturschutzgebiet.

Und zwar ein von der Nazionale 114 höchst unzugängliches. Keine Hinweise, wie so oft auf der Insel, und die Piste am Damm entlang mit Schlaglöchern übersät. Wie kommt man an die Mündung? Um mich zu orientieren, versuche ich, den Deich zu erklettern. Aber es geht nicht – zu glatt, zu steil, zu viele Dornen.

An einer anderen Stelle, in Richtung See, gelingt es.

Da oben weiter Blick, Vogelgezwitscher und, glitzernd und unerreichbar – der Fluß: lehmiges Vorland, mannshohes Schilf, Dornengestrüpp, nichts als Stacheln. Durch dieses Dickicht könnte man sich nur mit der Machete hauen.

Aber Blumen, rot und blau, so schön, daß es einem in den Fingern juckt, sie zu einem Strauß zu binden, doch der Naturfreund siegt.

Nächster Versuch, am Deich entlang nach Osten und Stopp vor einem fest geschlossenen Tor, von dem sich nach beiden Seiten ein langer Zaun hinzieht – *Proprietà privata* und *Strada privata*.

Drinnen, links, eine Ansammlung von Häusern, eine Feriensiedlung offensichtlich, als *Primo Sole Beach* angezeigt, ebenfalls privat und so abgesperrt wie die Natur hinterm Zaun. Foce del Simeto ade.

Da geschieht ein Wunder. Ein Tankfahrer kommt heran, schließt das Tor auf – und läßt den Nevada samt Insassen durch. Allerdings nur für eine halbe Stunde, dann müsse er zurück, sagt der Mann, und das Tor wieder schließen.

Wir geloben, rechtzeitig zurück zu sein.

Vorbei an den Häusern, die nicht so aussehen, als bezögen ihre Besitzer Arbeitslosenunterstützung – und da wird das Meer sichtbar. Weißmähnig rauscht es heran, und irgendwo, hinter einem Felsen, sind Schiffsmasten zu erkennen.

Ausgestiegen und zu Fuß auf einer Grasnarbe nach Süden. Und da liegt die Mündung des Simeto unter greller Sonne, macht der Fluß einen Bogen und fließt mit seinem Süßwasser leise, kaum spürbar, in die salzige See.

In der Luft Möwen, vorn, am Saum des Foce, ein stelzbeiniger weißer Vogel, lange unbeweglich, dann ein paar Schritte, drei, vier, und wieder starr. Eidechsen, wohl die ersehnte Beute, schillernd und huschend.

Vier Boote, hell und blau angestrichen, liegen auf dem Sand.

Es ist fast windstill, aber das Meer rauscht mit langen Wellenzügen heran, wie Rösser in schwerem Galopp – und scheitern, zerschellen, brechen sich an einer Klippe, hinter der Mastspitzen hervorlugen.

Näher heran – ein Steinwall, mächtige Blöcke, zu schwer, um von Menschen aufgetürmt zu sein. Und daran lehnt sich, gestrandet, ein Schiff – im Winkel von 45 Grad, verrostet, mit zwei Masten und Hebebäumen, ein Trawler, Fischkutter, von der Tonnage her hochseefähig.

Aber wie er da so liegt, an der einzigen Klippe, die es hier weit und breit gibt, bietet das Schiff einen Anblick, den man nicht wahrhaben will.

Wer, um Himmels willen, hat den Kahn ausgerechnet auf dieses Riff gesteuert? Vor mir der Golfo di Catania, die Unendlichkeit des Mare Ionico – und nirgendwo ein Hafen. Verstehe das, wer mag. Und wie lange schon krachen die Brecher über Deck und Aufbauten? Dem Rost nach zu urteilen, seit Jahren.

Hier vorn, am linken Ufer der Simetomündung, Millionen von Muscheln, in unerschöpflichen Linien und Formen, und eine Brandung, die sich sprühend, blinkend, funkelnd bricht an den Felsen.

Antonio Morten, badebegeistert wie selten einer, hat die Schuhe ausgezogen, die Hose hochgekrempelt und die Beine bis an die Waden in die See getaucht.

Das kühlt unter einer Sonne, die demonstriert, wie nahe Afrika ist.

Ein Blick auf die Uhr, es ist über die Zeit, also in den Wagen geworfen und hin zum Tor – eingeschlossen!

Der Fahrer des Tankwagens ist weg und hat hinter sich zugesperrt. Zu Recht, denn die konzedierte halbe Stunde ist längst überschritten. Aber rufen läßt sich hier niemand, und die Siedlung der Reichen und Schönen sieht so leer aus, als wäre in ihr alles ausgestorben.

Dazu kommt, daß es Samstagnachmittag ist. Ich kriege das große Flattern des Klaustrophoben, obwohl die Decke bis zum Firmament reicht. Müssen wir hier etwa bis Montagmorgen ausharren?

Weniger kleingläubig, durchstreift Antonio Morten mit dem Nevada die gähnend leeren Straßen des *Primo Sole Beach*, völlig vergeblich, wie ich meine, denn alle Fenster, Türen und andere Öffnungen sind so fest zugezurrt wie nur möglich.

Doch da – ein offenes Gitter, ein Eingang, und hinten, vor einem Haus, ein älterer Mann und eine Frau.

Er steckt in einem Trainingsanzug, hat eine rote Mütze auf, ist von großer Statur, vor 74 Jahren in der Provinz Trapani geboren, war Bauarbeiter und heißt Francesco; sie dagegen ist klein, 66, in Catania geboren, trägt eine Wolljacke, hat eine geblümte Schürze um und heißt Agata. Sie haben einen Sohn, eine Tochter, zwei Enkel und sind seit 45 Jahren verheiratet.

Das haben wir nicht etwa aus den beiden herausgequetscht, sondern in den ersten fünf Minuten nach der Begrüßung von ihnen erfahren. Es sind die freundlichsten Menschen der Welt, und wenn sie mit uns, den Fremden, sprechen, berühren sie einen vertrauensvoll.

Sie führen uns ins Haus, zeigen uns stolz das Wohnzimmer mit den Eichenmöbeln und dem großen Spiegel, den Wandschrank mit den Alkoholika und den Tisch für acht Personen; das Schlafzimmer und einen Raum, den Francesco »das Arbeitszimmer« nennt – eine Nähmaschine, ein Radio, ein Schrank. Hier schlafen, wenn sie kommen, Sohn, Tochter oder die beiden Enkel – »Francesco und Michele«. Dann das Bad. Er sagt: »Das hatte ich als Junge nicht geglaubt, daß ich mal ein Haus mit einem Bad haben würde. Da hat sich also was getan auf Sizilien.«

In der Küche – grünes Holz, Kachelboden, der Fernseher läuft.

Angefangen mit dem Bau des Hauses hat er 1978, da lebte die Familie noch in Catania. »Aber seit dreizehn Jahren hier, und das bis ans Ende.«

Er hat lange in Triest gearbeitet, »da waren die ein bißchen ›zu‹, als sie hörten, daß ich aus Sizilien kam. Alles Vorurteile, die aufgehoben werden können, wenn man miteinander spricht.« In Deutschland war er nicht, »aber in Afrika und anderen Ländern«.

Daher kann Francesco Englisch, und das hat ihm Freundschaften eingebracht. Ein Bus mit Touristen aus Rumänien war einmal bis vors Tor gekommen und hatte dort nach der Mündung des Simeto gefragt, ohne daß der Wärter ihnen antworten konnte. »Da habe ich mit meinem Englisch ausgeholfen, und das ist offenbar nicht vergessen worden. Denn einige Zeit darauf haben Touristen derselben Agentur nach mir gefragt, und seither kommen sie jedes Jahr wieder, nur um einem guten Tag zu sagen. Sie bringen Wodka mit, oder dies und das. Aber immer kriegen sie von mir eine Flasche Wein zurück.«

Einmal war eine Journalistin dabei, die wollte ein Buch über das organisierte Verbrechen schreiben, also über die Mafia. Er lacht. »Ich habe ihr gesagt: Liebe Frau, wenn Sie die Mafia suchen, dann gehen Sie besser nach Osteuropa, da ist noch fruchtbarer, jungfräulicher Boden. Da kann man noch viel mehr Geld machen als hier, wo schon alles besetzt ist.«

Francesco spricht laut, so daß die Übersetzung für den *traduttore* nicht immer einfach ist.

Dann fragt er, woher wir kommen und was uns hierher gebracht hat, staunt: »Ein Buch über Sizilien? Da gibt es aber viel zu schreiben«, holt Wein und Gläser und ruft: »Salute, cin, cin!«

Dann führt Agata uns den Garten vor. Salat, Tomaten, wilder Spargel, Bohnen. Wein unter einem Netz. Palmen, Kakteen, große und kleine. »Die kleinen«, sagt Agata, »blühen wunderschön – aber nur für 24 Stunden, einen Tag, länger nicht.« Mandarinen und Zitronenbäume. Ein Steinofen, daneben die Waschmaschine. Zwei riesige blaue Wasserbehälter. In einem Gehege eine Schildkröte, und an einer langen Leine ein kleiner schwarzer Hund, ein Mischling, zweieinhalb Monate alt und heftig schwanzwedelnd.

Wir sitzen auf der Veranda.

»Ein gutes Leben«, sagt Francesco, ergänzt von Agata: »Und ein schönes Alter.«

Wieso mußte ich nach Sizilien kommen, um so etwas zu erleben, und nicht das erste Mal?

Wir sind seit einer Stunde hier – und gehören quasi zur Familie. Wir haben uns nie zuvor gesehen und wissen doch schon manches über das Leben der beiden. Da ist kein Argwohn und kein Mißtrauen, keine Spur von Befangenheit oder Zurückhaltung. Von der italienischen Herkunft meines Begleiters haben sie erfahren – Francesco: »Im Trentino habe ich auch gearbeitet!« Und dann sagt dieser Mann, den wir eben kennengelernt haben, einen Satz, den ich seither wie eine Wahrheit im Kopf habe: »Es gibt nichts Perfektes, was perfekt ist, ist nicht glücklich. Wir sind kein perfektes Paar, aber ein glückliches.«

Ich hüte mich vor Verklärung oder gar Idealisierung, aber hier stoße ich häufiger als anderswo auf etwas, nach dem ich mich sehne, mich mein ganzes Leben gesehnt habe, etwas Echtem, Unfabriziertem; nach Verhältnissen, nach Beziehungen zwischen Menschen, die mir gemäß sind, nach Vertraulichkeit, die erwidert wird, nach der Bereitschaft, dem anderen zu glauben. Da gibt es ein Defizit in Deutschland, das mir hier nur noch schmerzhafter bewußt wird.

Gut, daß wir an die Mündung des Simeto gefahren sind. Aber wie kommen wir wieder weg?

Natürlich hat Francesco einen Schlüssel. Abschied von Agata, durchaus bewegt, beiderseits. Dann fährt er mit seinem Wagen voran, öffnet das Tor und bleibt noch lange winkend an seinem Platz.

Vorher hatte er auf meine Frage »Wie lange liegt das Schiff schon da?« lachend geantwortet: »Seit drei Wochen. Aber bleiben wird es dort drei Jahre – mindestens.«

Bei hundert habe ich aufgehört zu zählen

Hinter Lentini, in dünstendem Schweigen, die Piana di Catania – die große Ebene, ein einziger Fruchtgarten. Orangenbaum an Orangenbaum, Millionen, bis an den Horizont. Als der Wagen die ersten Anhöhen der Hybläischen Berge erklettert, auf der Straße nach Buccheri, sehen die Plantagen aus wie tropischer Regenwald von oben: ähnliche Kugelungen, Rundungen und Wölbungen, wie ich sie beim Überfliegen des Amazonasgebiets in Erinnerung habe.

Aber nach Pedagaggi, hinein in die Berge, wird es steiniger, kahler. Verlassene Gehöfte, felsübersäte Abhänge, Krüppelbäume, die Straße schmaler und ansteigend.

Noch einmal der Blick über die Region von Siracusa über Augusta bis Catania, teils wolkenverschattet, teils blank in der Sonne, Grammichele und Francoforte am Fuße der Monti Iblei dabei wie die letzten Vorposten der Zivilisation. Dann, hinter Ferla, übernehmen Gebirge und Einsamkeit die Herrschaft, mit Felsen wie kariöse Riesenzähne und Schluchten wie gewaltsame Eingravierungen der Natur – biblisch, eine Landschaft zum Fürchten.

Und dann, plötzlich, liegen sie da, über der Cava Grande des Flusses Calcinara und dem Tal des Anapo, ein Anblick, auf den niemand vorbereitet sein kann: die Kammergräber einer gigantischen Nekropole, die Höhlen von Pantàlica – 5000 sollen es sein!

In die Felsen geschlagen von Ursizilianern, den Sikulern; die ältesten um 1270, die jüngsten im 8. Jahrhundert v. u. Z., stammen die Gräber sowohl aus der Bronze- als auch der Eisenzeit.

Lauter rechteckige oder quadratische Löcher, Hunderte auf einen Blick, Öffnungen wie pupillenlose Augen, teils begehbar und zu erreichen, teils – wie nur? – in steile Wände geschlagen, hoch über der Talsohle, ohne jede Möglichkeit, dahin zu gelangen.

Inmitten dieses Gräberbezirks lag die Hauptstadt der Sikuler. Um 730 v. u. Z. aus unbekannten Gründen aufgegeben, war die Stätte danach fast ein Jahrtausend öd und leer, bis einige der Grabhöhlen in frühchristlicher und später byzantinischer Zeit entweder bewohnt oder in Kapellen umgewandelt wurden.

Ein ungeheurer Modergeruch will mich anwehen, als ich mit einer Mischung aus Bewunderung, Grauen und Faszination gebückt eine der leeren Kammern betrete, etwa zweieinhalb mal drei Meter groß.

Wie ist das ausgehöhlt worden, wie die Decke geglättet, aus der winzige Vegetationskeime sprießen? Wer ist hier und wann bestattet worden?

Niemand kann lange an solchem Ort verweilen, und das nicht nur der erzwungenen Krümmung wegen.

Wieder draußen – ein bewölkter Himmel, Ruhe über der grandiosen Landschaft, außer dem Rauschen des Calcinara am Grund der Cava Grande.

Vor mir, wohin ich auch sehe, Höhlen, Höhlen, Höhlen. An den Abhängen, auf den Plateaus, in den Steilwänden. Welcher Glaube hat die Menschen bewogen, dieses Bestattungslabyrinth über ein halbes Jahrtausend auszuhauen? Was die jüngeren Grabstätten betrifft – *necropoli di Filiporto* und *necropoli della Cavetta*, 8. und 9. Jahrhundert v. u. Z. –, da ist wohl schon mit Eisenwerkzeugen gearbeitet worden.

Von der Hauptstadt der Sikuler ist nicht mehr geblieben als wenige, wenngleich zyklopische Reste des Herrschersitzes, des *Anaktoron* oder *Palazzo del principe* aus dem 11. Jahrhundert v. u. Z., wie es hier beschildert ist. Der Grundriß, die Megaronform, läßt Handelsbeziehungen der Sikuler zum mykenischen Griechenland vermuten. Tonnenschwere Blöcke, Steinkolosse als Fundament, und das an einer Stelle, die Überblick gestattete und Überlegenheit signalisierte – wer hier residierte, der hatte das Kommando.

Heute entdecke ich Schnecken in Löchern, die durch Wind und Wetter der Millennien in den Stein gefallen sind.

Und dann fällt mein Blick auf Sortino, nördlich auf einer Bergkuppe gelegen. Wie in einer anderen Welt als der kalten, erstarrten hier, so liegt die Stadt dort drüben, Gegenwart, Heute und, trotz all der Übel der Moderne, ganz gewiß auch tröstend – eine Konfrontation von äußerster Schroffheit.

Ich stehe an einem Abhang und schaue in das Tal, ins Valle dell' Anapo, hinab. Da laufen auf der Trasse unten Straße und Eisenbahnlinie nebeneinanderher, beide samt ihren Tunnels und Brücken gesperrt und beide gebunden an den mäandernden Flußlauf, doch gerade deshalb von dem Klammpanorama her wohl noch eindrucksvoller als der Höhenweg zu den Gräbern von Ferla aus.

Quer über ein Tal hin, sind unzählige Höhlen zu erkennen – bei hundert habe ich aufgehört zu numerieren. Darunter spätere Gräber, ab dem 6. Jahrhundert, eine *cavetta* aus der Zeit byzantinischer Herrschaft. Die Öffnungen sind größer als bei den sikulischen Kammern, waren mit besseren Werkzeugen wohl auch leichter auszuhauen, haben für mich aber nicht den Mythos der Vorzeit, sondern wirken ein bißchen wie offene Mäuler, die beim Näherkommen zuschnappen könnten.

Ich fühle mich hier von Rätseln umstellt. Wie hat sich eine dichte Population auf diesem kargen Boden ernähren können? Wie, mittels welcher Abseiltechniken, sind die Gräber in hohe Felshänge geschlagen worden? Und wie die Toten da heruntergebracht und eingebettet? Waren die Kammern immer offen, oder konnten sie auch geschlossen werden?

Wer hier lange bleibt, droht selbst zu versteinern. Also wieder hoch aus dem Keller der Geschichte Siziliens.

Am Rand der Straße Blumen, die mich, ich weiß nicht warum, trösten – Sula, Gebilde von zartem Rot; die orangegelbe Calendula, und ein großes gelbes Gesträuch, die Ferla, wie die Stadt, die da vorn liegt.

Bei der Wegfahrt bleibt lange ein seltsames Gefühl im Rücken, als wenn Energien aufgebracht werden müssen, um sich einer magnetischen Kraft zu entziehen.

Pantàlica jedenfalls ist ein Ort, den niemand so verläßt, wie er ihn betreten hat.

Die Vergangenheit lebt überall mit

Ins Nebrodigebirge und hoch ans Tyrrhenische Meer, bis Tìndari.

Bei Fiumefreddo von der A 18 Catania–Messina links ab, auf die Nazionale 120 nach Randazzo.

Vor der Stadt steige ich aus. Im Nordosten die gewaltigen Höcker der Peloritani und südlich, von Piedimonte Etneo aus geradezu leuchtend und durch die flächigen Eispanzer noch imponierender – das majestätische Schneehaupt des Vulkans unter einem blankgebeizten Himmel.

Über Gleise und Holzbohlen der Circumetnea, die mir beide nicht ganz geheuer vorkommen – die Klammern, mit denen die Schienen befestigt sind, müßten sichtlich nachgezogen werden, und die Holzbohlen sind so rissig, als würden sie schon durch die geringste Belastung in mehrere Teile auseinanderbrechen.

In Randazzo, 765 Meter hoch, brauchen wir Sprit. Heute ist weder Feiertag noch zur Zeit Mittagspause, aber Tankstellen werden offenbar bestreikt – nichts als *chiuso, chiuso*, geschlossen. Bis dann doch eine gefunden wird, die entsprechend voll ist und an der – geraucht wird! Qualm kringelt hoch, und ein Jugendlicher, der den Stutzen gerade in die Öffnung seines Mopeds gesteckt hat, zieht die letzten Züge seiner Zigarette hoch, wirft dann die Kippe zu Boden und denkt nicht daran, sie auszutreten.

Ich rufe Antonio Morten das Delikt zu und bringe mich feige in Sicherheit. Ich bleibe auch weiter feige, weil ich nicht tue, was ich möchte: nämlich die Raucher anbrüllen, daß sie sich und ihre Mitmenschen aufs höchste gefährden. Aber was käme dabei anderes raus, als daß über den ordnungssüchtigen und überängstlichen *tedesco* nachsichtig gelächelt würde? Also lasse ich es und denke inbrünstig: *Sicilia bruta* – häßliches Sizilien, dich gibt es auch!

Da gefällt mir was nicht, gefällt mir etwas ganz und gar nicht, und ich habe nicht vor, es zu unterdrücken.

Lange allerdings können Mißtöne sich hier nicht halten – denn dieser Blick dann von der Höhe auf Randazzo: Teppiche bunter Blumen bis hinab zur Patina des roten Dächermeers; das Geläut von den Türmen aller drei Kirchen zugleich, tönend heraufgeweht; das Licht und die Schatten wie von Künstlerhand hingeworfen und verteilt über die Stadt – und das alles da unten seit Jahrhunderten so demütig wie stolz vor der fast unwirklichen Riesenkulisse des Ätna.

Nun über waghalsige *tornanti* hinein und hinauf in die Nebrodi – Santa Domenica Vittoria zeigt schon 1027 Meter an.

Über den Alcantara, höher und höher, und dann Waldflecken, Wälder, erst einzelne, dann zusammenstehende Bäume, Mischwald, *boschi*, an den Abhängen hoch, herrlich das Farbbuket der dunklen Tannen, das frische Grün der Laubbäume und dazwischen die grelle Pracht der Wilden Kirsche – die Wälder der Nebrodi! Beschützt vom Parco Regionale und überkrönt vom Monte Croce, Sella della Testa, Pizzo della Menta – Tausender bis Tausendfünfhunderter (die Stangen zum Messen der Schneehöhe, jetzt ganz funktionslos, ragen schon vor Floresta rechts und links der Straße auf).

Überall steht hier Wald, nicht so dicht wie in Deutschland, aber weithin und wie sonst wohl nirgendwo auf der Insel. So, mag man heute wehmütig memorieren, haben einmal alle Gebirge, also Siziliens größte Fläche, ausgesehen. Doch ist das meiste davon, das allermeiste längst dahin, gerodet, gefällt, schon seit Griechen- und Römerzeiten, und das nicht zuletzt für Masten und Rümpfe antiker Galeeren mit ihren Rammspornen: »Chi viene dal mare, ci vuole derubare.« (Wer vom Meer kommt, will uns bestehlen.)

Raubbau an den Wäldern wurde allerdings nicht nur auf Sizilien getrieben, sondern im ganzen Mittelmeerraum, eingeschlossen der Balkan. Aber hier, auf der mediterranen Zentralinsel, hat die Kriegsfurie zweier Jahrtausende ihren höchsten Tribut gefordert. Homer (8. Jahrhundert v. u. Z.) singt in seiner »Odyssee« noch vom »bewaldeten Zakynth« (»hyleessa Zakynthos«), aber als Phalaris, der Tyrann von Akragas, herrschte (570–554 v. u. Z.) oder Dionysios, der Diktator über Syrakus (430–367 v. u. Z.), da waren Sizilien schon weite Teile seines Waldpelzes abgezogen worden. Und wenn man bedenkt, daß so etwas wie ökologisches Bewußtsein in diese Region, wie in ganz Italien, erst gegen Ende des 20. Jahrhunderts eingebracht worden ist, und das auch nur ansatzweise und schwächelnd, dann sind die großen Naturschutzparks Siziliens, darunter der Parco Regionale dei Nebrodi, so etwas wie ein Wunder, das man nicht genug bestaunen und seinen Urhebern dafür nicht genug danken kann.

Das tue ich denn auch, angesichts des Pizzo di Cucullo links und des Monte San Pietro rechts, ganz inständig hier oben vor Ucria, wo der Kamm der Nebrodi überschritten ist – die Wasser des Naso und des Sinagra fließen nach Norden, ins Tyrrhenische Meer (wenn sie derzeit auch nicht gerade heftig strömen).

Das Karstige, Schroffe schwindet. Grasende braune Rinder; ein Hirte, am Straßenrand sitzend; wieder die Blütenpracht der Kirschbäume, wie Lichter im Grünen; der vertraute Anblick von Olivenhainen; Macchiavegetation – und hinter den Kämmen da vorn schon die Ahnung der See.

Und dann liegt es da, das Mare Tirreno, in einem Blau, wie ich es noch nicht gesehen haben will, nirgendwo auf der Welt – einer Farbe, die niemand herstellen könnte und wie ich sie auch im Ionischen Meer noch nicht erblickt habe – nicht *blu, azzurro*! Das dann hinter

Capo Orlando, an der Küste nach Osten, in ein Türkis changiert, so grell und schön, daß es den Augen weh tut.

Im Westen die Höhenzüge der Madonie; irgendwo an ihrem nördlichen Rand, noch unsichtbar, Cefalù; aus der See schemenhaft die Höcker der Äolischen oder Liparischen Inseln, aber von hier, bei Gioiosa Marea, sind nur Vulcano und Lipari auszumachen. Und im Westen Capo Calavà – ein Felsvorsprung, frech ins Meer gestoßen, wie das Haupt eines Megasauriers geformt, zernarbt, zerfurcht, großporig, ein erschreckendes Bild.

Die Nordküste ist Siziliens bizarrste, steil, wie sie da direkt in die See abfällt. Hier war schwerer zu landen, und Häfen gab es wenige. Da hatten es Piraten, dieser Alptraum der Küstenbewohner, an der flachen Ost- und Südküste leichter. Dennoch blieb der Schrecken auch zwischen dem Capo Faro und Palermo nicht fern.

Felsen wie aus dem Meer gewachsen, mürbe gesprengt, rissig und wieder darin ein Gesicht: Augen, Nase, Stirn, Kinn, der geöffnete Mund, selbst die Ohren, alles da – als hätte ein kosmischer Bildhauer in Jahrmillionen das Werk ausgemeißelt.

Da öffnet sich die Bucht des Golfo di Patti, wird der Blick frei auf eine große Landzunge, Capo Tindari, das antike Tyndaris. Weit hinten die Halbinsel von Milazzo, aber dann, näher und näher, auf einem Felsvorsprung, im Stil des römischen Petersdoms, eine monumentale Kirche – der Santuario della Madonna Nera, die neue Wallfahrtskirche der Schwarzen Madonna.

1957 begonnen, dauerten die Bauarbeiten bis 1980, also 23 Jahre. Alles war zur Stelle: großzügige Spenden, berühmte Architekten, Stukkateure, Mosaikmaler, Glocken von den besten Gießereien, eine grandiose Orgel mit 6643 Pfeifen – und Marmor.

Hier wird man erschlagen von Marmor. Ich habe noch nie soviel Marmor in einer Architektur, aber auch noch nie soviel Verbote für Besucher gesehen. Daraus eine kleine Auswahl: keine Tiere – keine unpassenden Kleider – keine Fotos während der Gottesdienste – Rauchverbot. Da ist manch Vernünftiges darunter, aber so massiert kommen die Vetos in den Ruch kalter Unchristlichkeit.

Das gleiche empfinde ich drinnen – Künstlichkeit, Oberflächlichkeit, Schablone, Pomp. Da soll Äußeres beeindrucken. Die Golgathastationen, Dornenkrone, der Zusammenbruch mit dem Kreuz auf der Schulter, Kreuzigung und Auferstehung – hier ergreifen sie nicht.

Die Statue der Schwarzen Madonna auf dem Hochaltar soll vor einem Bildersturm in Byzanz in Sicherheit gebracht worden sein und ihre Verehrung zwei Quellen haben. Eine Legende sagt, daß das Schiff, auf dem die Statue weggebracht werden sollte, vor Tindari in Seenot geraten und seine Fahrt erst fortsetzen konnte, nachdem die Statue hier an Land gesetzt worden sei. So entstand eine Kapelle.

Eine andere Sage zur Erklärung der Marienverehrung erzählt, daß sich einmal eine offenbar rassistisch gestimmte Pilgerin beim Anblick der *Schwarzen* Madonna (die ungeachtet dessen höchst europäische Gesichtszüge zeigt) abfällig geäußert haben soll – worauf ihr Kind über die Klippen ins Meer gestürzt, jedoch dort unten nicht zu Tode gekommen sei. Die milde Madonna habe das Meer zurücktreten lassen, so daß weiche Sandpolster das ohnehin unschuldige Kind weich aufgefangen hätten.

Und in der Tat, es gibt sie, die Lagune von Tindari: 280 Meter unter mir ist eine helle Sandbank zu erkennen – das Mare Secco, das Trockene Meer. Die flache Düne, ständig der Dynamik des Äolischen Meerbusens ausgesetzt, verändert oft ihre Form, besonders, wenn die Wogen des Tyrrhenischen Meers hochgehen. Aber die Lagune ist nie davon weggeschwemmt worden, wie zu vermuten wäre bei der Gewalt der Stürme.

Die Aussicht von hier ist einzigartig.

Verloren auf dem blauen Spiegel, ganz draußen, ein Motorboot, wie ein Wasserfloh, der sich ruckhaft vorwärtspupst; sonst die nasse Unendlichkeit schiffsleer. Landein, links, die Grate der peloritanischen Bergwelt, der Pizzo di Sughero, der Pizzo Russa und ein Gipfel, der aussieht wie das Matterhorn; die Nebrodi jetzt, gegen siebzehn Uhr und im Halbschatten, eine gezackte, langgezogene Front, dunkler wallartiger Hintergrund; droben ein Wolkenfresko, das gigantische Linien zeichnet, über allem aber, schwach am Himmel, doch zunehmend, ein Halbmond.

Und aus dem Tal das Geläut von Kuhglocken.

Ich bin hier auf Sizilien so unfähig wie nirgends sonst, nur in der Gegenwart zu denken. Die Wahrheit ist, daß die Vergangenheit überall mitlebt.

Und daß mich von dem gesamten Vielvölkerkaleidoskop der Invasoren nichts so beeindruckt wie die Griechen und ihre Geschichte auf Sizilien.

Da, wo seit fast 25 Jahren, ich brauche mich nur umzudrehen, die römisch-katholische Kirche hochwuchtet, hatte einst die Akropolis griechischer Kolonisten gestanden, die 396 v. u. Z. aus Syrakus kamen.

Ich bin kein Museumsfreak, und das werde ich, die Leserschaft kann beruhigt sein, auch auf Sizilien nicht werden. Die Sicht auf die Vergangenheit bricht sich im Spiegel der Gegenwart. Aber meine innere Haltung gegenüber hiesigen römischen und byzantinischen Mauern ist nicht die gleiche wie gegenüber griechischen. Und daß hierher Flüchtlinge kamen, die der Peloponesische Krieg aus Messenien und anderen Teilen Griechenlands (431–404 v. u. Z.) vertrieben hatte, macht mich neugieriger nach ihrer Herkunft und ihrem Schicksal, als es die großartigen Säulenstümpfe des römischen Peristylhauses ganz in der Nähe tun. Das nimmt kein Fitzelchen von meinem universalen Interesse am Sizilien von gestern, heute und morgen. Es ist nur eine Positionierung innerhalb der unzähligen Facetten, die es für mich hat.

Darüber an anderer Stelle und bei gegebenem Anlaß mehr.

Tindari, das alte Tyndaris ...

Möwen in der Luft, kreischend um die Felsen, wo ihre Nistlöcher sind; ein Vogel, fast so winzig wie ein Kolibri, sitzt ganz nahe in einem Busch zwischen den Stacheln der Indischen Feige; Krähen, unvermeidlich, heftig krächzend, und Schwalben, die auf der Jagd nach Insekten unbeeindruckt über den protzigen Santuario flitzen.

Auf der Rückfahrt dann, hinweg über den Stretto di Messina, das kalabrische Reggio – seine glimmenden Lichter vom glatten Spiegel des Ionischen Meers hell reflektiert.

Und von der A 18, lange vor Taormina schon, ganz oben noch verdeckt, wie ein von der untergehenden Sonne langsam verbrennender Scherenschnitt – der Ätna.

Es gibt eben noch Wunder auf Sizilien

Enna.

Vor den gewaltigen Mauern des Castello di Lombardia eine metallene Figur, ein Mensch – bis auf einen schmalen Lendenschurz nackt, die Brust wie unter höchstem Druck geschwollen und in beiden Händen zerrissene Ketten: »Euno«, so lese ich, »der rebellische Sklave« (*schiavo ribelle*), der hier 136 v. u. Z. den großen Krieg gegen die Römerherrschaft ausgerufen hatte! Den rechten Arm ausgestreckt, den linken in Hüfthöhe, ein Bein auf Fels gestützt und den Mund weit aufgerissen, scheint er wie die Verkörperung höchster Verzweiflung, die den Befreiungsschlag wagt.

Lateinisch *Eunus*, ist dem Mann, der sich stolz »Antiochos, König der Syrer« nannte und den Legionen vier Jahre trotzte, 1960 von der Gemeinde Enna dieses Denkmal gesetzt worden.

Darauf steht, daß der Sklave Euno von hier aus den Ruf nach Freiheit erschallen ließ, im Namen aller, denen es ebenso erging wie ihm, und der das Recht eines jeden Menschen einforderte, frei geboren zu werden und frei zu sterben: »2000 Jahre, bevor Abraham Lincoln die unglücklichen Schwarzen befreite.«

Nun wissen wir mittlerweile zwar, daß die Losung des 16. Präsidenten der USA (1861–65), der von einem Befürworter der Sklaverei ermordet wurde, auch zu Beginn des 21. Jahrhunderts keineswegs schon voll erfüllt worden ist, aber die Geste der hiesigen Gemeinde hat etwas Rührendes an sich.

Mag der künstlerische Wert des Denkmals, gerade angesichts der betäubenden Übermacht vollkommener Kunstrelikte aus der Antike, auch umstritten sein, die historische Bedeutung der Erhebung ist es nicht. Lange vor Spartacus, dem großen Anführer des dritten Sklavenkriegs gegen Rom (73–71 v. u. Z.), hat Eunus den ersten ausgelöst und für kurze Zeit fast ganz Sizilien beherrscht. Er scheiterte, wie der zweite Aufstand wenig später, weil die Geschichte nicht reif war für die Beseitigung der Sklavenordnung – es wird noch gut ein halbes Jahrtausend vergehen, ehe sie abgelöst wird durch einen Feudalismus, dessen Ausläufer übrigens in Teilen der Welt bis in unsere Gegenwart, dem Anfang des dritten Jahrtausends christlicher Zeitrechnung, reichen.

Eunus und die Seinen waren verloren. Die Römer trieben das Sklavenheer dahin zurück, wo der Aufruhr begann, nach Enna, belagerten die Stadt und hungerten ihre Bevölkerung aus. Das war 132 v. u. Z. Niemand weiß, wie der unglückliche Anführer umgekommen ist und wo seine Gebeine bestattet sind.

Vor den 35 Meter hochstrebenden Mauern des Castello Lombardo wirkt die Statue wie das Sinnbild eines ebenso hilflosen wie ununterdrückbaren Heroismus vor der etablierten Macht.

Ich werde davon heute so angerührt wie als Knabe, als ich noch fest glaubte, die einen seien die Guten, die anderen die Bösen. Wovon ich, eingestandenermaßen, immer noch nicht geheilt bin – haben doch empirische Erfahrungen bestätigt, daß solche Einteilung durchaus realistisch sein kann.

Als Siziliens Belvedere macht Enna seinem Namen alle Ehre.

Es gibt mächtigere Berge als den 931 Meter hohen Fels, auf dem der Ort seit sikulischer Vergangenheit thront, aber keine Stadt der Insel, die höher läge. Von wo man auch kommt – ob von Norden durch die alpine Gebirgswelt der Madonie oder von Osten über Agira nahe dem Lago di Pozzillo; ob von den Pässen des Monte Matarazzo zwischen Resuttano und Santa Caterina im Westen oder vom flacheren Süden, der Gegend um Piazza Armerina oder Barrafranca – von wo man auch kommt, Ennas Anblick ist unvermeidlich.

Ich habe es mir bei den vielen Fahrten ins Innere zu einem System gemacht, die Stadt schon aus größtmöglicher Ferne zu entdecken. Dabei habe ich mich manchmal geirrt, den Platz mit anderen montanen Formationen verwechselt, meist jedoch richtig getippt. Zu unverkennbar ist der markante Felsen, dem dann noch, als hätten die ungehobelten Bauklötze der Natur es nötig, eine mächtige Festung draufgesetzt wurde.

Die optische Ausbeute ist entsprechend.

Drüben, dreihundert Meter tiefer überm Tal gelegen, einige Viertel im Schatten, andere in der Sonne, Calascibetta – ein Ort, der über einen schrägen Hang so hart an den Rand einer Steilschlucht stößt, als wollte er nach dem Gesetz der Schwerkraft in sie hinabstürzen. Als Stützpunkt Kalat Scibet bei einer Belagerung Ennas durch die Araber im 9. Jahrhundert angelegt, ist er zu einer der malerischsten bäuerlichen Siedlungen der Insel geworden, ja, in seiner schründig-bedrohlichen Abschüssigkeit eigentlich noch weit pittoresker als die viel größere Stadt gegenüber.

Unendlich der Blick in Richtung der tyrrhenischen Küste, hinweg über die 1100er Monte Altesina und Monte Zimmara bis zu den 1700er und 2000er Häuptern weit hinter der Madonie, dem Pizzo Catarineci und dem Monte San Salvatore.

Aber dann ein Staunen über etwas fast Unwirkliches – der Ätna, von hier in Luftlinie gut siebzig Kilometer östlich entfernt, liegt da wie zum Anfassen, ganz nahe, als könnte man den Vulkan über ein paar Täler zu Fuß erreichen, als müßte man nur die Hand ausstrecken, um den Berg zu berühren – eine Fata Morgana, ein Truggebilde, dem man nicht glauben will. Diese Schrumpfung der Distanz mutet irrational an, so daß es für jeden, der es nicht selbst erlebt hat, nur schwer zu glauben ist – gerade als wenn der Ring seiner Mythen noch um einen vermehrt werden sollte.

Ansonsten mag ich Enna nicht besonders, wahrscheinlich ungerechterweise. Aber es hat seine unangenehmen Seiten. Der neue Teil wird schon von weitem verunziert durch eine Ansammlung stählerner Masten; Enna bassa, die Unterstadt, mit den Waben unschöner Neubauten und ihren leeren Fensterhöhlen ist ein Alptraum, und die Altstadt macht auf mich den Eindruck eines traurigen Verfalls. Dazu kommt, es mag an mir liegen, daß ich den Verkehr hier besonders infernalisch finde.

Eigentlich bin ich gekommen, um den Torre di Federico, das Oktogon, den achteckigen Turm Friedrichs II. von Hohenstaufen, zu besichtigen. Wie bereits zitiert, hat dieser 1194 in Palermo geborene und 1250 gestorbene Kaiser mich seit jeher fasziniert.

Keine Mißverständnisse – natürlich war Federico secondo ein Kind seiner Ära, des Hochmittelalters, die Humanität wahrlich nicht auf ihre Fahnen geschrieben hatte. Auch sein Weg war von Krieg, Kriegsgeschrei und Strafexpeditionen begleitet, was ein unbotmäßiges Catania, zum Beispiel, bitter zu spüren bekommen hat. Aber gerade gemessen an dem Zeitgeist, treten die universalen Seiten seiner Persönlichkeit um so eindrucksvoller hervor, sieht sich das schon zu seinen Lebzeiten geprägte und der Nachwelt erhalten gebliebene Prädikat »Staunen der Welt« gerechtfertigt; bewahrt gerade Sizilien bis heute, wie keinem anderen Herrscher sonst, ihrem *suevo*, dem Schwaben, ein wohlwollendes Andenken.

Und in der Tat: Mit seinen Ideen der Toleranz und seiner Aufgeschlossenheit gegenüber Philosophie und Naturwissenschaft war Friedrich ein Vorläufer der Renaissance; ein weltlicher Fürst, der dem Papsttum, eine unerhörte geistige Leistung, trotzte und sogar Bannflüche souverän mißachtete. Ein Freigeist, der keineswegs nur Zweifel an den Praktiken der Institution Kirche äußerte, sondern darüber hinaus auch ketzerisch solche an der alleinseligmachenden christlichen Lehre; ein erklärter Antirassist im Umgang mit den einstigen Herrschern Siziliens, den später mißachteten Arabern, aus deren Reihen er seine Leibwache bildete; ein Friedensbringer, der 1229 mit seinen Kreuzrittern ohne Blutvergießen in die islamisch beherrschte Heilige Stadt einzog und dort zum »König von Jerusalem« gekrönt wurde. Und dazu ein Bauherr, dessen ausgeprägter Kunstsinn sich sogar in seinen Kastellen manifestierte, allen voran im Oktogon des apulischen Castel del Monte, diesem Klassiker in der Kette der süditalienischen Bauten. Ich habe bei Dreharbeiten davor und darin gestanden, kaum fähig, mich zu lösen, so magnetisch waren Harmonie und Ästhetik dieses Jagdschlosses, eine architektonische Augenweide.

In dem langen Katalog meiner sizilianischen Besuchsobjekte steht der Torre di Federico in Enna ziemlich weit oben.

Dieser Versuch heute, zu ihm zu gelangen, ist übrigens der zweite, der erste war gescheitert an einer Auffassung von Pünktlichkeit, die ich dem *häßlichen*, dem *Sicilia bruta* zurechne.

Als der Turm endlich gefunden war – der Park, in dem er steht, ist völlig umbaut, eine Barbarei sondergleichen –, war es 15 Uhr 30 und das Tor noch geschlossen, obwohl es laut Anschlag seit einer halben Stunde geöffnet sein sollte.

Warten, ausspähen nach Amtspersonen oder gar Uniformierten, die Schlüsselgewalt haben könnten; schließlich Gespräche meines Begleiters mit Anwohnern, denen zu entnehmen ist, daß sich hier nichts Außergewöhnliches ereignet (was sie gelassener hinnehmen als ich, der sich ärgert und sich darüber kein bißchen schämen will).

Doch alles umsonst. Der Parkwächter hatte wohl schon gegen Mittag Feierabend gemacht und ließ sich nicht blicken. Halten wir ihm zugute, daß die Touristensaison noch nicht angebrochen war.

Und immer noch nicht ist.

Nun also ein neuer Versuch, *di nuovo*, und siehe da – diesmal ist das Tor geöffnet.

Durch den schattigen Park bergan und treppauf. Am Weg, welche Überraschung, die Statue Giuseppe Garibaldis, den jeder kennt. Nicht so eine zweite Statue, die des Generals Antonino Cascino, geboren am 18. September 1863 und gefallen am 15. September 1917. Er tut mir leid, und ich verspreche, ihn im Buch zu erwähnen. Der Geehrte mußte aus Enna stammen, hatte wohl eine patriotische Heldentat begangen und guckt, ordenbedeckt, mit militärischer Kopfhaltung in die Gegend.

Und dann sehe ich ihn, den Turm, achteckig und emporragend, der höchste Punkt in der Umgebung, einst von einer Mauer, heute von einem Betonring umgeben, nach dessen verschandelndem Sinn man vergeblich fragt.

Neben dem Fundament gelbe und rote Blumen, und in das Gemäuer eine Tür gebrochen, die nicht ursprünglich gewesen sein kann, da das gegen alle Regeln der Verteidigungsfinessen verstoßen hätte. Diese und andere Öffnungen müssen später dazugekommen sein.

An der Würde des Turms ändert das nichts.

Steht man davor, muß man den Kopf weit in den Nacken legen, um bis zum First in dreißig Meter Höhe zu blicken. Behauene Steine, von denen die Jahrhunderte nicht einen herausbröckeln konnten. Kein Einlaß. Schade, ich wäre drinnen gern auf der in der Mauer ausgesparten Wendeltreppe hochgestiegen.

Erhaben, wie der Torre di Federico da hockt, eingerammt in die Erde. Er wird strapaziert von der glühenden Sonne, der Geschichte und dem Motorenlärm, was unweigerlich die Frage aufkommen läßt, ob seine Existenz denn auch die nächsten 850 Jahre überdauern werde.

Wann war Friedrich hier, wie sah Enna damals aus, und wieso bin ich so süchtig nach sizilianischer Geschichte?

Außer Antonio Morten und mir ist kein Mensch hier.

Inzwischen hat sich der Park gefüllt. Von unten herauf Stimmen junger Leute, Lachen. In der Dunkelheit wird es dort wohl noch voller werden, wenn Liebespaare die Gelegenheit wahrnehmen.

Jetzt in der Luft helle Schmetterlinge.

Enna ade.

Daß ich hier noch einmal herkommen würde auf dieser Reise, wußte ich nicht. Und schon gar nicht, aus welchem Grund es geschehen würde.

Es gibt eben doch noch Wunder auf Sizilien.

Hier könnte ich Wurzeln schlagen

Von Süden kommend auf guter Straße immer höher – ungeheure Weite landein, Ortschaften wie Spielzeug, herrlicher Blick auf die Bläue des Golfo di Bonagía und Golfo di Cófano. Dann, plötzlich, Schatten, Kühle, Nebel. Von unten wallt es herauf, als strömte Dampf aus einem Riesenkessel.

Nun die Stadt, ihr Pflaster, uralt – und ein schwarzes Kätzchen, das aufmerksam hinter einem Stein hervorlugt. Alle Gebäude im Dunst, auch der Zentralplatz, ich kann gerade noch erkennen: Piazza Umberto I. Halsbrecherisches Kutschieren mit dem Nevada, der Ort ist nicht für Autos erbaut. So halb in den Wolken, ist es, als wäre er aus einem einzigen Felsen geschlagen worden. Schimmerndes Taubenweiß auf Säulen, und da, bedrohlich, über dem Portal der Chiesa di San Pietro eine Glocke zwischen zwei Zinnen, lautlos schwankend, als würde sie jeden Moment abstürzen – man mag da gar nicht hinaufschauen.

Schließlich in der Via Vittorio Emanuele, nahe der Porta Trapani, die Unterkunft. Ich beziehe ein Zimmer mit Blick nach Süden und öffne das Fenster. Entfernt und doch nahe, verschwommene gelbe Punkte, unzählige, Straßenbeleuchtung – eine Stadt; links, fast greifbar, stählerne Türme und Masten, dunstumwölkt; der Sims hier vor mir feucht.

Später, nach Einbruch der Dunkelheit, Gaukelspiel des Mondes – wie hinter einem ständig auf- und zugezogenen Vorhang leuchtet und verschwindet er, mal matt, mal hell, jetzt erlöschend, dann wieder aufflammend, ehe er wie ein grelle Fackel konkurrenzlos am Himmel prangt.

Und nun, tief da unten, wie einem zu Füßen, überwältigender Anblick – das Lichtermeer von Trapani an der Küste des Mare Tirreno.

Ich bin, fast achthundert Meter höher, in Erice, Siziliens äußerstem Westen.

Es ist das Eryx der Antike, so genannt nach seinem mythischen Gründer und gelegen auf der Spitze des gleichnamigen Bergs. Ein Ort, der wie kaum ein anderer die Phantasie der Menschen seit Jahrtausenden entzündet hat, Sikaner, Elymer, Punier, Griechen, Römer, Normannen, Spanier und Italiener – auf einem zyklopischen Felsen, der nur von Überirdischen erschaffen sein konnte. Hier war vor Urzeiten der Fruchtbarkeit ein Tempel errichtet worden, geweiht der Astarte, der Aphrodite, der Venus, Göttinnen, von denen ein unbekannter Dichter gesagt hat: »Sie haben den einsamen Berg noch nicht verlassen, sie sind immer noch allgegenwärtig, und man spürt ihre Anwesenheit in der Luft.«

756 Meter über der See erhebt sich das Plateau, auf dem die Stadt steht, mit der Normannenburg als höchstem Punkt – mittelalterlich und in einem dreieckigen Grundriß bis in die heutige Zeit intakt.

Sie hat nach ihren elymischen Ursprüngen Karthagos jahrhundertelange Vorherrschaft erlebt; die Expansion der Magna Graecia; die Herrschaft von Römern, Byzantinern und Arabern. An der Porta Spada soll sie die Sizilianische Vesper gegen die Franzosen der Anjous ausgelöst und sechshundert Jahre später Garibaldis Landung bei Marsala ebenso begeistert bejubelt haben wie den Sieg seiner Truppen bei dem nahen Calatafimi.

Ich stehe vor der bis heute noch nicht entschlüsselten Keilschrift der elymisch-punischen Stadtmauern, der *Mura elimo-puniche*, 8. bis 6. Jahrhundert v. u. Z., betaste das flechtenüberzogene Gestein längs der Viale della Pinete und der Via Rabata – Grundsteine von riesigen Ausmaßen und kaum behauen. Auf ihnen liegt eine Schicht von Kalksteinquadern, die noch Buchstaben des punischen Alphabets erkennen lassen.

Es ist vormittags, die Sonne scheint, ich gehe durch Erice – und über ein Pflaster von faszinierender Struktur, wie ich es noch nie gesehen habe. Es sind seltsame Muster, in Felder aufgeteilt, sogenannte »Ketten«, wie mir gesagt wird, Karrees, blankgewetzt durch die Zeit und eingefaßt von breiten Kalksteinschienen, die Pferden wie Kutschen die Durchfahrt erleichterten. Doch ist die Gefahr, auszurutschen, groß, und da mag wohl schon mancher gestürzt sein.

Aber der Anblick ist für mich ein kulturgeschichtliches Ereignis. Wie die Innenhöfe von Erice.

Die Straßen sind eng, Schutz vor Sturm, Wind und Sonne, die Front der Häuser stumm und abweisend, mit engen, meist geschlossenen Toren, *vanelles*, die nur eine Person durchlassen (was auf Verteidigungsgründe schließen läßt und mich an die Nuraghen erinnert, prähistorische Wehrbauten auf Sardinien). Doch wo eine Tür offensteht, wie aus Versehen, da öffnet sich die Sicht auf lauter kleine Paradiese.

Zitronensträucher, Granatäpfel, Mispelbäume; Kletterpflanzen an alten Wänden; die Treppenaufgänge von schmiedeeisernen Geländern geschützt; auf ausgetretenen Stufen Töpfe mit Blumen und bauchige Amphoren. Das Hofpflaster aus Naturstein, geschliffen von den Tritten der Jahrhunderte, und wenn überhaupt etwas neu ist, dann ist es die Regenrinne, wie in jenem Innenhof, in den ich durch einen alten Torbogen schaue und aus dem gerade Chormusik herausschallt.

Ein Teil des Hofs liegt im Schatten, der andere in der Sonne, Türen und Fenster sind ehern geschlossen. Aus dem zweistöckigen Haus kommt eine Frau heraus. Sie sieht mich, macht Anstalten, die Tür zu schließen, geht dann aber wieder hinein. Ich erblicke eine dicke Palme, ohne Wedel, als wäre in ihr alles Leben erloschen, doch an einigen Stellen sprießt Grün heraus, als wollte sich das Chlorophyll nicht austrocknen lassen.

Hier könnte ich Wurzeln schlagen.

Vor der Stadtbücherei und dem Museo Comunale hat ein Maler seine Stafette aufgestellt. Auf einer Leinwand vor blauem Hintergrund zwei Engel, die mit Bogen Pfeile schräg nach unten schießen, auf was oder wen, ist nicht zu erkennen. Der Maler, ein älterer Herr mit schwarzem Hut, Brille und farbbekleckstem Kittel, spricht mit Passanten, während sein Pinsel weiter über die Fläche tupft. Einige Bilder lehnen an der Wand: Häuser, Kirchen, keine Menschen, Stilleben aus Erice, *vendesi* – zum Verkauf angeboten.

Da donnern zwei abenteuerlich aussehende Gestalten auf ebenso abenteuerlichen Motorrädern heran und machen auf der Piazza halt. Der eine sieht aus wie ein gestrandeter Wikinger, der andere wie sein älterer Bruder. Beide verschwinden in einer Kneipe, während ihre Maschinen sofort von einheimischer Jugend umstanden sind – urige, mit Fransen verzierte Fahrzeuge. Der Maler kommt heran, um sie näher zu beäugen, Pärchen beziehen Stellung und lassen sich auf den Sätteln fotografieren. Die Maschine des Wikingers, eine Honda, läuft und qualmt in die Gegend. Decken verhüllen den Motor halb, der Tank ist mit Münzen bepinnt, die Lenkstange mit Sackleinen umwickelt. Die Taschen der beiden – wohl schon ihr ganzes Gepäck, viel Hygiene zum Wechseln ist nicht dabei – hängen aufsichtslos an der Seite. Das Vertrauen der beiden in ihre Mitmenschen muß groß sein, denn sie bleiben lange in der Kneipe neben der Biblioteca. Endlich kommen sie doch heraus, treten wiegenden Schritts an ihre Kraftbolzen heran und verschwinden knatternd in die Via Cordici.

Wie mag es hier zur Touristenzeit aussehen?

Jetzt zum Balio, dem Englischen Garten vor der Normannenburg.

Da tropft es von großen Bäumen rot herab, Blüten, die fallen und fallen, im Sekundentakt, unendlich viele, ohne daß die Pracht oben abnimmt. Ich stehe davor und fange Blüten auf, die am Baum nach oben geöffnet sind, aber sich umkehren, wenn sie niederregnen. Ein kleiner Junge eilt herbei, stellt sich darunter, schaut nach oben und jagt den roten Tropfen mit der Gelenkigkeit seines Alters nach. Hält dann aber enttäuscht ein, weil er gedacht hatte, es seien Kirschen. So sehen die Blüten auch aus.

Wespen überall, und in den Büschen summt es wie von hunderttausend Insekten.

Dann der Aufstieg zur Festung – Stein gewordener Machtwille, drohend emporgereckt, menschenverkleinernd. Mannshohe Schlitze in der Mauer, die direkt bis an den steilen Abgrund reicht. Von hier konnte der Stellvertreter des Normannenkönigs die halbe Insel überblicken, ein majestätischer Luginsland, einschüchternd und uneinnehmbar.

Vom Südturm aus liegt die Region jetzt, so in der Knallsonne, wie auf dem Präsentierteller: die Altstadt von Erice, nach Süden Trapani, die glitzernden Felder seiner Saline und dahinter die Ahnung von Marsala. Nördlich das Vorgebirge von Cófano bis hin zum Capo San Vito, und weiter draußen, über das blaue Mare Tirreno hinweg, Siziliens westlichste Ausläufer, die Konturen der Isole Egadi, der Ägadischen Inseln – Levanzo, Favignana, Marettimo.

Ganz nahe aber die Torretta, das anmutige, von Graf Agostino Pepoli zwischen 1872 und 1880 errichtete Türmchen, ein zinnenbewehrtes Schlößchen mit Rotunde, auf einer natürlichen Felsplattform direkt am Abgrund gebaut – wunderbar.

Mit Erice lerne ich ein Sizilien kennen, das anders ist als das bisher erforschte und erlebte. Nicht weil es hier – eine Wohltat! – am Straßenrand keine parkenden Autos gibt, sondern weil ich empfänglich bin für die Atmosphäre und den Mythos des Berges, seiner Stadt und seiner Bewohner.

Es ist ein kühleres, mir bisher verborgenes Sizilien, nach all dem Staub und der mörderischen Sonne, und die Nebelschwaden, die gegen Abend wieder aufwallen, tun das ihre dazu. Alles ist wie in Watte getaucht und jedes Geräusch gedämpft.

Ich gehe durch die Straßen, blicke in menschenleere Winkel und sehe im Dunst gerade noch die steinernen Dorne auf den Kirchenkuppeln von Monte San Giuliano und San Giovanni Battista. Zehn Kirchen hat der kleine Ort, darunter den Dom, die Chiesa Matrice und Campanile, ausgehendes 13., beginnendes 14. Jahrhundert. Im Campanile eine Chronologie von Pilgern, die aus den verschiedensten Gründen hierher gewallfahrt sind: wegen Trockenheit, Krieg, Invasionen, Erdbeben, Cholera – von 1471 bis zum 9. August 1936. Die Inschrift fängt mit 1 an und hört mit 74 auf. Niemand weiß, warum.

Ein Bild im Duomo von Erice wird mir unvergeßlich bleiben – ein junges Mädchen geht zum Altar, kniet nieder und betet – auf dem Kopf einen Motorradhelm.

Jetzt entdecke ich, bei dem immer dichter gewordenen Nebel kaum zu erkennen, über einem Torbogen mit der Jahreszahl 1535 ein Wappen, von Karl V., dem Kaiser, in dessen Reich die Sonne nie unterging. Etwas weiter taucht wie eine Erscheinung die heilige Madonna auf, mit dem blauen Licht, das wahrscheinlich ewig brennt, auch am Tag. Dahinter eine Kirche, die aussieht wie ein steinerner Wal, die Chiesa di San Pietro, und in ihrem Turm, ganz oben, eine Glocke, die etwas überhängt, als müßte sie jeden Augenblick herabstürzen, aber das wohl schon seit Hunderten von Jahren.

Der Stadtgrundriß, ein Dreieck mit beachtlichen Höhenunterschieden, ist unversehrt erhalten geblieben, auch wenn er die Einwohner zwingt, auf engstem Raum zu leben. Das haben sie getan durch alle Zeiten, haben von hier oben nach unten gehorcht, ob sich

Feind oder Freund nähert, und sind wohl nur allzuoft bewahrt worden vor Piraten und Räubern, weil denen der Aufstieg zu lang und zu steil war.

Auf Sizilien konnte man sich nirgendwo und niemals sicher fühlen, gewiß. Aber wenn es einen Ort gab, der dieser so begreiflichen Sehnsucht am ehesten entsprach, dann muß es dieser gewesen sein.

Erice ist ein Messe wert.

Daran ändern auch nichts die appetitverschlagenden Auslagen der Süßigkeiten, deren Läden selbst aus solchen zu bestehen scheinen – Erice ist die Stadt der *dolci*, es muss sie erfunden haben. Das Zuckerzeug der ganzen Welt scheint sich hier zu konzentrieren. Mandeln, Wacholder, Orangen, Limonen – alles höchst naturgetreu, und doch alles aus Marzipan. Auch *Jesulein, Herre mein* unter einer Muschel und mit *dolce* in der segnend ausgestreckten Hand – es wird vor nichts zurückgeschreckt.

Ich, obwohl am Rand der Diabetes, mache meiner Verfressenheit eine Konzession, erstehe eine *cotognata*, belasse es aber bei einem Biß – sind dagegen doch Türkischer Honig und die orientalischsten aller orientalischen Zahnschmelzzerstörer Bitterprodukte.

Hier wird geprahlt, die Rezepte für unverfälschtes Feingebäck stammten aus der Antike und seien später durch Mönche bewahrt worden. Hinter dicken Mauern sollen naschsüchtige Kleriker aus Mehl, Mandeln, Honig, Nelken und Kümmel raffinierte Kuchen hergestellt haben und reine Marzipanpaste in verschiedenen Formen und Farben, *mustazzole* oder *frutti di marturana* genannt.

Gipfel der marktschreierisch angepriesenen *dolci* aber ist das berühmte *Agnello pasquale* – das Osterlamm. Es hat weit abstehende Ohren, ist mit in Zucker eingeweichtem Wacholder und einem Überguß versehen, der wie ein Lammfell gestaltet ist. Das ganze ist dekoriert mit Blumen, Ästen von Olivenbäumen und Goldmonogrammen, täuschend nachgeahmt und doch alles aus Marzipan – ein Kitsch, der nicht überboten werden und einen nur noch in die Flucht schlagen kann.

Doch schon am nächsten Morgen ist alles vergessen und vergeben. Um 5 Uhr 30 stoße ich das Fenster meines Zimmers auf und schaue hinaus.

Unten eine milchige Schicht, aus der es hier und da wie von Glühwürmchen flüchtig blitzt, Trapanis Straßenlaternen unter einem
horizontweiten Wolkewattebausch, der von der langsam aufgehen-
den Sonne erst lichtgetränkt und dann zerschmolzen wird. Zunächst
mit blauen Löchern über der See, wie nasse Augen, die immer größer
werden, ehe die rasch steigenden Temperaturen auch das Land frei-
pusten – Sizilien da unten, wie ich es noch nicht gesehen habe,
unendlich und geräuschlos.

Hier oben aber, ein Standort wie in einem Flugzeug, das sich nicht
von der Stelle bewegt, wildes Geflatter. Verspätete Fledermäuse, die
hektisch ihren Unterschlupf suchen, sonst aber nichts als Schwalben.
Schwalben wie geflügelte Geschosse, unvergleichliche Künstler der
Lüfte und heute morgen auf Insektenjagd – oft genug bis auf einen
Meter heranflitzend und mit der Geschwindigkeit einer Gewehr-
kugel wieder abdrehend.

Dann, wie mit einem Schlag, sind Himmel und Erde blank, nichts
als ein Leuchten und Funkeln.

Und nun sehe ich zum erstenmal auf die Dächer unter mir, Dächer
über Dächer – und alle beschwert, jedes einzelne, mit Steinen, schweren Steinen, und auf manchen zusätzlich Ziegel. Der Wetterfrieden
täuscht hier.

Vielleicht habe ich mich gerade deshalb in Erice und seinen
Mythos verliebt.

»Der Ort ist zum Aussterben verdammt«

In die Peloritani.

Taormina und Castelmola von der Nazionale 114 wie herausge-
stanzt gegen den blauen Himmel über dem Ionischen Meer. Aber auf
der Landseite alles von einer schweren Wetterdecke überspannt.

Links die Montagna Grande (1374 Meter), eine Felsenknolle, die
mich an den Watzmann erinnert oder, exakter noch, an den Kopf
eines Tyrannosaurus Rex – schon tief im Massiv dieser Fortsetzung
der Festlandapenninen auf Sizilien.

Hinter Giardini Naxos ein Tunnel, eineinhalb Kilometer lang –
bitte kein Erdbeben jetzt! – und bei Letojanni nach Westen ab, auf
Mongiuffi Melia zu. Dann haben sie einen, die Monti Peloritani.

Terrassierter Anbau, sichtlich unbearbeitet, Häuser an den unmöglichsten Stellen, Serpentinen – der Nevada steigt und steigt, einmal rechts, einmal links der Blick aufs Meer, immer ferner, immer weiter unten. Neben dem Wagen Rinnen, vom Wasser in den Fels eingekerbt, und ungeheure Steingebilde, Hunderte von Tonnen schwer, die es in Jahrmillionen isoliert hat.

Ein Tunnel – Posto Leone –, ohne den die Straße hier zu Ende wäre, nur 50 Meter lang, aber welche Arbeit erforderte der Durchstich? Und was haben die Leute hier oben gemacht, bevor das Loch gebohrt war? Wo sind die Pfade, die zu ihnen hinauf- oder von ihnen herabgeführt haben? Überhaupt, was war, bevor es diese Straße, bevor es den Motor gab? Ist es doch jetzt schon schwer genug, hierherzukommen. Was macht die Jugend? Sind die Ortschaften, die da zu beiden Seiten des Tals auf den Anhöhen kleben, zum Sterben verurteilt?

Es sieht nicht so aus – in Mongiuffi läuten die Glocken, es ist 11 Uhr 30, und die Straßenränder sind von Autos so dicht besetzt wie überall sonst auch.

Dann wie verloren ein verrostetes Tor am Rand der Straße, einsam und funktionslos. Hatten die Menschen, die hier früher, man möchte sagen: fast jenseitig wohnten, überhaupt je irgendeine Beziehung gehabt zu den wechselnden Herrschaften, die über sie gesetzt waren? Oder blieben die Gebieter, Griechen, Römer, Araber, Normannen, Aragonesen, selbst die Regierungen des geeinten Italiens, anonym? Der Staat war fern, durch alle Zeiten, aber wenn er näher kam, das ist hier nicht schwer zu begreifen, dann war er der Feind. Abgesehen davon, daß physische Gewalteinwirkungen der Obrigkeit nicht mehr zu befürchten sind, hat sich an der Grundsätzlichkeit solcher Haltung etwas geändert?

Vor Roccafiorita eine Schafherde, die schaukelnd und wabbelnd die Straße hochgaloppiert – zottiges Fell, schmutzige Wolle, angstvoll an die Seite gedrückte Tiere. Der Hirte steif daneben, als könnte er kein Bein vor das andere setzen.

Tief unten, erkennbar nur durch sein weißes Hemd, bearbeitet ein Mann den Boden, gebückt, gebeugt, die ganze Zeit. Er richtet sich keine Sekunde auf, sondern hackt und hackt in dieser Stellung, schon seit zehn Minuten.

Archaisch.

Und auf einem kahlgeschorenen Naturschädel da drüben, hochragend über allem, eine Kirche. Wie ist die da raufgekommen? Dahinter, von mächtiger Unebenheit, der Kamm der Peloritani, majestätisch entrückt und von keines Menschen Fuß je betreten.

Elstern in der Luft, aber weit und breit nichts zu stehlen.

Eine Weihestätte, neu, frisch sozusagen, hinter Glas. »Amore con gioia e con grande devozione. Piccolina e Sebastiono Bartolotta.« Ein Grabmal. Sind die beiden hier umgekommen? Blumen, Kerzen, Maria mit dem Jesuskind, aber die Jahreszahl verdeckt.

Gleich dahinter, uralt, eine Brücke mit drei Bögen. Ist es hier passiert?

Also Vorsicht auf dem Weg dahin, wo es nicht weitergeht: nach Antillo, dem heutigen Ziel. Alle diese Straßen, bis auf die von Itala nach Milazzo, queren nicht das Gebirge, sondern münden irgendwo in seinen Eingeweiden als Sackgasse. Dabei scheint es, als verlängerten die Serpentinen die Strecken übermäßig. Entfernungen, die auf flachem Gelände in einer halben Stunde zurückgelegt wären, dauern hier das Dreifache.

Aber da, zwei Flüsse – der Fiume di Agro und der Torrente di Antillo, dem die Straße nun folgt, wie sein Lauf es befiehlt –, ungeheure Findlinge in einem kiesbedeckten Flußbett, das zu dem gleichnamigen Ort führen soll.

Vor der Einfahrt – ein Mann, der die Jacke über den Kopf gezogen hat und darauf ein Holzbündel von furchterregendem Ausmaß balanciert; ein Schild, auf dem stolz verkündet wird: *Antillo, Comune di Europa*, nebst einem offensichtlich nur Touristen zugedachten Hinweis, daß sie die Natur pfleglich zu behandeln hätten und, falls sie Pilze sammeln wollten, dazu eine Genehmigung vom Bürgermeister haben müßten.

Das Städtchen am Hang hübsch gelegen, fast fünfhundert Meter hoch, und am Ende dieser Straße in die Peloritani. Weiter wollen wir nicht, aber speisen.

Vor der Pizzeria und Bar »Il Frantoio« alte Mahlsteine, die schwersten, die ich je gesehen habe. Drinnen nachgefragt, ob es was zu essen gebe, antwortet der Besitzer in fast akzentfreiem Deutsch: »Alles, was ihr haben wollt.« Er hat einen schwarzen Krauskopf, macht einen zurückhaltenden Eindruck und war sechzehn Jahre in der Gastronomie Dortmunds beschäftigt gewesen. Seine Frau kommt dazu, klein, rote Haare, resolute Stimme und ursprünglich aus Bosnien-Herzegowina stammend. Sie haben in Deutschland gespart und gespart, und dann, 1992/93, das Restaurant gebaut. »Aus dem alten Haus meines Großvaters«, sagt er. »Hier wurde Olivenöl gewonnen, aus Tradition, seit hundert Jahren und länger.« Daher draußen also die Mahlsteine. »Die wurden mit Eseln bewegt«, wird erklärt.

Sie bleiben beide an unserm Tisch stehen.

Der Boden des großen Gastraums ist gekachelt, die Temperatur kühl, die Heizung nicht angestellt. Wie entschuldigend: »Die Saison beginnt erst im August/September. Dann sind hier, außer den Touristen, 4000 Menschen mehr als jetzt – Leute, die ausgewandert sind, weil es für sie keine Arbeit gab, aber die einmal im Jahr zurückkehren, in ihren Heimatort Antillo, den sie nie vergessen haben und wo die Familie lebt. So ist das, in ganz Sizilien.«

Es kommt alles von allein, ich brauche nicht zu fragen. Das geht Auge in Auge, und mir wird ganz warm bei soviel unaufgeforderter Auskunftsbereitschaft.

Wir bestellen, es wird an die Küche weitergegeben, aber die beiden bleiben stehen.

Jetzt frage ich.

»Nein«, sagt sie, »der Ort ist zum Aussterben verdammt. Wer eine höhere Schule besuchen will, muß woandershin gehen. Eine Zukunft gibt es hier nicht.« – »Heißt das, daß sich gar nichts verändert hat?« – »O doch«, lacht sie, »hier hat sich eine ganze Menge geändert. Zum Beispiel ...«

In diesem Augenblick kommt eine große Schar Gäste herein, Männer und Frauen in jugendlichem bis mittlerem Alter, mit Kindern, der Begrüßung nach Einheimische oder jedenfalls Leute aus der Umgebung, offenbar Stammgäste. Gut gekleidet und gelaunt, an die zwanzig Personen, die sich an einen langen Tisch setzen und fröhlich drauflosreden.

»Zum Beispiel«, setzt die Wirtin dort fort, wo sie eben gestoppt hatte, »hat sich was geändert im Verhältnis der Geschlechter zueinander. Glauben Sie ja nicht, daß die Frauen alles hinnehmen, was von ihnen gefordert wird. Von wegen Treue – aber nur für die Frau.« Und dann sagt sie, vernehmbar wie bisher, also ziemlich laut: »Mit der

Macht der Männer ist es vorbei, glauben Sie mir. Hier in Antillo kennt jeder jeden, und da wird so mancher gehörnt, so mancher – die Männer machen es doch auch nicht anders.« Hat sie tatsächlich *cornuto* gesagt? »Ja«, lacht sie wieder, »*cornuto, cornuto*. Darauf wäre früher ganz anders reagiert worden.« Und dann wiederholt sie: »Mit der Macht der Männer ist es vorbei.«

Das sagt sie in Gegenwart ihres Gesponses und eines Dutzends Sizilianer, die das alle hören, neben ihren Frauen oder Freundinnen – ohne daß der Himmel einstürzt.

Da muß sich wahrhaftig einiges geändert haben, wenngleich nicht anzunehmen ist, daß hier ein exemplarischer Tatbestand vorliegt, wohl aber, die Situation läßt keinen anderen Schluß zu, eine Entwicklung. Denn warum sollte Antillo die große Ausnahme sein?

Vor allem aber: Warum hat man nicht das Gefühl, das hier angezeigt, denunziert wird? Daß das, was wir als meist stummes Auditorium mitgekriegt haben, nicht Dorftratsch ist, sondern ohne jede Boshaftigkeit offen ausgesprochen wird?

Was wir im »Il Frantoio« von Antillo gegessen haben – ich hab's beschämenderweise vergessen. Aber die resolute Wirtin, die ist mir im Kopf geblieben.

Wie drei kleine Mädchen, Kinder der Gesellschaft, die dazugekommen ist und an dem langen Tisch sitzt – eine Fünfjährige, die ich bei mir nach ihrem Äußeren *Pummel* nenne; eine Siebenjährige mit langen Haaren, der ich den Namen die *Große* gebe, und ein Madonnengesicht von sechs Jahren, die Schönheit selbst, die ich auf *Kirschauge* taufe.

Was mir auffällt, ist der liebevolle Umgang des Trios miteinander. Die *Große* stubst *Pummel* mit einem Finger in die Wange, während *Kirschauge* ihm sanft über das Haar streichelt. Später sitzt die kleine Schöne zwischen Mama und Papa an der Tafel, das Gesichtchen eben über der Tischkante, und stochert lustlos auf dem Teller herum. Es langweilt sich, wie die beiden anderen auch.

Darum stehen sie auf, gehen hin zu einem Podium und erklettern es. Erst die *Große* und das *Kirschauge*, dann *Pummel*. Es hat die Haare aufgesteckt wie zwei kleine Hörner und sieht dadurch noch pummeliger aus – undenkbar *Kirschauge* mit solcher Frisur. Als sich zeigt, daß *Pummel* Schwierigkeiten hat, den Podest zu erklimmen, eilt *Kirschauge* ihm zu Hilfe und hievt es unter belustigtem Quietschen hoch.

Die *Große* tanzt, mit graziösen Bewegungen, schwingenden Armen, die Haare schulterlang – sie gibt den Ton an, ohne zu herrschen. Jetzt ist *Pummel* an der Reihe, steht da oben, singt, während die beiden anderen nun unten stehen und applaudieren.

Danach kommt ein Solo von *Kirschauge*, das rhythmisch agiert, sich dann verbeugt, herabspringt, dabei hinfällt und sofort wieder aufsteht – macht nichts, die Knochen sind noch weich.

Dann kommt der gemeinsame Auftritt. *Pummelchen* schlägt mit den dicken Händen hektisch auf und ab, die *Große* verfällt in die Zuckungen von Rocksängern, ohne dabei ihre Grazie zu verlieren, und *Kirschauge* hält sich ein geschlossenes Fäustchen vor den Mund – wie ein Mikrofon. Und dann schweben sie über die Bühne, *Pummel* etwas kurzatmig, die *Große* wie eine Elfe und *Kirschauge* mit der Leichtigkeit einer Feder – da braucht nichts gelehrt und gelernt zu werden, das liegt im Blut.

Und erst jetzt begreife ich – das Ganze ist die Imitation einer italienischen Fernsehshow, wahrscheinlich einer Unterhaltungsserie mit Gesang und Tanz, und das wird hier geprobt und vorgeführt.

Dabei kann *Pummel* überhaupt nicht aufhören mit dem Stoßen und Stechen der Hände in die Höhe, gerade, als wäre es aufgezogen oder stände unter Strom, so daß die *Große* nun *Pummel* sorgsam hinabgleiten läßt, dort, wo *Kirschauge* schon wartet und das ekstatische Kind mit beiden Armen umfängt, und das so lange, bis es verstummt, sich erholt hat und, rechts die *Große*, links *Kirschauge*, zu Mutter und Vater am Tisch geleitet wird.

Der biegt sich von den aufgetragenen Speisen, Platten auf Platten, während das Palaver nicht abebbt. Offenbar sitzt der Bürgermeister dazwischen, der alte oder der neue, oder der alte, der es wieder werden will. Man ist in Siegerstimmung.

Und als Antonio Morten beim Abschied in seinem *Oxford-Italienisch* ein Hoch auf die Frauen ausbringt, findet der Jubel keine Grenzen mehr.

Nach einem Aussterben des Orts sieht das nicht gerade aus.

Aber ich verlasse Antillo mit gespaltenen Gefühlen.

Auf der einen Seite ist hier noch viel Ursprünglichkeit, auf der anderen der Zweifel an der Zukunft. Wird Antillo, heute 1100 Einwohner, *abitanti*, werden die sizilianischen Antillos, Hunderte und aber Hunderte, Jahrzehnt um Jahrzehnt hin massenhaft verfallen und aufgegeben werden, so wie einst ganze Landstriche Westirlands? Bedeutet Globalisierung, daß jedenfalls Innersizilien zur Einöde wird? Oder gibt es Aussichten auf eine soziale, ökonomische und demographische Regeneration?

Auch ohne Antworten zu wissen oder gefunden zu haben – ich fahre auf jeden Fall von hier klüger herab, als ich heraufgefahren bin. Wobei *klüger*, der Komparativ, eben weniger als *klug* ist.

Das bleibt also einer Zeit vorbehalten, die ich nicht mehr erleben werde.

Zwischen Castelvecchio und Savoca jedenfalls muß ich mich ernsthaft gegen selbstgestellte Prognosen zur Wehr setzen, die als den wahren Sieger über große Teile von Sizilien am Ende des Jahrhunderts die Natur ausmachen wollen.

Ein Defätismus, den ich an Ort und Stelle nicht auf mein Tonband gesprochen hatte, sondern erst jetzt, bei der Niederschrift, preisgebe.

Als Trost bleibt, daß fortgeschrittenes Lebensalter nicht gerade zu Optimismus anstachelt, die Zukunft also auch ganz anders aussehen kann.

Jedoch die Kirche dort oben auf dem kahlgeschorenen Felsschädel, die wirkt, als hätte sie sich selbst auf den Gipfel katapultiert, hochragend über allem, und die einem von Serpentine zu Serpentine abwärts nicht aus dem Blickfeld geraten will, diese unglaubliche Kapelle wird, darauf könnte ich schwören, ewig da sein.

Zitroneneis – nach 72 Jahren

Butera, hoch über dem Golfo di Gela, mit Blick nach Süden auf das Afrikanische Meer – Punkt zwölf Uhr gongt die Kirchturmuhr mit mächtigen Schlägen übers Land.

Das liegt bis hin zum blauen Dunstschatten der Küstenlinie wie ausgestorben da, niemand zu sehen, als hätten sich Mensch und Tier verkrochen vor den sengenden Strahlen der Mittagsglut. Nur die Schornsteinungetüme des Industriemolochs der Petrochemie von

Gela, gut zwanzig Kilometer entfernt, blasen ihre giftigen Emissionen konstant in die Atmosphäre.

Hier oben dagegen, auf dem »Balkon« der Altstadt, herrscht reges Treiben. Da stehen sie auf der Straße, junge Männer und alte, Väter mit Kindern auf dem Arm, einige im Schatten, andere in der Sonne, die hier zwar um einige Grad weniger anzeigt als unten, aber immer noch sengend genug herabbrüllt.

Natürlich richtet sich das Leben nach den großen Hitzestunden, und doch kommt es mir vor, als wenn sich hier ein Jahrtausende alter Stoizismus eingenistet hat. Die Jugendlichen da drüben, auf dem Gehsteig und an der steinernen Brüstung vor dem steil abfallenden Hang, gestikulieren, lachen, boxen sich scherzhaft – jenseits eines langen Schattens, den ein Baum wirft und der leicht zu erreichen wäre. Und der Junge, der da drüben einem kleinen Hund seit einer Viertelstunde über den weichen Rücken streicht, brauchte nur einen Schritt zu tun, um beschattet zu werden, tut ihn aber nicht.

Dabei schlägt mir hier, an diesem Maitag die Sonne wie ein Hammer gegen die Stirn, so daß ich an Regentage vergangener Zeiten in Hamburg denken muß.

Dennoch Aufbruch in den Ort.

Butera ist eine arabische Gründung, aber sein Kastell normannischen Ursprungs. Ein paar Treppen hoch, eine Plattform – und du glaubst, von hier über halb Südsizilien blicken zu können.

Erfreuliche Marginalie: Die Via Archimede, der Platz hinter dem Festungstor, ist umbenannt worden in Piazza Giudice Gaetano Gosta – ein Richter, der von der Mafia umgebracht worden ist.

Dann im Municipio, dem Rathaus, Widersprüchliches.

Auf einer Marmorplatte, von der Amministrazione comunale im Jahr 2000 angebracht, ein Gedicht des berühmten Schriftstellers Nazim Hikmet, Türke und Kommunist:

»Es werden bessere Menschen auf die Welt kommen. Die künftige Generation wird besser sein als die, die von dieser Erde stammen, von Feuer und Eisen. Ohne Angst und ohne großes Überlegen werden unsere Nichten und Neffen sich die Hand geben, die Sterne am Himmel betrachten, während sie sagen: Wie schön ist das Leben.«

So aus dem Italienischen die sinngemäße Übersetzung, eine Botschaft, deren Prophezeiung, wie wir wissen, nicht eingetreten ist, und das schon gar nicht unter dem Vorzeichen des real existierenden Sozialismus – Wunschlyrik. Nazim Hikmet, geboren 1902 in Saloniki und in Moskau 1963 gestorben, hat den Zusammenbruch der Sowjetunion nicht mehr erlebt. Die grausame Wirklichkeit des Stalinismus und eines modifizierten, aber unrettbaren Poststalinismus hat den Utopien nicht entsprochen, so daß die Weltmacht, unglaublicherweise unblutig, mittels einer Implosion aus der Weltgeschichte gestrichen wurde.

Die Anbringung des Textes durch die Gemeindeverwaltung eines sizilianischen Fleckens von siebentausend Einwohnern läßt mich dennoch nicht kalt. Zwar blieben die höheren Zusammenhänge den Vätern der Tafel und ihres Textes wohl verschleiert, aber sie wollen aus ihm eine humane Botschaft herausgelesen haben, und das war ihr Motiv.

Gleich daneben entdecke ich eine andere Gedenktafel – für einen General, »Kommandeur einer Division, von besonderer Tugend, ein Meister der militärischen Künste, Kämpfer in Libyen, in dem großen Krieg, zum Stolze Italiens und der Heimat, die wir so lieben. Alle Bürger von Butera zu seinem ewigen Andenken – Butera 1. 1. 1856 – Rom 14. 2. 1936.«

Das stammt aus dem Italien Mussolinis und ist eindeutig – die Kriege, die hier als Stolz Italiens und der Heimat gefeiert wurden, konnten nur Afrikaner zum Opfer gehabt haben, Äthiopier, Libyer, und das hängt auch über fünfzig Jahre nach dem Ende des Faschismus noch unkorrigiert im Municipio von Butera. Eine Ehrung des Widerstands und der Partisanen der Jahre 1943–45 dagegen suchte man vergebens.

Ich habe allerdings an etlichen Plätzen auch schon beides nebeneinander gesehen, Unvereinbares, das die Spaltung der italienischen Geschichte dokumentiert, und wie unverarbeitet sie ist.

Schließlich gibt es hier noch ein drittes Mal, für die Gefallenen im Ersten Weltkrieg 1915–18, »Caporale, Sergente ...« Eine lange Reihe. Aber keine Erinnerung an den Zweiten Weltkrieg, weder bis 1943 noch danach.

Welche Brüche, welche Spaltung, wieviel Unverarbeitetes der Geschichte Italiens!

Zurück auf die Piazza. Eine Bar, draußen Tische und Stühle – für mich *té limone*, trotz der Hitze, für Antonio Morten, wie immer, einen *crodino*.

Wir kommen ins Gespräch mit dem Besitzer, grünes Hemd, offener Kragen, ein Haarkranz über den Ohren, in der Linken eine Zigarette, an der die nächste angesteckt wird, und im biographischen Gepäck zwanzig Kinder- und Jugendjahre in Deutschland. Der Vater war dort Grubenarbeiter.

»Ich habe Palermo erst nach dem Ruhrgebiet kennengelernt.«

Ein Polizist gesellt sich dazu, auch er so um die 35, 40 Jahre alt, und wieder braucht nicht viel gefragt, nur angetippt zu werden.

Die Gedenktafel für Nazim Hikmet, so der Uniformierte, stehe für Völkerverständigung, denn viel wichtiger, als über Globalisierung und Euro zu sprechen, wäre, daß die Menschen sich näher kämen. Allerdings, Europa sei wichtig, und wenn 2008 die Zölle und andere Einschränkungen aufgehoben werden, könnte Sizilien in der Wirtschaftsgemeinschaft des mediterranen Raums aufgewertet werden.

Mißbilligender, höchst verärgerter Blick des Wirts in Richtung Gela. »Die Petrochemie hat uns nur Mist gebracht, die Umwelt verpestet, aber wenig Arbeitsplätze geschaffen.« Da habe es einmal das Projekt einer Universität gegeben, unter dem Aspekt, die kulturellen Einflüsse aus dem Vorderen Orient zu behandeln. »Also nicht immer nur diese Ausrichtung nach Norden, sondern dem Mittelmeer zu, dem einheimischen Raum. Aber leider *fallito* – gescheitert. Dafür war angeblich kein Geld da.«

In diesem Augenblick wird unser Tisch vom Fahrrad eines kleinen Jungen angestoßen, und das so heftig, daß die Gläser umfallen. Was geschieht? Gar nichts, kein einziges Schimpfwort, keine Empörung. Der Wirt räumt das Geschirr stumm weg, holt ein Tuch, wischt den Tisch sauber und bringt die gleichen Getränke noch einmal.

Der Polizist hat keine Miene verzogen.

Sonderlich interessant muß sein Beruf hier nicht sein, wenn auch aus begrüßenswertem Grund. »Es gibt so gut wie keine Kriminalität«, sagt er, »weil ihre Voraussetzung fehlt – Arbeitslosigkeit. Außerdem«, er stockt, als wäre das folgende des Eigenlobs zuviel, »außerdem kennen sich die Leute hier alle. Das macht was aus. Anonymität fördert Kriminalität. Aber in Butera gibt es keine Anonymität.«

Als die beiden meinen Familiennamen erfahren, dazu ein wenig über die Geschichte meines Großvaters, seinen Geburtsort und seinen Vornamen, kommt neben Neugierde auch Zustimmung auf: »Rocco? Das ist der Ortsheilige hier«, sagt der Wirt. Und der Polizist bestätigt: »Ja, der heilige Patron von Butera.« Dann wieder der Kettenraucher im grünen Hemd: »Giordanos gibt es hier sei 1830, die waren bei uns viel häufiger als in Riesi«, dabei macht er eine Bewegung, als liege es so nahe, daß er gleich einmal mit der Hand dahin langen könnte.« »Richtig«, sagt der Polizist, »das ist bekannt, die Giordanos kommen viel eher von hier als von Riesi«, und er sagt es mit Nachdruck.

Kein Zweifel, jetzt bin ich Persona grata.

Als wir zahlen wollen, läßt der Wirt ein ablehnendes »tsst, tsst, tsst!« hören, schüttelt den Kopf, geht in die Bar und kredenzt uns beiden je ein *gelato* – Zitroneneis.

Ich breche in ein etwas gequältes Gelächter aus – das kann ja nicht sein, was hier passiert oder passieren soll.

»Perché ridi?« – Warum lachst du?

Da erzähle ich ihnen die Geschichte.

Als Opa Rocco, *il nonno*, wieder einmal in Hamburg-Barmbek zu Besuch bei uns war, 1928/29, ich war so um die fünf, sechs Jahre, hatte er mir beim Abschied eine Reichsmark gegeben. Damit wußte ich nichts Besseres zu tun, als auf die Straße zu laufen und bei »Onkel Ditschi« – *Konfitüre en detail, en gros* – im Parterre des Hauses nebenan, Hufnerstraße 115, Eis zu schlecken, eines nach dem anderen, für die ganze eine Reichsmark, die ungefähr dem Wert von fünf Euro entsprach. Es müssen so fünf bis sechs Tüten gewesen sein – und zwar ausschließlich *Zitroneneis!*

»La notte seguente è stata terribile!« – Ja, unvergessen, die Wirkung in der folgenden Nacht, verbracht zwischen Brechen und Würgen in den Armen meiner verstörten Mutter, war fürchterlich. Und seit der Zeit habe ich zwar oft Eis, aber nie wieder Zitroneneis gegessen, vielmehr wurde mir stets schlecht, sobald ich nur in seine Nähe kam. Und nun, nach 72 Jahren, soll ich ...

Ich halte die Tüte unversehrt in der Rechten, so, als könnte allein schon der Geruch mich beschädigen.

Die Herren biegen sich vor Lachen, die Umgebung wird aufmerksam.

Ich nutze den Lärm und koste das Eis, nach kurzer Überwindung, vorsichtig. Es schmeckt ganz unverkennbar, nicht zu leugnen, nach *Zitroneneis*, auf der kalten Zunge der alte, fast lebenslang gefürchtete Geschmack. Aber der ist prächtig, ganz herrlich mundet das, und deshalb verschwindet der große Ball denn auch ohne alle Nöte und jeden Widerwillen so rasch, daß die Zähne schmerzen wollen. Der Alptraum ist überwunden, die Abstinenz über neun Zehntel des Lebens umsonst gewesen!

»Complimento!« Stimmen, Zurufe auf der Piazza von Butera, ein neues Angebot. Aber danke, lieber nicht: Eine zweite Tüte Zitroneneis wäre des Guten zuviel gewesen.

»Viva Rocco!« wird mir nachgerufen.

Im Wagen hole ich die Karte hervor, fahre mit dem Finger in nordwestlicher Richtung – von Butera ist es ein Katzensprung.

Morgen geht es nach Riesi.

RIESI (I)

»Also fangen wir mit Januar an«

Von der A 19 Catania–Palermo bei Enna nach Süden abgebogen und Caltanissetta rechts liegengelassen, dann auf der Landstraße, Strada statale 117, weiter nach Süden – noch 32 Kilometer bis zum Ziel. Durch ein Tal, den Windungen des Salso nach – Hügel, Waldflecken, Wiesen, sanftes Grün. Über einer tiefen Schlucht der Viadotto Morello, weiter Blick.

Und da ist es ausgeschildert – *Riesi 4 km*. Mein Herz klopft.

Es ist über siebzig Jahre her, daß ich den Namen zum erstenmal hörte, ohne jede Vorstellung seiner geographischen Lage, und seit 1973, dem ebenso kurzen wie mißlungenen Versuch, ihm näherzukommen, sind 28 Jahre vergangen. Abends waren wir angekommen, frühmorgens wieder abgefahren, als unvergessenes Erlebnis nur der Glockenschlag der Kirchturmuhr und das augenblendende Weiß-Blau in der Chiesa Madre. Aber gesehen von Riesi, gesehen habe ich eigentlich nichts. Und so gibt es auch nichts wiederzuerkennen.

Am Ortseingang steige ich aus, vor mir ein gesichtsloses Häusermeer. Ich bleibe eine Weile stehen und bitte dann, langsam in die Stadt zu fahren.

Was ich sehe, sind schlechte Straßen, häßliche Häuser und – Stoßstange an Stoßstange. Das jedenfalls gab es damals noch nicht, habe ich doch einen fast autolosen Ort in Erinnerung. Jetzt sehe ich keinen Unterschied zu Catania, Parkplätze sind hier so rar wie dort. Schließlich finden wir eine Lücke, in der Via Carlo Alberto, einer unbefestigten Straße der Altstadt.

Municipio Centro Città. Da geht's lang.

Fassaden, reparatur- und renovierbedürftig. Verrostete Balkongitter, Türen und Fenster geschlossen. Idyllisch, aber eine falsche Romantik. Was will ich hier?

Über den Corso Vittorio Emanuele auf die Piazza, die selbstverständlich den Namen des Befreiers Giuseppe Garibaldi trägt. Gruppen von alten Männern, sitzend, gehend oder stehend; eine Werbung für Bitburger an der Birreria e Cafeteria Charly Brown. Am Rand des Platzes ein offenes Tor, ein Anschlag *Circolo artigiani Riesi*, offenbar so etwas wie eine Handwerkerorganisation; vor der Banca Mercantile Italiana knorrige Typen, vertieft in die Lektüre der Zeitung *La Sicilia*.

Das ist es, was ich in den ersten zehn Minuten wahrnehme.

Erst dann wage ich einen Blick auf jenes Gebäude, das hier alles beherrscht und das ich wiedererkenne, die großen Quader, das Wappen, die Uhr mit den römischen Ziffern, die Glocken, den Turm – die Chiesa Madre, Riesis Zentralkirche.

Und da schlägt die Stunde, zwölfmal und dann noch einmal. Es ist also 12 Uhr 15 – an der Schlagfolge mit der vollen Stundenzahl vor jeder Viertelstunde hat sich also auch nach 28 Jahren nichts geändert.

Und drinnen?

Ich zögere, Stimmen dringen heraus, Orgeltöne, Gebete, gehe hinein – und werde geblendet von einer Symphonie in Blau und Weiß. Das schwingt sich an Säulen und Decken hoch, von betörender Reinheit und ästhetischer Abstimmung, ein Bild, an dem ich mich nicht satt sehen kann.

Es wird gerade geheiratet. Vorn das Paar, der Priester, Kerzen, dahinter der Altar mit Maria und dem Jesuskind.

Etwa siebzig Menschen sind versammelt, in der Mehrzahl Frauen, junge und alte, dazu Kinder, alle festlich gekleidet. Einem *bambino* wird es langweilig, er löst sich von der Mutter und rennt, von einem gleichaltrigen Gefährten verfolgt, zur Tür und hinaus.

Der hohe Raum wirft Stimmen und Gesang grell zurück. Braut und Bräutigam geben sich die Hände: »nicht trennen, was von Gott vereint« höre ich heraus, wie auch die Vornamen der beiden Vermählten: Giuseppina und – *Rocco*! Rauschender Applaus, brausende Akkorde, das »Ave Maria«.

Es ist die Kirche, in der auch die Eltern meines Großvaters getraut worden sein müssen. Wer waren sie, wie hießen sie? Wo wohnten sie hier? Hat Opa Rocco als Kind auf dem Platz da draußen gespielt? Werde ich das jemals herausbekommen? Werde ich hier überhaupt etwas finden, was hinweist auf ihn und seine Familie, auf Vor- und Nachfahren?

Als ich wieder hinaus auf die Piazza trete, sieht Riesi schon um eine Nuance anders aus, unterscheide ich wieder Frauen und Männer, entdecke ich lachende Gesichter, geöffnete Läden, will ich nicht mehr nur zerbröckelnde Fassaden, verrostete Balkongitter sehen.

Ich schlucke meine Sentimentalität mit einem übersüßen bonbonfarbenen Kuchen in einer nahen Bar an der Via Roma hinunter. Vor mir ein baumbestandener Platz, Kinder, lauter Schwarzköpfe, und die Büste eines »großen Sohnes« der Stadt, »grande figlio«, in Bronze gegossen, bedeckt von »hellstem Ruhm«, »gloria purissima«, Senator und ein »Leuchtturm der italienischen Chirurgie« – »faro luminoso della chirurgia italiana«: Antonio Dantona!

Es ist lächerlich, aber ich fühle so etwas wie Mitstolz, obwohl ich doch von diesem Jünger des Äskulaps nie zuvor auch nur eine Silbe gehört habe.

Ein paar Schritte – Municipio, ein Neubau, schmucklos, funktional. *Comune di Riesi, Orario per il pubblico dalle ore ... alle ore ...* – also Sprechstunden von ... bis ... Nur Zahlen sind da nicht eingetragen.

Wir wagen es, Antonio Morten voran.

Eine Treppe hoch, offene Türen. Durch eine gehen wir hinein. Ein grauhaariger Mann, eine ältere, sehr distinguiert aussehende Dame. Anliegen und Bitte werden vorgetragen, wir mit einem Schimmer von Aufmerksamkeit bedacht. »Rocco Giordano?« » Si.« Keine Eile. »Nato qui?« – Hier geboren? »Si.« Irgendwelche Papiere? »No, purtroppo« – Leider nicht. Immerhin sind wir bis jetzt nicht hinausgeschmissen worden. Mir würgt etwas in der Kehle. »Wissen Sie wenigstens, wann Ihr Großvater geboren wurde?« O ja – »Mille ottocento sessanta cinque« – 1865.

Was nun geschieht, geht schneller vor sich, als es berichtet ist, wird aber in allen Einzelheiten bis zur letzten Stunde in meiner Erinnerung bleiben.

Die Signora steht auf, geht zu einem Schrank, schiebt eine Metallwand zurück – und da, ich will meinen Augen nicht trauen, sehe ich sie, Folianten, sichtlich betagt, räudig fast, aber leserlich beschriftet. Die ältere Dame fährt über die Rücken, 1861, 1862, 1863, 1864 – 1865. Den holt sie heraus, legt den Band auf den Tisch (es staubt, als sei der Foliant seit damals nie mehr hervorgeholt worden) und fragt: »Che mese?« – Welcher Monat? Beschämtes Kopfschütteln. »Also fangen wir mit Januar an.«

Die Signora blättert von vorn in dem dicken Wälzer, dann stutzt sie, zeigt mit dem Finger auf eine Seite und winkt mich heran. Da steht im Standesamtsregister von Riesi aus dem Jahr 1865, Geschäftsnummer 15, Seite 15, in handgeschriebenem Italienisch:

»daß am 10. des Monats Januar um 19.00 Uhr vor uns Domenico Giordano erscheint, Alter 30 Jahre, von Beruf Schuster, wohnhaft in der Strada della Chiesa Matrice, und stellt uns einen Sohn vor, den wir mit eigenen Augen gesehen haben, und erklärt, daß es sich um den Sohn der Signora Maria Filippa geb. Piceri handelt, 20 Jahre alt, wohnhaft am Ort und seine Ehefrau. Datum der Geburt: 9. Januar im laufenden Jahr 1865 um 12 Uhr in dem Hause der oben angegebenen Adresse. Er hat ferner erklärt, daß er dem Sohn den Namen Rocco Giuseppe geben wird.

Der Pfarrer von Riesi in der Chiesa Matrice hat uns erklärt, daß er Einsicht genommen hat in die Geburtsurkunde und der besagte Sohn am 11. dieses Monats getauft worden ist.

Diese Eintragung wurde in die Unterlagen des Pfarramtes aufgenommen.«

Auf der Rückseite des Blattes 15 aus dem Geburtsregister dann noch ein Hinweis auf die Zeugen, die anwesend waren und signiert haben:

»Gaetano Farruccio, Alter 20, von Beruf ebenfalls Schuster, wohnhaft in der Strada della Chiesa Matrice, und Giovanni Butera, 56 Jahre, von Beruf Friseur, wohnhaft in der Strada San Giuseppe. Beide Taufpaten haben unterschrieben.

Die Urkunde wurde ins Register eingetragen, den beiden Taufpaten und den Anwesenden vorgelesen und am gleichen Tag und im gleichen Monat des oben angegebenen Jahres von diesen bzw. uns allen unterschrieben.«

Das alles nach damaliger Sitte umständlich formuliert, mit der Hand geschrieben und nicht besonders leserlich. Doch die Signora und Antonio Morten geben sich redlich Mühe, alles zu enthieroglyphisieren.

Ich aber sitze da, im ersten Stock des Municipio von Riesi, und heule, heule vor mich hin, unfähig, meine Rührung und Bewegung zu verbergen, nachdem ich hier soeben nicht nur auf die amtlichen Spuren meines Großvaters, sondern auch auf die meiner Urgroßmutter und meines Urgroßvaters gestoßen bin.

Es wird versprochen, eine Abschrift zu machen, die abgeholt werden kann – übermorgen. Man ist deutlich betreten.

Rückkehr nach zwei Tagen.

Es ist das gleiche Bild – aufgerissene Straßen, große Röhren an den Seiten, erstickender Verkehr, Staub, Staub, Staub, Wäsche auf den Balkons, in der Via Principe Umberto, Riesis Hauptstraße, Stoßstange an Stoßstange und überall an Häuserfassaden und Wänden dicke Stränge, doppelt und dreifach, elektrische Kabel.

Dennoch will mir die Stadt schon eine Spur vertrauter vorkommen. Der Empfang im Rathaus ist freundlicher als bei der letzten Begegnung, die Überreichung der Abschrift pünktlich. Wie nebenbei, doch bedeutungsvoll, sagt die Signora: »Der Bürgermeister möchte Sie sprechen, *dottore e professore* Giuseppe Miccichè – übermorgen.«

Ich mache mich vom Municipio in Richtung Piazza zu einem ersten Gang durch Riesi auf, die Kopie der Urkunde an meine Brust gedrückt, wie einen langgesuchten und unerwarteterweise doch noch gefundenen Schatz.

Wo haben *bisnonno* Domenico und *bisnonna* Filippa Giordano, geborene Piceri, mit ihrem Sohn Rocco gewohnt? Die in der Geburtsurkunde aufgeführte Stradale della Chiesa Matrice (heute Via Roma) läßt darauf schließen, daß es kirchennah war, aber eine Hausnummer fehlt. »Kurz vor der Piazza, auf der rechten Seite, muß die Wohnung gelegen haben«, hatte die Signora gesagt. Ich gehe durch die dumpfe Wölbung eines Torbogens, rechts eine Tür mit einem Klopfer aus Metall, alte Steine, dann ein Hof – die Häuser zur Straße sind zu neu, älter nur die niedrigeren Gebäude weiter hinten. Kann es dort gewesen sein?

Ich bemühe mich, meine Gefühle zu ordnen, aber es fällt schwer.

Auf der Piazza, vor dem Dom, versucht jemand vergeblich, den Motor eines lila lackierten Autos anzuwerfen, umstanden von einer Männergruppe, die belustigt Ratschläge erteilt. Über der Birreria e Cafeteria Charly Brown sechs leere Fensterhöhlen. Daneben die Metzgerei der Gebrüder Spano – *bovini, ovini, suini* – alles zu haben von Rind, Schwein und Schaf.

Nun weiter, ohne Plan, irgendwo hinein in eine enge Straße, die von der Via Vittorio Emanuele abgeht, weg vom *centro*.

Wie in Neapel, denke ich unwillkürlich – Wäsche an Leinen, baufällige Häuser, an den Fassaden schwere Metallklammern. Und hier und da, wie ein Stück heiler Haut zwischen lauter welker, ein restauriertes Haus, verputzt, geglättet, angestrichen, aber auch davor Gehsteige und Pflaster aufgerissen. Schilder, gedruckt oder mit dickem Filzstift beschrieben: *Vendesi* – zu verkaufen. Das Viertel scheint menschenleer zu sein.

Jetzt eine Treppe aufwärts, viele Stufen, bis zu einer Kirche, San Giuseppe, der heilige Joseph – fest verschlossen. Auf Fenstersimsen Tauben.

Ich drehe mich um, und da liegt sie vor mir, die *città bassa*, die Unterstadt, der größere Teil von Riesi, mit der beidseitig autogesäumten Schlucht der Vittorio Emanuele als Orientierungstraße. Die Höhenunterschiede innerhalb Riesis sind erheblich. Einige Treppen führen tief hinab bis ins Zentrum, manche gehen vorher in Straßenpflaster über. Wenn es gießt, muß der Regen nur so herunterstürzen.

Von hier oben kann man weit hinaus in die Landschaft blicken, auf eine weiche Hügelsilhouette. Die Stadt liegt 330 Meter über dem Meeresspiegel.

Beim Abstieg geschieht dann etwas Seltsames – plötzlich, als wäre ich bis eben taub gewesen, gewahre ich Menschen, höre sie reden, lachen, vernehme Kindergeschrei und sehe Kinder, die schon vorher dagewesen sein müssen. In der Via Soldato Debilio, einer schmalen Gasse, winkt mir eine Mutter mit einem Säugling im Arm zu; in trostlosen Winkeln sitzen Menschen beisammen, fröhlich und laut; im Zimmer eines Hauses, an dem seit hundert Jahren nichts erneuert worden ist als die Dachrinne, erblicke ich um einen Tisch herum vier *ragazzi*, aufgeregt mit irgendeinem Spiel beschäftigt. Und während mir gerade eine Katze vertrauensvoll um die Beine streicht, umhalst sich ein Paar auf einer Treppe so innig, als wären sie die einzigen Menschen auf der Welt.

Wieso hatte ich Schwermut erwartet?

Vielleicht, weil alles, was ich hier sehe und höre, jede Regung und Begegnung, verbunden ist mit dem Gedanken an meinen Großvater? Weil ich mich unentwegt bei der Frage ertappe, an welcher Stelle sein Fuß die Erde Riesis betreten, wo er gelebt und gearbeitet haben könnte? Und was er sagen würde, wenn er mich hier sähe, auf seinen Spuren, und dabei so unerwartet fündig geworden? Fündig durch ein Papier, das über alle persönlichen Erinnerungen hinaus wie ein erstes Licht die Vergangenheit erhellt hat.

Natürlich ist das Riesi von heute nicht mehr das seine. Mögen manche Viertel der Stadt die seither verstrichene Zeit nahezu unverwandelt überdauert haben, auch Riesi hat sich mit Italien, mit Sizilien verwandelt – welch ein äußerer Unterschied schon in den noch nicht dreißig Jahren seit meinem ersten Besuch.

Es ist richtig, ich will, über den großväterlichen Geburtsort und seine familiäre Bedeutung hinaus, Sizilien suchen und ergründen, will es in allen Himmelsrichtungen erforschen, ihm sooft wie möglich begegnen, Tag für Tag und ohne Pause.

Aber das Mysterium meiner Reise, ihr Focus, bleibt die »Suche nach der verlorenen Zeit«, jener kurzen und einzigen Etappe von Geborgenheit in meinem Leben, die so überwältigend verbunden war mit diesem *nonno*, meinem geliebten Opa Rocco.

Wird es also, wenn auch spät, auf Sizilien für mich so etwas wie ein *rimpatrio* geben, eine Heimkehr? Und das auf zweifache Weise – einmal zu den biographisch-geographischen Wurzeln des väterlichen Zweigs, also eine *äußere* Heimkehr, und einmal eine *innere*, in ein Paradies der Kindheit, das *seinen* Namen trug, nur kurz währte und dennoch unvergessen blieb über die riesige Strecke von mehr als siebzig Jahren?

Ob Großvater jemals hier gewesen ist?

In die Umgebung von Riesi.

Die Stadt liegt in Luftlinie etwa 30 Kilometer, auf dem Landweg rund 45 Kilometer von der Küste des Afrikanischen Meeres entfernt.

Nach kurzer Fahrt in westlicher Richtung, hinter einem Tunnel, taucht zu beiden Seiten der Straße in bizarrer Gebirgslandschaft ein verlassener Industriekomplex auf, Schachttürme, verrostetes Gerät, alte Steinbaracken, die Fensterhöhlen wie ausgerissene Augen – Schwefelgruben, längst stillgelegt, gespenstische Wahrzeichen einer industriellen Archäologie. Wie in anderen Teilen Südsiziliens ist auch hier noch bis in die sechziger Jahre des 20. Jahrhunderts der begehrte Rohstoff für Schwarzpulver, Zündhölzer, Malerfarben, Pflanzenschutzmittel gefördert worden – Schwerstarbeit, die durch neue Herstellungsverfahren überflüssig wurde. Ein Ende finsterer Ausbeutung, aber auch eine soziale Katastrophe für die Region. Auf einen Schlag gingen Zigtausende von Arbeitsplätzen verloren.

Im Eigentum und bewirtschaftet von internationalen Konzernen der Schwefelindsutrie, schufteten in der einen Grube, *Talarita*, Arbeiter aus Riesi, in der andern, *Trabia*, Leute aus Sommatino, dem nächsten größeren Ort. Wasser kam aus dem Salso, der beide Komplexe trennt.

Bisher habe ich darüber nur Gerauntes vernommen, etwa, daß die Arbeiter aus Riesi den sechs Kilometer langen Weg zu jeder Jahreszeit und bei allen Wettern hin und zurück zu Fuß zu laufen hatten, daß etliche unter und über Tage gestorben seien und dieser Ära nun an der Peripherie von Riesi, endlich, ein Denkmal gesetzt werde.

Davon will ich mehr wissen.

Weiter über Ravanusa nach Süden. Die Straßen der Insel, das sei hier einmal bescheinigt, sind in der Regel gut ausgebaut, und diese hier gar in Form einer Schnellstraße und mit einem Riesenviadukt, der die designerischen Fähigkeiten der Italiener auch auf dem Gebiet moderner Verkehrskonstruktionen so kühn wie schwunghaft bestätigt.

Und da wird es auch schon sichtbar – Licata und das Castello Sant' Angelo.

Ich habe festgestellt, daß ich Ortschaften und Städte Siziliens sehr rasch nach meinen urbanen Kriterien beurteile und daß solche Bewertungen meist längerer Prüfung standhalten. Für Licata finde ich denn auch bald ein treffendes Adjektiv – licht. Es gefällt mir auf den ersten Blick, mit der bunten Kuppel der Chiesa Madre; den zwei jungen Männern, die sich in einem Sulky von einem Pferdchen dahintraben lassen; dem hellen Rathaus und der Piazza Progresso, dem Zentrum, mit ihren mächtigen Palmen und der verwunschenen Randidylle. *Alberi secolari*, jahrhundertealte Baumstämme, Ficus benjamina in sich vielfach verschlungen wie hölzerne Riesenschlangen und mit tiefen Wurzeln in der Erde; knorrig auch der Baum vorm Caffè Pablo, wirksamer Sonnenschutz bei der Einkehr. Und vom Meer her ein kühlendes Lüftchen.

Allerdings, der Weg hinauf zum Castello Sant' Angelo wird zu einer Via Dolorosa für den alten Nevada – eng, bergan, über Kopfsteinpflaster und im ersten Gang. Dazu kommt uns noch ein

Fahrzeug entgegen, an dem wir, Millimeterarbeit, geradeso vorbei-schrammen. Aber dann, oben, wird die Mühe belohnt.

Auf der See, winzig, ein einsames Segel; vorn mehrere Molen, weit hinausgebaut, der Versuch, Licatas Hafen mit seinen Becken sturm-sicher zu machen; am Strand viele Menschen, von hier klein, wie vom Flugzeug aus, und im Rücken, hinter uns, die schönsten Villen der Welt – zugeknöpft bis zum First, hochmütig verschlossen und alle Läden heruntergelassen.

Dann, etwa auf halber Höhe gelegen zwischen der See und mei-nem Standort – ein Friedhof. Ein Friedhof, wie ich noch keinen ge-sehen habe. Tausende von Grabmalen, auch Grabkästen, wirklich Tausende – schwarze und weiße Male, Madonnenstatuen, Bestat-tungshallen, eine Kirche, überall Blumen, keine Bäume. Dazwischen einige wenige Menschen, verloren huschend wie in einem Labyrinth, das Entkommen nicht gestattet, weil der Tod dominiert. Und alles der Sonne preisgegeben, nirgendwo Schatten, gnadenlos.

Bis zum Kastell hoch ist noch einmal ein ganzes Ende. Und dann ist der Blick frei – nach Osten bis Gela, nach Westen bis Agrigento und nach Süden über die Weite des Mare Africanum.

Von dort kamen sie, wie an den anderen Küsten Siziliens auch, der Schrecken der Anwohner, ihre ewige Furcht – Seeräuber, die Filibu-ster des ausgehenden Mittelalters bis hinein in die Neuzeit. Plünde-rer, Vergewaltiger, Versklaver, gegen die kein Kraut gewachsen war, keine Wachttürme und kein Signalsystem. Lauernd im Schutz der Nacht, brach das Inferno im Morgengrauen über die Unglücklichen herein – von Palermo bis Messina, von Siracusa bis Trapani, und das über Jahrhunderte und Jahrhunderte.

Deshalb, letzte Möglichkeit zu entkommen, die Festungen und Burgen – wie dieses, das Castello Sant' Angelo.

Da liegt es vor einem, in seiner ganzen wehrhaften Scheußlichkeit, mit einem tief ausgeschachteten Graben, der längst trockenliegt, der Zugbrücke, die, hochgezurrt, jeden direkten Zugang unmöglich machte, und Mauern, so wuchtig und gewaltig, daß sie wohl selbst den Kugeln schwerer Kanonen standgehalten hätten.

Das Zeitalter des Pulvers war nämlich längst angebrochen, als das Kastell errichtet wurde, um 1615, entworfen und erbaut von dem Architekten Camilo Camilliani, und zwar, wie einer Plakette neben dem Tor zu entnehmen ist: »Errichtet zum Zweck der Verteidigung der Küste und der Stadt Licata gegen die ständig wiederkehrenden Angriffe der ottomanischen Türken.«

Und so steht man denn vor einem Monument der Angst des Menschen vor dem Menschen, wie sie so häufig anzutreffen sind auf Sizilien, und wird unterrichtet, daß dies das einzige Denkmal militärischer Bauweise in Licata ist.

Aber auch, daß später, ab 1856, die Festung vom König von Neapel als Telegraphenstation benutzt wurde, *adibito telegrafico*, und zwar als optische, *telegrafo ottico*. So wurden von hier Botschaften entsandt und empfangen, aber nur bei Tag und guter Sicht.

Irgendwo da unten, zwischen Licata und Gela, waren am 10. Juli 1943 amerikanische Truppen gelandet – ich habe die Nachricht des »Feindsenders« BBC London von damals noch im Ohr. Und nach dem Zweiten Weltkrieg diente das Castello, auch dies eine Information auf der Plakette, meteorologischen und aeronautischen Zwecken.

Ich erklimme einen Platz, so hoch ich kann, passe auf, daß ich nicht abstürze, blicke über das unendliche Blau da unten bis an den Horizont und denke: Hat *er*, wenn auch nur ein einziges Mal, den Weg von Riesi zu diesem Gestade gefunden? Ist Rocco Giordano jemals an diesem Meer gewesen?

Oder in Mazzarino, eben hinweg über den Monte Perni und den Monte Gibli, keine zwanzig Kilometer von Riesi entfernt?

Schon von fern ein imposanter Anblick, mit der weiten Häuserfront auf der fast 600 Meter hohen Kuppe und einer Kirche, die aussieht wie die Verpflanzung des vatikanischen Petersdoms in die Provinz – Chiesa Signore dell' Olmo, 11. Jahrhundert, mit buntem Spitzturm und symmetrischem Mosaik.

Aber mächtiger noch, auf dem höchsten Punkt, die Burg von Mazzarino – alle Waagerechten gefallen, stehen nur noch die Senkrechten ihres Gemäuers, auch sie eine ungeheuerliche Wehr.

Der Zugang zur Burg ist gesperrt, aber der Zaun hat ein Loch. Da hindurch und aufwärts. Wie sind die Steine hier hochgekommen?

Die Sonne im Zenit, tödlich. Kein Schatten, nur ganz nahe der Burgmauer, an die ich mich mit Kopf und Rücken lehne. Jeder Luftzug tut gut. Die Gräser zittern, von weit her Stimmen.

Ringsum auf den Höhen Ortschaften – die Burgdamen und -herren hatten eine großartige Sicht übers Land. Allerdings ohne den schlimmen Anblick eines Ölbehälters, der hier hinter der Bühne eines imitierten Amphitheaters hingesetzt worden ist, ein wahrer Trumm, nach dessen Funktion man vergeblich fragt und der alles verschandelt. Wie die Mülldeponie, die ich beim Abstieg gewahre, in einer tiefen Schlucht am Grund eines Abhangs, von dessen Höhe aus der Müll von Mazzarino einfach heruntergekippt wird.

Giacomo Guzmano, Ortsheiliger und *Padre dei poveri*, Vater der Armen, hat es nicht verhindern können.

Bei der Weiterfahrt ein Schild: *Mazzarino – zona denuclearizzata*, atomfreie Zone.

Wie Riesi – dort, etwas außerhalb, habe ich die gleiche Inschrift entdeckt.

Nach Caltanissetta, in dessen Regierungsbezirk Riesi liegt, heute wie damals.

Morgensonne, kein Wolke. Ein besonderes Flair über der Hügellandschaft. Rinder auf der Weide, helle und braune. Die Straße folgt dem Lauf des Salso, ein Rinnsal nur noch, so lange schon vor der heißesten Jahreszeit.

Der Monte Gibi Gábel, 615 Meter, *Provincia Caltanissetta*, dann die Stadtfront, wie eine Naturburg auf einem hervorstechenden Fels, aus dem ein riesiger rot-weiß gegürter Stahlmast sticht.

Ich scheue die Stadt und fliehe auf Caltanissettas berühmten Markt.

Mein Tonband rekapituliert, was ich sehe, und zwar alles überdimensioniert, größer, höher, zahlreicher, als zuvor irgendwo sonst gesehen:

»Oliven über Oliven, Pilze, Koskosnüsse, Melonen, Berge von Kartoffeln, Knoblauch wie Zöpfe, Schinken, Salami (das Wasser läuft mir im Mund zusammen); ein Stand nur mit Sardellen, gefüllt in Gläser, Dosen und Tonnen; Nüsse aller Art, Gewürze, *Origano siciliano originale*, erschreckend große Zucchini, die Rosinen der ganzen Welt; Tischdecken, gehäuft auf dem Pflaster, Gardinen ballenweise; in Luft und Sonne schaukelnde Büstenhalter, wie für die gesamte weibliche Menschheit; dazu Nußknacker über Nußknacker – ich habe nie ein solches Angebot an Nußknackern erlebt. Und in den Textilien könnte man ertrinken.«

Ein Ausschnitt nur, mehr nicht.

Dazu die Rufe, die Schreie, die Anpreisungen – ohne Werbesinn, weil die einen die anderen übertönen, ein akustisches Chaos, die Summe eines unentwirrbaren Stimmengeflechts. Hier wird sich buchstäblich die Lunge aus dem Hals geschrien, wie der Junge da mit den Luftballons, die er an einem geknoteten Band in solcher Menge hält, als würde er gleich in die Atmosphäre abheben.

Kinderwagen mit Sonnendach, Mütter, die in Gebirgen von Spielhöschen wühlen, während Väter versuchen, die Kleinen im Schatten zu halten.

Staub, Gedränge, Hitze. Aber niemand nimmt Anstoß daran, niemand kennt es anders, will es anders haben.

Bratpfannen, Scheren, Porzellanpuppen und Bestecke; Blusen, Überhänge, Geschirr, Ringe, Armbänder, Uhren, Muscheln, Ketten – auf diesem Markt von Caltanissetta sind, bei Tagesanbruch, die Stände aufgebaut und Hunderttausende von Einzelstücken ausgelegt worden, die jetzt, gegen Mittag, schon wieder einzupacken sind, ehe dann auch die Zelte eingerollt werden müssen. Wie geht das innerhalb weniger Stunden vor sich?

Dabei gibt es keinerlei Anzeichen von Unruhe, Aufregung oder Hektik, obwohl hier schon in einer Stunde alles vorbei sein wird.

Aber dann geschieht schließlich noch etwas Ungewöhnliches – ich kaufe mir einen Hut. Ich habe in meinem Leben nie einen Hut getragen, weder in der Sahara noch in der Atacamawüste oder sonstwo auf der Welt. Mein Haarwuchs, meinte ich, machte es überflüssig.

Erst Siziliens Sonne zwingt mich dazu.

Er ist aus Stroh, und im Spiegel besehen, komme mir darunter höchst lächerlich vor. Doch das häufige Gefühl, das Hirn würde mir durch die Haare hindurch angekokelt werden, war mir mit den steigenden Temperaturen immer unheimlicher geworden. Ich bin sicher, ich werde die Notwendigkeit der Kopfbedeckung nicht streng befolgen, ganz abgesehen von der großen Gefahr, den Hut irgendwo liegenzulassen – aber wenn ich ihn mir hier nicht gleich aufsetze, besteht die Gefahr eines Sonnenstichs, mit unabsehbaren Folgen für das Buch.

Vor dem »Ciao« frage ich den Standinhaber, ob er wisse, wie lange es schon den Markt von Caltanissetta gebe. »Seit Christi Geburt«, antwortet er.

Ob mein Großvater jemals hiergewesen ist?

Il sindaco

Mittelgroß, kräftiger Händedruck, Augen, die zupacken, starke Brauen, dunkle Haare, Bürstenschnitt, offener Hemdkragen, ein Mann, der gewohnt ist, Anweisungen zu erteilen und zum Zeitpunkt der Begegnung 51 Jahre alt: Giuseppe Miccichè, Bürgermeister von Riesi – *il sindaco*!

Empfang im ersten Stock des Municipio.

Durch ein Vorzimmer in sein Büro: schwerer Schreibtisch, schwere Sessel; eine Fahne mit den Nationalfarben Italiens, Rot, Weiß und Grün; an einer Stange, Blau und Gelb, die Flagge der Europäischen Union; ein lang herabwallender Wandbehang, *Comune di Riesi*, mit dem Wappen der Stadt: drei Keramikkrüge, von Lorbeer eingefaßt; das Foto des Präsidenten der Republik; daneben ein Gemälde, die Idylle einer bäuerlichen Familie mit zwei Ochsen. Riesi lebt immer noch von der Landwirtschaft.

Es geht hier zu wie in einem Taubenschlag. Dauernd kommt jemand in den Raum oder verläßt ihn, fragt oder antwortet, legt ein Papier vor oder holt es ab. Bis der *sindaco* mit einer kurzen Handbewegung alle hinausscheucht und nur noch mit meinem Begleiter und mir zurückbleibt. Er schließt die Tür und sagt: »Erzählen Sie mir bitte etwas über Ihren Großvater.«

Ich beginne.

Die Haltung des *sindaco* läßt nicht darauf schließen, daß ich meine Memoiren hurtig abspielen müßte. Er sitzt da – nicht hinter seinem Schreibtisch, denn auf den Stuhl hat er, eine Geste, mich gesetzt, sondern in einem der Sessel neben der Tür.

Und so berichte ich denn, grabe in meinen Erinnerungen, repetiere, mir durchaus der ungewöhnlichen Stunde bewußt. Erst die Erlebnisse in Hamburg – der Pfiff, die aufrechte Gestalt, wenn der *nonno* zu Besuch kam, der makellose Anzug und die Würde seiner Haltung; die Fahrt mit der Hochbahn über den Hafen, zu den Wochenenden in der Roonstraße; dabei wohl auch immer die Großmutter, aber vor allem doch an seiner Seite und unter seinem Schutz. Die unverwechselbaren Gerüche in der Wohnung; die großen Spaghettiessen, nicht verschwiegen der nie fehlende Gabelstoß; der obligatorische Besuch in der Rumpelkammer, meine unersättliche Neugierde auf die alte, tressenbesetzte Uniform, den Säbel, die Trompete, den Stab aus Eisenholz aus der Hand des Zaren – ohne Verständnis damals noch für die Tragik all dieser Zeugen einer untergegangenen Epoche.

Vor allem aber die Zeremonie zu Beginn der Begegnung, die zärtlichen Umarmungen, das Zwirbeln meiner Ohrläppchen zwischen seinen Fingern, das mich zum Schnurren brachte; dann der hin und her wiegende Oberkörper und das mir damals noch unverständlich klagende »Zitschilia, Zitschilia!«. Schließlich der Tod des Großvaters, zunächst noch unbegriffen von dem Siebenjährigen, dann mit einem Loch im Herzen, das sich seither nie wieder ganz schließen ließ.

Feinarbeit für den Übersetzer, denn hier geht es hinein in die Kapillaren der Erinnerungen und der Seele, und dafür reicht beschämenderweise mein Italienisch nicht.

Sindaco Giuseppe Miccichè sitzt da und lauscht.

Dann meine späteren Kenntnisse und Erkenntnisse über diese Biographie, mehr, genauer, besser informiert durch meine Großmutter Emma als durch den Vater: der Triumphzug des *Philharmonischen Blasorchesters unter der persönlichen Leitung des Sizilianers Rocco Giordano*; die frenetische Begeisterung seiner Jüngerinnen und Jünger, wo immer er auftrat; sein Ruhm zwischen London und Petersburg; schließlich das Trompetensolo als Zeichen allerhöchster Gunst für das Publikum. Und dann das schnelle Ende nach dem Eintritt Italiens im Mai 1915 in den Ersten Weltkrieg, die letzten fünfzehn Jahre in Hamburg, von denen ich zwischen 1926 und 1930 vier bewußt erlebte.

Aber der große weiße Fleck: die Kindheit in Riesi – was hat er hier getan, wie ist seine Jugend verlaufen, bis er seinen Geburtsort verlassen hat, und aus welchen Gründen hat er ihn verlassen? Und wie ist der Funke seines musikalischen Genies zur Flamme geworden und er zu einem *der* Maestri seiner Zeit? Das alles sei bisher im dunkeln geblieben.

Soweit mein Bericht.

Schließlich spreche ich von dem *Buch*, das mich durch vierzig Jahre meines Lebens begleitet hat, von 1942 bis 1982, das dem Großvater gleich eingangs ein Denkmal gesetzt hat und dessen erster Satz so beginnt – Zitat, zunächst auf deutsch:

»Giacomo Bertini war fünf Jahre alt, als er beschloß, sein erbärmliches Geburtsnest Riesi im sizilianischen Regierungsbezirk Caltanissetta auf dem Rücken eines nachbarlichen Esels unabgemeldet zu verlassen – das Meer, Palermo, Musik!«

Ich bin Antonio Morten dankbar, daß er von sich aus »sein erbärmliches« milder als »sein ärmliches« übersetzt.

Der *sindaco* hat die ganze Zeit dagesessen, hat zugehört und kein Wort gesagt. Jetzt fragt er: »Wie war das noch mit den Ohrläppchen? Können Sie das noch einmal schildern?«

Das hat ihn offenbar besonders beeindruckt, und so wiederhole ich sie abermals, diese zärtliche Geste, die ich in Kopf und Herz behalten habe, obwohl zwei Generationen darüber hingegangen sind.

Dann nehme ich die Gelegenheit beim Schopf, ein paar Informationen über ihn zu sammeln, den *sindaco*.

Bereitwillige Auskunft, sicher, knapp und zurückhaltend gegeben. Das ist seine Art, wie rasch herauszukriegen ist.

Die Eltern waren nach Belgien ausgewandert, wo der Vater in einem Kohlebergwerk gearbeitet hat und Giuseppe Miccichè 1950 geboren wurde. Die Kindheitsjahre hat er in guter Erinnerung, fühlte sich dort wohl, sprach belgisches Französisch wie auch Sizilianisch, den Heimatdialekt, und wäre gern geblieben. Aber 1960 hatte der Vater einen Arbeitsunfall, kehrte mit der Familie nach Riesi zurück und ging hier in Rente. »Ihr Nabel war Riesi, es gibt immer eine Nabelschnur, die den Menschen mit seinem Heimatort verbindet. Aber bis es mein Nabel wurde, verging einige Zeit.«

Schwierigkeiten, sich hier einzuleben, drei bis fünf Jahre. Er ist dann noch einmal, mit dreizehn, nach Belgien gegangen, ohne dort aber eine Schule besucht zu haben. »Das war eine Lehre für mich.« Eine negative, deshalb zurückgekehrt, Schule, Abitur, Universität: italienische Geschichte, Literatur, Fremdsprachen, speziell Französisch. Beruf: Erst Lehrer am hiesigen Gymnasium, dann Direktor. »Sieht aus wie eine Karriere, war aber schwerer, als es sich so bei der bloßen Aufzählung anhört. Ich werde Ihnen mehr davon erzählen, später.«

Giuseppe Miccichè ist seit zweieinhalb Jahren Bürgermeister von Riesi.

Nach allem, was bisher zu beobachten war, will es mir scheinen, als wäre er nie an einem anderen Ort als diesem gewesen.

Ich sitze da und beginne die Stunde hier im Rathaus von Riesi in die Rubrik »Lebensverwunderungen« einzureihen – womit ich unverhoffte, unerwartete, irgendwie auch unwirklich scheinende Erlebnisse, Ereignisse, Begegnungen meine. Das geschieht mir hier nicht zum erstenmal, aber doch auf eine besondere Weise. Mir ist, als wenn da etwas angegraben wird, etwas lange Verschüttetes.

Eine Sprechstunde war das nicht, sondern etwas beidseitig Wohltuendes – Interesse, keine Allüren, Sympathien, achtungsvolle Distanz mit freundlicher Nähe.

Händeschütteln, Tür auf, der Taubenschlag kehrt zurück, Giuseppe Miccichè im Trubel seines Amtsalltags.

Vor dem Abschied hatte der *sindaco* uns noch zu Mittag in sein Haus eingeladen.

Am Rand von Riesi gelegen, der Blick nordwärts frei bis nach Caltanissetta und San Cataldo, entpuppt sich das Anwesen als ein vielzimmeriges Gebäude mit maurischen Stilelementen, Terrasse, überdachte Veranda, Gartenland, im weitläufigen Souterrain Garagen und Abstellräume.

In der Küche Giuseppina, Giuseppes Frau, mit ungekünstelter Wärme auf die vorher nie gesehenen beiden Gäste zugehend, *la mamma* wie sie im Buche steht, füllig, lebenssprühend, Mutter dreier Töchter, ein Trio, das bei unserer Ankunft eher zufällig da ist und wahrer Mädchenflor: Sandra, mit 28 die älteste, Daniela, mit 19 die jüngste, und dazwischen, 23, Silvia, jede auf ihre Weise schön und über allen dreien der Schmelz der Jugend.

Untergründig will ich einen Hauch von Aufgebrachtheit, gar Hysterie spüren, eine Atmosphäre, die sich vielleicht, wie wir sogleich erfahren, erklären läßt mit Sandras baldiger Hochzeit. Davon völlig unbeeindruckt in ihrem Vogelkäfig zwei Wellensittiche – Bucciola, das Weibchen, und Lulli, das Männchen. Ich erinnere mich aus meiner Kindheit noch genau an ein ähnliches Pärchen, wenngleich ich nur noch den Namen des Männchens weiß, Gulli. Aber so hingebungsvoll und ununterbrochen miteinander geschnäbelt wie die beiden in dieser Küche hat es nie.

Die Miccichès wohnen hier seit zwanzig Jahren.

Dann wird von Giuseppina aufgetischt, Widerspruch im Keim erstickt, während ich, ohne die Spaghetti und folgende Gänge zu vernachlässigen, in meinem Element schwimme: diese ursizilianische Familie auszuhorchen.

Giuseppe und Giuseppina haben als 23- bzw. 22jährige geheiratet und sind viel gereist. Mit Zelt und Wohnwagen in Europa, später in Übersee. Kenia, Indonesien, Ägypten, Mexiko, Senegal, Bangkok – das Haus ist voll von Figuren und Schnitzereien: Elefanten aus Indien, Vasen aus China und Griechenland, Buddhas aus Thailand.

Und die Moneten dafür? Es koste nicht soviel, wie man denkt, man müsse nur die Begabung dafür haben. »Italiener sind Künstler, Dichter und Reisende.«

Als Student und Tourist ist der *sindaco* auch in Deutschland gewesen, in Köln, Wuppertal, Berlin und Saßnitz, auf dem Weg nach Schweden, noch zu Zeiten der DDR. »Diese dauernden Kontrollen, auch wegen Übertretung der Geschwindigkeit. Als wir das Schiff nach Göteborg bestiegen, waren wir erleichtert.«

An den Wänden Goya und Chagall, die Bibliothek – Myriaden von Buchrücken, absolut entmutigend für jemanden, der schreibt.

Am Tisch, artig, aber doch immer wie im Aufbruch, die Töchter – Silvia studiert Fremdsprachen: Englisch, Französisch, Spanisch; Daniela Erziehungswissenschaften, beide in Catania. Sandra, schon eingesponnen in die neue Lebensphase als *moglie*, Ehefrau. Er, soviel ist zu erfahren, heißt Francesco, kommt aus Enna und arbeitet dort auch.

Wird der *sindaco* sich noch einmal zur Wahl stellen? »Vielleicht, man soll nie nie sagen. Die Arbeit ist nicht immer befriedigend, aber ich liebe sie trotzdem.«

Die wesentlichen Probleme der Stadt? »Die Arbeitslosigkeit. Davon später mehr. Das Schwefelbergwerk beschäftigte 5000 Menschen. Das war eine schlimme Stätte, dafür das Denkmal. Aber davon, daß es 1960 schloß, als das Sulfat billiger herzustellen war, hat Riesi sich bis heute nicht erholt.«

Ich will dahin, ich will das sehen.

Der *sindaco* macht es sich bequem, fordert auch die Gäste dazu auf. Splitter eines Gesprächs von geduldiger Antwortbereitschaft.

Sizilianer sind nicht mehr so religiös wie in früheren Zeiten, wohl aber gläubig und seit einigen Jahren mehr am religösen Leben beteiligt als davor. »Wir sind eine multireligiöse Gesellschaft, seit Friedrich II.; das hat sich nicht verloren, dieser Renaissancemensch – *un uomo di rinascimento* – wirkt immer noch nach.«

Heute kann in Riesi von Toleranz zwischen Katholiken und Protestanten gsprochen werden. »Die Niederlassung der Waldenser hier ist ein Beweis dafür. Die sind schon lange, sehr lange hier. Und es ist gutgegangen.«

Wo ist das? »Am Rand der Stadt – Servizio Cristiano Valdese.«

Da muß ich hin, später. Wie viele Motive noch ...

Will der *sindaco* heute für mich den Dienst schwänzen? Tatsächlich bleiben wir hier zusammen. Gelassenheit stellt sich ein, meine Neugierde bleibt und wird offensichtlich nicht als unangenehm empfunden. Ich höre zu.

Der Bürgermeister: Die Sizilianer sind Fatalisten, eine Mischung aller Herrschaftsperioden, von den Griechen bis zu den Sarazenen – es laufen noch viele Worte aus dem Arabischen um. Hier gab es große Dichtung schon lange vor Dante. »Eine Zeile, ich weiß nicht mehr, woher und woraus sie stammt, werde ich nie vergessen: ›Eine Rose, so schön, daß sie im Sommer wie im Winter blüht‹ – ist das nicht herrlich?«

Und *der* Film über die Mafia, »Der Pate«? – »Die Musik, wunderbar, sizilianisch!«

Kommt noch was? Schweigen.

Ich frage bei *troubles* zunächst nie nach, bei diesen schon gar nicht. Das gehört zu meinem System. Nur dadurch gelingt so etwas wie freiwillige Auskunft – lang erprobt. Werde sehen, später, ob auch hier. Ich will kein Buch über die Mafia schreiben, sie aber auch nicht unterschlagen.

Die Stunden sind vergangen. Während der ganzen Zeit waren die Stimmen Giuseppinas und der Töchter aus dem Hause zu hören. Der *sindaco* war inzwischen ein bißchen eingenickt.

Der gastfreundlichen Mütterlichkeit Giuseppinas, ihrer Fürsorge für Menschen, die sie mag, entkommt niemand. Wir bleiben zum Abendbrot, das auf der überdachten Großveranda eingenommen wird.

Nachher trete ich vor die Tür, hinaus in die Dämmerung. Weit hinten, wie eine Leuchtinsel, die Lichter von Caltanissetta, links daneben die von San Cataldo.

Giuseppina kommt hinzu, führt mich an eine bestimmte Stelle im Garten und sagt: Von hier aus könne man bei günstigen Wetterverhältnissen auf einen Blick Enna und den Ätna sehen. Dann steckt sie mir eine Tomate zu und geht wieder in das hellerleuchtete Haus. Es liegt am Ende einer Sackgasse, ohne Durchfahrt, wie ein Nest.

Gegenüber ein großes, gelbliches Gebäude, Geschenk des Vaters an die Töchter, Wohneigentum, das derzeit erst von Sandra genutzt wird, während die beiden jüngeren, Silvia und Daniela, noch im Elternhaus leben. In der linken Hälfte ist die obere Etage noch unausgebaut, das Parterre ist eingerichtet.

Eine Familie, die zusammenhält. Vorsorge wird getroffen, Fürsorge sichtbar.

Im Westen jetzt die Sonne wie ein roter Ball, der gerade in einem Riesenkrater versinkt und da von unten her noch lange nachglüht.

Es war ein besonderer, ein ganz besonderer Tag.

»Riesi ist ein gutes Städtchen«

Samstagabend schlägt die große Stunde der Jugend, wird Riesis Via Principe Umberto zur Via Veneto von Rom, trifft sich zum *corso* alles, was blitzende Augen und gerötete Wangen hat, ein Ritual zwischen 19 und 22 Uhr – so lange ist ein Teil der Straße mit Gittern abgesperrt und autofrei. Diesem Geschiebe und Gedränge, dieser endlos rotierenden Schlange aus erregten Köpfen und lachenden Gesichtern darf sich nichts in den Weg stellen.

Mädchen in langen Reihen, breit über die Straße eingehakt; Pärchen, die sich an den Händen halten, lässige Umarmungen; Männer in Gruppen, mit suchenden Blicken; Jünglingshaufen, Aufmerksamkeit heischende Inseln, die nicht übersehen werden können; Röcke, Hosen, abenteuerlich bunte Kleidung, getragen von atemberaubenden Figuren, darunter viele Blondinen, langbeinig, hochgewachsen, wie zahlreiche Männer auch (wer redet hier von »kleinwüchsigen Sizilianern«? Auf einen beträchtlichen Teil der neuen Generation jedenfalls scheint das nicht mehr zuzutreffen).

In dem Gewusel junge Mütter mit ihren Kleinen an der Hand; Ehepaare, die ab und zu beruhigend in den geschobenen Wagen hineinstreicheln; alle Jahrgänge versammelt zwischen schwindender

Kindheit und werdender Frau, einige von ihnen mit unbewußter Grazie wie verloren tanzend nach der hämmernden Musik aus den Bars; auch zu vorgerückter Stunde noch vorschulisches Alter auf der Straße; flirtende Acht- bis Zehnjährige – das Feuerwerk der Jugend, bestrahlt von den dreikugeligen Laternen der Stadtbeleuchtung!

Wir sitzen dort, wo sie alle vorbeikommen müssen, am oberen Wendepunkt des *corso*, vor einer Bar, eher eine Eisdiele, die tatsächlich »Falkenturm« heißt. Und hier lerne ich den Besitzer kennen, der für diesen Namen verantwortlich ist, freundlich, starker Raucher, Stadtrat von Riesi: Salvatore. Alles über den Vornamen hinaus empfände er als unhöflich – die Begrüßung entspricht der einer lebenslangen Bekanntschaft.

Vor mir sitzt ein sizilianischer Männertyp, von dem man zwar sagen könnte, man treffe ihn überall, in den Schluchten Catanias oder einem Flecken wie Sommatino, und doch hebt er sich heraus – Salvatore hat kein Gramm Fett am Leib, buchstäblich nicht eines.

Nun habe ich auf der ganzen Welt dürre, spindeldürre und sehnige Männer gesehen, aber sie treffen diesen lokalen Typus nicht. Der hungert weder, noch unterwirft er sich einer Diät, er ist sozusagen von Natur aus hager. Es ist eine Körperlichkeit, die mir von der Geschichte der Insel geformt zu sein scheint, eine gestählte Notwendigkeit, nicht auf alle übertragbar, aber doch auf viele, in einem genetischen Prozeß, dessen Verlauf niemals nachgeforscht worden ist und der sich nur in seinem Ergebnis zeigt.

Salvatore, der Inhaber des »Falkenturms« an der Via Principe Umberto, Riesis eigentlicher Hauptstraße, ist einer von ihnen. Und binnen kurzem hat er mich, während der *corso* an uns vorbeiströmt, bei zwei spendierten Eis über die Marksteine seines Lebens informiert.

Salvatore ist 45, hier geboren, eines von acht Geschwistern, drei Mädchen, fünf Jungen. Er mußte früh arbeiten, in einer Bäckerei, wo der Tag um vier Uhr morgens begann. Gebacken wurde ein traditionelles Brot (ich verstehe so etwas wie *buculetto*, kann mich aber irren). »Es war eine Armut, die du dir nicht vorstellen kannst. Denk ja nicht, daß das damals so ausgesehen hat wie heute.«

Dann der große Auswandererstrom der sechziger Jahre nach Belgien, Deutschland, Norditalien. »Die Arbeitslosigkeit. Da waren 20, 25 Jahre nach Kriegsende vergangen, aber Autos gab es hier kaum.

Wir konnten völlig ungefährdet auf der Straße spielen.« Und mußten jeden Tag schauen, wie man über die Runden kam. Später ließ er sich als Mechaniker ausbilden.

Der familiäre Antrieb kam von der Mutter. Wenn er von ihr spricht, wird Salvatores Stimme gegen den Lärm ringsum lebhafter. »Sie war absolut furchtlos, richtig emanzipiert, die erste Frau, die in Riesi einen Führerschein machte, nicht nur Motorräder, sondern auch Lastwagen. ›Eine Frau am Steuer, das gibt's doch gar nicht‹, sagten die Leute damals. Kannst du dir das heute vorstellen?«

Er hätte auch auswandern und mehr Geld verdienen können als hier, kam aber nur bis Norditalien und kehrte dann um. »Heimweh, Riesi – das ist in dir.«

In den siebziger Jahren tauchten die ersten Autos auf, die »Emigranten« aus dem Ausland schickten Geld, sparten, kamen zurück, bauten, eröffneten Geschäfte. »Seit den achtziger Jahren hat sich hier Wesentliches gebessert.«

Und davon profitierte Salvatore auch. Zwar übt er seinen erlernten Beruf nicht mehr aus, hat es aber, nach seinen Worten, doch geschafft. Die Eisdiele, der »Falkenturm«, »brummt«, und hinter der Theke steht Salvatores junge Frau, die hübsch ist und die ich beäugen muß.

»Ich bin ganz bewußt hiergeblieben und werde hierbleiben. Was sollte sich sonst am Ort verändern, wenn alle weggingen?«

Das klingt wie ein Credo, und es wird nicht das einzige bleiben, dem ich hier begegne.

Inzwischen, es ist gegen 23 Uhr, hat sich der *corso* etwas gelichtet, aber noch immer wallt es auf und ab.

Mit dem Schwarm in Richtung Piazza. Sie ist hell erleuchtet, wie die Chiesa Madre.

Trotz allen Lärms hatte ich auf der Via Principe Umberto die Schläge der Turmuhr herausgehört, die volle Stundenzahl vor jeder angezeigten Viertelstunde, und sooft ich mich auch frage, wann endlich diese Abfolge etwas von ihrem Erinnerungsreiz verlieren würde – darauf zu horchen ist mir hier in Fleisch und Blut übergegangen.

Über dem Platz ein wunderbarer Himmel, fächelnder Wind, angenehme Temperatur jetzt.

Vor Charlie Browns Bar stehen drei Sofas, über dem Eingang Reklame für Bitburger Bier. Auf der Piazza ein kleiner Junge an der Hand seines Vaters, andere, gleichaltrige, sausen auf Rollern und Fahrrädern umher. Musik über dem Platz, auf und ab gehende alte Männer, Silhouetten gegen die helle Front der Kirche, und am Rand des Platzes Frauen und Mädchen. Soviel dürfte gewiß sein – zu bestimmten Zeiten, nicht den ganzen Tag, ist die Piazza eine ausschließlich maskuline Domäne.

Die Sofas von Charlie Browns Bar sind besetzt. Es geht gegen Mitternacht. Auch ich sitze immer noch hier. Wie lange wird die Kirche angestrahlt?

Auf jeden Fall – da drüben ist der Großvater getauft worden. Ich rechne nach: vor 136 Jahren.

Was ist das, was mir Geschichte so verkürzt? Wie kommt es, daß Vergangenheit der Gegenwart so nah sein kann?

Sizilien, Sizilien . . .

Riesi kriegt Gesichter, Stimmen, Schicksale.

Giusepppe im Ristorante L'Orchidea – mager wie ein abgenagter Knochen, von ungestümem Bewegungsdrang, unfähig, an einer Stelle zu verweilen. Das Bürschchen ist siebzehn, sieht aber aus wie ein Vierzehnjähriger.

Jetzt, mittags, kocht und bedient er in einem – der Chef ist nicht zu sehen.

Er lugt aus der Küche immer wieder zu uns herüber, macht Zeichen, daß die Spaghetti bereits kochen, schießt hervor, knipst den Ventilator an und verschwindet wieder an seinen Herd. Er trägt eine Schürze, ein kurzärmeliges Hemd und steckt in Sandalen mit dicken Sohlen.

Später kommt er dazu, setzt sich, erzählt, unbefangen und vertrauensselig.

Er ist hier geboren und einer von vier Brüdern. Andere Länder und Städte möchte er wohl kennenlernen, Genua zum Beispiel, weil da Cousins von ihm wohnen, er würde aber immer zurückkommen. »Riesi ist schön«, sagt er, »es ist meine Heimat. Hier habe ich Arbeit, hier ist meine Familie. Ich trage zu ihrem Unterhalt bei und habe Verantwortung.«

Da wirkt er plötzlich viel älter.

Giuseppe hat die Mittelschule abgeschlossen, mußte danach aber sofort arbeiten. »Warst du ein guter oder schlechter Schüler?« Er lacht – mal so, mal so. Freunde hat er, feste, die will er uns auch vorführen. »Und wie sieht es mit einer Freundin aus?« Nun wird er verlegen, legt die Zigarette hin, macht eine Bewegung mit Hand und Ellbogen zugleich, wie ich sie von Sophia Loren kenne, ruft gespielt aufschneiderisch: »Tanti, tanti!«, womit er sagen will, es drehe sich nicht nur um eine, und flitzt zu dem gerade hereingekommenen Gast hinüber.

Der will einen Kaffee, den Giuseppe ihm rasch bringt, um sich dann wieder an unseren Tisch zu setzen.

»Der Chef ist gut«, sagt er und streicht sich über seine gestutzten Haare, »aber den *corso*, den kann ich meist nicht mitmachen. Abends muß ich doch immer arbeiten.«

Dabei strahlt er über das jungenhafte Gesicht.

Trinkgeld will er von Freunden, wie er sagt, nicht annehmen, steckt es aber, als wir uns nicht erweichen lassen, doch ein, nachdem er uns eine Adresse gegeben hat.

Die entpuppt sich als ein Schuppen voller Gleichaltriger und jüngerer Gespielen, die an Tischfußballkästen stehen und grölend und balgend versuchen, mit ihren blauen oder roten Kickern die Kugeln ins gegnerische Tor zu schießen. Das läßt auf lange Übung schließen. Giuseppe sitzt vor einem solchen Kasten, hat die Sonnenbrille verkehrt herum hinter die Ohren gesteckt und versucht, uns seine Verwandtschaft vorzustellen, Bruder und Cousin – Vincento und Francesco –, wobei in dem ungeheuren Lärm untergeht, wer der eine und wer der andere ist. Sie fallen sich jedenfalls in die Arme und drängen darauf, uns mit Diego bekannt zu machen. Der ist zwölf, klein für sein Alter, trägt ein rotes Hemd, hat traurige Augen und gibt uns artig die Hand.

Der Besitzer ist ein Mann, den ich auf etwa 35 Jahre schätze und der den Eindruck macht, als wenn er uns hier nicht gern sieht. Über seinem Kopf hängt ein Schild mit der Aufschrift *Vietato ai minori*, was bedeutet, daß hier niemand unter vierzehn Zutritt hat. Dabei wimmelt es in dem Raum von Minderjährigen zwischen acht und dreizehn.

Nicht alle sind so adrett gekleidet wie Giuseppe, und es fallen fortwährend Ausdrücke, die nicht stubenrein sind. Ich beschaue ihn mir, zugegeben ein wenig beklommen. Hat er kein anderes Ambiente als dieses verwahrloste? Gibt es in Riesi keine Jugendclubs oder ähnliche Einrichtungen? Oder entwickle ich, der Kinderliebende, aber Kinderlose, gerade in dem Geburtsort meines Großvaters nun auf meine späten Tage selbst großväterliche Besorgnisse?

Die lacht Giuseppe weg, als er mich hinausbegleitet.

Eine andere Kickerstätte findet sich in der Bar Wuppertal, nur daß die Figuren des *calcetto* hier blau und grün sind und dies ein richtiger Pub für Erwachsene ist.

Dort lerne ich unter einem schwer mißlungenen Gemälde der Wuppertaler Schwebebahn einen anderen Salvatore kennen, genannt »Salvucio«, ein Bild von einem Mann – einen Meter neunzig groß, mit schönen Augen, kurzen Haaren, schwarzen Schuhen, schwarzem T-Shirt, ein wahrer Beau.

Er hat ein bißchen schlechtes Gewissen, weil er bei unserem ersten Besuch so sehr in das *calcetto*-Spiel zu viert vertieft war (und das mit Lauten, als wollte man sich gegenseitig an die Gurgel gehen), daß er einfach vergaß, uns zu bedienen.

Jetzt kommt er heran, zeigt lachend auf das hochkitschige Bild mit einer Wupper, die sich unter dem großen Brückenbogen in einen reißenden Gebirgsstrom verwandelt, und sagt: »Da habe ich mit den Eltern die ersten fünf Jahre meines Lebens verbracht. Aber weil ich dort nicht in den Kindergarten gegangen bin, habe ich kein Deutsch gelernt, und in der Familie wurde nur Italienisch gesprochen.«

Über dem Bild ein Bord mit Pokalen, die noch nicht vergeben sind. Für Tischfußball, in dem er Meister zu sein scheint. »Die Spiele werden im Winter ausgetragen.«

Damit ich seinen komplizierten Familiennamen nachlesen kann, reicht er mir seinen Führerschein – Guarnaccia. »Nome siciliano«, sagt er.

Salvatore hat gerade den Militärdienst abgeleistet, in einer Sondereinheit für den Quirinale in Rom, den Präsidentenpalast, im Regimento Grenadieri di Sardegna, also den Grenadieren von Sardinien – alles lange Kerls. »Es gab noch größere als mich, zwei Meter und mehr.« Warum dieses Maß? »Das muß irgendwie mit der Flucht des Savoyerkönigs im 19. Jahrhundert zu tun haben. Dabei sollen ihn sardische Jäger beschützt haben, die alle überdurchschnittlich groß waren.« Als *il re* zurückgekehrt war, habe er sich dankbar an die Protektion erinnert und das Regiment zu seinem persönlichen Schutz aus lauter Sarden zusammengestellt. Eine Tradition, bei der längst nicht mehr die Herkunft, sondern nur noch die Zentimeterzahl ausschlaggebend ist. »Irgendwann war der Vorrat an Zweimetersarden erschöpft.«

Salvatore legt eine Videokassette ein – Rom im Juli. Der Quirinal, ein langer Kerl. »Das bin ich. Eine Stunde lang mußte ich da stehen, ohne mich bewegen zu dürfen. Aber das wechselt sich ab, von sechs Uhr morgens bis neun Uhr abends – einmal Luftwaffe, einmal Marine, einmal Heer.«

Salvatore hat keine Matura, nur Mittelschule. »Aber es gibt die Möglichkeit, statt Abitur und Studium auf eine Fachoberschule zu gehen.« Da hat er den Abschluß als Elektriker für Anlagen »innerhalb und außerhalb von Häusern« gemacht – ohne bisher einen Arbeitsplatz gefunden zu haben.

Und was nun?

»Viele gehen, immer noch, keine Arbeit.« Dann sagt der Adonis, mit Nachdruck: »Aber Riesi ist ein gutes Städtchen – ich bleibe.« Und wieder, als ob er es sich noch einmal selbst bestätigen müßte: »Ich bleibe.«

Die ganze Zeit über ist, wie in allen Bars, Gaststätten und Restaurants, das Fernsehen gelaufen.

Aber das merke ich erst jetzt, beim Abschied aus der Wuppertal-Bar.

»Italien ohne Sizilien macht gar kein Bild in der Seele«

Goethe kam nur bis Caltanissetta – Riesi hat er im sizilianischen Abschnitt seine Buches »Italienische Reise« nicht berührt, war ihm aber, immerhin, hier am nahesten gewesen (so, mir der Albernheit der Assoziation voll bewußt, aufs Tonband gesprochen und hier wörtlich übertragen).

Am 3. April 1787 von Neapel her seekrank in Palermo gelandet, hatte er mit Maler Kniep und Begleiter Vetturin am 28. des Monats – über Alcamo, Segesta, Castel Vetrano und Girgenti (Agrigento) – Caltanissetta erreicht, »wohlgelegen, wohlgebaut«, aber vergeblich um eine leidliche Herberge bemüht. Als dann endlich eine Absteige gefunden war, mußten sie nicht nur das Zimmer selbst reinigen, sondern auch die Nahrung herbeischaffen: »Salz, Reis und Spezereien«, Zutaten zu einer Henne, die auf der Reise erstanden worden war. Eine Mahlzeit, die, zu allem, in der Herberge zuzubereiten nicht möglich war, sondern der Güte eines »ältlichen Bürgers« zu verdanken, der Herd, Holz, Küchengeräte, Geschirr und Besteck beisteuerte.

Die Maultiere dagegen sind in prächtig gewölbten Ställen untergebracht, und die Knechte schlafen auf Klee, während »der Fremde seine Haushaltung von vorn anfangen muß«.

Das klingt nicht freudig, und wäre sicher noch erstickter ausgefallen, hätte Goethe auf der Strecke Girgenti–Caltanissetta nicht einen »anschaulichen Begriff« gewonnen, »wie Sizilien den Ehrennamen einer Kornkammer Italiens bekommen konnte«, des Rühmens voll über den fruchtbaren Boden gleich hinter dem Küstensaum – »die Frucht stand herrlich« – und über die mit Weizen und Gerste bestellten Flächen, denen kein Baum die Nährstoffe raubte, während kleine Ortschaften auf Hügeln lagen, deren Boden ohnehin nicht bebaut werden konnte.

Ein wenig Aufmunterung auch durch den Anblick der Piazza von Caltanissetta, die der Reisende »Markt« nennt, »wo die angesehensten Einwohner nach antiker Weise umhersaßen, sich unterhielten und von uns unterhalten sein wollten«.

Das gelingt durch »Friederich den Zweiten«, den »großen König«, von Goethe heraufbeschworen, und das, man stelle sich das Bild vor, offenbar so fesselnd, »daß wir seinen Tod verhehlten, um nicht durch eine so unselige Nachricht unsern Wirten verhaßt zu werden«.

Artiger kann man nicht sein.

Vor allem aber beschäftigt sich Goethe auf den Caltanissettaer Seiten seines Tagebuchs mit Steinen, ein Allroundgenie, das ein halbes Hundert Brocken – ob Jaspis, Hornstein, Tonschiefer oder Muschelkalk – sogleich in die richtigen Rubriken einordnen kann.

Es funkelt im Text an dieser und anderen Stellen nur so von »verwitterlichem Kalkgestein«, »rosarotem Sedum« und »Quarzgeschiebe«, von »Kalkstein mit Pektiniten«, von »versteinerten Korallen«, »großen Pilgermuscheln« und »teils abgerundeten, teils unförmigen Geschieben«.

Am Fiume Salso dann wird es abenteuerlich – der Fluß ist angeschwollen durch Frühjahrsgüsse, sein Doppelbett mit Maultieren, Reitern und Gepäck nur zu überqueren durch die Bakschisch heischende Hilfe »kräftiger Männer«, die durch »Stemmen und Drängen« das Unmögliche wahr machen und die drei Fremden trocken hinüberschaffen. Nicht ohne daß Goethe trotz aller Bedrängnis und Gefahr »Granit, einen Übergang in Gneis, breccierten und einfarbigen Marmor« im Salso ausgemacht hätte.

Ich suche nach Stätten, die sein Fuß betreten hat und die bisher auch mir bekannt geworden sind – so das »alte Enna«, das ihn unfreundlich mit Regen empfing und dessen »steilen Felsen« er rasch hinter sich ließ. Wobei sich seine Spur nach Osten hin verliert – »Molimenti« finde ich auf keiner Karte – und erst in Catania wieder sichtbar wird. Damals waren, nach knapp 120 Jahren, die Zerstörungen des großen Ätnaausbruchs von 1669 noch gegenwärtig und sichtbar, dem Wanderer und seinen beiden Kompagnons aber der Aufenthalt durch einen Ulk versüßt.

In gehöriger Entfernung vor Catania nämlich schon gewarnt, dort auf keinen Fall eine bestimmte Herberge aufzusuchen, wird die mündliche Mahnung noch einmal bekräftigt durch eine Inschrift an der Wand, »bleistiftlich mit schönen englischen Schriftzügen geschrieben«:

»Reisende, wer ihr auch seid, hütet euch in Catania vor dem Wirtshaus ›Zum Goldenen Löwen‹; es ist schlimmer, als wenn ihr Zyklopen, Sirenen und Skyllen zugleich in die Klauen fielet.«

Da sehen die Ankömmlinge sich in der Stadt denn auch mächtig vor, finden aber bald »ein großes Eckhaus, von welchem die uns zugekehrte Seite viel Gutes versprach«. Und tatsächlich sehen sie sich dort auch bestens aufgehoben: ein schönes Zimmer, Tisch, Wein, Frühstück »und sonstiges Bestimmbare« günstig zu bezahlen, ja, sogar billig. Kurz, mit Balkon, vergoldeten Kommoden und schöner Aussicht ein Quartier, wie es besser nicht hätte gefunden werden können. Dann, nachdem sie alles genug betrachtet und gelobt hatten, drehen sie sich um – »und siehe! Da drohte über unserm Haupt ein großer goldener Löwe.«

Worauf die drei Herren von nun an aber umherblickten, »ob nicht irgendwo eins der Homerischen Schreckbilder hervorschauen möchte«.

Die konnte hier höchstens der Ätna einflößen – nach all seinen Äußerungen hatte Goethe Respekt vor dem Vulkan. Also ließ er sich von kundigen Einheimischen gern sagen, »die Sache nicht für allzu leicht zu nehmen«. Hoch stieg er wohl, aber nicht zu hoch, mit »einem gewaltsam stürmenden Morgenwind« als Vorwand, daß ihm weiter oben der Hut vom Kopf weg- und in den Krater hineingefegt werden könne. So setzte er sich guten Gewissens, »um mich zu fassen und die Gegend zu überschauen«, Entschädigung für alle Mühen.

Am 13. Mai 1787, also nach einem Monat und elf Tagen auf der Insel, sticht der 38jährige Johann Wolfgang von Goethe wieder in See, mit Kurs auf Neapel.

Aber obwohl von ihm das Wort stammt: »Italien ohne Sizilien macht gar kein Bild in der Seele; hier ist der Schlüssel zu allem«, kommt er, gleich wieder seekrank, in der ersten Tagebucheintragung zu einem fast depressiven Ergebnis. Ihm will seine sizilianische Reise in keinem angenehmen Licht erscheinen, er hadert, eigentlich nichts gesehen zu haben als eitle Bemühungen des Menschengeschlechts, sich gegen die Gewaltsamkeit der Natur, die hämische Tücke der Zeit und ihre feindseligen Spaltungen zu erhalten; er beklagt die Geschichte von den Karthagern bis zu den Römern und weiter als einen ständigen Wechsel von Aufbau und Zerstörung und trauert angesichts des gewaltigen Ruinenfelds der methodisch umgeworfenen Tempelanlage des griechischen Selinunt. Das immer noch erdbebenzertrümmerte Messina scheint ihm dann den Rest gegeben zu haben.

Schließlich rafft er sich aber zu dem Schlußsatz auf:

»Diese wahrhaft seekranken Betrachtungen eines auf der Woge des Lebens hin und wieder Geschaukelten ließ ich nicht Herrschaft gewinnen.«

Ein Notabene: Die physische Leistung seiner Reise quer durch Sizilien ist, angesichts der damaligen Wege-, Herbergs- und Sicherheitsbedingungen, geradezu unglaublich. Doch nicht minder die geistige, wenngleich sie im Tagebuch kaum auftaucht. Dennoch hat er neben den täglichen Notizen ununterbrochen an seinem Werk gearbeitet – am »Tasso«, der »Nausikaa« und den Blankversen der »Iphigenie«.

Es ist wie in Thomas Manns Tagebüchern, auf deren Seiten wenig von der schriftstellerischen Arbeit sichtbar wird. Nur bruchstückhaft schimmert es manchmal hervor, über den »Zauberberg«, die »Joseph«-Tetralogie oder den »Erwählten«, überlagert von Alltäglichkeiten bis ins Banale. Dahinter, darunter und darüber aber wirkte eine kreative Kraft wie das Perpetuum mobile des Mannschen Daseins bis in die letzten Tage.

Goethes »Italienische Reise« erscheint, zweibändig, erst 1816/17. Da ist längst klar, was ihm Italien, diese Flucht aus bürokratischen und persönlichen Abhängigkeiten vom Weimarer Hof, eingebracht hat: den Anschub zum Klassiker, den großen Spurt an die Spitze. Unter der mediterranen Sonne (die er oft genug verflucht hat) wurde eine neue Sicht von Landschaft und Licht geboren, von Natur und Kunst, von Volkscharakter und Kunst, ein Befreiungsschlag gegen alles, was aus der Vergangenheit an ihm zerrte.

Ohne Italien kein »Wilhelm Meisters Wanderjahre« und nicht den zweiten Teil des »Faust«! Ohne Italien kein Exodus aus dem Duodezmikrokosmos des Herzogs Karl August in den Makrokosmos des Olympiers! Richtig, er kehrt zurück an den Hof, aber nicht in den alten Käfig.

Man muß sich einmal überlegen, welcher Unbeirrbarkeit es damals bedurfte, erst einen freien Liebesbund mit einem Bürgermädchen einzugehen und es dann, 1806, auch zu heiraten. Für mich war die Beziehung Goethes zu Christiane Vulpius immer das äußerste Humanum dieser monumentalen Biographie.

Ich habe die »Italienische Reise« hier stets bei mir, einen schweren Wälzer aus DDR-Zeiten noch, erschienen 1976 bei Rütten & Loening, Druck und Bindung im Karl-Marx-Werk, Pößneck. Das ist eine gewichtige Lektüre bei auch sonst schon schwerem Gepäck, aber ohne sie, die ich in meinem Leben dreimal hinter mich gebracht habe, hätte ich mich nicht hierher auf den Weg gemacht.

Ich brüte darüber bis in die Nächte, kreisend um die 83 Seiten über Sizilien darin, und denke, bei so mancher Bestätigung durch Selbsterlebnisse: Es stimmt nicht, Unerreichbarer, daß du auf Sizilien nichts gesehen hast, es stimmt nicht. Wohl aber stimmt es, wenn du schreibst:

»Italien ohne Sizilien macht gar kein Bild in der Seele; hier erst ist der Schlüssel zu allem.«

Wie oft war ich auf dem *continente*, zwischen Chiasso und Reggio, Milano und Taranto? Häufig, sehr häufig. Und wie oft auf Sizilien? Nur viermal. Und dennoch meine ich, nein, maße ich mir an, die Vergleichsmöglichkeiten zu haben für die Bestätigung: »Hier erst ist der Schlüssel zu allem.«

Ja!

Cittadino onorario

Die Gedenkstätte für die Schwefelgrubenarbeiter am Rand Riesis, dort, wo die Straße nach Caltanissetta einmündet, steht vor ihrer Vollendung.

Sie ist plastisch und eindrucksvoll, weil sie enthüllt, ohne daß Fragen gestellt werden müssen – Männer in Werkskluft, Kinder, Loren, in denen das Sulfat abtransportiert wird; ein hohes Stahlgerüst, zwei Bergleute in dem Metallkäfig, der sie abseilt und wieder hochholt. Ein Schild, noch verdeckt, aber einsehbar, mit Namen, etwa hundert, die gestorben sind und deren Schicksals sich Riesi nun »in Ehren erinnert«. Ein Gedicht, von Giuseppe Paterna, überschrieben mit »La Pirera« (Die Lore), das Symbol für die Hölle von Trabia und Talarita. Von den Tunnels und Stollen ist die Rede, von der schweren Arbeit darin, der Angst der Mutter um den Sohn, der da, wo der Tod verborgen ist und schon viele Kumpel geholt hat, als letzter der Familie arbeitet.

Ich sehe die Gerüste für Scheinwerfer, das Monument eines vergangenen Kapitels von Sklavendasein soll bei Dunkelheit also angestrahlt werden.

Der Himmel ist strahlendblau und die Stadt staubig. Riesi ist einer der staubigsten Orte, die ich je erlebt habe. Der Staub kommt nicht von außen, sondern von innen, von den aufgerissenen Straßen, den Maschinen, die sich in die Erde wühlen, um die Verkehrswege zu meliorieren, was wahrlich nötig ist. Den Wagen waschen zu lassen hätte hier wenig Sinn. Nach einer Stunde schon wäre er wieder verschmutzt.

Der Bürgermeister hat mich zu sich gebeten. Es ist bis dahin noch eine Stunde Zeit.

Auf der Piazza das übliche Bild – aufgesperrte Türen in der Häuserwand gegenüber der Kirche, Öffnungen hinein ins Parterre, vor dem *Circolo artigiani* (so etwas wie der Treffpunkt der Handwerker) ältere Männer, sitzend, andere in Hemden auf dem Platz, zu dritt, viert oder fünfen auf und ab gehend, immer im gleichen Rhythmus. Wie Wogen geht es hin und zurück, und wo eben noch drei zusammen gingen, sind es jetzt fünf, während sich eine achtköpfige Gruppe gerade auflöst und sich auf die weißen und gelben Plastikstühle setzt. Einige rauchen. Auf der freien Fläche keine Frau zu sehen.

Dann ist es soweit.

Einigen Bemerkungen des *sindaco* glaube ich entnehmen zu können, daß Antonio Morten in freundschaftlichem Stolz etwas über meine Arbeit und mein Wirken in Deutschland hat verlauten lassen. Vielleicht will Giuseppe Miccichè von mir ein bißchen mehr davon hören.

Als ich das Municipio betrete, herrscht dort eine seltsam veränderte Stimmung, eine neue Atmosphäre, die ich nicht auf meinen Besuch beziehe, sondern auf irgendeine Feierlichkeit, die bevorsteht, denn es ist der Donnerstag vor Karfreitag.

Als ich in den ersten Stock steige, sind dort viele Menschen in den Büros und dem Vorraum des Bürgermeisters. Der, als er mich gewahrt, kommt aus seinem Amtszimmer auf mich zu, nimmt mich an der Hand, postiert sich hinter den großen Tisch und holt mit einem Ruf die Anwesenden zusammen. Dann stellt er mich vor, den Schriftsteller aus Deutschland mit dem sizilianischen Familiennamen, erwähnt meine Herkunft und fordert mich dann auf, etwas über meinen Großvater zu erzählen, »Rocco Giordano, einen Sohn Riesis«, wie er erklärt.

Ich schaue in lauter Gesichter, die ich, bis auf einige wenige, zum erstenmal sehe, die mich nun aber gespannt anblicken, und beginne – auf deutsch, das Antonio Morten mit der gewohnten Präzision übersetzt. Er kennt meine Diktion und ich die Schwierigkeiten, die er hat, sie adäquat zu vermitteln, kann aber dank seiner Fähigkeiten dabei bleiben.

Also berichte ich auf der ersten Etage des Rathauses von Riesi, den *sindaco* der Stadt an meiner Seite, von dem, was die Leserschaft bereits kennt. Allerdings stehe ich hier mit Empfindungen, wie ich sie bisher noch nicht gehabt habe, als hätte ich mich aus mir selbst ausquartiert: Das, was da geschieht, kann nicht wahr sein.

Aber es ist wahr, und ich komme in Fluß und sehe keinen Grund zu verheimlichen, wie mir ums Herz ist und was mich mit dem *nonno* verband. Beflügelt von den aufmerksamen und neugierigen Mienen ringsum, gelingt es mir, die Jahre der Kindheit mit ihm zu schildern, seinen Ruhm lange davor als Maestro wiederauferstehen zu lassen und auch die Tragik seiner Lebensgeschichte, ihre Ursache und ihren Ausgang, nicht zu unterschlagen. Da sehe ich mich plötzlich vom *sindaco* unterbrochen: Ich solle doch das mit den Ohrläppchen wiederholen, das zärtliche Ritual nach der Ankunft des Großvaters, dieses Zwirbeln seiner Finger, das ich nach so langer, langer Zeit nicht vergessen hätte. Das tue ich und spüre dabei, daß mir das Wasser hoch und in die Augen zu steigen droht, so daß ich in den Pausen für die Übersetzung die Stimme zu festigen versuche.

Dann ist es, mit meinem gestammelten Dank auf italienisch, geschafft.

Nun ergreift der Bürgermeister das Wort, so, wie Giuseppe Miccichè immer spricht, bestimmt und mit der ganzen Person. Und da will ich zwei Worte herausgehört haben, die auf keinen anderen als auf mich gemünzt sein können und die ich auch ohne Simultanübersetzung verstanden hätte; zwei Worte, die meinen Puls, gestehe ich, schneller schlagen lassen: »Cittadino onorario« und »Cittadinanza onoraria«.

Auf deutsch: Ich werde Ehrenbürger, ich kriege die Ehrenbürgerschaft von Riesi!

Jubel im Raum, Applaus, Händeschütteln. Plötzlich hängen mir Menschen um den Hals, die ich vor einer halben Stunde noch nicht kannte, küssen mich Frauen auf Wange und Stirn, fehlt nicht viel, daß ich auf die Schultern gehoben und im Triumph herumgeführt werde.

Mir schlottern ein bißchen die Beine, der *sindaco* muß das gespürt haben, er lächelt und führt mich nach nebenan – in sein Amtszimmer mit den schweren Sesseln, der Fahne Italiens, dem Wappen der Stadt, drei Krügen, und der Flagge der Europäischen Union.

Der Festakt müsse gut vorbereitet werden, sagt der *sindaco*, und das dauere seine Zeit, wohl gut einen Monat, vielleicht auch ein bißchen länger.

Pasqua stehe vor der Tür, Ostern, morgen sei *venerdì santo*, Karfreitag, Tod und Wiederauferstehung Jesu würden gefeiert, und er wolle mich unbedingt dabei sehen.

Und der glaubenslose Ehrenbürger in spe, was sagt der dazu?

Ich würde jedes, aber auch jedes Hindernis im Umkreis von tausend Meilen überwinden, um diesen Wunsch zu erfüllen!

Am nächsten Tag ist Riesi nicht wiederzuerkennen, ist es mit der Ruhe vorbei, herrscht das blanke Phonchaos.

Das Startsignal für die dramatische Feierlichkeit – ein Böllerschuß, der die Stadt erschüttert. Dann dröhnt und zischt es aus allen Ecken: Knallbonbons gehen hoch, fröhliche Aufregung, lachende Hektik, und von überall her Musik, deren Melodien sämtlich dem Soundtrack des Films »Der Pate«, nach dem Mafiaroman von Mario Puzzo, entsprungen zu sein scheinen.

Die Piazza ist voll von Menschen, wie die Straßen in der Altstadt, die auf sie zuführen. Hier, ganz nahe, ist die Kreuzung, wo die Prozessionen aufeinanderstoßen werden, mit den schweren Gerüsten des Gekreuzigten und Marias, der Muttergottes. Dort wollen alle hin, der Platz ist eng, aber der *sindaco*, eine Scherpe mit den italienischen Farben von der Schulter bis zur Taille um, hat uns eine Schneise geschlagen, hat mit seiner Autorität den Weg gebahnt und uns postiert, wo der Mittelpunkt des Geschehens ist. Dort herrscht ein Gedränge, daß einem der Atem wegbleiben kann, aber offenbar macht es nur mir, dem Klaustrophoben, etwas aus. Alle anderen, sosehr die Situation auch an eine Sardinenbüchse erinnert, scheinen sich grundwohl in ihrer bedrängten Haut zu fühlen.

Ringsum Kinder mit Ballons; Polizisten, deren Funktion längst außer Kraft gesetzt ist; die Fenster von Kerzen illuminiert und alle Balkons dicht besetzt.

Nun Trommelwirbel, dessen Anschwellen den Höhepunkt ankündigt. Und da kommen sie auch schon heran, erst die römischen Legionäre, die Besatzer Jerusalems, mit Helm und Schild, grimmig dreinblickend in herrischer Pose; dann die *consiglieri*, die einheimischen Ratgeber, die das Urteil sprechen; dann die Träger des ungeheuren Gerüsts mit dem Gekreuzigten, die in schnellem Lauf heranstürmen, keuchend unter der Last, fast zuviel an nachgespielter Realität, ein bestürzender Anblick; gefolgt von der nicht minder schweren Muttergottes, die bedrohlich schwankt, mal nach dieser, mal nach der anderen Seite, oben gehalten von schweißtriefenden Männern, die ächzen, ohne an Tempo einzubüßen. Das alles in einem Meer von Stimmen, Zurufen, Schreien, ekstatischen Gebärden, die keinen Zweifel daran lassen, daß bei aller festlichen Aufgeräumtheit der *venerdì santo* hier höchst ernst genommen wird.

Aber wie herauskommen aus diesem menschlichen Mahlstrom?

Die rettende Hand des *sindaco*, der mit seiner rot-weiß-grünen Schärpe wie ein Gebieter durch die Menge leuchtet, greift nach mir. Er führt mich würdevoll durch die Menge dorthin, wo das Atmen leichter fällt.

Händedruck, Winken, dann ist die Schärpe im Karfreitagstrubel verschwunden.

Abschied, vorerst, und mit der Aussicht, 136 Jahre nach der Geburt und 70 Jahre nach dem Tod meines Großvaters hierher zurückzukehren, um Ehrenbürger von Riesi zu werden.

Was Wunder, daß ich die Stadt anders verlasse, als ich sie betreten habe.

DREI GESICHTER
EINER INSEL

Aber das Meer sieht uns – Leonardo Sciascia

Über Sommatino und Canicattì auf die Nazionale 640, Richtung Agrigento. Dann im Anblick des Serrone nach Westen abgebogen, und da liegt es, auf einem Hügel über einer tiefen Schlucht, weiter Blick auf rote Dächer und weiße Fassaden: Racalmuto, Geburtstadt eines Mannes, der ihr nach eigenem Bekenntnis nie länger als drei Monate fern war, Lehrer, Humanist, Moralist, zur Welt gekommen am 8. Januar 1921, gestorben am 20. November 1989, Italiens berühmtester Kriminalschriftsteller, von dem das Wort stammt: »Alle meine Bücher sind eigentlich *ein* Buch – über Sizilien«: Leonardo Sciascia!

Durch die Straßen von Racalmuto, auf der Suche nach der Fondazione Leonardo Sciascia, einer Gründung zu seinem ehrenden Andenken, die unglaublicherweise jedoch so schlecht ausgeschildert ist, daß die Fahndung erst vor dem Bahnhof, dann in einer Sackgasse endet. Aus ihr heraus helfen uns zwei Motorrollerfahrer, ihrer langen Locken wegen von mir zunächst für Mädchen gehalten, die nun, vorbei an einem roten Turm und hindurch unter großen weißen Bettlaken quer über die Straßen, auf das Ziel zupreschen, davor mitten in der Fahrt stoppen und dann katapultartig davonschießen.

Die Fondazione – ein modernes Gebäude, das von außen zwar Einblick in einen großen Saal gestattet, sich aber als geschlossen entpuppt. Wut steigt in mir auf, das fehlte noch, der weite Weg, die so lange aufgestaute Erwartung, und nun das. Aber da kommt schon der Retter, noch hinter Glas, ein kleiner Mann, der aufschließt, nach dem Begehren forscht, Antwort bekommt und sogleich mit einladender Geste hereinbittet: Giacomo Lombardo, Leiter der Stätte, Schüler und Freund von Sciascia, eine lebende Auskunftei, deren Mitteilungsdrang schier überbordet und nur mühsam gezähmt werden kann. Mir dennoch recht – hier spricht ein Zeitzeuge.

»Schon als Lehrer hat Sciascia sich als der gezeigt, wie ihn später die ganze Welt kennenlernte – als Aufklärer und Mitmensch. Er hat uns damals, in der Nachkriegszeit, als persönliche Wesen wahrgenommen, nicht nur als Schülerinnen und Schüler. Bei ihm ging es nicht ums Didaktische allein, den Unterricht schlechthin, den Lehrstoff, sondern um fundamentale Probleme, wie den Hunger, den wir hatten, die Arbeitslosigkeit der Eltern, all die sozialen Mißstände, besonders in den Minen. Es machte ihn krank, wenn er sah, daß

Kinder Hunger litten, weil ihnen buchstäblich das Brot fehlte – heute gar nicht mehr vorstellbar. Ich bin nie wieder einem Menschen begegnet, der so leidensfähig um anderer willen war wie er, so mitleidensfähig, und dem das derart im Gesicht geschrieben stand.«

Sciascia hat die Ära der Schwefelgruben, die wirtschaftliche und kulturelle Not der Bergwerksarbeiter noch miterlebt. Er selbst fuhr zwar nicht ein, kannte aber das Milieu genau. Sein Großvater hatte dort als Laufjunge gearbeitet, sein Vater als Angestellter und sein Bruder als Sachverständiger. Als der sich 1948 das Leben nahm, führte Sciascia seinen Freitod auf die unhaltbaren Verhältnisse zurück, die in den Gruben Südsiziliens herrschten und deren Zeuge der Bruder geworden war.

Giacomo Lombardo: »Sciascia hat einmal in meiner Gegenwart gesagt: ›Mit dem gleichen Leiden, wie ein Grubenarbeiter in den Stollen hinabsteigt, gehe ich in die Schule, um zu unterrichten.‹«

Ich lasse vor den Fotos, von denen ich in dem großen Saal umgeben bin, noch einmal das kaum überschaubare Werk Leonardo Sciascias Revue passieren, die große Zahl von Büchern, die seinen Namen auch in Deutschland bekannt gemacht haben, ein Ausschnitt nur: »Der Tag der Eule«, »Tote auf Bestellung«, »Tote Richter reden nicht«, »Das Gesetz des Schweigens«, »Jedem das Seine«, »Der Zusammenhang« und natürlich »Mein Sizilien«.

Es ist das Œuvre unbegrenzter Liebe zur Heimat und gleichzeitig die literarische Kriegserklärung an eine nationale Entartung sondergleichen – an das Geflecht zwischen politischer Macht und organisiertem Verbrechertum, mit dem Krebsgeschwür der Mafia, das die bürgerliche Gesellschaft Italiens mit seinen Metastasen so gut wie straflos überwucherte. In Übereinstimmung mit der Wirklichkeit werden deshalb in Sciascias Kriminalromanen die Täter kaum je entlarvt oder gar bestraft. Geht es darin doch nicht um Mord und Aufklärung à la »Derrick« oder »Der Alte«, sondern um politisch motivierte Verbrechen, bei denen Staatsvertreter ihre gierigen Hände im Spiel haben. Es sind realistische Thriller, die sich gegen alle Tabus den Weg zu den dunklen Ursprüngen eines verzweigten Komplizentums bahnen und dabei auch einen bestimmten Katholizismus nicht schonen, der ganze gesellschaftliche Bereiche zersetzt und zahlreiche individuelle Existenzen vernichtet hat, ja, sich sogar dazu verstieg, die Existenz der Mafia zu leugnen. »Die Affäre Moro«, 1978 erschienen, ist so etwas wie Sciascias Generalabrechnung mit einem Universum an Korruption, das sich jedoch keineswegs auf die Democrazia Cristiana, die DC, beschränkte, sondern nahezu das ganze Parteienspektrum bis tief hinein in die Linke (Bettino Craxi!) beherrschte – das Andreotti-Syndrom. So genannt nach *dem* Politiker, der als die verschlagenste Personifizierung des kollektiven Übels gilt – Giulio Andreotti, seit 1954 mehrmals Minister, Außenminister und Ministerpräsident Italiens. 1995 endlich angeklagt, wurde Andreotti am 25. Oktober 1999 in Rom von Richter Francesco Ingargiola unter dem Gelächter der Nation von der Anklage der Bildung einer mafiosen Vereinigung »mangels Beweises« freigesprochen.

Auf meine Frage, wie Sciascia auf die amtliche Exkulpierung eines der größten Gangster der italienischen Nachkriegsgeschichte reagiert hätte, antwortet Giacomo Lombardo, irgendwie erleichtert: »Zum Glück ist ihm das erspart geblieben. Ich weiß nicht, wie er diese Provokation des zivilen Zusammenlebens von Menschen verwunden hätte. Ich weiß nur, daß seine Haut immer dünner geworden ist.« Und nach einer Weile: »Ich war nicht nur sein Schüler, unsere Beziehung hat sich auch danach fortgesetzt, wie seine Freundschaft mit meinem Vater. Bis zu seinem Tod standen wir in engster Verbindung. Wir haben ihm die Ehre erwiesen, die ihm gebührt, bis zum letzten Moment.«

Da lebt jemand weiter, sein Charisma, in Herzen und Köpfen. Auch in meinem.

An den Wänden des lichten Saals mit seinen etwa hundert Sitzen – Fotos über Fotos.

Sciascia mit Ehefrau Maria; Sciascia, Vater und Großvater, mit Töchtern und Enkelkindern, in der Kirche Madonna del Monte, einer Wallfahrtsstätte; in seinem nahen Landhaus, der Villa Noce, mit Weintrauben in den Händen, so große, wie ich sie noch nie gesehen habe. Sciascia mit Hund beim Nachmittagsspaziergang und vor seiner mechanischen Schreibmaschine; neben einem alten Herrn – Luciano Messana, lese ich –, der typisch gealterte *gentiluomo* sizilianischer Prägung, der ihm als lebende Vorlage für eines seiner Bücher diente. Sciascia zwischen seinen beiden engsten Freunden und Kollegen, Vincenzo Consolo und Gesualdo Bufalino, Gefährten, Gleichgesinnte, große Schriftsteller wie er, der dennoch der *amatissimo* war, der beliebteste und geliebteste von allen – und ein Kettenraucher sondergleichen! Sciascia mit der unvermeidlichen Zigarette im Mund, viele Fotos bestätigen es.

»Ja, er rauchte wie ein Türke«, sagt Giacomo Lombardo. »Wenn ich ihn besuchte, forderte er mich auf: ›Giacomo, rauch doch bitte eine mit!‹ Er brauchte einen Vorwand, um seine Sucht vor sich selbst zu rechtfertigen, und war ganz unglücklich, wenn ich, bei aller Liebe, trotzdem ablehnte. Auch um seinetwillen hätte ich es nicht geschafft.«

Ich stehe vor all den Fotos, schaue in dieses Gesicht, ein Antlitz, das mich immer an einen gütigen Mond erinnert, und denke: Zwischen Leonardo Sciascia und den mörderischen Ismen seines, des 20. Jahrhunderts – Faschismus, Nationalsozialismus, Stalinismus – konnte es nur eines geben: Todfeindschaft! Da war keine Brücke, nicht auch nur der Hauch einer Versuchung, da war nichts als unmanipulierbare, irreparable Todfeindschaft. Diese Physiognomie kann man sich nicht unter einem Stahlhelm vorstellen oder hinter der Vermummung eines Terroristen. Ihre Züge sind vielmehr geprägt worden von einer lebenslangen Sehnsucht, unverbergbar und wissend, daß sie unerfüllbar bleiben wird, ohne deshalb jedoch den Kampf für sie zu unterbrechen oder gar aufzugeben – die Sehnsucht nach menschlichem Umgang.

Daß die letzten großen Invasionsgreuel in der Geschichte Siziliens von Deutschen begangen wurden, machte Sciascia nicht zum Deutschenfeind oder -hasser. Aber daß der Stachel tief in seiner Seele steckte, davon kündet seine ebenso kurze wie schneidende Schilderung des Massakers von Castiglione di Sicilia am 12. August 1943, beim Rückzug der Wehrmacht nördlich des Ätna.

Während Westsizilien den Alliierten fast kampflos (und mit Hilfe der US-protegierten Mafia) in die Hände fiel, wurde in Ostsizilien zäh gekämpft.

An jenem Sommertag des *ferragosto* drang eine Abteilung der 15. Grenadierdivision des Generalmajors Eberhard Rodt von Randazzo her und mit einem Panzer voraus in den Ort ein, ohne daß die Bewohner Arges vermuteten, standen sie doch im Pyjama auf den Balkons oder gingen im Morgenmantel auf die Straße. Aber plötzlich begannen die Deutschen zu schießen, und noch bevor die Castiglioner begriffen, was ihnen geschah, lagen Tote in den Häusern oder unter offenem Himmel da. Das ging nicht so rasch und schmerzlos vor sich, wie hier geschildert, sondern blutig und leidend. So im Fall jener Frau, deren Mann schon vor ihren Augen erschossen worden war, bevor sie selbst vom Balkon heruntergestoßen und mit gebrochenen Gliedern auf dem Pflaster lag. Die Männer wurden abgeholt und in einen Pferch gesteckt, gegen ihre Befürchtungen jedoch nicht umgebracht. Als die Mörder schließlich abzogen, mußte Castiglione di Sicilia sechzehn Tote beweinen.

Abgesehen davon, daß es keine Rechtfertigung für das Verbrechen geben kann – wenn Rodts Abteilung überhaupt ein Motiv hatte, dann wurde es in Cesarò begründet, einem Nachbarort, wo die Truppe am Abend vorher gelagert hatte und dort, was unklar blieb, entweder bestohlen oder einem unbedeutenden Angriff ausgesetzt war. Seltsamerweise forderte gerade die Militärmacht, die als Aggressor und Okkupant notorisch gegen alle Kriegs- und Friedensregelungen verstieß, dennoch deren Einhaltung durch die Okkupierten.

Die Schilderung Sciascias, 1943 gerade zweiundzwanzig, ist so knapp wie sarkastisch, und obwohl viel später aufgeschrieben, zittert in ihr noch das Grauen nach – in seinem Klassiker »Mein Sizilien«.

Vor allem anderen, vor Weltläufigkeit, Urbanität und kosmopolitischer Intellektualität des Weitgereisten, war Leonardo Sciascia zuallererst ein Geschöpf der Region, der er entstammte und deren Insularität für ihn zu einem Synonym sizilianischer Identität geworden war. Und das mit einer Stufenfolge von *Unterinseln*, die sich, immer enger werdend, ineinanderschieben: die Provinz, die Stadt, das Dorf, die Familie, und selbst darin noch einmal als Insel das Individuum.

Diese Schrumpfung, diese immer kleinwüchsigere Puppe in der Puppe, ist die Summe, das Ergebnis einer jahrtausendealten Bedrohung, die von außen, von weit her, vom Meer kommt.

Was durch manches seiner Bücher geistert, ist ein Hadern und gleichzeitig eine Ergebung in Siziliens schicksalshafte Geworfenheit im Schnittpunkt viel stärkerer geschichtlicher Mächte.

Dabei ist nicht eigentlich *il mare*, was gefürchtet wird – das Meer ist nur fremd. Gefürchtet werden die, denen es diente als der nasse Weg hin zur *Pastete Sizilien*, in die Eindringlinge nach Belieben ihre Zähne schlugen. Von der Geißel algerischer Piraten, lombardischer Söldner und der verhaßten Barone der Anjous über die katalo-

nischen und aragonesischen Könige bis zu den plündernden Heer-
haufen Karls V. und den bourbonischen Fremdherrschern.

Doch wäre es ein Irrtum, zu glauben, späteren Invasoren wäre
anders begegnet worden als früheren – ob nun Garibaldi, dem Risorgimento, der Monarchie der norditalienischen Piemontesen, Mussolini und seinen Statthaltern oder Pattons und Montgomerys siegrei-
chen Truppen bei der Eroberung Siziliens 1943. Nein, auch die
neuere Geschichte ist geformt, ja, übertäubt von »nicht verwirklich-
ten Ideen« und »schmerzlich enttäuschten Hoffnungen«, wie Sciascia es in seiner »Charta«, »Mein Sizilien«, schreibt.

Hier ist eine historische Furcht geronnen in ein Mißtrauen, das
auch durch eine Periode fehlender Invasionen nicht aufgehoben
werden konnte.

Die nationale Dimension der *italianità* regional abwandelnd, krei-
ert Sciascia das unübersetzbare Codewort der *sicilitudine* (»Sizilia-
nischheit«), eine spezifische Verfassung, die durch Angst, Gegenwehr und Selbstbehauptung bestimmt ist.

Geschaffen worden ist die *sicilitudine* vom Topos Sizilien selbst,
einer Region, die von Wasser umgeben ist, dadurch jedoch nicht isoliert, sondern erst recht angreifbar wird.

Das gebiert ein irreales Verlangen nach Vergessenwollen – einfach
vergessen, daß es das Meer gibt, daß Sizilien eine Insel ist, und das in
der irrwitzigen Hoffnung, man könnte sich verstecken, auf den
Hochebenen oder hinter den Bergen, die neun Zehntel seiner Fläche
ausmachen, und mit dem Kopf im Sand die Gefahr bannen.

»Mein Land, mein Sizilien hat keine Flüsse, und vom Meer ist es
so weit entfernt, als läge es mitten im Kontinent«, schreibt Sciascia.

Dabei ist sein Geburtsort Racalmuto, mißt man nach, kaum 25, 30
Kilometer von der See entfernt, so weit, wie es zum nächsten Hafen
ist – Porto Empedocle. Und dann, eine ohnmächtige Beschwörung
aus derselben Feder: »Kein Sizilianer ist von den Küsten der Insel je
zu einer Eroberung, zu einem Abenteuer aufgebrochen. Am Strand
von Gela wurden keine Boote, sondern Karren gebaut.«

Welch grauenhafte Erfahrungen, frage ich mich immer wieder,
müssen dahinterstecken, wenn Wirklichkeit sich so inständig fortge-
wünscht wird? Und wie vergebens – denn, so Sciascia:

»Aber das Meer sieht uns!«

Ja, das Meer sieht Sizilien, und deshalb wird es meist mit einem Unterton des Schreckens, einer drängenden inneren Ablehnung erwähnt, wie: »Lu mari é amaru« (Das Meer ist bitter) oder »Lodu lu mari, e afferati a li giummari« (Lobe das Meer, aber halte dich an den Tauen fest), und schließlich: »Cui pò jiripi terra, nun vaja pri mari« (Wer über Land gehen kann, fahre nicht übers Meer).

Ganz anders Sciascias Beziehungen nach innen, zur Natur Siziliens, konkretisiert etwa in Gestalt seiner poesievollen Prosa über den Ätna, ein bildliches und literarisches Juwel:

»Im Empfinden derer, die in achtunddreißig Ätnadörfern wohnen, hat der Vulkan etwas Häusliches, etwas Familäres. Nachdem die Mythen hinfällig geworden sind, liegt der Ätna da wie eine riesige Hauskatze, die leise schnurrt und ab und zu aufwacht, gähnt, sich träge und gemächlich streckt und mit einem unachtsamen Tatzenhieb bald im einen, bald im anderen Teil Dörfer, Weinberge und Gärten auslöscht.«

Wer wollte versuchen, das zu übertreffen?

Sciascia ist mit der Chronik des Vulkans aufgewachsen. Er weiß zu berichten über seine Ausbrüche und ihre Häufigkeit – etwa 140 überlieferte Eruptionen, im Durchschnitt 5 pro Jahr, also einer alle 20 Jahre. Ungezählt auch die Legenden von den wohltuenden Folgen sizilianischer Frömmigkeit, deren Kraft manchen Lavastrom aufzuhalten vermochte, bevor seine über tausend Hitzegrade noch mehr Unheil anrichten konnten. So etwa, nach Sciascia, im Fall von Linguaglossa. Während die einen flohen und die anderen plünderten, gelang es einer verkrüppelten, schwerkranken Alten, sich bis vor die Kirche zu schleppen und betend den »feurigen Stier« zu bremsen, ein *miracolo* von – 1556! Fast zur gleichen Zeit bewirkte feste Gläubigkeit ein anderes Wunder: Die ringsum wütende Cholera blieb Linguaglossa fern – unvergessen aufbewahrt in der Erinnerung über die Jahrhunderte bis in unsere Zeit.

Wie stand Sciascia eigentlich, hier eingeschoben, zur Religion, zum Übersinnlichen, zum Glauben? In seinen Werken finde ich keine Antwort darauf, wenn man sich mit seiner grundkritischen Haltung zum Amtskatholizismus nicht begnügen will.

Dazu der Freund Gesualdo Bufalino: »Sein Verhältnis zur Kirche war einerseits geprägt durch eine persönliche Liebe, eine bestimmte Zuneigung, sicherlich respektvoll ihr gegenüber, andererseits aber auch auf eine gewisse Distanz bedacht.«

Sciascia selbst, der sich einmal »einen verzweifelten Anhänger der Aufklärung« genannt hat: »Wir haben versucht, das Christentum in einem Land zu erfinden, das nur dem Namen nach christlich geworden ist.«

Und Giacomo Lombardo, von mir danach befragt: »Im Innersten war er wohl ein Mensch, der an Gott glaubte und die Kirche respektierte, davon bin ich überzeugt nach all den Jahrzehnten, die ich ihn kannte. Aber offen erklärte er es nicht, und deshalb trat es nicht nach außen.«

Was dagegen nach außen trat, war eine Art irdischer Verlorenheit an die Flora Siziliens, an ihre explosive Kraft – und die spezielle Zugabe des Vulkans.

Hat es je eine klangvollere Huldigung an *la ginestra*, den Ginster, gegeben als diese?

»Er bricht aus der Lava des Ätna hervor wie ein Versprechen, nicht wie eine Mahnung. Er wächst dort, um als erster die steinharte, feste Kruste aufzubrechen und sie vorzubereiten für die beharrliche und geduldige Menschenarbeit. Ein Verbündeter des Menschen, wohlgesinnt der menschlichen Mühe, Fruchtbarkeit und Schönheit, die der Mensch neu zu erschaffen versteht.«

Eine Hymne, die so ausläuft:

»Der Mensch ist schwach wie ein Schilfrohr, doch immer noch edler als alles, was ihn umbringt. Das sagen uns die Ginsterbüsche der Lavafelder, die Gärten, die Weinreben und die blühenden Dörfer am Ätna.«

Diesen Abschnitt aus »Mein Sizilien« konnte ich auswendig, lange bevor ich den Mongibello in seiner Macht, seiner Herrlichkeit und seinem Schrecken erblickt hatte.

In dem großen Saal der Fondazione, so werde ich informiert, finden Kulturveranstaltungen statt, werden Podiumsdiskussionen geführt und Filme gezeigt, die sich auf Sciascia und sein Werk beziehen.

Etwas jedoch scheint damit nichts zu tun zu haben. Es hängt an der Wand, ein ungeheures Gemälde, eine riesige Leinwand, unschwer auszumachen als Momentaufnahme der Sizilianischen Vesper, also jenes Aufstands im Jahr 1282, der das Ende der kurzen Anjouherrschaft brachte. In Palermo ausgelöst, nachdem ein Franzose eine Sizilianerin belästigt hatte und dabei getötet worden war, sieht sich die inselweite Erhebung in der Minute ihrer Geburt szenisch festgehalten – vor der Martoranakirche wird einem Franzosen mit einem Messer in den Hals gestochen.

Giacomo Lombardo: »Es ist in Florenz restauriert worden, hat dort aber keinen Platz gefunden. Deshalb haben wir es so lange aufgenommen, bis sich ein geeigneterer Ort dafür anbietet. Leonardo hätte bestimmt nichts dagegen gehabt, daß es hier hängt.« Dann ergänzt der Leiter der Fondazione meine Geschichtskenntnisse: »Nach der Vesper haben sich viele dem Aufstand entkommene Franzosen unters Volk gemischt, in der Hoffnung, unentdeckt zu bleiben und so dem Tod zu entkommen. Aber was taten die Sizilianer, wenn sie glaubten, einen Verdächtigen gestellt zu haben? Sie forderten ihn auf, ›Cicero‹ zu sagen. Und da die Franzosen das Wort nicht auf sizilianisch konnten, also mit den beiden C als Zischlaute, sondern es in ihrer Phonetik aussprachen, waren sie entlarvt.«

Wir machen uns auf den Weg zu Sciascias Landhaus.

Unterwegs erfahre ich, warum es in Racalmuto eine Via Hamilton gibt.

Hamilton ist eine kanadische Stadt in der und deren Umgebung fast 25 000 Menschen aus Racalmuto leben. Lombardo: »Unsere Leute sind über die ganze Welt verstreut, das Schicksal einer Emigrationsregion – von meinen neun Geschwistern bin ich der einzige, der hiergeblieben ist. Die anderen sind in New York, Australien, England. Aber zum Schwerpunkt unserer Auswanderer aus Not ist Hamilton in Nordamerika geworden – warum, weiß ich nicht. Wir sind ihre, sie ist unsere Patenstadt. Dort hat übrigens auch mein Sohn, Alfonso Lombardo, Pianist, im Hamilton-Place-Theatre ein Stück begleitet, ›Sons of Italy‹, ein großer Erfolg.« Dann, gedämpft: »Der Junge ist so begabt, aber ohne Arbeit.« Mehr nicht. Was für ein

Schicksal steckt dahinter? Ich will fragen, aber Lombardo fährt, schon freudiger, fort: »Da leben sie also in Kanada, haben Nachwuchs – und weinen sich doch die Augen aus nach ihrer Heimatstadt. Also kommen sie noch jedes Jahr im Urlaub oder als Rentner zurück, nicht alle, aber viele von ihnen. Sie haben Regalpetra nicht vergessen.«

Als ich lache, faßt er sich an den Kopf und ruft: »O dío!«

Giacomo Lombardo hat soeben Racalmuto, den Nabel, um den sein Werk kreist, vertauscht mit seinem Synonym in Sciascias Büchern: *Regalpetra*. Die Gemeinde, die Heimat, von denen er einmal sagte: »Hier war mein Wohnsitz, und dann bin ich geboren«, und: »Ich habe versucht, etwas zu erzählen über das Leben des Ortes, den ich liebe, und ich glaube, daß es mir gelungen ist, den Sinn wiederzugeben, wie weit dieses beschriebene Leben von der Freiheit und der Gerechtigkeit, das heißt vom Recht überhaupt, entfernt ist.«

Oder, mit den Worten Vincenzo Consolos: Von hier aus habe sich das Hochspannungskabel des Sciasciaschen Werks entrollt, das durch Sizilien und Italien verlaufe.

Es geht ein paar Kilometer aus der Stadt hinaus, dann über einen Schotterweg, der die Stoßdämpfer des Nevada attackiert, vor ein blumengeschmücktes offenes Tor und auf ein Haus zu – Villa Noce oder Contrada Noce.

Hier hat Sciascia seine großen Werke geschrieben, hier seine Freunde empfangen.

Gesulado Bufalino, nach Sciascias Tod im November 1989:

»Es war das Haus mit den großen Fenstern, von denen aus man in der Ferne eine herrliche Pinie sieht; seinem Salon voller Bücher und Drucksachen; einem geräumigen Tisch voll dampfender Gerichte, die Leonardo oft selbst zubereitet hatte. Das Klappern der Teller, das sich unter die Musik der Stimmen, des Gelächters, des ruhigen Dahinplätscherns eines häuslichen Gesprächs mischte – ein Stück verlorenes Paradies, das Symbol der Glückseligkeit.«

Und der Freund, der bald danach durch einen Unfall umkommen sollte, weiter:

»Leonardo, drei Jahre jünger als ich, war mir zugleich Bruder, Sohn, Vater. Vater vor allem, eine Art solider, guter Patriarch, nachsichtig und großzügig, entschlossen und diskret, ein Beichtvater, eine Stütze.«

Ähnlich Vincenzo Consolo:

»Leonardo war ein Schriftsteller von grenzenloser Kultiviertheit und unvergleichlichem Geschmack. Wir müssen versuchen, seine Worte zu hören und nicht vom Lärm der Welt überwältigt und betäubt zu werden. Wir müssen versuchen, diese Worte nicht zu vergessen, klare Worte voller Licht, die von den Außenbezirken Europas zu uns kommen, einer abgelegenen, verlorenen Insel, Worte, die unter rußigen Menschen entstanden sind, die nach Schwefel riechen.«

Ich stehe mit dem Rücken zur Villa Noce, suche die Pinie in der Ferne, kann sie aber nicht ausmachen. Das Anwesen ist nach wie vor im Besitz der Familie. Es heißt, die Witwe Maria lebe in Palermo und komme dann und wann hierher. Es muß jemand im Haus sein, denn an einer Leine hängt eine Strumpfhose. Aber die Tür ist geschlossen und öffnet sich auch nicht, nachdem Lombardo, eher zaghaft, angeklopft hat.

Er murmelt etwas, das sich anhört wie »Die Bewohnerin ist wohl indisponiert«, beläßt es aber dabei. Da wird ein großer Respekt sichtbar, auch noch dreizehn Jahre nach dem Tod Sciascias, gleichsam, als wäre sein Geist hier noch lebendig. Alles, was mit ihm zusammenhängt, ist *privatissimo*.

Neben dem großen Haus steht ein altes, kleines, löchrig, schindelbedeckt – es scheint unbewohnt zu sein und gehörte einst Sciascias Tanten.

Ich komme also nicht hinein in die Villa Noce, nicht an seinen Schreibtisch, den ich immer sehen wollte.

In der Luft Schmetterlinge.

Ich gehe auf dem Grundstück hierhin und dorthin, aber von wo aus ich auch immer suche – die von Bufalino zitierte »herrliche Pinie« bleibt unsichtbar.

Zurück nach Racalmuto.

Dort der unvermeidliche Corso Garibaldi. Dann das Haus mit dem Balkon, in dem Sciascia seine Jugendjahre verbracht und lange gewohnt hat, Nummer 39, in der Straße, die nach ihm benannt ist: *Via Leonardo Sciascia, scrittore, 1921-1989.*

Die Schule, an der er gelehrt hat, ein großes braunes, 1930 errichtetes Gebäude – eine nichtssagende, öde Fassade. Warum kommen die Schicksale dahinter nicht hervor? »Nur wer weiß, sieht.«

Dann ein zunächst verblüffender, ja, umwerfender Anblick, selbst wenn man wie ich darauf vorbereitet war: Leonardo Sciascia als lebensechte Statue! Mitten auf der Straße, als wenn er da leibhaftig stünde, ohne Namen, ohne jeden Hinweis, weil jeder hier weiß, um wen es sich handelt. Das Jackett offen, die Linke in der Tasche und den rechten Arm angewinkelt, bietet sich ein getreues Abbild des Originals dar. Das dennoch durch Eingriff unvollständig ist: Die Zigarette, die der Künstler ihm lebensecht, wenn auch, wie die ganze Figur, aus Metall, lose in die rechte Hand gegeben hatte, wurde längst geklaut, jeder Versuch der Erneuerung aber des gleichen Schicksals wegen unterlassen. Doch auch das noch ein Zeichen der Nähe, der Bewunderung und der persönlichen Beziehung.

So ehrt Sizilien einen Schriftsteller und Racalmuto seinen Sohn.

Ich krame in meinem Kopf, ob es etwas Vergleichbares in Deutschland gebe, nicht in Form von Thomas-Mann-Büsten oder Heroen auf Sockeln wie Goethe und Schiller vor dem Weimarer Nationaltheater. Nein, vielmehr wie ein Mensch, der im Alltag überlistet wurde, in der Vergänglichkeit einer banalen, gewöhnlichen Sekunde, aber die nun festgebannt für die Ewigkeit.

Das habe ich nur noch einmal gesehen – in Irland, in Dublin. Dort, am Grand Canal, einem der beiden künstlichen Wasserwege im Süden der Hauptstadt, sitzt er in voller Größe auf einer Bank: Patrick (Paddy) Kavanagh! Das Enfant terrible der irischen Literatur (1904–1967), unter einem mächtigen Ahorn, mit übergeschlagenen Beinen, neben sich einen Hut, und mit der Brille und dem nach hinten fliehenden Haaransatz ebenfalls erschreckend lebensecht.

Wie hier in Racalmuto, wich auch in Dublin der erste Schock einem schmunzelnden Staunen über soviel unbefangenen Umgang mit einem der großen Schriftsteller des Landes.

Ist es ein Zufall, daß beides auf Inseln geschieht?

Mit diesen Gedanken zur Chiesa di Santa Maria di Jesu, auf dem Gelände eines Kapuzinerklosters aus dem 17. Jahrhundert.

Mit Nummern versehene Grabkammern, Blumen, Vasen, Fotos der Verstorbenen, Totenkult, ein irgendwie aufdringliches Trauern.

Dann stehe ich vor Leonardo Sciascias Grab.

Ein Quadrat, darauf eine Platte, mit Geburts- und Todesdatum und dem Spruch: »Ce ne ricorderemo di questo pianeta« – »Wir werden uns an diesen Planeten erinnern«.

Wie ist das gemeint? Über Spruch und Sinn ist viel gerätselt worden.

Giacomo Lombardo: »Wie ich Sciascia gekannt habe, kann er es von seinem ethischen Standpunkt nur so gemeint haben: ›Diesen Planeten wird es einmal nicht mehr geben, weil wir nicht gelernt haben, mit ihm umzugehen, und ihn deshalb zerstören.‹«

Es war Sciascias Wunsch, still begraben zu werden. Die Bestattung sollte ruhig, unpompös vor sich gehen. Aber es kam, so Lombardo, anders. »Die Gemeinde und die Menschen aus Racalmuto-Regalpetra haben es einfach nicht fertiggebracht, seinem Wunsch zu folgen. Sie wären sich ihm gegenüber respektlos vorgekommen, wenn sie danach gehandelt hätten. Es kam ähnlich wie bei Luigi Pirandello, dem großen Theatermann Italiens und Nobelpreisträger für Literatur 1934. Auch er wollte keine Trauerfeier, aber als er 1936 starb, konnte man sie nicht verhindern.«

Es war Gesualdo Bufalino, der die richtigen Worte fand:

»Es fehlen mir, es fehlen uns der Rauch seiner Zigarette, sein Hüsteln und sein zwinkerndes Lachen, seine Züge voll widersprüchlichen Zartgefühls, das langsame Gemurmel seiner Zustimmung, das plötzliche Auffahren seiner Ablehnung, die blitzende Ironie, mit der er unfehlbar die Heuchelei und die Fetische des gesunden Menschenverstandes demonstrierte. Als er gestorben ist, sind auch wir mit ihm gestorben, und sein Trod ist auch teilweise unser Tod.«

Welch ein Nachruf.

Ich stehe auf dem Friedhof der Chiesa di Santa Maria di Jesu, vor dem Grab Leonardo Sciascias, und denke: Wir, die ihn nicht persönlich, wohl aber über seine Bücher gekannt haben, wir sehen einen lauteren Charakter, einen Mann, der nicht auf Wahrheitsbesitz erpicht war und sich zur »parlamentarischen Demokratie als dem besten aller möglichen Systeme bürgerlichen Zusammenlebens« bekannt hat. Wir sehen einen Mann, der Zweifel und Prinzipientreue miteinander zu verbinden wußte, hochdifferenziert und doch wie aus einem Guß. Hinter allem aber, so beredt wie stumm, die Unfähigkeit, anderen Menschen Böses anzutun.

Bei Sciascia fliegt mich immer wieder die verwegene Frage an: Wäre nicht Friede unter den Menschen, wenn alle so wären, wie er war? Mag das die Verbindung zu dem Nazarener Jesus assoziieren – zurück nehme ich die Frage dennoch nicht.

Für mich ist Sciascia auf eine schmerzende Weise ehrlich – weil er nichts verklärt und idealisiert am Menschen, an seiner antipodischen Fähigkeit, Gutes ebenso wie Schlechtes zu tun, mit einer gefährlichen Neigung, dem Übel nachzugeben, sobald nur ein kurzer Vorteil winkt, auch wenn der spätere Nachteil schon erkennbar ist.

Und dennoch konnte er bis zuletzt nicht aufhören, sich um ihn zu kümmern, zu sorgen, zu grübeln.

An diesem sizilianischen Schriftsteller aus Racalmuto, der die ganze Welt in sich trug, an Leonardo Sciascia verliert sich alles Phrasenhafte, es zerschellt einfach an ihm, verbietet sich von selbst. Wenn das klingt wie die Erhebung auf ein Podest, so scheue ich das Bild nicht – wäre es doch das Podest persönlicher Glaubwürdigkeit.

Einen kostbareren Standort kenne ich nicht.

Schriftsteller haben immer einen starken Einfluß auf mein Leben ausgeübt, von früh an – Heinrich Heine, mein Leib-und-Magen-Dichter; Thomas Wolfe, der große amerikanische Epiker, mit seinem 1929 in den USA erschienenen »Schau heimwärts, Engel« (»Look homeward, angel«), Initialzündung meiner »Bertinis«; Thomas Mann, der mich wie kein anderer auf die deutsche Sprache hin orientiert hat, auf ihre Schönheit, ihre Gediegenheit und ihre Ausdrucksmacht. Dann der Autor, der im nächsten Kapitel gewürdigt wird, und eben Leonardo Sciascia, mit seinen in ausgezeichneten Übersetzungen bei Klett, Wagenbach und Zsolnay erschienenen Romanen und Erzählungen. Es war sogleich eine Art Vertrautheit da, ohne jede Vorverständigung, bei dieser ihm eigenen wunderbaren, fast unnachahmlichen Mischung aus Emotionalität und Intellektualität.

Deshalb glaube ich auch, daß Sciascia sehr ungehalten gewesen wäre über so manchen Beitrag jenes umfangreichen Wort- und Bildbandes, der zur Eröffnung der Fotoausstellung von den Organisatoren der Fondazione herausgegeben worden ist, sicher in bester Absicht, in dem ich aber leider, nur eines von vielen Beispielen, Sätze wie diese finde:

»In der gelebten Beziehung des Autors mit seinem Text so wie der des Lesens mit diesem, bleibt der Ich-Erzähler ungeachtet der Raffinatessen der erzählerischen Modellierung das Zeichen. Und daher auch die konkrete Manifestation einer Ambivalenz, in der sich das ›Ich‹ mit dem Autor in Fleisch und Blut identifiziert – oder auch nicht.«

Einen manieristischen Schwulst wie diesen mag begreifen, wer will – ich kann es nicht.

Ist es doch gerade die Klarheit, die bei dem Mann aus Racalmuto besticht, auch wenn seine erzählerischen und denkerischen Spuren sich keineswegs immer leicht verfolgen lassen – ihre Transparenz jedoch ist immer da.

Leonardo Sciascia – *ein* Gesicht Siziliens.

Il capolavoro – »Der Leopard«

Der Schriftsteller, um den es jetzt geht, und der es mir bis ins Innerste angetan hat, mit dem einzigen Buch, das er geschrieben und das ihn weltberühmt gemacht hat, war ebenfalls Sizilianer – Giuseppe Tomasi Fürst von Lampedusa.

Er erzählt eine Geschichte aus dem Zeitalter des Risorgimento, der Einigung Italiens durch die freischärlerischen Rothemden Garibaldis, vom »Zug der Tausend«, die 1860 in Marsala landen und auch auf Sizilien ein neues Zeitalter einleiten, das heißt, einen uralten Feudalismus ins Wanken bringen. Repräsentant dieses Systems ist Don Fabrizio, Fürst von Salina, das Haupt einer Dynastie, die den Leoparden im Wappen führt. Herrscher seit Jahrhunderten, kann ihre letzte Personifikation, Don Fabrizio, sich nennen, »Fürst der Insel Lampedusa, Herzog von Palma, Baron von Montechiaro, Herr und Besitzer des Gutes Torretta, Baron der Falconeri, Herr der Ländereien von Montecuccio, Bellolampo, der drei Besitztümer in Donna Ventrua etc. etc.« – wobei die Verdoppelung des etc. auf Abkürzungen für noch einiges mehr hinweist, die Liste der Titel also unvollständig ist.

Als der jugendlich-hitzige Neffe des Fürsten und opportunistische Gefolgsmann Garibaldis, Tancredi, von Don Fabrizio geliebt wie ein eigener Sohn, die schöne Angelica, Tochter des Parvenüs Don Calògero Sedàra, heiratet, um zu Geld zu kommen, sieht der Onkel den Untergang der alten Ordnung eingeläutet. Werden, wie der Fürst es ausdrückt, die Leoparden und die Löwen abgelöst von Schakalen und Hyänen, fällt aber auch, aus dem Mund Tancredis, jener Schlüsselsatz, der sowohl die Dinge wie auch die Trauer des Oheims flugs relativiert – *alla siciliana:*

»Wenn wir wollen, daß alles so bleibt, wie es ist, dann ist es nötig, daß sich alles verändert.«

Um dann, Don Fabrizio umarmend, nachzusetzen: »Habe ich mich deutlich ausgedrückt?«

Es ist der Grundsatz der Mafia (die, gemessen an ihren späteren, gar heutigen Dimensionen, damals erst noch im embryonalen Zustand war).

Auch wenn das Feudalsystem tatsächlich viel von seiner klassischen Rolle einbüßen und eine neue, banalere, aber nicht weniger gierige Kaste die alte ablösen wird – eine hinterhältigere, tiefgründigere Wahrheit vom *ewigen Sizilien*, als in diesem Satz Tancredis, ist nie formuliert worden.

Niedergeschrieben wurde er von dem Urenkel der historischen Ausgangsperson für die Romanfigur des Don Fabrizio, dem Autor Giuseppe Tomasi, Herzog von Palma und Fürst von Lampedusa (Palermo, 23. Dezember 1896 – Rom, 23. Juli 1957), und das ziemlich am Anfang eines Buches, das zu den bedeutendsten der modernen Literatur Italiens zählt: »Der Leopard«, *il capolavoro*, das Meisterwerk – »Il Gattopardo«!

Im Mittelpunkt steht das Schloß Donnafugata, in Stein geronnenes Sinnbild feudalistischer Herrschaft, zu Zeiten Don Fabrizios vom palermitanischen Stammsitz des Geschlechts drei durchgeschüttelte Tagereisen per Kutsche entfernt, zur anderen, südlichen Küste Siziliens.

Es ist eine Fabel über die eigenen Vorfahren, von einem Autor, der so tief hineingekrochen ist in das Interieur einer für viele verblaßten Ära, daß ihre Gerüche, ihre Farben wiederauferstehen und Kirchenmänner, Tagelöhner, Könige, Neureiche so plastisch charakterisiert werden, als könnte man sie anfassen. Über allem und allen aber ragt, so tragisch wie kraftvoll, die Gestalt des Fürsten von Salina.

Tomasi di Lampedusa hat in seiner Kindheit noch an den Stätten des Romangeschehens geweilt, er kannte die Schönheit der Paläste in Palermo und Santa Margherita, das im Roman zur Residenz Donnafugata wurde, später aber zur Begleichung von Familienschulden an eine verfeindete Familie verkauft werden mußte. Sonst führte Lampedusa ein Leben, das nur noch wenig Ähnlichkeit mit dem der Ahnen hatte. Bis 1925 Offizier der italienischen Armee, unternahm er während der Herrschaft Mussolinis und seiner Schwarzhemden längere Auslandsreisen, seltsam unberührt von der gewalttätigen Politik des Regimes, ja zunächst auch unangetastet vom Krieg, in den Italien 1940 an der Seite Hitlerdeutschlands eintrat und dem Lampedusa zu seinen Cousins nach Capo d' Orlando ausweichen konnte, als nach der Rommel-Niederlage des Frühjahrs 1943 in Nordafrika die alliierten Bombenangriffe begannen.

Es mutet in seiner Introvertiertheit geradezu unheimlich an, daß Lampedusa, während Europa buchstäblich Stück um Stück zertrümmert wird, seiner Frau, Alessandra Wolff, seelenruhig berichtet von kulinarischen Genüssen wie Hummern, panierten Koteletts, frischem Thunfisch, Erbsen mit Schinken und Cremetörtchen. So der in Australien geborene Landeskenner Peter Robb in seinem hervorragenden Buch »Sizilianische Schatten«.

Aber dann kommt eine irreparable Zäsur, von der Lampedusa sich nie erholen sollte. Am 5. April 1943 wird bei einem Luftangriff auf Palermo, der gut ein Drittel des alten Stadtkerns zerstört, auch der Palazzo Lampedusa durch Volltreffer in Schutt und Asche gelegt. Damit geht das letzte äußere Bindeglied an die Welt der Vergangenheit dahin, werden die verbliebenen Fäden zur Kindheit durchschnitten.

Giuseppe Lampedusa wird dabei beobachtet, wie er in den Trümmern des Palastes herumstapft, als begriffe er nicht, was er da sah. Dann machte er sich zu Fuß auf den Marsch bis zum Haus des Fürsten von Mirto in Santa Flavia, unweit von Bagheria, etwa zwanzig Kilometer östlich von Palermo an der Küste des Thyrrhenischen Meers. Dort soll er, »von Kopf bis Fuß eingestaubt«, stumm angekommen sein und drei weitere Tage verharrt haben, ohne auch nur ein einziges Wort zu sprechen.

Und doch, bei aller Erschütterung, es ist nicht unwahrscheinlich, daß wir gerade diesem äußersten Verlust den entscheidenden Impuls für den großen Nekrolog auf Siziliens Landadel zu verdanken haben, auf seinen Glanz, sein Elend, sein Erbe – Lampedusas einziges und einzigartiges Buch.

1947 stirbt seine Mutter, die Fürstenwitwe, eine dominante Persönlichkeit und deshalb für den nach innen gewandten Sohn ein bis dahin wohl eher lebenslanges Hindernis auf dem Weg zu sich selbst. Der Gedanke, daß neben der natürlichen Trauer des nunmehr 51jährigen um den Tod der Mutter auch ein Gefühl der Erlösung mitschwang, dürfte deshalb nicht fernliegen.

Von Zeitgenossen wird Lampedusa geschildert als ein weit über seine Jahre hinaus gealterter Mann, der den Eindruck eines pensionierten Generals machte. Der Schriftsteller Giorgio Bassani (»Die Gärten der Finzi Contini«), der später eine bedeutende Rolle bei der Veröffentlichung des Romans spielen sollte, erinnerte sich, daß er bei einer Begegnung, die den großen Kollegen noch nicht ahnen ließ, einen bitteren Zug um Lampedusas Mund wahrgenommen haben wollte.

Dagegen hatte der blasse, verschlossene Fürst Zutrauen zu einer Gruppe befreundeter Studenten gefaßt. Das Ergebnis waren Vorträge über englische und französische Schriftsteller, die ein neugieriges Auditorium fanden und Lampedusa als einen hochgebildeten Literaturkenner auswiesen. Seine Öffnung ging so weit, daß er einen Studenten adoptierte und nach seinem Vorbild die agile, ehrgeizige Figur des jungen Tancredi im »Leopard« konzipierte.

Es ist nicht genau bekannt, wann Lampedusa mit der Niederschrift des Romans begann, jedenfalls lief sie nicht in einem Zug ab, ganz abgesehen von der Odyssee, die später dann, wie wir noch sehen werden, das Manuskript nehmen sollte.

Gewiß ist aber, daß in ihm der starke Wunsch war, seinem enttäuschungsreichen Leben, wie er es empfand, einen späten Sinn zu geben – die Triebfeder zum Schreiben. Nach sechs Monaten Arbeit jedoch, offenbar geplagt von schweren Zweifeln an seinen Fähigkeiten, verschloß er das Manuskript, holte es nach einiger Zeit jedoch wieder hervor und begann auf Anregung seiner Frau weiterzuschreiben.

Damit beginnt ein spannendes Kapitel über eine Facette des sizilianischen Anteils an der Weltliteratur des 20. Jahrhunderts.

Doch ehe darauf eingegangen wird und ich der Fährte weiter folge, muß ich an den Ort, wo es sich abspielte, das heißt, wo das Werk entstand – nach Palermo.

Dahin geht es auf dem Landweg, von Süden her, durch die zerklüftete Bergwelt der Madonie, dann von Osten an der Küste entlang auf die Hauptstadt der Autonomen Region Sizilien zu.

Nach Stunden Gebirge also endlich das Meer, Mare Tirreno – nichts als Bläue, schwere, spiegelglatte Bläue.

Markante Ankündigungen: Der Felsenvorsprung bei Bagheria Santa Flavia; der Capo Zafferano; der Monte Catalfano, spitz und hoch, ein riesiger Felsendorn; im Westen, ganz weit über die Bucht, über den Golf hin, Capo Gallo. Endlich vor uns ein mit stählernen Masten auf dem Rücken gespicktes Ungetüm, der Monte Pellegrino – dann hat uns die Hölle des palermitanischen Großstadtverkehrs.

Ich lese *Città della pace* – Stadt des Friedens. Von wegen!

Autos in Doppelreihe, man käme zu Fuß weit rascher vorwärts. Die Unverschämtheit »Es gibt außer dem eigenen Wagen zu viele andere«, trifft hier knüppeldick zu. Gegen den Bahnhof, *Stazione centrale*, sieht es übel aus – überquellende Müllkübel, ein tiefer, langer Graben, es wird gehupt und geblinkt – nicht gerade einladend das alles auf der Suche, die Adresse unserer Unterkunft zu finden. Ich bin nicht nur ein schlechter Beifahrer, sondern auch ein jämmerlicher Kartenleser. Doch dann schleicht sich der alte Nevada über die Via Abramo Lincoln Meter um Meter zur Kalsa durch, mitten in der arabischen Altstadt, und dort zur Piazza Kalsa, wo wir in einem Teil der alten Stadtmauer, gegenüber der Chiesa Santa Maria, Quartier beziehen.

Empfang durch Concetta P., eine junge Frau, die das Haus leitet – hohe Stiefel, Rock knapp bis zum Knie, schwarze Strümpfe, ausdrucksvolle Augen, schön wie eine Porzellanfigur. Den »Leopard« hat sie gelesen – *naturalmente*. Aber: »Es hat sich seither vieles verändert.«

Mir wird ein pompöses Zimmer zugewiesen, in dem der britische Admiral und Sieger von Trafalgar, Horatio Nelson, einige Nächte mit Lady Hamilton zugebracht haben soll.

Ein großes Fenster, ich schaue über die Villa a Mare, eine Grünfläche, aufs Meer – aber dazwischen ist eine Doppelstraße, der Foro Italico und der Foro Umberto. Beide sind laut, und das, wie sich bestätigen wird, vierundzwanzig Stunden lang.

Gegen Abend ein erster Rundgang.

Die Piazza della Kalsa wird von großen Laternen beleuchtet, ein warmes, gelbes Licht, in das auch die Kirche drüben getaucht ist.

Vor der Tür, am Rand des Gehsteigs, eine Gruppe: Kinder und junge Leute, zwischen acht und achtzehn, die uns neugierig beobachten, dann aber so tun, als ob sie uns nicht mehr sähen. Darunter drei, die Karten spielen. Zwei andere sitzen, ein Sechster kniet auf dem Steinboden, der kalt ist. Aber er scheint das gar nicht zu spüren. Ein Fahrrad liegt achtlos auf der Erde. Nach einer Weile nimmt der Älteste es auf und fährt davon. Die anderen bleiben zurück, ein Neuer, mit einer Tonsur, tritt hinzu und legt beiden freundschaftlich die Hand auf die Schulter. Es sind insgesamt acht. Plötzlich kriegen sie sich wegen irgend etwas in die Haare, einer spuckt auf den Boden, schnelle, aggressive Bewegungen mit den Händen, den Armen, den Körpern, Crescendo der Stimmen – mit denen, so jung sie sind, sollte man nicht aneinandergeraten.

Bei allem Wirrwar aber behalten sie Antonio Morten und mich doch im Auge, bis wir durch einen gewaltigen Torbogen, gleich neben unserem Domizil, auf die Uferstraße, den Foro, einbiegen.

In der alten Mauer Heiligennischen mit Kerzen davor; Madonnen hinter Glas, grün und gelb angeleuchtet. In der Mauer Wohnungen, auf einigen Balkons Wäsche; Tücher, die die Sonne abhalten sollen. *Porta dei Greci*, eine Plakette, *1543*. Das alles steht, so Concetta P. vorhin, unter Denkmalschutz. Der Zahn der Zeit ist mächtig am Werk. Große Placken aus dem Putz heraus, Löcher in der Mauer. Die Kraft einer Pinienwurzel hat den behauenen Stein gesprengt und mit Rissen so durchzogen, als drohte hier jeden Augenblick alles einzustürzen.

Dann, gleich daneben, großartige Erneuerung – ein mächtiges Gewölbe, darunter ein Treffpunkt, Lokal, Bar. Rotbespannte Sofas, Kissenrollen, überall junge Leute. Cocktails werden gequirlt, Fruchtsäfte geschlürft. An der Wand Regale mit Weinflaschen, stehende und liegende. Auf einer etwas höheren Ebene – eine Bibliothek. Hier kann man Bücher ausleihen, kaufen oder lesen. Die Leiterin sitzt in einem offenen Büro und bestätigt: »Dies war ein Teil der Mauer von Palermo, den Kaiser Karl V. hat ausbauen lassen. Im 16. und 17. Jahrhundert, als die alten Festungen ihre Funktion verloren hatten, wurden bestimmte Teile an Privatpersonen verkauft.«

Die Bibliothek, die Bar, die ganze Einrichtung hier, erfahren wir, wird von öffentlichen Mitteln unterhalten. »Das ist noch aus der Bürgermeisterzeit von Leoluca Orlando – ein guter, ein sehr guter Mann. Sie haben doch von ihm gehört?«

O ja, o ja! – darüber soll ja noch geschrieben werden.

Dann tiefer in die Altstadt, in die Kalsa hinein, sozusagen in Palermos Hinterhof. Neubauten, schrecklich in ihrer Öde; daneben kleine Häuser, verkommen, verrottet, aber bewohnt.

Eine Musikschule, mit einem arabisch-spanischen Patio, gepflegt – welche Gegensätze. Ein Brunnen aus Marmor, und dahinter, durch ein geöffnetes Fenster sicht- und hörbar, Musiker – ein Gitarrist, ein Trommler, ein Pianist. Sie machen herrliche, ganz herrliche Musik, nur für sich, ohne Publikum. Ich bleibe stehen, kann mich nicht trennen. Wo bin ich? Das hat etwas Traumhaftes an sich.

Nun weiter, über die Piazza Magione.

Geklirre, Lärm, Geklapper, Stimmen, eine Menschenmenge,

eine Monstranz – die Muttergottes. Sie steht auf einem blumengeschmückten Podest, das auf einen Wagen gehievt ist, ragend, eine Statue von drei Metern und höher noch – wird sie geschoben werden oder ihr ungeheures Gewicht von Menschen getragen? Kerzen werden emporgehalten, lange Kerzen auf Metallständern, einige elektrisch beleuchtet, andere mit lebender Flamme, und über allem Schwaden von Weihrauch. Massengemurmel, daraus ein einzelnes Organ, sonor, voluminös, ein Priester: »Padre nostro che sei nei cieli...« Auf den Balkons, dicht gedrängt, Zuschauer. Überall weiße Rosen. Und dann, ich traue meinen Augen nicht, wird der Wagen unter der Monstranz weggezogen und die Last auf die Schultern von Männern gelegt, vielen Männern, meist jungen, die, man sieht und hört es, schwer daran zu tragen haben.

Ihr Ächzen wird plötzlich übertönt von Musik, stoßhaft, schrill, und doch getragen, unverwechselbar sizilianisch mit den charakteristischen kurzen Pausen. Kapelle und Zug, erleuchtet vom gelben Licht der Laternen, biegen nun von der Piazza Magione in eine rechte Seitenstraße ein, die Monstranz dabei von hinten eingefaßt in einen hellen Strahlenkranz, und über allem der wie von Smaragden funkelnd übersäte Himmel Palermos.

Es ist ein fast unwirkliches Bild, das sich mir da bietet, eine dramatische Inszenierung ohne Regisseur – jeder weiß, was zu tun ist und wie er sich zu verhalten hat.

Priester in langen Gewändern, viele Mädchen und Frauen, in der Überzahl und in jeglichem Lebensalter. Manchmal bleibt die Monstranz stehen, und dann stützt sie sich, wie ich sehe, auf Stelzen, ehe sie wieder angehoben wird – wie zu vermuten war, diese Muttergottes ist so gewichtig, daß sie auf Schultern jeweils nur ein Stück weit befördert werden kann.

Die Stimmung ist feierlich, aber vollkommen gelöst, ohne jedes Gehabe. Im Zug, der immer länger wird, Mütter mit Kindern auf dem Arm oder mit Kinderwagen hinterher, als Nachhut. Keiner kümmert sich darum, als jetzt vom ersten Stock eines Hauses, wer weiß wodurch ausgelöst, die Alarmglocke gellt und dazu auch noch ein Leuchtsignal blinkt. Es dauert lange, bis beides abgestellt wird. Inzwischen, immer leiser, immer schemenhafter, immer verwehter, verliert sich der Zug auf die Piazza della Rivoluzione zu.

Auf dem Rückweg erblicke ich Embleme eines *Euro-Point,* lese *Euro-Point Frankfurt e. V. – Europa malt für an Krebs erkrankte Kinder.* Eine große Bühne, angestrahlt unter einem kirchenartigen Gewölbe, das Gemäuer teils verwittert, teils restauriert, die Stätte unter dem Schutz des Ufficio del Centro storico, also der Behörde für das historische Zentrum der Hauptstadt Siziliens.

Einen Aufgang hoch und ich befinde mich in einem Wald von Pinien. Auch hier die Embleme der Europäischen Union, überall, mit Symbolen des alten Kontinents, dem Eiffelturm, den Farben Italiens und Frankreichs, auch dem Schwarz-Rot-Gold der Bundesrepublik Deutschland. Da offenbart sich eine Hoffnung, wird der Wunsch nach Zugehörigkeit sichtbar. Das hat etwas rührend Heischendes an sich, zeigt Furcht vor Abkoppelung, vor verpaßtem Anschluß. Wieso? Ich stehe hier, im Centro storico Palermos, auf einem der ältesten Böden Europas. Aber Urängste sind wohl nur schwer zu überwinden.

Ein langer Tag, ein Tag der Gegensätze.

In meinem traditionsschweren Zimmer, eingelassen wie die ganze Wohnung in die alte Stadtmauer, schlafe ich unter einem steinernen, von zwei grünen, golddurchzogenen Säulen gehaltenen Baldachin. Weiteres Interieur – ein alter Spiegel, ein alter Schrank, die Gasheizung modern, der Fliesenboden patiniert.

Und vor dem Fenster, frühmorgens fast zuviel an Pracht, ein Baum mit weitgeöffneten, strotzend vor roten Blüten.

Auf den Monte Pellegrino, den Pilgerberg, nach Goethe »das schönste Vorgebirge der Welt«, und von dem Romantiker und Italienfan Ferdinand Gregorovius »wie von dorischen Meißeln ausgeschlagen« besungen.

Wer von der Uferseite kommt, muß leider lange suchen, denn auch hier, wie so oft auf Sizilien, kein Hinweisschild, keine Auskunft, wo es längs geht. Wie da hoch-, wie da hinaufzukommen ist, das erfährt nur, wer sich von Süden nähert, und auch dieses Schild ist mickrig genug.

Doch dann geht es, alles vergessen machend, das Meer mal zur Rechten, mal zur Linken, die kurvenreiche Panoramastraße aufwärts, die Via Pietro Bonanno, bis zum Santuario di Santa Rosalia, und weiter noch, höher, auf den Gipfel, zur Statue der Muttergottes, über 600 Meter: freie Sicht – so frei, daß sie einem den Atem nehmen will.

Nach Westen hin bis zum Capo Gallo und dem Golfo di Carini; nach Norden ein Kosmos an blauem Wasser, der sich in der Unendlichkeit verliert; nach Osten, hinter Bagheria, wie ein zarter Tuschestrich, der Küstenstreifen nach Cefalù, und unter mir, tief unter mir, aber dennoch dumpf heraufdröhnend, »die Hochmütige«: seit den Zeiten der Sikaner und Elymer besiedelt, das alte Ziz der Phönizier (Die Blüte), von den Griechen »Panormos« genannt (Allhafen), und auf arabisch Balarem, woraus schließlich der endgültige Name entstand – Palermo!

Regnicolo (der aus dem Reich) nannten seine Bewohner den, der zugereist war, oder auch, noch verächtlicher, *piedincrati* (einer, der Lehm an den Füßen hat).

Was mich betrifft, so will ich der Versuchung widerstehen, Palermo zu bewundern oder zu verabscheuen. Ich will mich, in Übereinstimmung mit meinem atouristischen Grundgefühl, nicht verpflichtet sehen, ihm als Hauptstadt Siziliens Reverenz zu erweisen, will aber auch seinen Schönheiten und Häßlichkeiten gegenüber keine Gleichgültigkeit an den Tag legen. Vielmehr möchte ich Palermo *die* Stelle zuweisen, die es in meiner familiären und überfamiliären Buchkonzeption hat – im Zusammenhang mit Tomasi di Lampedusas »Leopard«, und, wie wir sehen werden, einem Kapitel über die Mafia (für das die gleiche Einschränkung gelten wird).

Das schließt ein natürliches Interesse an der Stadt und große Neugierde auf sie nicht aus.

Da liegt sie, wuchernd und ausufernd in die Conca d' oro hinein, Palermos Fruchtgarten, die Goldene Muschel, die gar nicht mehr golden ist, sondern ziemlich zersiedelt und nur noch ein Abglanz ihrer selbst.

Vorbei die hohe Zeit der arabischen Emire, die Palermo im 9. und 10. Jahrhundert mit 200 000 Bewohnern zur islamischen Großstadt machten, hervorragende Kultivierer, die die Zitrone brachten, die bittere Orange, Maulbeerbäume, Dattelpalmen, das Zuckerrohr und eine maurische Architektur, die den großartigen arabonormannischen Stil jener Nordmänner prägte, die dann im 11. Jahrhundert die muslimische Herrschaft ablösten. Aber sonst ist von ihren orien-

talischen Vorgängern so gut wie nichts geblieben, außer zwei Bauwerken da unten, deren heutiger Anblick einen nur wehmütig
machen kann – die Cuba und die Zisa.

Die »Cuba«, auf arabisch soviel wie »Gewölbe«, ist ein durch
spitzbogige Blendarkaden gegliederter Rechteckbau, der damals
außerhalb der Stadt, heute jedoch mitten in einem Kasernengelände
liegt, eigentlich unansehnlich und in empörendem Gegensatz zur
hingerissenen Beschreibung der Cuba in Boccaccios »Decamerone«.

Nicht sehr viel anders ergeht es der »Zisa«, arabisch »El'Aziz«,
»die Herrliche«, die mit ihren drei Geschossen, dem Brunnensaal
und dem Stalaktitengewölbe zwar etwas mehr hergibt als die Cuba,
aber doch nur Tristesse aufkommen läßt und aufs Gemüt schlägt,
wenn man weiß, wie hier einst Wasser, das im Stil arabischer Palast-
architektur an einer schrägen Wand herabrieselte, den Raum durch-
floß und für angenehme Kühlung sorgte, ehe es in ein Meer strömte,
das, so wird überliefert, von keinerlei Ausscheidungen der für damalige Verhältnisse doch sehr dicht bevölkerten Stadt getrübt worden
sein soll.

In beiden Bauwerken hatte ich 1985 für den Film »Araber in
Europa« gedreht.

Von hier oben, dem Monte Pellegrino, bei einiger topographischer
Kenntnis der Stadt ungefähr zu lokalisieren, liegen die Cuba und die
Zisa zwischen der Via Noce und dem Corso Calatafimi, zentrums-
nah und wie verkrümelt da. Traurige Zeugen jener historischen
Gründlichkeit, mit der die äußeren Merkmale muslimischer Herrschaft verschwanden, ja, buchstäblich vertilgt wurden – und zwar
nachhaltiger als bei jeder anderen Invasionsperiode (wenn auch kulturelle, technische und agrarische Einflüsse der zweihundertjährigen
Araberdominanz auf Sizilien bis heute nachwirken).

Eine mögliche Erklärung für diesen Prozeß, den man auch eine Aus-
löschung nennen kann, wollte mir gestern abend gekommen sein, als
ich in der Via Abramo Lincoln, östlich der Kalsa, hinter einer Schau-
fensterscheibe auf eine illuminierte Gruppe stieß, rauh und bunt
hergerichtet, schwere, verwegen aussehende, durch ihre Kleidung
voneinander geschiedene hölzerne Figuren, stumm, bewegungslos,
wie abgetan – Relikte des *Teatro dei pupi*, des sizilianischen Puppentheaters.

Das kam aus den dunklen Gassen der Armenviertel, in der Tradition der *cantastorie*, der Straßensänger und Geschichtenerzähler, nachgewiesen seit Mitte des 19. Jahrhunderts, noch in der Vorzeit der bewegten Bilder. Die Botschaft war immer die gleiche: der Kampf tapferer christlicher Ritter gegen die Muslime, *Sarazenen*, verschlagene *Ungläubige*, über die jedesmal noch ein triumphaler Sieg davongetragen wurde.

Es waren tosende Spektakel auf primitiven Bühnen, mit Marionetten, die bis zu einem halben Zentner wiegen konnten und von den *pupari*, den Marionettenspielern, an langen Stangen aus Metall bewegt wurden, Knochenarbeit, die hohe körperliche Kraft und Ausdauer voraussetzte. Das war bunt anzusehen, aber schon äußerlich unverkennbar in Gut und Böse eingeteilt – die Christen in blitzende Rüstungen gesteckt, während sich ihre orientalischen Gegenspieler mit Pluderhosen und anderen vorsätzlich übertriebenen Textilien sofort als lächerliche Fremde und potentielle Verlierer ausgewiesen sahen. Das Spiel war oft verbunden mit starker Beteiligung des Publikums, als ginge es da oben tatsächlich um Leben und Tod, wobei manchmal die Identifikation mit den Guten so weit gegangen sein soll, daß Zuschauer vehement eingriffen, wenn Christen oder gar christliche Jungfrauen von den orientalischen Fieslingen überwältigt zu werden drohten. Was nicht sein konnte, weil es nicht sein durfte. Und so wurden im *Teatro dei pupi* die verlorenen Schlachten Siziliens gegen die Eindringlinge in posthume Siege, all die bitteren Niederlagen und historischen Traumata in glänzende Triumphe verwandelt. Und das unter dem sicheren Jubel eines Auditoriums, das selbst nur höchst schemenhafte Vorstellungen von der eigenen Geschichte hatte.

Für mich haben sie deshalb etwas Erschütterndes an sich, die überkommenen Berichte, wie heftig, wie über alle Maßen inbrünstig der Beifall aufbrauste, wenn wieder einmal die Guten ihren gepanzerten Fuß auf die Nacken eines besiegten Feindes gesetzt hatten, der stets beturbant war oder sonstige Charakteristika der Sarazenen aufwies. Sie waren schlechthin der Erzfeind, das Synonym für die Gegenwelt, so daß andere Eindringlinge und Eroberer, wie etwa die Normannenkönige, allen voran Roger I. und II., im Puppenspiel zu wahren Befreiern avancierten. Was im *Teatro dei pupi*, übereinstimmend mit der öffentlichen Meinung, zählte, war die Zugehörigkeit zur alleinseligmachenden Lehre Jesu Christi. Und das traf ja nicht nur auf die Nordmänner zu, die die Araber ablösten, sondern auch auf andere Invasoren der Nachantike. Standen doch, nachdem im 4. Jahrhundert das Christentum zur Staatsreligion erhoben worden war, nicht nur die letzten beiden römischen Jahrhunderte auf Sizilien im Zeichen des Kreuzes, sondern auch die Nachfolger, also Vandalen, Goten, Byzantiner, Staufer, Franzosen und Spanier. Zwar haben sie ebenfalls gehaust wie die Teufel, die einen mehr, die anderen weniger, aber was in der verschwommenen kollektiven Erinnerung analphabetischer Massen das sarazenische 9. und 10. Jahrhundert von den anderen unterschied, war die Religion, war der Islam. Hier mag, sinnierte ich vor dem illuminierten Schaufenster mit den *pupi* in der Via Abramo Lincoln Palermos, der Grund für die Tiefe einer Feindschaft gelegen haben, die das arabische Sizilien im Bewußtsein der autochthonen Bevölkerung gleichsam verdampfen ließ. Von Allah und seinem Propheten Mohammed sind sie, einige Konvertiten ausgenommen, nie erreicht worden. Daran ändert auch die kulturelle Ausstrahlung einer seinerzeit hoch über den meisten Kulturen des christlichen Europas stehenden islamischen Zivilisation nichts. Es war ohnehin nur die christliche Oberklasse, die davon Kunst und Architektur annektierte oder in Mischformen umwandelte. In der Erinnerung der Bevölkerung blieb aus arabischer Zeit nur dumpfe Fremdheit übrig, ein Gefühl, durch das die islamische Periode nachhaltiger aufgelöst wurde als die Hinterlassenschaft so mancher kulturell weit niedriger stehender christlicher Epochen.

Was das *Teatro dei pupi* erst bedrohte und dann schließlich sein Ende einläutete, war nicht die immer bessere Technik des Fotografierens, es war die aufkommende Ära der lebenden Bilder, genauer: des Films, des Kinos, ungleich nachdrücklicher gefolgt dann noch vom Fernsehen. Ich will hier nicht künstliche Superlative fabrizieren, bin aber überzeugt, daß keine Nation auf der Welt fernsehverrückter ist als die italienische, eingeschlossen das Volk Siziliens.

Ganz aussterben aber wird die Marionettenkunst wohl nicht, scheint sich da doch im Zug einer Besinnung auf regionale Werte etwas zu regen, das sich gegen eine vor allem durch das Fernsehen geförderte kulturell nivellierende Globalisierung wehrt. Jedenfalls habe ich mit Freude neben den Figuren da im Schaufenster Hinweise auf ein palermitanisches Marionettenmuseum entdeckt und auf Aufführungen im Museo Etnografico Pitrè.

Vom Anblick der Puppen konnte ich mich nur schwer lösen. Es waren vier Standardtypen, eine Frau, ein Ritter, ein Muslim und eine schwer definierbare Figur, mit riesigem Kopf und gebleckten Zähnen, vielleicht *Orlando il furioso*, sozusagen die Einheitsfigur des sonst sehr diversifizierten sizilianischen Puppentheaters. Sie alle aber wirken irgendwie ungeschlacht, elementar, Gestalten einer anderen, vergangenen Vergnügungsmentalität, anspruchsloser, urig, von förmlich riechbarer Volkstümlichkeit.

Jetzt entdecke ich von hier oben auf dem Monte Pellegrino, weit hinten im Dunst auf dem Meer, nordöstlich die Umrisse der Insel Ustica. Mir näher aber, ich brauche mich nur umzudrehen, Schmierereien auf der Statue der Muttergottes. Ein Kunstwerk ist sie gewiß nicht, die heilige Jungfrau mit dem Stab, doch die Graffiti da ganz oben, »Robbi – ti amo« und »Eliana – anch'io«, hat sie dennoch nicht verdient. Wie sind die Sprüher nur da hinaufgekommen, wohl an die zwölf Meter hoch, und das an dieser Figur aus absolut glattem Gestein?

Die Stadt da unten wirkt seltsam formlos, ein Chaos von Häusern, hingeschlagen, wie auf eine Tischplatte geknallt, von den Hafenbecken mit den großen Fährschiffen über ein Straßengewimmel, in dem es gärt und brodelt, bis zu den Bauten heran an die Berge, die die Goldene Muschel säumen. Fast nicht mehr vorstellbar das Bild, das Goethe gleich nach seiner Ankunft von Palermo entwirft:

»Die Reinheit der Konture, die Weichheit des Ganzen, das Auseinanderweichen der Töne, die Harmonie von Himmel, Meer und Erde. Wer es gesehen hat, der hat es auf sein ganzes Leben.«

Nicht, daß der Deutsche »den Unrat und den Kehricht vor den Häusern« gänzlich ignorierte – »gegen den wehren wir uns den ganzen Tag« –, aber andere Eindrücke überwogen bei weitem: »Im öffentlichen Garten, unmittelbar an der Reede, brachte ich im stillen die vergnügtesten Stunden zu. Es ist der wunderbarste Ort der Welt. Regelmäßig angelegt, scheint er uns doch feenhaft; vor gar nicht langer Zeit gepflanzt, versetzt er ins Altertum.«

Da darf man ruhig die Augen verschließen vor dem modernen Hafenbahnhof der Pontile Piave, des Molo Vittorio Veneto und seinen haushohen Fähren, kraftstrotzenden Schwimmaschinen, nur mit Mühe angetäut, als wollten sie jeden Moment die Anker aus dem Grund reißen und auf die offene See zustürmen.

Ich wehre mich gegen den nostalgischen Wunsch nach der Unversehrtheit vor mehr als zweihundert Jahren, der mich ankommt, ja, überfällt, relativiere ihn aber auch sogleich damit, daß Palermo wahrscheinlich nie, zu keiner Zeit, bloße Idylle war »mit frischgrünenden Maulbeerbäumen, immergrünendem Oleander, Zitronenhecken«, so wieder Goethe, »ein öffentlicher Garten mit Beeten von Ranunkeln und Anemonen, die Luft mild, warm, wohlriechend, der Wind lau.«

O ja, schön wär's gewesen …

Aber dieses idealisierte Bild war mir schon durch Sciascia zertrümmert worden. So, wenn er davon spricht, und dabei durchaus bis ins Goethejahr 1787 zurückgeht, daß hier auch immer der Sitz der Machthaber war, der Justizgewalt, ein Ort, in dem man einander nicht nur unterstützte, sondern auch belauerte. Und daß die Straßen von Palermo unter spanischen oder anderen Bourbonenkönigen nicht zufällig linear gerade gezogen waren, »auf der Ziellinie der Armbrüste, Musketen, Büchsen und Mörser – eine Barrikade oder eine Menschenmenge ist von einer geraden Straße leichter wegzufegen als von einer krummen«.

Obwohl diese Gedanken und ihre strategischen Hintergründe im modernen Palermo keinerlei Bedeutung mehr haben, kam ich von ihnen nicht los auf meinem Gang durch die großen Schnittlinien der Stadt, die Via Roma und Viale della Libertà/Via Maqueda in Nordsüd-, die Via Vittorio Emanuele und die Via Cavour in Ostwestrichtung.

Was einem heute vielleicht mehr denn je zusetzt, sind die brüsken Gegensätze auf Schritt und Tritt.

Da ist die Schustergasse, von der Via Roma abgehend, schmal, die Balkons verrostet, auf dem Trottoir zu einer verkrusteten Masse verbackene Sand- und Schutthaufen, die elektrischen Kabel außen und alles im Zustand fortgeschrittenen Verfalls – einer der vielen städtischen Hinterhöfe Palermos. Dann wieder, in einer Nische der Piazza Marina, wie eine Erscheinung möglicher Vollendung, ein alter Brunnen, aus dessen Tiermäulern in verschiedenen Stufen Wasser herabgluckert.

Etwas weiter, bettelnd, eine junge Frau mit Baby, fast noch ein Säugling. Und abermals ein Brunnen, der seit Jahrhunderten aus

Menschenmündern Wasser speit, wie von der Geschichte zur Ansicht ausgestellt, und darüber ein uraltes Portal, efeubeklettert, säulengetragen, von der Zeit blankgebeizt.

Dann die Quattro Canti, Palermos berühmter Orientierungspunkt an der Kreuzung der Via Vittorio Emanuele (früher Cássaro) und der Via Maqueda (früher Via Nuova).

Die Lokalisierung vom Monte Pellegrino aus fällt nicht schwer – ein Ruck nach rechts nur von La Cala, dem alten Fischerboot- und Yachthafen. Aber die Begegnung unten wurde zu einer großen Enttäuschung. Diese wunderbaren, von dem römischen Architekten Giulio Lasso zwischen 1608 und 1620 geschaffenen *Vier Ecken*, eine Kostbarkeit sondergleichen, waren verhüllt. Waren verhüllt mit langen, wallenden Persenningen, und das, so lesbar in großen Buchstaben angeschlagen, im Zug einer Restaurierung, die bis zu Beginn einer UNO-Veranstaltung in Palermo fertiggestellt sein sollte. Der Haken: Die Veranstaltung ist längst Vergangenheit, wie das angegebene Datum der Fertigstellung, die Verschleierung der Quattro Canti aber noch so dicht wie zu Beginn der Restaurierungsarbeiten vor einigen Jahren.

Ich kriege die Wut, weil mir solcher Wurschtigkeit wegen diese auf der Welt einmalige Kreuzung edelsten Baustils in ihrer Schönheit nun verborgen bleiben wird – also die konkav geschwungenen Palastfassaden mit den Brunnen in der Sockelzone und den in drei Etagen darüber angeordneten Skulpturen, die von unten nach oben gerahmt sind von Säulen in der klassisch-griechischen Ordnung: unten dorisch, darüber ionisch, oben korinthisch – so ungefähr das vollkommenste, was das Barockzeitalter hervorgebracht hat. Aber die Herren Restaurateure haben nicht nur den Zeitpunkt der Enthüllung verpaßt, sondern auch seither eine Frist verstreichen lassen, die länger ist als die vom Beginn der Arbeiten bis zur UNO-Veranstaltung.

Die Quattro Canti, obwohl greifbar vor mir, befinden sich also gleichsam auf dem Mond.

Deshalb kommt in mir ein Zorn hoch, den ich selbst »den deutschen« zu nennen pflege, zeigt sich hier doch etwas, wogegen sich meine eigene Dynamik empört, etwas Retardierendes, Verhinderndes, Verzögerndes, das ein Hindernis ungeräumt auf dem Weg läßt, der zum Ziel führt. Diese leistungsorientierte Ungeduld, dieser grundsätzliche Wille zu vollenden, was begonnen wurde, ist mir von

Skeptikern häufig um die Ohren geschlagen worden: Gerade in diesem Savoir-vivre liege doch die wahre Essenz des Lebens! – Ich denke aber gar nicht daran, solchen Stimmen reuig nachzugeben.

Das tue ich nur mir selbst gegenüber, bei einer anderen Überlegung – nämlich daß in dieser Schlampigkeit, oder wie man es nennen will, auch ein Stück Humanität liegt. Wieso? Weil mit ihr Auschwitz nicht funktioniert hätte, weil die Züge weder pünktlich abgefahren noch die Fahrpreise so exakt abgerechnet worden wären, wie dies zwischen 1942 und 1944 geschah, für Kinder pro Kilometer soundsoviel, für Erwachsene soundsoviel (denn die Opfer, nicht die Täter mußten die eigene Reise in den Tod bezahlen). Mit anderen Worten, Auschwitz wäre mit Italienern, mit Sizilianern einfach nicht zu machen gewesen – neben manch anderen Gründen noch als den genannten. Deshalb wiederhole ich: In dieser Schlampigkeit, in dieser Fähigkeit zum Unvollendeten, in dieser Manier, die Dinge laufen zu lassen und nicht forsch anzustreben, liegt auch ein Stück Humanität, wie so häufig, wenn man menschlichen Schwächen auf den Grund geht.

Und deshalb dämpfe ich vor den verhüllten Quattro Canti meinen Zorn und beruhige mich (ohne daß mein Ärger vollständig verfliegt). Wobei ich, die Via Maqueda hinunter, gleich noch auf ein anderes Beispiel stoße, das meine kühne These von der Humanität der Schlampigkeit abermals untermauern könnte – auf das Teatro Massimo an der Piazza Giuseppe Verdi.

Von außen ist alles noch so wie an jenem 16. Mai 1897, als das mit 3200 Sitze bedeutendste Opernhaus Italiens von Verdis »Falstaff« eingeweiht wurde. Gewaltige Löwen vor dem massigen Bau; ein Pulk von Droschken mit wartenden Kutschern; in Stein eingraviert die Worte »L'arte rinnova i populi e rivela la vita« (Die Kunst erneuert die Völker und offenbart das Leben); eine Statue von Bellini; schwere Kandelaber; über dem Portal ein Metallrelief von Garibaldi. Drinnen, in einem Vorraum von einschüchternder Dimension, die Ankündigung der »Messa da Requiem« von Verdi und auf dem Platz davor Palmen, die sich im Wind wiegen. All das sagt, ohne Worte: Fremder, kommst du nach Palermo, vergiß London und Paris – an Bau- und Kunstwillen stehen wir denen in nichts nach.

Das ist imponierend, schon vom bloßen Anblick her, weist große Geschichte und Kultur aus, feiert die Hauptstadt, dieses Teatro Massimo – und war 23 Jahre wegen Sicherheitsmängeln geschlossen!

23 Jahre, von 1975 bis 1998.

Erst seither stehen Theater und Oper dem Publikum wieder zur Verfügung, nach einer Renovierungdauer von fast einer Generation. Wer weiß, wer da seine Hand im Spiel hatte, kaum denkbar, daß die der Mafia nicht dabei war, ganz sicher aber, darauf könnte ich schwören, hat die Schlampigkeit, diesmal als Variante der *sicilitudine*, eine Rolle gespielt. Ganz bestimmt hätte alles viel schneller, viel effizienter und wahrscheinlich auch kostengünstiger vor sich gehen können, war aber gebremst worden durch eben diese Leck-mich-Haltung, die ich nun in heftiger Aufwallung als pervers beschimpfen möchte.

Worin ich dann aber doch innehalte, durch jene aufsteigende Überlegung, die, wie ich spüre, zu milderer, verständigerer Beurteilung neigt, ja, sich zu ergötzen beginnt an dem einheimischen Unwillen, der Unfähigkeit zur Perfektion, und sich ausmalt, was dadurch wohl so manches Mal nicht nur an Gutem, sondern ebenso an Bösem ungetan und ungeschehen geblieben ist. Kurz: Auch vor dem Teatro Massimo auf der Piazza Giuseppe Verdi weicht mein ausgeprägter, von mir selbst als »deutsch« stigmatisierter Leistungswille einer wohltuenden Hingabe an die Humanität der Schlampigkeit, so daß ich durch die Straßen von Palermo weiterziehe mit dem Gefühl einer Rundumerneuerung, die vielleicht mit verschämter Dankbarkeit am gelungensten beschrieben wäre.

Was nichts daran ändern wird, daß bei der nächsten Demonstration von sizilianischem Laisser-faire in mir neuer Ärger aufkommen wird – zunächst jedenfalls.

Aber jetzt hüpft mein Herz erst einmal, mache ich doch vom Monte Pellegrino eine Stätte aus, die im Wirrwarr des Stadtkörpers da unten durch ihre farbige Besonderheit von allen Baulichkeiten vielleicht am ehesten zu erkennen ist – und vor der ich mit ganz besonderen Empfindungen gestanden habe.

Zur Erklärung muß ich die *Chronik* bemühen, das Anfangskapitel meiner »Bertinis«, wie der fünfjährige Giacomo Bertini alias Rocco Giordano auf dem Rücken eines nachbarlichen Esels unabgemeldet einen ersten und gescheiterten Versuch unternimmt, Riesi zu verlassen – »das Meer, Palermo, Musik!«

Einige Zeilen danach heißt es:

»Acht Jahre später, mit dreizehn, verließ er sich nicht mehr auf fremder Leute Esel. Nachts riß er aus, wanderte, wanderte gewaltig über die sizilianische Erde und erreichte, halbverhungert, auf der Höhe von Palermo das gläserne, vom Horizont violett gesäumte Meer. Betrat die Stadt. Stand staunend von der Martorana des Georg von Antiochien, in Ehrfurcht gebeugt unter dem Portal des Politeama Garibaldi und weinte vor den rötlichen Rundkuppeln des San Giovanni degli Eremiti. Zitternd betastete er die Rosen an den Säulen.«

In dem sehr autobiographischen Buch war dies eine der wenigen Stellen reiner Fiktion, denn aus dem Leben meines Großvaters ist ja, wie eingestanden, bis zur Periode seiner Berühmtheit, also immerhin etwa seinem dreißigsten Lebensjahr, nur wenig bekannt gewesen. Eigentlich nur, daß sein Siegeszug von hier, von Palermo aus, begann. Was aber war davor? Bis dahin mußte die Phantasie des Autors walten, also bis zur Hamburger Erstbegegnung von Giacomo/Rocco mit seiner späteren Frau, Emma Bertini alias Emma Giordano, meiner Großmutter, aus deren Erinnerungen sich dann für mich die authentischen Begebenheiten formten.

Und so habe ich denn in all den Jahren über Büchern, Stadtplänen und Karten Palermos gebrütet, im Kopf vor mir immer meinen damals jugendlichen Großvater, hundertmal hin und her wägend, welche der charakteristischen Stätten angesichts des uferlosen Angebots glaubwürdig eingebracht werden könnten in den szenischen Ausschnitt seiner gänzlich dunklen Ankunft und Behausung in dieser Stadt.

Dann, 1975, als ich mich schließlich an die erste Seite der letzten Romanfassung machte, reduzierte sich die hypothetische Auswahl auf die drei genannten – die Martorana, den Politeama Garibaldi und San Giovanni degli Eremiti.

Dieser Tage nun, mehr als ein Vierteljahrhundert später, habe ich endlich vor ihnen gestanden, den drei Bauten, sehr lange gestanden, am längsten aber vor jener ehemaligen Klosteranlage, die ich jetzt von hier oben ihrer fünf leuchtendrötlichen Rundkuppeln wegen unschwer ausmachen kann: San Giovanni degli Eremiti.

Ich habe die Rosen, die Giacomo Bertini in dem Buch »zitternd betastete«, nicht gefunden, wohl aber die zierliche Festigkeit der schlanken Zwillingssäulen aus Marmor, an denen sie in meiner Vorstellung rankten. In der Mitte des Areals, das der Kreuzgang umschließt, befindet sich eine Zisterne aus arabischer Zeit, Teil einer Moschee, die hier einst stand, ehe der Normannenkönig Roger II. 1136 sie in diese von fünf Kuppeln bekrönte Kirche verwandeln ließ. Und doch, trotz der Verwandlung, scheint der Orient, scheinen seine Laute und seine Düfte noch in der Luft zu liegen.

Nicht, daß mich die Fassade des Politeama Garibaldi an der Piazza Ruggero Settimo mit dem nachempfundenen römischen Triumphbogen und der Quadriga aus Bronze unbeeindruckt gelassen hätte; ebensowenig wie die Martorana des Großadmirals Georg von Antiochien mit ihren spitzbogigen Blendarkaden und Goldgrundmosaiken, den ältesten Siziliens, so benannt nach ihrem Stifter, einem orthodoxen Christen arabischer Sprache unter normannischer Herrschaft (welche Toleranz in einer Zeit, die von uns oft genug abschätzig als finsteres Mittelalter apostrophiert wird!).

Das alles bedrängt einen in der fast unverschämten Fülle, mit der sich hier eine Periode wechselnder Hochkulturen komprimiert und selbst bespiegelt.

Aber nichts hat mich mehr bewegt, mehr ergriffen als die rötlichen Rundkuppeln des San Giovanni degli Eremiti, vor denen Giacomo Bertini geweint haben soll.

Ähnlich wie in Riesi, nur viel ungewisser noch, frage ich mich auch hier, wo der Großvater seinen Fuß hingesetzt, wo er geweilt, wo er gewohnt haben könnte. Denn eines war, wie gesagt, bei allem sonstigen Dunkel dieser Lebensperiode klar: Sein Siegeszug war von hier, war von Palermo ausgegangen. Soviel, wenn auch nicht viel mehr, hatte die Großmutter herausgefunden. Ihr späterer *marito* war nicht der Gründer der Kapelle, der er vorstand, als die Schwedin den Maestro in Hamburg kennengelernt hatte. Er muß die *banda* von einem Vorläufer und gegen dessen Widerstand übernommen und sie zur eigenen gemacht haben. Das kann nur mit dem Willen des Orchesters geschehen sein, was ein bezeichnendes Licht sowohl auf Rocco Giordanos musikalische Begabung als auch auf seine Autorität wirft. Auf jeden Fall aber muß er in dieser Stadt, Siziliens größter damals schon, etliche Jahre zugebracht haben.

Und so entdecke ich mich hier in Palermo fortwährend bei Fragen wie:

Hat er damals je vor den Apsiden und Zinnen der monumentalen Kathedrale gestanden? Oder drinnen vor den vier Sarkophagen aus Porphyr, die die Gebeine des Normannenkönigs Roger II. und seiner Tochter Konstanze neben denen Kaiser Friedrichs II. und seines Vaters Heinrich VI. bergen? Hat ihn im Palazzo dei Normanni unter dem Christus Pantokrator in der Kuppel der Cappella Palatina etwas angeweht von jenem Geist, der einige wenige Mosaizisten befähigte, hier sozusagen kopfüber in unglaublich kurzer Zeit Millionen und aber Millionen von bunten Steinchen in vollkommenen Mustern geduldig aneinanderzusetzen? Hat er irgendwo in den Gassen zwischen der Via Papireto und der Via Volturno, der Via Dante und dem Corso Finocchiaro, einem Spiel des Teatro dei pupi beigewohnt und eingestimmt in die Jubel- oder Buhrufe, wenn die *pupari* die schweren Marionetten an den langen Stangen behende hin und her bewegten? Hat er je vor den nackten Männer- und Frauengestalten der riesigen Fontana Pretoria gestanden – und wenn ja, mit welchen Gefühlen? Ist er aufgestiegen nach Monreale, das wie ein Vogelnest am Monte Caputo klebt? Hat er dort an dem Brunnen vor dem zweitürmigen Dom gesessen, gehört, wie das Wasser sprudelt, und drinnen, in der Kühle, wie ich die Arme fallen lassen vor dem Mosaikgold, das man nicht wahrhaben will, weil sein Glanz von Menschenhand nicht gezeugt sein kann? Hat er den Weg zum Kreuzgang gefunden, der, womöglich, das Wunder Monreale noch vertieft mit seinen Arkaden und Doppelsäulen? Hat er diese Säulen gar, wie ich, gezählt – 228 –, sich vielleicht, wie ich, verloren in die Figuren der Kapitelle, in ihre Vielfalt, ihre Szenen von Menschen und Tieren, von Pflanzen und Phantasiegeschöpfen? Hat er von da oben herab auf die Conca d' oro geschaut, die damals noch wirklich golden war, hat er, weiter noch, den Blick gerichtet auf den Capo Mongerbino und den Capo Zafferano?

Und hat Rocco Giordano, mein Großvater, wieder unten in Palermo, vielleicht auch, wie ich, jene Urwaldungetüme bestaunt, die sich aus der Erde des seenahen Giardino Tropicale in gigantischen Wülsten hochstemmen, den Köpfen einer Hydra gleich aus einem Stamm hervorwachsend, von denen jeder wieder ein Baummonstrum darstellt, dessen Wurzeln sich wie riesige Saugarme in den Boden hineinrüsseln, -bohren, -drehen?

Solche Gedanken gehen mir hier oben auf dem Monte Pellegrino durch den Kopf, ohne schon zu wissen, daß die Begegnung mit dem Urwaldungetüm eine Bedeutung bekommen wird für das Motiv, das mich letztlich nach Palermo getrieben hat – Tomasi di Lampedusa und sein Buch »Der Leopard«.

Via Generale V. Maglioco, Piazzale Ungheria – Caffè Mazzara!

Ich bin an dem Ort, wo das Werk entstand, das heißt, in der phantastischsten Konditorei, die ich je betreten habe. Eine Kuchen- und Marzipanpracht, ein El Dorado des Süßen, daß man nicht weiß, wohin zuerst schauen; Glashäfen voller Bonbons, Pralinékästen von nie gesehener Größe, während Torten herein- und hinausgetragen werden, in Farben, so grell, so bunt und so zuckrig, daß einem vom bloßen Anblick schon die Zähne ausfallen wollen. Dazu Eis in sinnverwirrender Auswahl – *Fragolo, Nocciola, Cassata, Bacio, Yogurth* und mindestens zehn andere Varianten noch. Kleine Mädchen an den Händen von Vätern oder Großmüttern lutschen hingebungsvoll daran.

Hier werden sogar Erices mönchische *dolci* noch bei weitem übertroffen.

Glaskästen mit Backwerk, die auf verschiedenen Ebenen bewegt werden können, obendrauf ein Topf mit Pflanzen. Der Lärm ist so gewaltig, daß die eigene Stimme ungehört verhallt.

Hinterm Tresen eine unerschöpfliche Batterie von Alkoholika, eine Flasche an der anderen, alt, verstaubt und zahllos. Gesondert: Spumante Monte Rosa, Triple Sec, Duval fils, Bruxelles; eine Flasche, einsam hinter Glas, fest verschlossen – Marsala 1860.

Vietato fumare, »Rauchen verboten«, aber Metallständer als Aschenbecher, auf einem eine Zigarre, kaum angeraucht.

Alte Reklame, so erfreulich unmarktschreierisch, daß man das moderne Wort Werbung dafür nicht in den Mund nehmen mag: Whisky Scotch, eine Flasche und zwei gefüllte Gläser, mehr nicht; eine Dame mit großem, schwarzrotem Hut in rotem Kleid führt eine Tafel Schokolade zum Mund. *Majani, Cioccolata scorza; Perier-Jouët, Champagne*, von einem leichtbekleideten und blütenbekränzten Nymphchen schüchtern angeboten. Da kann man ganz angenehm nostalgisch werden, wenn man weiß, was einem heute abend in der *Televisione* wieder in die Augen stechen und um die Ohren knallen wird. Und die *Louisiana Belle*, ein Mississippidampfer, der da schwach koloriert mit Rauchfahne und hohem Schornstein simpel vor sich hinsteamt, zugunsten von Rye Whisky – so geht's doch auch.

Ebenfalls hinter Glas gedämpfte Selbstanpreisungen des 1798 gegründeten Hauses: eine gesundheitsamtliche Autorisation des *Municipio di Palermo, Ripartizione di igiene e sanità*, an Signor Ingrao, Angelo, *nato* – geboren – *a Palermo 25. 5. 1931*: darf Lebensmittel verkaufen in seiner *Rosticceria* und *Pasticceria*, darin enthalten *Gelati* und *Montata Panna*, also Eis und Schlagsahne. Das ganze unterzeichnet mit: *Il sindaco L'assessore dott. Benedetto Basile.*

Hier im Caffè Mazzara, so Peter Robb, soll der alternde Fürst, angetan mit einer Art Mantel, einem robusten Überzieher, und ausgerüstet mit Schreibstift und Papier, in den letzten Jahren seines Lebens Tag um Tag erschienen sein und geschrieben haben. Und zwar *amüsiert*, wie er an seine Frau schrieb, Alessandra Wolff, Tochter eines lettischen Barons und Psychoanalytikerin der Freudschen Schule. Aus den Händen einer beherrschenden Mutter war der schweigsame Fürst in die einer imposanten Aristokratin und Ehefrau übergegangen. Die allerdings ermutigte ihn und trug somit ihren Teil dazu bei, daß im März 1956 eine Fassung des Manuskripts abgeschlossen war, der 1957 zwei weitere Kapitel folgten. Eingereicht bei Mondadori, Italiens größtem Verlag, wurden sie von dort jedoch mit dem Ausdruck des Bedauerns zurückgeschickt.

Sieben Monate später, am 23. Juli 1957, mit sechzig, starb Giuseppe Tomasi di Lampedusa – an Lungenkrebs. So wurde er weder Zeuge der Lektoratsodyssee des Manuskripts noch des Siegeszugs seines *capolavoro* um die Welt.

Weitere Versuche ohne Namensnennung des Autors hatten nämlich damit geendet, daß die maschinengetippten Seiten ungelesen in irgendwelchen Verlagsschubladen liegenblieben. Was wohl auch ihr unausdenkbares Schicksal geblieben wäre, wenn das Manuskript nicht eher zufällig an einen der großen italienischen Romanautoren des 20. Jahrhunderts geraten wäre, der darin sofort die Handschrift eines »echten Schriftstellers« und »wahrhaften Dichters« erkannt hatte – Giorgio Bassani. Eben jener Bassani, der bei einer Begegnung 1953 einen bitteren Zug um Lampedusas Mund wahrgenommen haben wollte und erst jetzt begriff, wer da vor ihm gestanden hatte.

Der Ferrareser, der auf sofortige Veröffentlichung drang, aber erkannte, daß der Text in der vorliegenden Form unvollständig war, fuhr nach Palermo und arbeitete weitere Teile des Manuskripts, die er wohlverwahrt bei Lampedusas studentischen Freunden vorfand, in das Werk ein.

»Der Leopard« erschien 1958 bei Feltrinelli – und ging zwölf Monate später in die 52. Auflage. Start zu einem Welterfolg, der seinesgleichen suchte.

Bezeichnenderweise wurde das Buch von der literarischen Szene Italiens zunächst und für lange mißliebig aufgenommen, als ein unzeitgemäßes Werk, das die wahren Probleme der Nachkriegsepoche nicht widerspiegele. Wenn es auch wahrscheinlich ist, daß das rasch zum internationalen Bestseller avancierte Buch zum Gegenstand von Kollegenneid wurde – die Ablehnung gründete nicht darauf allein. Sie ging in der ideologiezerfressenen Ära des Kalten Kriegs von links bis rechts quer durch das politische Spektrum, wobei sehr unterschiedliche Motive zu erkennen waren.

So äußerte Kardinal Ruffini, unausgesprochen auch im Namen der Kurie und in Übereinstimmung mit dem damals schon mächtigen Filzsystem der Democrazia Cristiana: »Der Leopard« sei eines von drei Dingen, die Sizilien Schande machten. Die beiden anderen: Danilo Dolci (1924–97), der Sozialreformer und Schriftsteller, der die Weltaufmerksamkeit auf die Armut des Mezzogiorno, Italiens armen Süden, gelenkt hatte, und Leute, die behaupteten, es gebe die Mafia tatsächlich ...

Was die Linke an Lampedusas Buch offensichtlich störte, war die tiefe Skepsis des Autors gegenüber jeder Utopie, mehr noch gegenüber den Verheißungen ihrer Realisierung, am meisten jedoch die Absage an alle Hoffnungen auf dauerhaften Wandel zum Besseren, Gerechteren.

Der neuralgische Punkt dieser Gegensätze ist die großartige Stelle, wo Don Fabrizio auf das Angebot des liberalen Funktionärs Chevalley, einen Sitz im Senat des neuen, geeinten Italiens anzunehmen, antwortet:

»Wir sind alt, Chevalley, sehr alt. Es sind zum mindesten fünfundzwanzig Jahrhunderte, daß wir auf den Schultern das Gewicht hervorragender, ganz verschiedener Kulturen tragen. Alle sind sie von außen gekommen, keine ist bei uns selbst gekeimt, in keiner haben wir den Ton angegeben – seit zweitausendfünfhundert Jahren sind wir eine Kolonie. Ich sage das nicht, um mich zu beklagen, es ist unsere Schuld. Aber einerlei, wir sind müde, leer. Den Schlaf, lieber Chevalley, den Schlaf wollen die Sizilianer, und sie werden immer den hassen, der sie wecken will.«

Wahr ist, daß auch Leonardo Sciascia zu Lampedusas Kritikern zählte.

Es gibt ein Foto aus dem Jahr 1959, das ihn, beide Hände auf einen Tisch gestützt, bei der Vorstellung des Buches in Anwesenheit der Witwe zeigt.

Sciascia wird die Höflichkeit gewahrt haben, aber da hatte er bereits in einer Rezension die Parallelen zwischen der fürstlichen Hauptfigur und dem fürstlichen Autor als anstößig beklagt. Und zwanzig Jahre später, 1978, warf er ihm vor, »Sizilien in klimatisch-geographischer Abstraktion dargestellt« zu haben und den »wirklichen Gegebenheiten mit aristokratischer Distanz begegnet« zu sein. Um so fortzufahren:

»Vielleicht bot dieses von Skeptikern und Adligen bevölkerte Sizilien Lampedusa die Möglichkeit, ein schönes Buch zu schreiben, doch wenn Stendhal, seinem innigsten Wunsch gemäß, die Zeit gefunden hätte, Sizilien zu bereisen, wäre dieses Werk von ihm schon ein Jahrhundert früher geschrieben worden.«

Da ist höchst angreifbar, weil bei dem Franzosen jeder biographische und familiäre Bezug gefehlt hätte, und es sieht eigentlich nicht danach aus, daß Sciascia wirklich an diese Deutung geglaubt hat. Er war übrigens schon vorher selbst in die Schußlinie der Kritik geraten, als er behauptet hatte, mit seinem 1961 erschienenen (und erfolgreichsten) Buch »Der Tag der Eule« sei er der erste sizilianische Schriftsteller gewesen, der die Mafia in der Belletristik thematisiert habe: »Keiner hatte bisher in einem für den großen Markt bestimmten fiktionalen Werk dieses Problem hervorgehoben – außer mir«, so ließ er 1965 verlauten. Da mußte Sciascia sich mit Recht von dem kritischen Peter Robb fragen lassen, was es denn im »Leopard« auf sich habe mit der Figur des Don Calogero Sedàra, der ein frühes Musterbeispiel ist für die Verzahnung von Politik, Kommerz und Verbrechen, und kaum denkbar ohne die *Ehrenwerte Gesellschaft*, die damals schon existierte und sich später *Cosa Nostra* – Unsere Sache – nannte. Sedàra, das war der Prototyp des Emporkömmlings, einer neuen Kaste, der zwar der aristokratische Hochmut der alten fehlte, plebejisch bis in die Knochen, aber von keineswegs geringerer Herrschsucht befallen – nur gemeiner, niedriger, ohne die gediegene Kultur, die die traditionelle Ausbeutung der armen Landpächter der sizilianischen Feudalaristokratie beschert hatte.

Der Groll gegen Lampedusa, aus welchen Motiven auch immer, berechtigten und unberechtigten, hat lange gewährt. Aber als die Dinge sich gesetzt hatten, als diese Rufe leiser wurden, immer spürbarer dagegen die Impulse, die »Der Leopard« nun von allen Ecken und Enden der Welt aus auf Italien und Sizilien reflektierte, da müßte Sciascia nicht Sciascia gewesen sein, ohne ein befreiendes Wort nachzulegen.

Das geschieht ausführlich und nobel in »Mein Sizilien«, eingefaßt in das Kapitel »Die Orte in ›Der Leopard‹«. Darin klärt er auf, daß das Donnafugata des Romans nichts zu tun habe mit einem Vorort gleichen Namens von Ragusa, sondern familiengeschichtlich vollkommen verknüpft ist mit Palma di Montechiaro in der Provinz Agrigento. Das beschreibt er, topographisch kenntnisreich und historisch spannend, bis er sich dann, Ursizilianer, der er ist, von der Zentrifugalkraft des Lampedusaschen Textes zu Zitaten hinreißen läßt wie:

»Dieses Klima, das uns sechs Fiebermonate von vierzig Grad auferlegt. Zählen Sie, Chevalley, zählen Sie: Mai, Juni, Juli, August, September, Oktober, sechsmal dreißig Tage Sonne senkrecht auf den Kopf; dieser unser Sommer, ebenso lang und schrecklich wie der russische Winter, und man kämpft gegen ihn an mit geringem Erfolg.«

Und gleich darauf über das Wasser, die Regengüsse:

»Immer ungestüm, bringen sie die ausgetrockneten Flußbetten zu wahnwitzigem Überschäumen, sie ersäufen Tiere und Menschen genau da, wo vor vierzehn Tagen die einen wie die anderen vor Durst verreckt sind. Diese Heftigkeit der Landschaft, diese Grausamkeit des Klimas, diese ständige Gespanntheit ...«

Ich kenne von den Rezensenten und Kommentatoren des Buches »Der Leopard« niemanden, der Lampedusas große Wunde so einfühlsam gekannt und beschrieben hat wie der späte Sciascia – den Verlust des Zaubers durch den Verlust der Stätten, denen er entsprang, den »grünen Paradiesen der Kindheit«: dem Schloß in Palermo, der Villa in Bagheria, dem Palast in Torretta, dem Landhaus in Reitano, vor allem aber Santa Margherita, »wo wir auch lange Wintermonate verbrachten«. Und das mit dem Donnafugata verschmolz.

Dann, am Ende des Kapitels von »Mein Sizilien«, kommt Leonardo Sciascias Korrektur, mehr, das Eingeständnis seines Irrtums, mit dem Unterton des Bedauerns, daß der, dem es galt, es nicht mehr entgegennehmen konnte:

»Wer wie ich damals Vorbehalte gegenüber den Inhalten des Romans, gegenüber Anschauungen, die ihm zugrunde lagen, formulierte, ist heute geneigt, einzuräumen, daß das, was damals an dem Buch inakzeptabel und irritierend wirkte, Konstanten unserer Geschichte sind, die man damals zu Recht ablehnen oder abzulehnen versuchen konnte, ebenso wie es für Lampedusa legitim war, sie anzuerkennen und darzustellen. Ganz gewiß würde der italienischen Literatur jener Jahre viel fehlen, wenn das Buch nicht erschienen wäre. Und ich glaube, daß der Moment gekommen ist, es wieder zu lesen oder, für die Jungen, es kennenzulernen.«

Diese Noblesse dem Dichter gegenüber vermisse ich im Caffè Mazzara vollständig.

Hier war einmal eine kleine rechteckige Messingtafel mit einer Inschrift angeschraubt, die verkündete, daß an dieser Stelle der einzige Roman von Giuseppe Tomasi, Herzog von Palma und Fürst von Lampedusa, entstanden ist. So wird es noch in den neunziger Jahren des 20. Jahrhunderts von dem Augenzeugen Peter Robb geschildert. Doch solange ich nun, zu Beginn des 21., auch suche – ich finde die Tafel nicht mehr.

Das Caffè Mazzara ist heute, wie ich erfahre, von einer Bank übernommen worden, ob vollständig oder nur hälftig, was die Grundfläche betrifft, bleibt unklar. Jedenfalls ist es in zwei sehr unterschiedliche Abteilungen aufgespalten: in eine, wie oben geschildert, prall von *gelati* und *marzapane*, von Kuchen, Zuckerwerk, geistigen Getränken, nostalgischer Reklame und stolzen Qualifikationsurkunden des Hauses; und eine andere, vom Eingang her gesehen rechts, mit kahlen Tischen, inattraktiv, verunziert mit roten Pfeilen, Snack-Bar, Escargo Pizzeria und hinter Glas Donald Duck als Stofftier, das Ganze mit dem Charme einer Bahnhofstoilette.

Hier, in diesem Teil des Caffè Mazzara, hat Tomasi di Lampedusa gesessen, die beiden letzten Jahre seines Lebens, in seinem alten Überzieher, versehen mit Schreibstift und Block, und hatte zu schreiben begonnen, Tag um Tag mehrere Stunden, bis die Welt erfuhr, was er da zu Papier gebracht hatte.

Das muß ja wohl auch bis hierher gedrungen sein, denn sonst wäre das kleine Messingschild nicht angebracht worden, das ich jetzt vergeblich suche. Bis ich von einem Bediensteten erfahre, daß »das Schild Probleme gemacht habe«, ohne daß der Ober sagen kann oder will, worin sie bestanden hatten. Darüber wird offenbar nicht gern gesprochen. Als Antonio Morten bei jemandem in der Konditorei hinterm Tresen nachhakt, wird bestätigt, daß das Messingschild nach der Übernahme des Cafés durch die Bank abgeschraubt worden, aber noch da sei – »ohne bisher einen Platz dafür gefunden zu haben«.

Daß die hygienischen Einrichtungen kümmerlich und unwürdig sind, vervollständigt das Bild.

Das neue Palermo kann eine gräßliche Fratze zeigen. Gut, daß Lampedusa nichts weiß von der Verschandelung und der pietätlosen Vergessenheit, die an dem Ort walten, wo sein Buch enstanden ist.

Aber dann ein Lichtblick, im Palazzo dei Normanni – mit Vorgeschichte.

An der einstigen Residenz der Nordmänner und Staufer angekommen, stellt sich heraus, daß in der Cappella Palatina gerade ein Besoffener randaliert, krakeelt und sogar Besucher attackiert haben soll, ein Deutscher übrigens, soweit sein Suffidiom zu verstehen war. Stimmte, wie sich jetzt herausstellt. Der Kerl wischt gerade vorbei, keineswegs belehrt oder einsichtig, sondern der *boche* in Reinkultur.

Wie man ausgerechnet unter dem Mosaikhimmel des Christus Pantokrator oder der Palatinakuppel Randale machen kann, bleibt des Geheimnis dieses Landsmanns und läßt sich auch durch alkoholische Vernebelung nicht entschuldigen. Selbst wer das Jenseits ohne

Bedauern den Gläubigen überläßt, darf hier getrost anerkennen, daß der Glaube wahre irdische Wunder im Diesseits bewirken kann. Unter dem Holz der nach arabischem Muster gefertigten Stalaktitendecke der Basilika jedenfalls entdeckte ich mich mit offenem Mund.

Die Polizei kam übrigens erst, nachdem der Krakeeler schon spirituellen und materiellen Schaden angerichtet hatte, also spät – und in einer Haltung, so angewidert, als wenn die Uniformierten solcher Zugriffe höchst überdrüssig seien. Selten scheinen Attacken wie diese jedoch keineswegs zu sein. Wie auch Versuche, die eine oder andere Kostbarkeit heimlich in die Tasche zu stecken, also – vulgo und im Klartext – zu klauen.

Der an der Zufahrt zum Palazzo dei Normanni davon berichtet (und das so stoßatmig, als müsse er ein inneres Ventil öffnen), ist der örtliche Leiter des Komplexes, ein Logistiker, der die Abläufe zu regeln und ihre Ordnung aufrechtzuerhalten hat. Keine leichte Aufgabe offenbar, auch so lange vor der Hochsaison nicht. Denn hinter einer dicken Kordel drängt es sich bereits heftig, wobei die Miene, mit der der etwa fünfzigjährige Leiter die Touristen in Augenschein nimmt, nicht auf Sympathien schließen läßt, im Gegenteil. Nachdem er vorausgeschickt hatte, daß er im Lauf seiner Berufsjahrzehnte hier etwa »due millioni« – zwei Millionen – durchgeschleust hat, bricht sich verbal eine Feindschaft Bahn, die erschreckend ist und sich summarisch gegen einen Massentourismus richtet, den er für »ein kulturelles und genetisches Problem« hält. »Schauen Sie sich die Leute doch an, alle wie sie da sind, vielleicht von ganz wenigen Ausnahmen abgesehen – Ignoranten, die keine Ahnung haben von dem, was sie da sehen, keine Ahnung – *nessuna idea, per niente*. Wie kann man versuchen, hier etwas von den Mosaiken zu stehlen? Soll das alles unter Glas gestellt werden? Welche Bosheit verführt jemanden dazu, welche Blindheit gegenüber Kunst und Geschichte?«

Ich verstehe den Mann, er hat täglich damit zu tun. Dennoch wird mir bänglich davor zumute, wie er sich echauffiert und inbrünstig gegen die wendet, deren Obolus die gewaltige Anlage des Palazzo dei Normanni schließlich ihre teure Erhaltung mitverdankt; bänglich zumute auch vor einer Pathologie, die sich in den zehn, fünfzehn Jahren, die der Mann in seiner Profession noch vor sich hat, nur vertiefen kann.

So wäre der Tag eher in unharmonischer Erinnerung geblieben, wenn ich nicht hingewiesen worden wäre auf eine Sehenswürdigkeit hier – auf die Ausstellung »Il Gattopardo«!

Und tatsächlich, in einem großen Saal: Überall das *Buch*, überall Don Fabrizio, der Fürst, überall der Autor Giuseppe Tomasi di Lampedusa – in Zeichnungen, Fotos, Gegenständen.

Der Mann, der die *mostra* zusammengestellt hat, ist der Maler Bruno Caruso, ein Sizilianer, der seine Kunst in den Dienst des »Leoparden« gestellt hat – der ganze Raum ist eine einzige Huldigung an Lampedusa und sein Werk.

Die Originale der verschiedenen Ausgaben – bei Feltrinelli, Mailand 1958; die deutsche von Piper, 1959; 1960 die französische, »Le guépard«, und die norwegische, »Leoparden«, beide 1960. Wie auch die englische, finnische und schwedische; 1961 dann Jugoslawien, New York, Warschau; Bukarest 1964, Prag 1968. Noch einmal 1974 bei Feltrinelli, eine Ausgabe, die mit dem ersten Manuskript von 1957 identisch ist; Budapest 1975, Madrid und Barcelona 1977 – ein Siegeszug rund um den Globus.

Dann ein dickes Buch »Giuseppe di Lampedusa«, Palermo 1998. Ein großes Foto von der Mutter, mit dem Sohn als Sechs- oder Siebenjährigem. Eine Schrift »Warum ich Il Gattopardo geschrieben habe« – Lampedusa an einem Schreibtisch.

Zeichnungen über Zeichnungen, Szenen aus »Der Leopard«, Dutzende. Der Tod des Pepe Giunta – da sieht man ihn in den Indischen Feigen, verendet, auf der Erde, der Rücken von Blut gerötet. Garibaldis Troupiers, in schwarzen Schaftstiefeln, sonst alles knallrot – die Jacken, die Hosen, die Mützen und Halstücher. Allen voran Tancredi, der Neffe des Fürsten, kaum getrieben vom Glauben an das neue Italien, sondern von dem Wunsch, aufgenommen zu werden in die neue Klasse mit den langen Zähnen, der Hyänen und Schakale. Und der Fürst selbst, Don Fabrizio, der Leopard, hoch über allem und allen, in immer neuen Varianten, Posen und Herrschaftshaltungen. Hier begreift man etwas von jener Passage, wie Don Pirrone, Beichtvater Don Fabrizios, ängstlich, den Fürsten von Salina gerade beleidigt zu haben, überglücklich ist, als seine Befürchtung sich als Irrtum herausstellt.

Dann, erschreckend realistisch, die Zwangsvollstreckung des *ius primae noctis*, des *Rechts der ersten Nacht*, eine wüste Vergewaltigung – der Gutsherr mit geöffneter Hose über der schreienden Braut eines anderen, der Sohn des adligen Vergewaltigers mit den Knien auf ihren nach hinten gerissenen Armen und Händen, die Gesichter der beiden Männer entstellt von Gier und Brutalität.

Und da – der ungeheure Baum, der in dem Buch eine Rolle spielt, das Abbild des Urwaldungetüms, das ich im Giardino Tropicale gesehen habe, das Baummonument, das sich vielstämmig nach oben windet, während die Wurzeln wie gemästete Schlangen in die Erde kriechen, um ihr das Mark auszusaugen und das Ungetüm damit zu nähren.

Bruno Caruso ist ein begnadeter Phantast, ein Maler, der das Geschriebene noch überhöht, ausgestattet mit einer Vorstellungskraft, die eines Salvatore Dali würdig wäre. Aber alles zentriert und konzentriert auf *das Buch*, auf Lampedusas »kleines Meisterwerk«, wie ein Kritiker es einmal liebevoll genannt hat, aber »klein« nicht in abwertendem Sinn, sondern als Ausdruck einer überschaubaren Vollkommenheit: *il capolavoro*!

Ich gebe mir Rechenschaft ab über meine eigene Haltung und bestätige: Ja, der »Leopard« ist von einem altmodischen Verfasser geschrieben worden, einem Autor der klassischen Schule, der weiß, was in der Seele des Fürsten und seiner Frau Stella vor sich geht, wie überhaupt in Herz und Hirn aller Personen des Romans, die er erschaffen hat. Und das, zum Glück, ohne sich auch nur mit der Fingerspitze antasten zu lassen von Literaturtheoretikern und -praktikern, die sich avantgardistisch gebärden und gerade diese Omnipotenz des Autors für das Nonplusultra des Unerlaubten halten, Ansichten, mit denen ich gar nichts anzufangen weiß.

Vielmehr ganz und gar altmodisch und unverbesserlich, schlage ich eine Seite der deutschen Ausgabe auf, irgendeine Seite, lese murmelnd, blättere weiter, verweile hier kürzer, dort länger, seufze manchmal tief »ah« oder ächze höher »oh«. Und beides wahrscheinlich so, daß sich in meinem Gesicht ein Ausdruck einfindet, den »töricht« zu nennen nicht unzutreffend wäre, der in Wahrheit aber meine Art ist, Demut vor Gelungenem widerzuspiegeln. Das ist mir, nur wenige Beispiele, so ergangen von Thomas Mann bis Franz Werfel, von Joseph Roth bis William Faulkner, von Charles Dickens bis Thomas Wolfe, sie alle *omnipotente* Autoren, die in die letzten Winkel und Zellen ihrer Figuren gekrochen, dort kundig geworden und damit unversehrt auf das Blatt Papier und in die Feder zurückgekehrt sind. Herrlich unexperimentelle Modelle des Schreibens, also die meinen. Dabei will ich bleiben und mich wohl fühlen und noch einmal denen applaudieren, die ihrer Leserschaft das schlimmste Laster eines Schriftstellers ersparen – nämlich die Frage: »Was hat das Geschriebene zu bedeuten?« Oder: »Wie ist das gemeint?«

Eine Zeitlang hatte es Streit gegeben, ziemlich heftigen sogar, ob »Der Leopard« einen Roman darstelle oder einem anderen Genre der Literatur zuzuschlagen sei – so offenkundig, wie Lampedusa sein Alter ego auf die Gestalt des Fürsten projiziert und in das Buch eingebracht habe. Wo denn, so fragten Kritiker, verliefe die Grenze zwischen Wirklichkeit und Fiktion?

Wie es scheint, eine unvermeidliche Auseinandersetzung, wenn Autobiographisches im Spiel ist.

Mir fällt dabei stets ein, was der für mich so bedeutungsvolle amerikanische Epiker Thomas Wolfe im Vorwort seines Erstlings »Schau heimwärts, Engel« dazu geschrieben hat, nämlich, »daß alle ernsthafte Romanliteratur autobiographisch ist«, um dann mit imponierendem Selbstbewußtsein eines genuinen Autors fortzufahren: »Nun, da die Arbeit veröffentlicht wird, besteht der Verfasser darauf, daß dies Buch ein schöpferisches Werk ist und daß es ihm fernlag, irgend jemanden zu porträtieren.«

Nach allen eigenen jahrzehntelangen Erfahrungen und Auseinandersetzungen mit dem »Bertini«-Stoff, kann ich dazu nur ja sagen.

Molesten hat mir der »Leopard« eigentlich nur bereitet in Zusammenhang mit der Verfilmung des Romans durch den italienischen Regisseur Luchino Visconti (1906–76), und zwar in Form einer partiellen Ausschaltung meiner Vorstellungskraft.

Als ich den Film 1962 in Hamburg sah, hatte ich Lampedusas Buch bereits mehrere Male gelesen und mir dabei natürlich ein eigenes Bild von den Romanfiguren gemacht. Das aber war danach wie weggewischt, nicht mehr erinnerlich, einfach ausgelöscht. Statt dessen war *il principe*, der Fürst von Salina, irreparabel in die Haut des amerikanischen Schauspielers Burt Lancaster gefahren und Tancredi in die Erscheinung des strahlend jugendlichen Alain Delon. Die schöne Angelica trug fortan die Züge der noch schöneren Claudia

Cardinale, während ihr Vater, der klebrige Mafioso Don Calogero Sedàra, so überwältigend hinterhältig gemimt wurde, wie es nur der unverwechselbare Paolo Stoppa vermochte.

Jeder Versuch, sich dieser Folien zu entledigen, um hinter den Masken des Films zur eigenen, während der Lektüre entstandenen Optik der Personen zurückzukehren, ist bis heute, vierzig Jahre danach, gescheitert.

Das wird noch einmal bestätigt durch Bruno Caruso, dem die Ausstellung »Il Gattopardo« hier im Palazzo dei Normanni zu verdanken ist und der sich redliche Mühe gegeben hat, daß seine Figuren mit denen des Visconti-Films nicht verwechselt werden können.

Sein Fürst trägt wahrlich nicht die Züge Burt Lancasters (der mit Don Fabrizio übrigens eine der großartigsten Leistungen seiner qualitativ höchst unterschiedlichen Karriere vollbrachte). Vielmehr hat Caruso ihn verfremdet, mit knochiger Hochgestalt und hagerer Miene, hart gezeichnet und viel rauher, als mir der *principe* im Roman erscheinen will. Da scheint etwas Donquichottehaftes auf, ohne ins Karikatureske abzuleiten, kommt ein eigenwilliger, gänzlich originärer Duktus zum Vorschein, individualistisch und kraftvoll überzeugend.

Und dennoch sind die inneren Bilder nicht zu verdrängen, weder Lancasters schwere Lider noch Delons sieghafte Jugendlichkeit, noch das ordinäre Lachen der Cardinale an der festlichen Tafel, das unüberbietbar Angelicas gewöhnliche Herkunft offenbart und jede meiner vorangegangenen Vorstellungen von der Sedàratochter verschwinden ließ.

Noch zwei Anmerkungen.

Als ich Viscontis Film Ende der achtziger Jahre noch einmal sah, hatte ich ein ausgeprägteres Empfinden dafür, daß er mit seinen langen Sequenzen seltsam schleppend dahinfloß und an manchen Stellen, gemessen an der Raffung moderner Schnitttechnik, längst überholt, ja fast immobil wirkte. Viel zu ausgesponnen vor allem der Ballabend, der kein Ende nehmen will und anderen wichtigen Handlungselementen Zeit stiehlt. Ohne deshalb über die Verfilmung des Romans im Ganzen zu einer negativeren Bewertung als der ursprünglichen gekommen zu sein, habe ich mich am Rand dann doch gestört gefühlt.

Das Seltsame jedoch ist, daß das Buch die gleichen getragenen Sequenzen hat, ohne daß ich daran Anstoß nahm oder so etwas wie Langeweile aufgekommen wäre. Im Gegenteil, die akribischen Deskriptionen des allwissend-omnipotenten Autors, die auch Marginales in der Seele seiner Romanfiguren ausmalen, hatten nichts von ihrem magischen Reiz verloren.

Dann, zweite Anmerkung: Das Buch machte mir noch einmal geradezu schmerzhaft klar, auf welch elementare Weise das gewiß ebenfalls kriegerische und blutige 19. Jahrhundert sich vom 20. unterschied. Ich denke da vor allem an eine Passage: der Fürst mit den Seinen vom Sitz der Familie in Palermo, wo noch die königlichen Bourbonen herrschen, auf der beschwerlichen Dreitagefahrt nach dem innersizilianischen Donnafugata, das sich bereits in der Macht Garibaldis und seiner Truppe, also der Aufrührer, befindet. Die können sich unschwer ausmalen, daß Don Fabrizio nicht gerade zu den Ihren zählen dürfte. Dennoch stellen sich ihm die Revolutionäre mit dem Hut in der Hand vor ... Trotz Geplänkel und Schießereien, trotz Toten und Verwundeten auch hier – welche dennoch zivile Ablösung, gemessen an den notorischen Massakern bei Machtwechseln des folgenden Centenariums, mit dem Leichenuniversum seiner ideologiedurchtränkten Ismen, gegen die sich die Gewalttaten der Vergangenheit ausmachen wie Maulwurfshügel gegen den Himalaja (obwohl es jedem Opfer egal sein kann, welcher Herrschaft, welcher Idee, welchem Profit es dargebracht wurde – immer war es ein gewaltsamer Tod gegen die eigenen Interessen).

Über allem aber rankt jener Leitsatz sizilianischer Geschichte, den Tancredi angesichts der umwälzenden historischen Veränderungen dem fürstlichen Oheim in der Stunde dunkler Resignation deklamiert:

»Wenn wir wollen, daß alles so bleibt, wie es ist, dann ist es nötig, daß sich alles verändert.«

Das ist, von heute aus gesehen, vor fast 150 Jahren gesprochen worden, drängt also nach Antwort oder jedenfalls ihrem Versuch.

Der Fürst von Salina hatte recht mit seinen dunklen Abgesängen – und auch wieder nicht.

Den Feudalismus der sizilianischen Aristokratie, Besitzer von horizontweiten Latifundien, deren feudaler Repräsentant der Herr von

Donnafugata war – den Status gibt es schon lange nicht mehr. Als die italienische Republik von 1947 die *Consulta Araltica* aufhob und damit die Adelstitel abschaffte, trat nur nach außen, was sich innerlich bereits während der Monarchie und des Faschismus vollzogen hatte, nämlich der ökonomische und damit auch politische Machtwechsel zugunsten eines immer selbstbewußteren Bürgertums. Und dennoch blieb zweierlei aus: Siziliens Magnaten, wie die ganz Italiens auch, brauchten gewiß nicht am Hungertuch zu nagen, sondern partizipierten, erstens, mit ihrem Vermögen sowohl an der aufkommenden Industrialisierung wie auch an neuen Formen der Landwirtschaft. Und sie haben, zweitens, ihren internen und externen Sonderplatz, die Aura eines Uradels, bis heute nicht verloren. Ich jedenfalls kenne außer der spanischen Aristokratie keine, die sich hochmütiger gibt als die italienisch-sizilianische.

Große Ländereien im Besitz weniger Familien gibt es zwar immer noch, aber die meisten in anderen Händen – Calogero Sedàra, der gierige Emporkömmling und plebejische Bürgermeister, *Schakal* oder *Hyäne*, kauft ein Stück Boden nach dem anderen auf ...»Land, Land, Land«, so lautet seine Bibel.

Der berühmte Satz von Tancredi (der sich, wie gesagt, Garibaldi nicht aus Überzeugung, sondern aus Karrieregründen angeschlossen hatte), dieser dialektische Satz von der Beharrung durch Veränderung, hat zwei Konstanten: Überleben der Oberen durch Anpassung an den Wandel der Zeiten (das Element Veränderung) und, ungeachtet aller Machtwechsel, die Armut der Sizilianer, der Unteren, besonders der Landbevölkerung (das Element Beharrung). Ihre Lage ist nach wie vor elend.

Bei einem Gespräch mit Pater Pirrone, geplagt von den Sorgen der Gegenwart, sagt Don Fabrizio 1860, in jenem Schicksaljahr Italiens: »Ich kann mich nicht bekümmern um das, was meine möglichen Nachkommen im Jahre 1960 sein werden.«

1960?

Ein Jahr nach Erscheinen des »Leopard«, 1959, also kurz nach Lampedusas Tod, hat ein junger Parasitologe aus Bologna längere Zeit in Palma di Montechiaro zugebracht, jenem Ort bei Agrigento, dem das Geschlecht den Fürstentitel verdankte. Die Statistik seiner Forschungen war erschütternd. Peter Robb zählt sie in seinem Buch »Sizilianische Schatten« auf.

Über die Hälfte der Ortsbewohner bestand aus Analphabeten, die Kindersterblichkeit betrug fünfzig Prozent. Auf den Bauernhöfen lebte das Vieh – Maultiere, Pferde, Ziegen, Rinder, Kühe, Schweine – mit den Besitzern unter einem Dach. Nur ein Drittel der Häuser verfügte über fließendes Wasser, das verschmutzt war, und ein örtlicher Reinigungstrupp von zwanzig Mann, die seit sieben Monaten kein Gehalt gesehen hatten, transportierte die nächtlichen Ausscheidungen in offenen Maultierkarren ab. Die Abwässer durchflossen unkanalisiert die Straßen, überall Schwärme von Fliegen, überwältigender Gestank. Neben einer reichen Fauna von Darmparasiten grassierten Malaria, Typhus, Trachome und obskure Viren, die nach Lehrmeinung in Europa gar nicht mehr vorkamen. Kinderarbeit im Kalksteinbruch, Fleisch kam nirgendwo auf den Tisch. Die Zeit war wie seit hundert Jahren stehengeblieben, nichts hatte sich geändert seit Lampedusas Romanzeit.

Wiederum über vierzig Jahre nach diesem Bericht nehme ich den Ort in Augenschein, malerisch gelegen zwischen Agrigento und Licata, im Angesicht des Afrikanischen Meers: Palma di Montechiaro.

Am Ortseingang: *Welcome – Bienvenue – Villaggio Giordano* lese ich (wie immer ein wenig verstört, wenn der eigene Name auftaucht ohne direkten Bezug zur Familie).

Fahrt durch die Stadt – Backsteinskelette, angefangen, aber nicht fertiggestellt, einige im Zustand der Verrottung. Daneben bewohnte Neubauten, restaurierte Häuser. Palma macht einen Eindruck wie viele andere Städte auch, nur, daß hier vielleicht weniger Autos am Straßenrand stehen.

Ein Mann zeigt uns den Weg ins Zentrum, zur Kirche – mit dem Begriff »Duomo« konnte er nichts anfangen, erst bei »Chiesa Matrice« begriff er. Seine Zähne waren schlecht. Ich habe selten so viele Menschen mit schlechten Zähnen gesehen wie auf Sizilien. Es heißt, die Krankenkassen zahlen bei Zahnbehandlungen nicht.

Der Dom, Mittelpunkt der Stadt, in gleißender Sonne. Droben eine große, dicke, überschwere Glocke, zwei Türme, fast zwiebelförmig. Steinerne Treppen hoch, vor der Fassade ein Blumenteppich. Auf dem linken Turm zwei kleinere. Die Kirche, Chiesa Santa Maria del Rosario – hoch über geduckten Häusern. Ich werde erinnert an lateinamerikanische Ortschaften, mit hochragenden Kathedralen, wie Festungen über porösen Dächern tief drunten.

Ein riesiges Gebäude, der Palazzo del Duca Sanvito – das alte Schloß. Zusammen mit der Kirche bildet es ein mächtiges Areal.

Am Fuß des Doms ein Park, eingezäunt. Ein Springbrunnen, Schatten, ein wasserspeiender Neptun; phantastische Bäume, nicht so irrwitzig geformt wie die Urwaldungetüme in Palermos Giardino Tropicale, aber dickstämmig und in sich verwirbelt und verzwirbelt genug, oben schattig. In einem Becken Goldfische. Ein kleiner Junge steckt seine Hand in das grüne Wasser. Väter mit Kindern. Ringsum viel Verfall, Reparaturbedürftiges. Die alten Leute freundlich: Ja, das alles, Palast und Kirche, und noch viel mehr, gehörte dem Geschlecht der Lampedusas. Längst vorbei. Im Palazzo würden Lehrer ausgebildet, aber zur Zeit nicht, es sei kein Geld da. Überhaupt: große *disoccupazione* (Arbeitslosigkeit) und viele *disoccupati*, Erwerbslose.

Was immer sich hier verändert hat, seit der Zeit des »Leopard« und dem Besuch des Parasitologen aus Bologna – Montechiaro di Palma, 1637 von Fürst Carlo Tomasi di Lampedusa gegründet, der Stammsitz des Geschlechts, wo Visconti seinen Film gedreht hat, ist zu Beginn des 21. Jahrhunderts ein Bergnest, das man idyllisch nennen könnte, wenn damit Stagnation und trostlose Fassaden, Armut und Verfall nicht unzulässigerweise romantisiert würden.

Jetzt ist es so heiß, daß ich an jene Stelle des Buches erinnert werde, die das Zentralgestirn schildert »als den wahren Herrscher über Sizilien: die gewalttätige, unmenschliche Sonne, die narkotisch betäubende Sonne, die den Einzelwillen vernichtet und alles in einer knechtischen Unbeweglichkeit hält, alles hin und her gerissen in gewalttätigen Träumen, in Gewalttaten, die in ihrer Willkür ebenso heftig waren wie die der Träume«.

Da tut, nun einmal hier, der Aufstieg zum Castello di Palma gut, auf der Spitze eines Felsens, eines Gebirgshöckers gelegen, ragend, mit Burgturm, noch ein ganzes Stück entfernt, aber ein unglaublicher Anblick vor dem Dunstschleier, der sich über die Bläue des Meers bis zum südlichen Horizont gelegt hat, Afrika entgegen.

Mit dem Nevada dahin. Das letzte Stück gehe ich hinauf, während in der Ruine der Wind mit gleichbleibendem Ton heult und heult, ohne je unterbrochen zu werden.

Die Mauer wächst aus dem Naturfelsen. Ich sehe ungemörtelte Steine aufeinander, die Brüstung darüber gemörtelt. Scharen von Krähen oder Raben, die mit ohrenbetäubendem Gekrächze fortwährend aus den Höhlungen der zerfallenen Festung heraus- und wieder in sie hineinfliegen.

Unten, weit unten eine kleine Bucht, von Felsen eingeschlossen, aber Badende dort – sie können nur von der Seeseite gekommen sein, von Land her gibt es keinen Zugang.

Der Weg hier oben am Tor zum Kastell ist steil, die Festung schartig, schroff, abweisend. Eine Warnung aufzupassen, wohl des Steinschlags aus den zerbröckelnden Mauern, aber auch der Absturzgefahr wegen. Ein Blumenstrauß links vorm Tor warnt – Gerbera und Gladiolen, mit einem Stein beschwert, dazu eine Kerze. Ein Toter, ein Mensch – von oben getroffen, nach unten gestürzt, oder von seinesgleichen umgebracht?

Das Meer liegt friedlich da, jungfräulich, als wäre es noch nie von einem Schiffsbug durchpflügt worden. Vor meinem Fuß ein Salamander, zutraulich. Und im Westen, eingebettet ins Gebirge und von hier entfernter scheinend, als die tatsächliche Distanz ist – Palma di Montechiaro.

Dann bei der Rückfahrt, von der Straße her, noch einmal der Dom, seine beiden Türme, daneben das gewaltige Gebäude des alten Palastes.

Die werden stehen, bis in alle Ewigkeiten werden sie stehen, und sei bis dahin auch alles andere ringsum zusammengefallen.

Wie auch *das Buch* einen langen Atem haben wird.

Ganz abgesehen davon, daß es wahrscheinlich ungeschrieben geblieben wäre, wenn sich im Leben dieses verschrobenen, extrem introvertierten Sprößlings derer von Lampedusa nur ein wenig geändert hätte, ob unterlassen, ob hinzugefügt – der literarische Solitär hätte auch ungefunden bleiben können. Daß er das Licht der Öffentlichkeit erblickte, dieser strahlende Glücksfall ist, wie wir gesehen haben, vor allem Giorgio Bassani zu verdanken, dem eigentlichen Entdecker Lampedusas, und seinem Gespür. Nun aber kann den wahrlich eigenen Literaturmeriten des Ferraresers hinzugefügt werden, daß er einen Schatz aufgespürt und gehoben hat, der sonst wahrscheinlich in irgendeiner Schublade vergessen worden oder auf irgendeiner Müllhalde vermodert wäre.

Ich habe das Buch nie anders lesen können als die Summe einer gewaltigen, eher vielleicht noch unterschwelligen als bewußten Fähigkeit seines Autors, ein ganzes Dasein hin zu orientieren auf dieses späte und so nur von einem *Eingeborenen* zu schreibende Meisterwerk, *il capolavoro*, »Der Leopard« – »Il Gattopardo«.

Ein *zweites* Gesicht Siziliens.

Vom Gesetz der Gezeiten – Mafia

Auf der Nazionale 189 einem Ziel mit dem schlechtesten Ruf der Welt entgegen, oft als »Hauptstadt des organisierten Verbrechens« apostrophiert und mit »Herz des Löwen« treffend übersetzt. In Luftlinie nicht weit, über die Straßen und Pässe der innersizilianischen Bergwelt jedoch nur schwer zu erreichen, jedenfalls, wenn man von Süden kommt.

Der Monte Cammerata mit seinen 1579 Metern gerät einem schon vor Casteltermini in den Blick, malerisch gerahmt von den Monti Moneta, Rondine und Pizzo Stagnataro, mit ihren elf- bis dreizehnhundert Metern etwas niedriger, doch immer noch imponierend genug.

Bei Lercara Friddi links ab und auf der schmaleren N 188 dann ins Gebirge. Es geht hoch, höher und wird karstig. Sonne und Schatten auf und über den Gipfeln. Elstern in der Luft, wie überall hier. Die Paßstraße gabelt sich, aber kein Hinweis, weder auf Prizzi, Etappe und Orientierungspunkt, geschweige denn auf unsere Endstation dahinter. Guter Rat ist also teuer, und der Suchende, wie so oft hier, ziemlich verloren inmitten des wilden Panoramas. Fett ausgeschildert dagegen Castronuovo di Sicilia, in dessen Richtung es eigentlich nicht gehen soll – sind wir in dieser menschenleeren Gegend etwa auf der falschen Fährte?

Doch schon naht Hilfe, in Gestalt zweier älterer Damen in einem dunklen BMW. Den Wagenschlag öffnen, in unsere hilflosen Mienen schauen, nach dem Ziel fragen, auf die Antwort ein »Ah!« ausstoßen und befehlen: »Avanti!« ist eins.

Dann preschen sie los. Wir hinterher.

Antonio Morten, ich hab's schon erwähnt, ist ein exzellenter Fahrer, dem weder Geraden noch Kurven auch nur ein Stirnrunzeln abringen. Aber jetzt hat selbst er Mühe nachzukommen. Was sich da tut, ist im buchstäblichen Sinn atemberaubend – dies muß im serpentinenreichen Inselinnern die serpentinenreichste Strecke von allen sein. Dessen ungeachtet aber rast der weibliche Cicerone hinterm Steuer vor uns so verwegen darüberhin, als wäre das durchgedrückte Gaspedal für immer eingeklemmt. Bei dieser affenartigen Geschwindigkeit bleibt der Lago Fanaco ungeachtet seiner Schönheit links liegen, während mir klar wird, daß wir nicht mehr auf der kürzeren

N 188 dahinfliegen, sondern uns im Sog des BMW auf einer längeren, wenn auch landschaftlich grandiosen Route bewegen. Kurve um Kurve, Schrecken um Schrecken, wenngleich das unverminderte Tempo der beiden älteren Damen, unserer motorisierten Vorreiterinnen, den beruhigenden Eindruck hinterläßt, als könnten sie den Weg auch nachts, ja, sogar im Schlaf unbeschadet zurücklegen – so brettern sie dahin.

Als sie uns endlich ein Zeichen geben – Prizzi links ab! –, um dann selbst nach rechts davonzustieben, hatten ihre Bremslichter kein einziges Mal aufgeblinkt.

Das hätten wir auf der N 188 leichter, wenn auch um ein Erlebnis ärmer haben können.

Die Straße ist jetzt breit und die Gegend hat fast voralpinen Almcharakter. Und dennoch ist es, als wäre man im hintersten Winkel Siziliens, kommt der Verdacht auf, als versteckte sich unser Ziel weit und tief in den Bergen, ehe der erste Hinweis auftaucht – noch zwanzig Kilometer. Dann noch elf, schließlich drei. Und trotzdem hat man das Gefühl einer viel langsameren Annäherung, als die Zahlen es einem suggerieren wollen, gerade, als hätte die Natur einen Wall gegen lästige Besucher errichten wollen.

Ein riesiger Felsen am Rand der Stadt, wie ein steinerner Wachturm, von dessen Kuppe aus die Häuser der 10 000-Seelen-Ortschaft überblickt werden können, mit Dächern, die von da oben seltsam ungeformt und planlos wirken. Unten, auf der Durchfahrtsstraße nach Norden, nach Palermo, bietet sich das Bild eines gewöhnlichen Bergnestes, sieht man einmal davon ab, daß es hier über fünfzig Kirchen geben soll, was ein wenig überdurchschnittlich wäre. Aber sonst nichts Besonderes oder gar Gefährliches, nur das Übliche, die Wäsche, Frauen auf den Balkons, häßliche Neubauten neben Verfall, ein Brunnen vor dem Rathaus.

Ich aber will nicht Sightseeing machen, sondern suche etwas Bestimmtes und finde es, durch einen Hinweis – einen Platz im Zentrum.

Dort wedeln Palmen, am Rand eines Parks, der die Stätte an einer Seite säumt. Alte Denkmale, schwülstig – eine menschliche Gestalt mit schweren Flügeln hält einen zusammengebrochenen Mann mit nacktem Oberkörper auf den Armen. Die Gamaschen lassen darauf schließen, daß es sich um einen Soldaten handelt, ein Kriegerdenkmal alten Stils. Gegenüber eine profane Pasticceria, »Sweet temptations«, Gelateria und Bar; eine Tankstelle; ein Obst- und Gemüsestand; auf einer Bank Soldaten, dösend in der Gluthitze – eine Szene von öder Normalität.

In Wahrheit jedoch ist hier nichts normal. Denn der Platz, auf dem ich stehe, die Piazza, ist benannt nach jenen berühmten Mafiajägern und -anklägern, deren Ermordung 1992 nicht nur Sizilien und Europa, sondern die ganze gesittete Menschheit erschüttert hat – Giovanni Falcone und Paolo Borsellino.

Und das in *der* Stadt, die wie keine andere als Symbol für die Gewalt des organisierten Verbrechens gilt; *der* Stadt, in der die meisten Morde verübt oder von der aus sie befohlen worden sind; *der* Stadt, in der die *Cosa Nostra* jahrzehntelang unangefochten geherrscht und deren zweifelhaften Ruf die Verfilmung von Mario Puzos »Der Pate« in die Welt getragen hat: Corleone!

Der Name ist das Synonym für eine Wirklichkeit, die jede menschliche Vorstellungskraft übertrifft, der Schauplatz Hunderter von Mafiamorden, begangen an tatsächlichen, vermuteten oder eingebildeten Gegnern, Schauplatz einer unerschöpflichen Tötungsphantasie.

Die große Dokumentaristin der Antimafialiga, Letizia Battaglia, hat das blutige Gesicht der *Firma* fotografisch festgehalten, in Hunderten und aber Hunderten von Aufnahmen: Bilder weinender Kinder und Mütter vor Leichen, die derart zerfetzt sind, daß selbst nahe Verwandte sie nicht mehr identifizieren konnten; Menschen, die ertränkt, verbrannt, in Beton eingemauert und in ungelöschten Kalk gesteckt worden sind oder den Tod durch die Kugel, durch Dynamit oder Gift gefunden haben. Da sieht man die Opfer des *incaprettamento*, einer Form der Selbststrangulierung, bei der dem an Beinen und Händen Gebundenen der Strick so um den Hals gelegt wird, daß er sich mit nachlassender Muskelkraft langsam selbst erdrosselt. Da gibt es Kinder im Vorschulalter, die den Eltern, verstümmelt und wie ein Postpaket verschnürt, zurückgeschickt oder nach jahrelanger Entführung leblos aufgefunden worden sind. Männer und Frauen, die zufällig etwas gesehen oder gehört haben, was sie nicht sehen und hören durften, mußten deshalb sterben, furchtbare Zeugnisse einer entmenschten Philosophie, die das Motto »Halt dich an

Abmachungen, oder wir bringen dich um« erweitert hat zu »Halt dich an Abmachungen, oder wir bringen dich und deine Familie um«.

Letizia Battaglia bezeichnet es als ein Wunder, daß sie noch nicht ermordet worden ist, während sie für mich ein Wunder an Tapferkeit ist – da gibt es etwas, das vom Terror nicht besiegt werden kann.

In dieser Region hat Giovanni Brusca gewütet, der, Jahrzehnte untergetaucht, 150 bis 200 Menschen getötet haben soll, buchstäblich, im Nahkampf, mit eigenen Händen, ob sich darin Waffen befanden oder nicht – er schaffte den Tod auch ohne sie. Er war es, der einen elfjährigen Jungen entführt, jahrelang gefangengehalten und seinen Körper in Salzsäure aufgelöst hat, weil der Vater, selbst Mafioso, »gesungen« haben soll. Wer macht hier den Richter? Von seiner Sorte gab es Dutzende, die nicht so »berühmt« waren wie Brusca, aber das Mordhandwerk genauso zuverlässig beherrschten. Von diesem Mann wird noch die Rede sein.

Es ist eine Welt wie von einem anderen Stern, mit Ritualisierungen, die an Geisterbeschwörung erinnert, wo Blut auf Heiligenbilder zu tropfen hat und Eide abgelegt werden wie »Möge ich zu Asche verbrennen, wenn ich meinen Schwur breche«. Soll heißen: Wer sich mit der Mafia erst einmal eingelassen hat, muß wissen, daß er ihr lebenslänglich gehört, es sei denn, er riskiert sein Todesurteil.

Und Corleone – diese Stadt, dieses Bergnest vierzig Kilometer südlich von Palermo, war lange, sehr lange so etwas wie ein Synonym für die Mafia schlechthin, das Reich des Salvatore (Toto) Riina, *il capo di tutti i capi*, also der Boß aller Mafiabosse, fast ein Vierteljahrhundert unumschränkter Herrscher, dessen Tötungsbefehle strikt befolgt wurden. Der nun aber selbst seit Anfang der neunziger Jahre einsitzt, und zwar lebenslang, während heute, und das seit Jahren schon, ein junger Antimafiamann Bürgermeister von Corleone ist, von dem noch zu sprechen sein wird.

Denn auch die Geschichte der Mafia regelt sich nach dem Gesetz der Gezeiten, dem Wechsel von Ebbe und Flut, von Hausse und Baisse der öffentlichen Meinung, der Konjunktur oder der Rezession von Sympathien.

Was aber hinter allen Wechseln bleibt, ist eines: die Gier nach Geld.

Der Ursprung des Wortes »Mafia« konnte bisher nicht ergründet werden. Alle etymologischen Vermutungen, es komme aus dem Arabischen oder Französischen, habe seinen Ursprung also in weit zurückliegenden Okkupationen, sind Spekulation. Amtlich taucht der Begriff erst 1865 auf, in Dokumenten der Polizeipräfektur von Palermo, während der erste amtlich registrierte Mafiamord in das Jahr 1893 fällt – ein Direktor des Banco di Sicilia, der Staatsbank, wird in einem Eisenbahnabteil erstochen aufgefunden. Der Hintergrund: Er hatte in seinem Institut »unsaubere Geschäfte« entdeckt, deren Urheber die von maßgebenden politischen Kreisen gedeckte *Ehrenwerte Gesellschaft* war. Der Auftraggeber hieß Raffaele Palizzolo, Parlamentsabgeordneter und Vorstandsmitglied der Bank. Er wird in erster Instanz verurteilt, in zweiter aber freigesprochen – wenige Tage vor der entscheidenden Verhandlung war der Hauptbelastungszeuge ums Leben gekommen.

In das italienische Strafgesetzbuch aufgenommen wurde der Begriff Mafia erst, man will es nicht glauben, im Jahr 1982.

Anfänglich war sie eine ländliche Organisation zur Aufrechterhaltung der Macht- und Besitzverhältnisse von Großgrundbesitzern, vor allem Westsiziliens. Von ihrer Genesis her also eine archaische Welt, an der die Ära der Aufklärung und der bürgerlichen Revolutionen in Europa und Übersee spurlos vorübergegangen war. Während die Besitzer der *latifondi* ihr Dasein über lange Monate des Jahres oder ausschließlich in urbanen Metropolen zubrachten – Rom, Neapel oder Paris –, wurden ihre Güter von lokalen Magnaten, den *gabellotti*, verwaltet, verhaßte Pächter, deren Unterpächter wiederum den Boden von gleichsam leibeigenen Tagelöhnern bearbeiten ließen – Bedingungen, die jede Art von Willkür offenließen und denen ein großer Teil der europäischen Agrarnationen im Verlauf des 19. Jahrhunderts entwachsen war. Rasch hatten sich Hoffnungen auf Besserung durch die Einheit Italiens, den Risorgimento, zerschlagen, da keine der zuvor lauthals versprochenen Reformen eingehalten wurden. Im Gegenteil – die Lage der sizilianischen Landarbeiter war im 19. Jahrhundert noch schlechter als die im 18., so schlecht, daß es zu Massenauswanderungen kam, vor allem nach Nord- und Südamerika, und das von einer Bevölkerung, die wie kaum eine andere an ihrer Heimat hing.

Um diese himmelschreienden Verhältnisse zu konservieren, bedurfte es der Einschüchterung durch die Großgrundbesitzer – das Wahrzeichen der vormodernen, zunächst auf Sizilien und seine agrarische Struktur beschränkten Mafia, eine Organisation, die von vornherein nur ein Prinzip kannte: zu töten, wer immer sich ihren Zielen entgegenstellte.

Durch kein Gesetz legitimiert, aber dennoch justitiell toleriert; geheim, doch stets im Verbund mit der Obrigkeit; kriminell und dennoch eine Säule der Ordnung; im Dienst der Bodeneigentümer, doch nicht ohne die Pose, »kleine Leute« zu protegieren – mit der Mafia war ein parasitäres Gebilde entstanden, für das es in Wahrheit nur eine Regel gab: die *pax mafiosa*.

In ihrer langen Geschichte fand die Mafia eine kurze Unterbrechung lediglich während der etwa zwanzigjährigen Phase des italienischen Faschismus. Eine rigorose, auf die eigene Macht erpichte und von Mussolinis »eisernem« Präfekten Mori verkörperte Staatsgewalt, die die Mafia in ihrer Aktivität deutlich hemmte, während sich gleichzeitig ihre Dependancen in Übersee, vornehmlich den USA, entfalten konnten.

Ehe hier nun eingegangen wird auf die moderne Mafia und ihre Voraussetzungen – also die Expansion, Internationalisierung und Globalisierung der *Cosa Nostra* mit der Erschließung ganz neuer »Geschäftsbereiche« bei Beibehaltung alter Wesensmerkmale –, ein Wort in eigener Sache.

Man kann kein Fresko Siziliens entwerfen, ohne die Mafia zu erwähnen.

Dennoch bin ich nicht ausgezogen, um hinter ihr herzuschnüffeln und das Klischee Sizilien – Mafia zu bedienen. Schon deshalb nicht, weil ich immer wieder damit konfrontiert worden bin, daß Gesprächspartner, sobald sie von der sizilianischen Herkunft meines Großvaters erfahren hatten, die Information sofort mit der Mafia assoziierten. Es war ein ganz erwartungsgemäßer Wiederholungseffekt, und das meist noch gepaart mit der neckisch gestellten Frage, wie es denn um die Beziehungen des Enkels dazu stünde ...

Nun gibt es jedoch im Kontext mit der Mafia nichts zu scherzen, und das, so meine ich, hat Eingang zu halten in meinen Text. Doch eben nur als Teil einer Gesamtkonzeption, die nach Menschen, nach Geschichte, Natur und den Wurzeln meiner Familie fahndet.

Soweit zur Eingrenzung der *Cosa Nostra* in dem Buch.

In meiner Auseinandersetzung mit den Übeln dieser Welt war die Mafia immer präsent als eines der abschreckendsten Beispiele der Mißhandlung von Menschen durch Menschen. Ich empfinde sie wie einen persönlichen Gegner, einen Superlativ an Verwerflichkeit und Heimtücke und halte diese Beurteilung auch nach dem Megaverbrechen des 11. September 2001 aufrecht.

Erpressung, Gewalt, Ausbeutung, Einschüchterung, Mord – das sind die Bausteine der ungeschriebenen Verfassung der Mafia. Und sollte darin ursprünglich irgendwo tatsächlich eine soziale Note enthalten gewesen sein, so haben die letzten 150 Jahre des organisierten Verbrechens sie längst als Motiv verschwinden lassen. Unsäglich jene mafiose »Ethik«, die hinter allem steckt, mit ihren Ausflüchten, sinnentleerten Beschönigungen und verlogenen Versuchen mörderischer Schnorrer, ihre Untaten durch ein vernebelndes Gebräu aus Mystik und Ritualen zu dekorieren. Was sich da auftut an Niedertracht und Gemeinheit, ist für mich die Gegenwelt, die abstoßendste Form, mit Menschen umzugehen, die sich denken läßt. Ob es sich nun um Untere handelt, die sich an ihresgleichen vergreifen, oder um Obere, die andere die Drecksarbeit machen lassen – dabei immer in Gefahr, selbst exakt jenes Schicksal zu erleiden, das sie ihren Opfern zufügen. Mario Puzo hat den Widersinn des »Paten« (mit der furchterregend echten Verkörperung des Don Vito Corleone durch Marlon Brando in der Verfilmung) auf den Punkt gebracht: stetige Sorge um die leibliche Unversehrtheit der eigenen Familie, bei rücksichtsloser Bereitschaft, die Angehörigen anderer Familien bis in den Tod zu versehren. Was ja wiederum nur bedeuten kann, die eigenen Frauen, Mütter und Väter, Töchter und Söhne, Enkelinnen und Enkel äußersten Gefahren auszusetzen – und sie zu beweinen, wenn es sie dann getroffen hat. Denn es ist, wie wir noch sehen werden, ja keineswegs so, daß dies eine Welt ohne interne Gefühle war, im Gegenteil, die Kehrseite der Indolenz gegenüber anderen war eine eher überemotionalisierte Verbundenheit mit dem eigenen Fleisch und Blut.

Stärker als alles dahinter aber ist die Entschlossenheit, auf Kosten anderer ein Schmarotzerleben zu führen.

Die beschränkt sich nun wahrlich nicht auf die Mafia, wie richtig eingewendet werden kann, da auch negative Eigenschaften ziemlich gleichmäßig auf die Menschheit verteilt sein dürften. Dennoch hat das Prinzip mit der Mafia eine unverwechselbare Sonderform des Parasitentums gefunden.

Welchen Mutationen sich die Mafia nach dem Gesetz der Gezeiten auch immer unterzogen hat und unterziehen wird, wie immer sie sich gebärdet und taktisch anpasst – ihre Ultima ratio bleibt der Dolch im Gewand.

Die Geschichte der modernen Mafia ist verbunden mit einem Datum aus dem Zweiten Weltkrieg – der Nacht vom 9. auf den 10. Juli 1943, der Landung angloamerikanischer Truppen zwischen Gela und Licata an Siziliens Südküste, erste große Aktion der Rückeroberung des europäischen Kontinents aus den Fängen Hitlerdeutschlands.

Fäden zwischen US-Armee und Mafia müssen aber schon vor dieser Sommernacht gezogen worden sein, mit dem Ziel: Hilfe durch Einheimische bei der Invasion. Ein Komplott zwischen Amerikanern in Uniform und *dem* Teil der Inselbevölkerung, der bewaffnet war – eine Rechnung, die aufgehen wird, mit damals noch unabsehbaren Folgen für die politische Geschichte Italiens.

Während in Ostsizilien zwischen den britisch-kanadischen Streitkräften des späteren Feldmarschalls Bernard L. Montgomery und der deutschen Wehrmacht fünf Wochen lang unter hohen Verlusten beider Seiten schwere Kämpfe tobten, durcheilte die 7. US-Armee des bulligen Generals George Smith Patton jr. West- und Zentralsizilien nahezu ohne jeden Widerstand. Palermo fällt schon am 22. Juli (ehe Patton, Montys ewiger Widersacher, ohne militärischen Auftrag auch nach Osten stürmt und am 16. August Messina einnimmt).

Die rasche Eroberung Westsiziliens ist das Werk der Zusammenarbeit mit der *Ehrenwerten Gesellschaft*.

Dabei soll ein gewisser Mafioso, nämlich der *capo di tutti i capi* der amerikanischen *Cosa Nostra*, tatkräftig mitgeholfen haben – Lucky Luciano!

Wird doch berichtet, daß über Lercara Friddi, in dessen Nähe Luciano geboren wurde, aus einem Flugzeug kleine Tücher mit einem aufgestickten »L« geworfen wurden, bevor amerikanische Bodentruppen den Ort erreicht hatten, ja, daß er selber das herzige Geschenk massenhaft herabregnen ließ.

Was höchst verwunderlich gewesen wäre, da dieser größte Mafia-gangster seiner Zeit gerade zuvor von einem US-Gericht zu mehr-fach lebenslanger Freiheitsstrafe verurteilt und nach Wissen der Öffentlichkeit in einem Hochsicherheitstrakt verwahrt wurde.

Was immer an diesem romantischen Spazierflug über Kriegsgebiet Dichtung oder Wahrheit gewesen sein mag, verbürgt ist zweierlei: daß Lucky Luciano bereits ein halbes Jahr vor der Landung auf Sizi-lien bei der US-Gefängnisbehörde um Strafmilderung eingekommen war und er, ungeachtet der fünfzig bis sechzig Jahre, die ihm das Gericht aufgebrummt hatte, 1946 auf italienischer Erde in fröhlicher Freiheit gesehen wurde, ehe er dann 1962 in Neapel gegen alle Erwar-tungen eines natürlichen Todes starb.

Ein großer Teil der Angehörigen der amerikanischen Invasionsarmee war entweder auf Sizilien geboren oder sizilianischer Herkunft, wäh-rend bekannte Mafiosi zu offiziellen Beratern und Dolmetschern von US-Militärgouverneuren bestallt wurden.

Obschon die Dokumente, die das Zusammenspiel mit der ameri-kanischen und einheimischen *Cosa Nostra* bestätigen können, bis heute unter Verschluß gehalten werden, steht fest, daß die Mafia bei der Neuordnung Siziliens von vornherein im Spiel war.

Damals werden die Voraussetzungen geschaffen für das, was unter der modernen Mafia verstanden werden kann, eine Organisation, die sich Glied um Glied in den Staatsapparat Nachkriegsitaliens ein-nisten wird. Die große Spinne in diesem Netz heißt Giulio Andreotti, mit insgesamt sieben Amtszeiten als Ministerpräsident und Sizilien als persönlicher Machtbasis. Unter ihm vollzieht sich die Amalgamierung der Mafia mit der etablierten politischen Macht.

Bei dieser immer unaufdröselbareren Verfilzung glaubt die Mafia, sich jedes Verbrechen erlauben zu können. Und mißachtet dabei die physikalische Dialektik von Kraft und Gegenkraft, den Wechsel der Gezeiten, von Konjunkur und Rezession der Sympathien.

Und beginnt zu überziehen.

Ich suche auf der Piazza nach dem Namensschild von Falcone und Borsellino, finde es aber nicht. Als ich einen Carabinieri danach frage, antwortet er: »Es ist aber *der* Platz.«

Nur steht das nirgends dran. Statt dessen eine Säule für *Francesco*

Bentivegna, Corleonese per la libertá e per il re Italia, eroicamente caduto sotto il piombo borbonico – der Geehrte, unter bourbonischer Herrschaft von einer Kugel getroffen, fiel 1882 – *In ewiger Erinnerung.* Und für die erst kürzlich ermordeten beiden Mafiaankläger außer dem Hinweisschild nichts?

Die Soldaten auf der Bank dösen weiter vor sich hin, hatten aber den Kopf gehoben, als ich die Namen nannte. Ich schaue sie an, so aus der Nähe, und einen Augenblick scheint es, als wollten sie etwas sagen oder mich fragen, senken dann aber die Blicke und schweigen.

Wo es Flächen dazu gibt, sind sie genutzt, mit *Ti amo und Mi amore*, ein Thema von offenbar unerschöpflichen Variationen. Der größte Graffito aber läßt noch das Wort »amaro«(bitter) erkennen. Ringsum ein Riesenklecks, der nur noch einen einzigen der ausgelöschten Buchstaben erkennen läßt, den letzten – ein A. Davor fehlen ganz offensichtlich vier Buchstaben: M-A-F-I.

Ich gehe zu dem Eisladen gegenüber, suche nach *limone*, finde es nicht, entscheide mich für eine *cassata*, setze mich auf eine Bank davor, neben einen älteren Herrn, und lächle ihn an. Und er, eben noch todernst, lächelt zurück. Ich habe vorher hier niemanden lächen sehen, aber er lächelt, doch nur, um sogleich wieder undurchdringlich dreinzuschauen wie vorher. Trotzdem frage ich ihn, was der Klecks verdeckt, was da vorher geschrieben stand. Worauf er schweigt – und grinst, ein Verhalten, an dem sich auch nichts ändert, nachdem ich die Frage noch einmal gestellt habe. Was hatte ich denn erwartet?

Ein Plakat: *On tour*, die bekannte Band von Umberto Tozzi, die hier singen wird, nein, schon gesungen hat – das Datum ist längst verfallen, aber die Tribüne steht noch da. Hier hat es niemand eilig, Aufregung ist unbekannt.

Eine Seite der Piazza wird gesäumt von Corleones Stadtpark. Sich sanft wiegende Palmen, gluckernde Fontänen, Marmorbänke. Auf einer von ihnen, mitten im Grün, sitzt ein Carabiniere, jung, mit dem Handy am Ohr. Er spricht leise, dennoch verstehe ich ein Wort – *geloso* (eifersüchtig).

Auf einer anderen Bank sitzen fünf alte Männer, meist schweigend.

Die Mitte des Stadtparks bildet ein Becken, aus dessen Metallhähnen Wasser strömt. Ich sehe Goldfische, Tauben fliegen umher und machen Rast auf den Bäumen. Von irgendwoher weht Musik herüber.

Der Stadtpark von Corleone ist der Frieden selbst.

Dabei hat es eine Zeit gegeben, da hat es hier gewackelt und gezittert wie bei einem Erdbeben.

Gegen Ende der siebziger, Anfang der achtziger Jahre, mitten in der korruptesten Phase, wird ein neues Kapitel der italienisch-sizilianischen Rechtsgeschichte aufgeschlagen, zeigt sich, daß das nationale Gewissen nicht völlig erstickt ist, wird die Bühne der Öffentlichkeit betreten von Ermittlern, Anklägern, Richtern, die sich ihrer Bedrohung sehr wohl bewußt sind und dennoch nicht bereit, vor Mördern zu kuschen und das Handtuch zu werfen. 1979 wird in Palermo ein Ermittlungsstab geschaffen, dem Cesare Terranova vorsteht, nach Sciascia »ein erbitterter und unversöhnlicher Gegner der Mafia«.

Die ist beunruhigt.

Bisher darauf spezialisiert, nichtzahlungswillige Erpresste und unsichere Kandidaten in den eigenen Reihen umzubringen, ersteht ihr plötzlich eine Riege neuer Gegner aus der Justiz, also einer der Säulen des Staats, aus dessen korruptionsbetäubtem Körper sich die Mafia bisher so gut wie widerstandslos ein Filetstück nach dem anderen herausschneiden konnte.

Ihre Antwort auf die neue Gefahr, so primitiv wie panisch: Abknallerei.

Der Todesreigen der prominenten Opfer hat begonnen.

Das erste dieser Ära wird Cesare Terranova, der seinen Dienst im Ermittlungsstab gar nicht erst antreten kann – die Kugel trifft ihn schon am ersten Tag vor dem Justizgebäude Palermos.

Ihm folgt Ciaccio Montalto, ein Untersuchungsrichter, der sich tief in das Gewebe der Mafia hineingearbeitet hatte, zu tief nach deren Ansicht – sie richtet ihn 1983 in Trapani hin.

Aber das Unglaubliche geschieht – die »Sheriffs«, wie die Fahnder von ihren Bedrohern genannt werden, machen weiter. Allen voran der Chef des Antimafiapools und Leitender Untersuchungsrichter Rocco Chinnici. Der hatte die Mafia an einer höchst verwundbaren Stelle getroffen, nämlich beim Rauschgifthandel zwischen Südostasien und Sizilien, dem »Goldenen Dreieck«, Quelle enormen Profits.

Einem Kaliber in amtlicher Position wie Chinnici war die Mafia bisher noch nicht begegnet. Zu einer Zeit, als es nur wenige Sizilianer gab, die den Mut gehabt hätten, das Wort »Mafia« öffentlich auch nur zu flüstern, prangert der physisch so kräftige wie geistig unerschrockene Ermittler sie an, wo er geht und steht – in Schulen, auf Versammlungen oder, noch schlimmer, auf offener Straße.

Das konnte nicht gutgehen.

Am 4. August 1983 wird Rocco Chinnici in Trapani vor seinem Wohnhaus von einer Autobombe hoch in die Luft geschleudert und getötet, zusammen mit dem Hausmeister des Blocks sowie dem Feldwebel Trapassi und dem Gefreiten Bartolotta, seinen Leibwächtern.

Die Täter entkommen.

Aber der Gewalttod der drei Ermittlungsrichter hatte Geister auf den Plan gerufen, mit denen die Mafia nicht so rasch fertig wird, wie sie es sich in ihrer Hybris gedacht hatte und so lange gewohnt war.

Für fast zehn Jahre wird sich nun der Kampf gegen sie in den beiden Männern synonymisieren, nach denen der Platz benannt ist, auf dem ich stehe: Giovanni Falcone und Paolo Borsellino.

Seit Beginn an leitender Stelle in den Antimafiapool einbezogen, Freunde von Kindheit an, betreten die beiden den rauchenden Kampfplatz mit einem Paukenschlag.

Es gelingt ihnen, einen nach Brasilien geflüchteten Mafiaboß aufzuspüren, dort verhaften zu lassen und für eine Zusammenarbeit zu gewinnen, einen der wirklich Großen – Tommaso Buscetta. Mit ihm, der bei den mörderischen Rivalitäten zwischen den Clans von Palermo und Corleone zwei Söhne und mehrere Verwandte verloren hatte, mit seiner Aussagebereitschaft, beginnt ein neuer Abschnitt in der Geschichte der *Cosa Nostra* – die Ära der *pentiti*, der Reuigen. Das sind Mafiosi, die angesichts des immer stärker gewordenen Justizdrucks oder aus tatsächlicher Einsicht und echten Gewissensgründen die Seiten wechseln. Erschöpft und überfordert vom Circulus vitiosus der Gewalt und Gegengewalt, sind sie bereit, ihr Wissen an die Ermittlungsbehörden weiterzugeben.

Es ist der Bruch der *omertà*, der mafiosen Verpflichtung des *Ehrenmannes* – *uomo d'onore* – zur *Verschwiegenheit*, neben der *vendetta*, der Rache und Blutrache, die zweite und bis dahin stabile

Säule der *Firma*: keinerlei Zusammenarbeit mit der Polizei, niemals als Zeuge vor Gericht aussagen. Überhaupt, auch sonst, grundsätzlich: kein Wort zuviel.

Die Wurzel des Worts *omertà* ist das sizilianische *omu* (Mann), und Ausdruck eines extremen Männlichkeitswahns, subkulturelles Merkmal des zwar weitverbreiteten, im Traditionsgefüge der Mafia aber noch einmal gesondert exponierten Machismus.

Tommaso Buscettas Kehrtwende war nur der Anfang, dem ein Dammbruch an Geständniswilligkeit folgte, Zeugnis ungeheurer innerer Aufstauung unter den Bedingungen eines mafios bestimmten Daseins für viele.

Bei dieser Wende in der Geschichte der Mafia erweist sich Giovanni Falcone weit über den Strafverfolger hinaus als großer Psychologe, als ein Meister der Wortführung, der die Zwangslage so mancher geständniswilliger Täter und Mittäter aus Kenntnis des Milieus versteht – und es sie wissen läßt. Er faßt das in die einfachen Worte: »Ich kenne mich in der sizilianischen Seele aus.«

Und das ist nötig, um weiterzukommen. Denn der Ausstieg bedeutet nicht nur die äußerste Gefährdung des *pentito* selbst, sondern natürlich auch seiner Familie. Ihre Haltung bei dem gefährlichen Schritt ist ausschlaggebend. Falcones Einfühlungsvermögen findet bald heraus, wie stark in vielen Fällen die innerfamiliäre und eheliche Übereinstimmung mit der Kehrtwendung ist. Zugleich zeigen die von der Polizei mitgeschnittenen Gespräche des Ermittlers mit den Reuigen auch etwas von der tiefen Liebe der Mafiosi zu ihren Kindern, von engen Gefühlsbindungen der Eheleute, das alles in unverständlichem Gegensatz zu den für die Mafia so charakteristischen brutalen Methoden. Das häufigste Motiv des Ausstiegs: Der Mord als Mittel zum Zweck, der mafiose Gewaltkodex, war für die Familien der *pentiti* unerträglich geworden.

Gewiß wurde der gefährliche Schritt auch gestützt durch Gesetze mit erheblichem Straferlaß für die Kronzeugenschaft, doch gibt es manches Beispiel von Aussteigern, die ganz unabhängig davon ihr altes Leben, diese totale Bindung an die Mafia, um jeden Preis beenden wollten – alles andere war erträglicher als sie.

Diese Art der Kollaboration, der Bruch der *omertà*, wird zu einer Waffe, mit der endlich in das innere Gefüge der Mafia und ihrer hierarchischen Verantwortungs- und Exekutionsstrukturen eingedrungen werden kann, in die Personalien einer klassischen Geheimgesellschaft, eines Staates im Staate, der mit den Spitzen der Republik von gleich zu gleich verkehrt. Hatte die *Cosa Nostra* doch nur allzu viele Angehörige der italienischen Nomenklatura als jederzeit enttarnbare Komplizen fest in der Hand, während die Organisation selbst im dunkeln blieb.

Jedenfalls eine Zeitlang ...

Nun aber werden allein durch Tommaso Buscetta und andere einflußreichen *pentiti* Hunderte von Mafiosi ergriffen und inhaftiert. Der Erfolg ist überwältigend.

Was da im Bunker des Justizgebäudes von Palermo vorbereitet wird, ist nicht mehr und nicht weniger als der größte Prozeß, der der Mafia seit ihrem ersten dokumentarischen Auftauchen im Jahr 1862 gemacht wurde.

Insiderberichten nach sollen ihre Reaktionen panisch gewesen sein.

Der große Prozeß beginnt am 10. Februar 1986 – mit der Anklage gegen 456 Mafiosi, meist Angehörige des Clans aus dem Zentrum von Palermo, später ergänzt durch ein Verfahren gegen die Mafia in den Provinzen, ehe ein drittes gegen Angeklagte aus dem bürgerlichen Umfeld der Mafia von Palermo erfolgte.

Das Ergebnis der ersten Instanz ist sensationell und in der Geschichte der italienischen Justiz beispiellos. Am 16. Dezember 1987, nach 387 Sitzungstagen, erhalten 18 Angehörige lebenslang, während 327 Personen zu insgesamt 2600 Jahren und 6 Monaten Haft verurteilt werden.

Der Jubel der Gegner ist groß, die Mafia schwer angeschlagen, ja, auf dem Tiefpunkt ihrer wechselvollen Geschichte – aber das Gesetz der Gezeiten nach wie vor in Kraft.

Denn die euphorische Stimmung der Ermittler und des Publikums legt sich bald. In zweiter Instanz werden viele Urteile wiederaufgehoben, anderen Häftlingen verhelfen ärztliche Gutachten zur Freiheit, während wieder andere Gefangene auch ohne Atteste durch das grobmaschige Netz sympathisierender Gesinnungen innerhalb des Justizapparats den Knast verlassen können. Dabei bekommt die organisierte Entstrafung so vieler verurteilter Mitglieder der *Ehrenwerten Gesellschaft* einen Namen: den des Richters Corrado Carnevale.

Zu dieser Zeit liefert Paolo Borsellino in knappen Worten einen Zustandsbericht, dessen geradezu klassische Bündelung des Problems nachzulesen ist in dem ausgezeichneten Werk der vielseitigen Autorin Valeska von Roques »Die Stunde der Leoparden. Italien im Umbruch«.

Von ihr gefragt, antwortet der Ermittler:

»Wir haben gelernt, daß es nicht reicht, die Mafiosi zu finden und zu verurteilen. Für jeden Mafioso, der im Gefängnis sitzt, wächst draußen ein neuer heran. Wir müssen an die historischen Wurzeln herankommen, in denen zugleich die wahren Gründe ihrer Dauerhaftigkeit liegen: Die Mafia braucht die Nähe zur politischen Macht, obwohl sie zu dieser in Konkurrenz steht. Es ist eine komplizierte, dialektische Beziehung, die sich immer wieder reproduziert hat. Weder stürmt die Mafia mit ihren Kalaschnikows die Rathäuser und Gerichtsgebäude, noch zieht der Staat in den Krieg gegen seine unrechtmäßigen Konkurrenten. Die Mafia entzieht sich dem offenen Konflikt, indem sie das Gewebe des Staates an entscheidenden Stellen infiltriert. Sie gewinnt Politiker, Verwaltungsbeamte, oft auch Vertreter der Justiz und der Polizei für sich. Sie beeinflußt den Staat von innen, so daß er ihr gefügig wird.«

Natürlich wissen Borsellino und Falcone, daß sich angesichts solcher Umstände ihr Risiko für Leib und Leben auf das äußerste erhöht.

Dennoch machen sie weiter, ja, die beiden Navigatoren des Antimafiakampfes reißen mit ihrer *superprocura* – der Zentralen Staatsanwaltschaft und Ermittlungsbehörde – das Steuer noch einmal herum.

Nachdem es ihnen gelungen ist, den Urteilsmörder Corrado Carnevale auszuschalten, werden die Ergebnisse des großen Prozesses am 30. Januar 1992 in letzter Instanz bestätigt.

Eine Niederlage für die Mafia ohnegleichen, eine verlorene Schlacht – aber keineswegs auch schon ein verlorener Krieg, keine Kapitulation, sondern der Antrieb für eine Eskalation, die zum Höhepunkt der bisherigen Mafiamorde führen wird.

Im Visier natürlich Giovanni Falcone und sein Freund und Mitkämpfer Borsellino.

Beide haben dieses Ende geahnt, haben darüber miteinander gesprochen, haben versucht, sich und ihre Familien, so gut es ging, dagegen zu schützen, und wußten doch, daß alles vergeblich war. Dennoch hat keiner von ihnen je daran gedacht, die Arbeit, ihr Lebenswerk, unter der Bedrohung einzustellen.

Und so nahm denn ein Schicksal seinen Lauf, das dem Italien gegen Ausgang des 20. Jahrhunderts zur ewigen Unehre gereichen wird.

Am 22. Mai 1992 wird unter einer Brücke der Autobahn 29 nach Trapani, nahe der Ausfahrt zum palermitanischen Flughafen Punta Raisa, eine Bombe deponiert – in einem Abflußrohr.

Über Fernsteuerung gezündet wird sie am 23. Mai, um 17 Uhr 58 – dem Moment, als Giovanni Falcone mit seiner Frau Francesca Morvillo in einer Eskorte die Brücke passiert. Und der auf den Knopf gedrückt hatte, war Giovanni Brusca, derselbe, der sich mit der Ermordung Hunderter von »Verrätern« gebrüstet und einen elfjährigen Jungen, Giuseppe di Matteo, in Salzsäure aufgelöst hatte.

Die Explosion war so gewaltig, daß sie einen Krater von der Tiefe und Breite der schwersten Fliegerbombe des Zweiten Weltkriegs aufriß. Der erste Wagen wurde durch die Wucht der Detonation über die Autobahn hinweg zweihundert Meter weit in einen Olivenhain katapultiert – seine Insassen, drei Polizisten, waren sofort tot. Der Wagen des Ermittlers, ein Blechwrack, stand mitten in dem ungeheuren Krater. Das Ehepaar lebte noch, als es ins Krankenhaus gebracht wurde. Dort starb erst Giovanni Falcone, noch im Operationssaal und ohne das Bewußtsein wiedererlangt zu haben, dann Francesca Morvillo, die noch einmal aus der Ohnmacht erwacht war und nach ihrem Mann gefragt hatte.

»Meine Rechnung mit der *Cosa Nostra* bleibt weiter offen. Beglichen wird sie erst mit meinem Tod, ob er nun auf natürliche Weise erfolgt oder wie auch sonst«, so ahnungsvoll der große Mafiajäger im Jahr zuvor – eine Prophezeiung, die sich nun erfüllt hatte.

Danach war Paolo Borsellino dran.

Der »Zwillingsbruder« Falcones hatte weinend am Sterbebett des Freundes gestanden, wohl wissend, daß seine Stunde kommen würde: »Giovanni ist mein Schutzschild gegen die *Cosa Nostra* – erst werden sie ihn töten, dann mich«, hatte er öfter vorausgesagt.

Das bessere Italien, das bessere Sizilien, sie bangten mit ihm, bangten um ihn. Ein Augenzeuge berichtet, daß Borsellino bei der Bestattung Falcones, die Hand auf dem Sarg, selbst wie der Tod ausgesehen haben soll. Und ein Kollege der *superprocura*: »Er spürte, wie die Uhr für ihn ablief.«

Das geschah am 19. Juli 1992, um 16 Uhr 55, vierundfünfzig Tage nach dem Mord an Giovanni Falcone.

Wie jedes Wochenende, wollte Paolo Borsellino auch an jenem Samstag seine Mutter und Schwester besuchen, im vielstöckigen Apartmenthaus der Via D' Amelio, Palermo. Als er dem gepanzerten Fiat Croma entstieg, umgeben von fünf Leibwächtern, einer Frau und vier Männern, die ihn mit ihren Maschinenwaffen schußbereit umstanden, und er gerade geklingelt und der Mutter zugerufen hatte: »Mama, ich bin's, Paolo!« – explodierte unter einem direkt vor der Haustür geparkten Auto ein Plastikpaket mit der Sprengkraft von neun Zentnern Dynamit.

Borsellino war, wie seine Leibwächter, sofort tot, und der Druck der Bombe so ungeheuer, daß die Fensterscheiben aller zur Straße gelegenen Wohnungen bis hoch hinauf zerstört wurden.

Aufruhr in Palermo, und nicht nur dort. Die Mafia hatte überzogen, hatte eine Grenze überschritten, die öffentliche Meinung gegen sich gekehrt und durch die beiden Morde Giovanni Falcone und Paolo Borsellino zu Märtyrern einer Sache gemacht, mit der sich nun ein großer Teil der Bevölkerung identifizierte.

Das sollte das Establishment schon zwei Tage später spüren, am 21. Juli, bei der Totenfeier, die der Staat unter grotesken Bedingungen angesetzt hatte. Der Zugang zum Normannendom, wo sie stattfand, war mit Barrikaden versperrt, die Bevölkerung von dem Staatsbegräbnis ausgeschlossen, während die Familie ihre Teilnahme daran empört mit der Begründung verweigert hatte, der Staat habe Paolo Borsellino nicht hinreichend geschützt: Schon ein kontrolliertes Halteverbot vor dem Haus der Mutter, wohin, was bekannt war, der Sohn allwöchentlich kam, hätte diesen Anschlag verhindern können.

Als nun Staatspräsident Oscar Luigi Scalfaro, Ministerpräsident Giuliano Amato und Polizeichef Vincenzo Parisi vor der Kathedrale aufzutreten wagten, wurden sie mit einem Hagel von Geldmünzen und Glasscherben empfangen, bespuckt, tätlich bedroht und mit Rufen wie »Schakale, Verräter, Schurken, Mörder – warum seid ihr nicht tot?« eingedeckt.

Es war eine Zäsur.

Jetzt wurden die Maßnahmen härter, begannen die Deportationen der berüchtigsten Mafiabosse auf Inseln im Mittelmeer, wurden die Antimafiagesetze wie auch die Möglichkeiten der Ermittler gegen Verdächtige erweitert, gesetzliche Brücken für die Kronzeugen gebaut und die Schutznahmen für die bedrohten Familien verstärkt. Die Zahl der *pentiti*, die mit der Justiz zusammenarbeiten wollten und denen so Straferlaß oder -milderung winkte, stieg sprunghaft an, und damit die Zahl der Verhafteten.

1992 wurden 1200 Mafiosi inhaftiert, Mitläufer und Bosse, und im Januar 1993, für viele in Corleone bis dahin undenkbar, schließlich auch *il capo di tutti i capi*, Salvatore »Toto« Riina. Zu mehrfach lebenslang verurteilt, verflüchtigt sich von da an seine Terrorherrschaft in die Annalen der Geschichte von Corleone.

Da begann sich etwas zu ändern – nach dem Gesetz der Gezeiten.

Ein anderer Aufrechter im Kampf gegen die Mafia – nicht auf dem Gebiet der Justiz, sondern der Politik – ist Leoluca Orlando, einer der großen Unentwegten, die nicht müde werden, gegen alle Bedrohungen die radikale Reform des politischen Systems und seine uneingeschränkte Transparenz zu fordern.

1947 geboren, der Vater ein berühmter Rechtsgelehrter, mütterlicherseits Sproß aus uraltem Corleoneadel, zeugt schon der Vorname von seiner Herkunft – der heilige Leoluca ist der Schutzpatron der Stadt. Auch der Sohn wird Anwalt, begnügt sich aber nicht mit Zivil- und Strafrecht, sondern macht von allem Anfang an politisch Front gegen die Mafia. Und das so vehement, daß er 1985 Bürgermeister der sizilianischen Hauptstadt wird und es mit kurzen Unterbrechungen bis 2001 bleibt – eine Amtsperiode, die als »Frühling von Palermo« in die Geschichte eingehen wird.

In dieser Zeit sinkt die Rate der Mafiamorde dort von durchschnittlich 240 pro Jahr gegen null. Er selbst interpretierte seinen Erfolg einmal so: »Ich habe gewonnen, weil ich mich um die hiesige Wasserversorgung, um die Kloake und um den Verkehr gekümmert habe und weil ich ›der Bürgermeister der Kinder‹ genannt werde.«

Sichtlich ausgestattet mit dem Selbstbewußtsein seiner Herkunft, zeigte er der *Ehrenwerten Gesellschaft* aus dem Stand, daß hier einer als Stadtoberhaupt gewählt worden war, der gewillt ist, sich zu wehren – und das auch unverzüglich demonstriert. Am ersten Tag läßt der Bürgermeister sich mit einem Panzerwagen vor seinen Amtssitz fahren, das Rathaus von Palermo, die Pistole im Gürtel und von schwerbewaffneten Leibwächtern umgeben. Das ohnehin martialische Bild wurde noch eindringlicher dadurch, daß der neue *sindaco* Fotos von massakrierten Mafiaopfern vor die Linsen der Kameras hielt und die Mörder seiner unversöhnlichen Feindschaft versicherte.

Bei Wahlen wiederholt bestätigt, mit einer Zustimmung bis zu 75 Prozent der Stimmen, war Leoluca Orlando lange Zeit der einzige Adlige, der den Kampf gegen die Mafia aufnahm, und das mit einer auch verbalen Konsequenz ohnegleichen: »Die Mafia ist nicht die Folge der sizilianischen Unterentwicklung, sondern ihre Ursache« und »Die Mafia genießt den Schutz der Mächtigen. Früher waren das meine Verwandten, jetzt sind es die Politiker in Rom« – Sätze, die Freunden und Gleichgesinnten Orlandos das Blut in den Adern gefrieren ließen.

Aber es war ein Amt, das jedes Privatleben zerstörte und einen Mut benötigte, der seinen Preis forderte. Orlando: »Der Gedanke an den Tod begleitet mich ständig.« An Nachgeben hat auch er dennoch nie gedacht. »Im Namen der Rebellion gegen die Mafia bin ich zum Revolutionär geworden.«

Als die Drohungen ein bisher noch nicht dagewesenes Ausmaß erreichten, verschwand Orlando mit seiner Frau (die ihm an Konsequenz nicht nachstand) in einer Art Untergrund. Verstecke in anderen Teilen Italiens, die ihn für seine Verfolger unsichtbar machten, monatelange Aufenthalte in Kasernen unter falschem Namen bei gleichzeitiger Präsenz in der Öffentlichkeit – ohne Preisgabe der jeweiligen Aufenthaltsorte –, war die Odyssee des berühmten Mafiagegners in der Mediengesellschaft Italiens dennoch ständig im Bewußtsein einer der *Cosa Nostra* gegenüber immer kritischer gewordenen Bevölkerung.

In dem Auf und Ab des Kampfes gegen die Mafia war die Ermordung von Falcone und Borsellino zynischerweise so etwas wie ein unerbetener Schutz für Leoluca Orlando, eine Grenze, an der in großen Buchstaben stand: Bis hierher und nicht weiter!

Die *Cosa Nostra* hatte überzogen, und nun war zu erkennen, daß auch sie, wollte sie noch größeren Schaden abwenden, Regeln beachten mußte.

Zwar unternahm die Mafia am 24. und 27. Mai 1993 noch einmal einen Versuch, mit einer Bombenserie in Rom (Via Fauro) und Florenz (Uffizien) die Rücknahme der scharfen Antimafiabestimmungen zu erzwingen – aber vergebens.

Da hatte sich etwas geändert.

Das mußte auch der Sohn Salvatore Riinas erfahren, ein Früchtchen, das nicht weit vom väterlichen Stamm gefallen war – bereits mit neunzehn Jahren hatte er einen jungen Mafioso getötet, weil der seinen Onkel beleidigt haben soll, ein Opfer, bei dem allein es nicht geblieben war. Nach der Verhaftung und Verurteilung seines Vaters 1993 hatte er so getan, als hätte sich in Corleone selbst nichts geändert, war großspurig in Luxuswagen durch die Stadt gebraust und hatte den dicken Mann markiert.

Es muß ein großer Triumph Leoluca Orlandos gewesen sein, als er nach der Verhaftung von Riina junior 1996 dessen Geburtsort Corleone, der zum Inbegriff eines Mafianestes geworden war, einen Besuch abstattete und auf dem Platz, auf dem ich jetzt stehe, erklärte: »Der Sohn von Riina ist nicht mehr Herr dieser Stadt, und die Mafia macht mir auch keine Angst mehr. Das gleiche gilt für Palermo – der Boß der Hauptstadt ist nicht sie, sondern ich bin es.«

Ebbe in der Chronik der Mafia.

Aber es kommt noch besser.

Auf diesem Platz, der Piazza Falcone e Borsellino, werden seit Jahren nationale Gedenktage für die Opfer der Mafia abgehalten. Scharen von Menschen, aus ganz Italien, darunter Schülerinnen und Schüler, hören zu, wie Namen von Ermordeten verlesen werden, Hunderte von Namen – wobei sich schwarzgekleidete Angehörige der Toten, Staatsanwälte, Richter und Politiker ablösen.

Dann sind auf den Dächern um die Piazza Scharfschützen der Polizei postiert und Bodyguards um die Bühne, aber bisher brauchten die Sicherheitskräfte nicht ein einziges Mal einzugreifen. Wo 1992, dem Jahr des ersten dieser Gedenktage, nur zwei Dutzend Menschen erschienen waren, sind es jetzt Tausende. Es ist ein Bild, das gerade in Corleone, der Stadt mit dem schlechtesten Ruf der Welt, niemand für möglich gehalten hatte. Hohe Politiker reisen an, Schriftsteller, ja, der Präsident selbst: »Keiner hat das Recht, sich gegen das Gesetz aufzulehnen. Ein Mafioso ist der, der sein eigenes Gesetz macht, um seine Privilegien zu verteidigen«, so Oscar Luigi Scalfaro hier 1999, diesmal unter Jubel und nicht, wie beim Borsellino-Begräbnis, gegen Protest.

Auf einer Bank im Stadtpark, der an eine Seite der Piazza Falcone e Borsellino grenzt, sehe ich seit Stunden die alten Männer sitzen, fünf an der Zahl. Sie hören einem anderen alten Mann zu, der vor ihnen auf einem Motorroller hockt, auf dem Kopf eine Schirmmütze, und ununterbrochen auf sie einredet.

Sie sitzen stumm da, ich sehe nur ihre Rücken und ihre Hinterköpfe. Ich schätze sie alle so um die siebzig herum, was heißt, daß jeder von ihnen die Hochphase der Mafia erlebt hat. Sie sind in der Zeit des italienischen Faschismus geboren, etwa um 1930; waren Zeugen des ständigen Wechsels der regionalen und nationalen Nachkriegsregierungen Siziliens und Italiens (insgesamt über fünfzig); waren auch Zeugen oder vielleicht sogar Täter oder Mittäter der zahlreichen Morde, die hier begangen und nie aufgeklärt wurden. Sie kannten Riinas Herrschaft und haben seinen Abgang ins Lebenslang registriert wie zuvor auch die Ära der beiden berühmten Mafiajäger, deren Ermordung, das müssen sie gespürt haben, in der Geschichte der Mafia und ihrer Bekämpfung eine neue Seite aufgeschlagen hatte.

Was denken sie sich beim Aufmarsch der Mafiagegner auf der Piazza Falcone e Borsellino, wenn laustark gegen die *Cosa Nostra*, die *capi di tutti i capi* gewettert und ihre Verbrechen Namen um Namen personifiziert werden?

Auf diesen nationalen Gedenktag, eine Demonstration des Wandels, ist niemand stolzer als Giuseppe Cipriani, seit 1993 hiesiger Bürgermeister, ein Mann von erst 38 Jahren, mit Schnurr- und Kinnbart, Brillenträger, ein kluges Gesicht und unerschrocken dazu: »Corleone«, sagt er, »ist kein mafioses Dorf, sondern das Dorf der Mafia«, aber »Corleone soll ein ganz normales Dorf werden«.

Mit anderen Worten – der jugendliche Giuseppe Cipriani bietet der Stadt der Paten die Stirn, er ist, und bezeichnet sich auch so, die »Personifizierung der Antimafiakultur«.

Der Mann hat Visionen – er will einen Staat, der sich nicht in der Rolle der Obrigkeit alten Stils gefällt, sondern sich zu einem verläßlichen und wohlmeinenden Partner der Bürgerinnen und Bürger entwickelt; er will ein Individuum, das die Brücke zum Du und Wir schlägt und so den Weg zum Gemeinwesen als soziale Realität findet: »Damit sägen wir an den Wurzeln der mafiosen Mentalität.« Und er freut sich, daß in der Tourismusbranche Arbeitsplätze ohne Einfluß der Mafia geschaffen werden.

Er sagt und wertet das als wichtige Etappe auf dem Weg zur Normalität: »Diebe und Handtaschenräuber sind nach Corleone zurückgekehrt. Das war vorher unmöglich – jeder Dieb wäre von der Mafia sofort umgebracht worden. Und ein Geschäftsmann, der erpreßt werden sollte, ging zur Polizei und meldete es.« Es bleibt unausgesprochen, aber was er da meint, nicht ohne Triumph, ist: und das in der Höhle des Löwen ...

Giuseppe Cipriani hat sich nicht gescheut, hier ein Museum, ein Mafiaarchiv zu eröffnen, zu dem Besucher aus ganz Italien kommen. Alles, was es über die Mafia gibt, wird gesammelt: Ermittlungsakten, Anklageschriften, Protokolle der Antimafiakommission, Filme, CD-ROMs, Bücher. Was in- und ausländische Zeitungen und Zeitschriften über die *Ehrenwerte Gesellschaft* berichten – hier wird es registriert, gesammelt und zur Einsicht ausgestellt.

Das Lieblingsprojekt des Bürgermeisters aber, der Mafia mitten ins Herz, liegt etwa dreißig Kilometer nördlich von Corleone und ist über die N 118 schnell zu erreichen: il Bosco della Ficuzza, der Wald von Ficuzza!

Durch eine heroische Landschaft, das blaue Auge des Lago di Scanzano links liegenlassend, geht es mit dem Nevada auf eine ungeheure Felswand zu, einen grauen Kalksteinwall, wie ein überdimensionaler Elefantenrücken: die Rocca Busambra, 1613 Meter hoch.

Und davor liegt er, der *bosco*, hingebreitet und angeschmiegt zugleich, ein dichter grüner Pelz, sagenumwoben, geheimnisvoll, zauberisch nach Thymian und Alpenveilchen duftend, Siziliens schönster Wald.

Hier finden sich Tonscherben, die bezeugen, daß in ihm Menschen von der Jungsteinzeit an gesiedelt haben; hier hat der leidenschaftliche Jäger und Falkner Friedrich II. von Hohenstaufen Wild herschaffen und eine Mauer errichten lassen, um ihm die Flucht zu versperren; hier hat um 1800 Giovanni Venanzio Marvuglia, berühmter Architekt seiner Zeit, für Ferdinand III., Spaniens bourbonischen König, ein Jagdschloß erbaut. Hier hatte aber auch die Mafia bis vor kurzem unumschränkt geherrscht und im Dickicht ihre Mörder und ihre Leichen versteckt – eine ihrer Domänen, die niemand betreten, auf die keiner seinen Fuß setzen durfte, dessen Anwesenheit nicht »genehmigt« war.

Aus und vorbei.

Denn diese 7000 Hektar große und im Jahr 2000 zum Naturreservat erklärte Verwunschenheit, der nichts entnommen werden darf, will Giuseppe Cipriani umschmieden zu einer Waffe gegen die Mafia.

Ihm ist es zu verdanken, daß Hunderte von Kindern auf dem Platz vor dem bourbonischen Königspalast in ihren kleinen Händen buntbemalte Schilder hochhielten, auf denen man lesen konnte: »Die Mafia ist der Tod, der Wald ist Leben« und »Mit dem Bosco della Ficuzza gegen die Cosa Nostra«. Und ebenso, daß hier unter großem Applaus einem Mafiaopfer ein Denkmal errichtet worden ist – dem Carabiniere Giuseppe Russo. Er war vor dreißig Jahren auf dem Platz vor dem Schloß ermordet worden, weil er es gewagt hatte, gegen mafiose Landverkäufe und Bauaufträge in der Region anzugehen.

Der Mann, der im neunten Jahr Bürgermeister von Corleone ist und sich nur für ein paar Monate von einer Polizeieskorte beschirmen ließ, nachdem seiner Verlobten ein Kalbskopf vor die Haustür gelegt worden war; der in seiner Amtskanzlei unter dem mächtigen Gemälde eines Heiligen sitzt und, wenn er von der Büroatmosphäre die Nase voll hat, sich in seinen Wagen wirft, die dreißig Kilometer zum Wald zurücklegt und dort von der Erde hoch zu den Wipfeln der Steineichen aufschaut – Giuseppe Cipriani will den Bosco della Ficuzza, einst Domäne des Adels und Mörderrefugium, in eine, wie er es nennt, »lebenspendende Schule der Antimafiakultur« verwandeln, in ein Symbol der Hoffnung, einen Hort des Friedens.

Er weiß, daß es das Übel der Arbeitslosigkeit ist, das Jugendliche in die Arme der Mafia treibt, und wie wichtig es ist, daß es Institutionen gibt wie die »Libera – Vereinigung Namen und Zahlen gegen die Mafia«. 1995 gegründet von dem Priester Don Luigi Ciotti, hat dieses Netzwerk mit einer Million Unterschriften ein Gesetz über den Gebrauch von beschlagnahmten Mafiageldern durchgesetzt, dem 1996 in Rom beide Parlamentskammern zustimmten. Seither sind viele Immobilien aus Mafiabesitz in Schulen, Parks, Jugendzentren und Altenbegegnungsstätten umgewandelt worden, dazu Fortbildungskurse eingerichtet und Feriencamps für Kinder, darunter solche von Mafiaopfern, mit denen Staatsanwälte und Richter diskutieren.

Da hat sich etwas getan, denke ich auf der Weiterfahrt über die N 121 nach Palermo.

Das wird bestätigt vom italienischen Fernsehen durch die Rückblende auf eine Szenerie von sonst schauerlicher Tristesse: Es war Zeuge geworden, als Giovanni Brusca aufgespürt wurde, 1996, nach jahrelanger vergeblicher Fahndung. Jetzt hatten sie ihn geschnappt, in irgendeinem Keller entdeckt, dem Verlies seiner kryptischen Existenz, aus dem er nun in Handschellen abgeführt wurde. Worauf sich trotz laufender Kameras, die mitten in die Gesichter hielten, laut öffentliche Wut gegen ihn Luft machte, Schreie und Flüche ausgestoßen und Fäuste gegen die Scheiben des Polizeiwagens geschlagen wurden, in dessen Fond Brusca geduckt und mit den Handschellen vorm Gesicht verschwand. Es hatte Zeiten gegeben, und die lagen gar nicht weit zurück, in denen sich Sizilianer eher die Zunge abgebissen hätten, als öffentlich einen Mafioso anzubrüllen, und einen wie diesen schon gar nicht.

Die Baisse der Mafia schien sich dann noch zu vertiefen, als im April 2000 das Berufungsgericht von Caltanissetta in zweiter Instanz 29 Mafiosi, darunter Bosse, wegen Mordes an Falcone mit lebenslanger Haft bestrafte. Womit die Urteile der ersten Instanz, 24mal lebenslang, noch übertroffen wurden. Wieder große Freude im Lager der Mafiagegner, obgleich auch diesmal nur die Angehörigen des »militärischen Arms« der *Cosa Nostra* bestraft wurden, die Hintermänner aus Politik und Wirtschaft aber so namen- und gesichtslos blieben wie zuvor.

Das Urteil gegen die Mörder Giovanni Falcones erging übrigens in derselben Woche, als der Kronzeuge des Ermordeten, Tommaso Buscetta, starb. Kurz vorher hatte der *pentito* die Resultate des Kampfes gegen die *Cosa Nostra* in einem Buch bilanziert, dem er resigniert den Titel »Die Mafia hat gesiegt« gab.

Hat sie gesiegt?

Im Sommer 2001 geschah das Unglaubliche – auch Giovanni Brusca, *il mostro* (das Monster), wurde zum *pentito* und packte aus. Bis in die exakte Schilderung der in Waschpulvertonnen verpackten 350 Kilogramm Sprengstoff, mit dessen Fernzündung er am 23. Mai 1992 das Ehepaar Falcone und seine Begleitung in den Tod geschickt hatte. Aufgewühlt von den eingestandenen Massenmorden des Bruders, folgte ihm wenig später Emanuele Brusca, der den Fahndern ebenso ungeschminkt über die Geschichte seiner führenden Mafiafamilie berichtete. Hineingeboren in das Milieu, gibt er tiefen Einblick in ein Leben, das der mafiosen Indoktrination und seinen Kodizes von früh an ausgeliefert war. Gleichzeitig aber wird auch klar, welcher Kraft und Überwindung es bedurfte, sich dieser Welt zu entziehen und mit ihr zu brechen. Ohne Übereinstimmung mit seiner Frau, so Emanuele Brusca, wäre der Bruch der *omertà* nicht zustande gekommen.

Die Familie lebt weit weg von Corleone, unter falschem Namen und Polizeischutz, ist sich aber ihrer ständigen Gefährdung bewußt. Dazu kommt, weitere Belastung, daß der Vater als unbelehrbarer Mafioso in der Spezialhaft des Gefängnisses von Pianosa gestorben ist und die Söhne in den Augen der Mutter Abschaum sind, von dem sie sich öffentlich abgenabelt hat. Dazu Emanuele Brusca:

»Eine Alternative blieb uns dennoch nicht. Die Kinder, die Kinder sollen nichts mehr damit zu tun haben!«

Ein Hilfeschrei, in Hoffnung verpackt.

Die haben Antimafiaaktivisten auch, warnen aber, voreilige Schlüsse zu ziehen.

Giuseppe Cipriani fürchtet eine Mafia »mit neuem Gesicht« bei gleichbleibend »hartem Herzen«, eine global verflochtene und effizienter denn je arbeitende Organisation. Und Leoluca Orlando, dem zwei Leibwächter erschossen worden sind, ist allem gegenüber skeptisch, was als Sieg über die Mafia gefeiert wird. Er, der einmal gesagt hat, er »würde sehr leiden«, wenn er nicht mehr Bürgermeister von Palermo wäre, ist bei den Kommunalwahlen auf Sizilien im November 2001 von dem Kandidaten der rechten Forza Italia abgelöst worden. Seinen Optimismus und Kampfgeist hat Orlando nicht verloren, aber in seinen Wirkungsmöglichkeiten sieht er sich drastisch eingeschränkt.

Ende 1999, also schon vor Silvio Berlusconis Amtsantritt als Regierungschef im Jahr 2001, hatte das römische Parlament mit überwältigender Mehrheit einen Verfassungsartikel geändert, der die Rechte und Pflichten für Staatsanwälte regelt. Unter der Überschrift »Der gerechte Prozeß« engt das neue Gesetz den Spielraum der Fahnder und Ankläger so ein, daß der Mailänder Generalstaatsanwalt Gerardo D' Ambrosio lakonisch kommentierte: »Das ist das Ende der Ermittlungen gegen die Korruption und gegen die Mafia.«

Vom Italien des Ministerpräsidenten Berlusconi haben die Mafiagegner gar nichts zu erwarten. Gerade hat die Regierung die staatlichen Zuschüsse für Leibwächter mafiabedrohter Richter und Staatsanwälte gestrichen.

Kein Wunder, ist Berlusconi doch mehr als einmal schon selbst ins Visier der Mafiajäger geraten.

So verdächtigte ihn im Oktober 1999 die Staatsanwältin Anna Maria Palma in Caltanissetta, an der Ermordung Paolo Borsellinos beteiligt gewesen zu sein. Zwar ist das Verbrechen auf Befehl von Salvatore Riina begangen worden, aber ein Mafiaaussteiger hatte ausführlich die engen Beziehungen Berlusconis zu Riina dargelegt. Erschwerend hinzu kam, daß ein langjähriger Mitarbeiter Berlusconis, Marcello Dell' Utri, vorher Chef der zum Berlusconi-Imperium gehörigen Werbefirma »Pubitalia«, 1999 vor Gericht gestanden hatte – Mafiakontakte, Geldwäsche, Verwicklungen in den Drogenhandel.

Bis zur Stunde der Niederschrift jedoch hat keine der Ermittlungen gegen Berlusconi auch nur den geringsten Erfolg gehabt.

Das Gesetz der Gezeiten, mit seinem Wechsel als einzig dauerhafter Konstante, ist nach wie vor in Kraft, die Macht der Mafia nicht gebrochen, und die *omertà*, ungeachtet der kleinen und großen *pentiti*, keineswegs schon überwunden. Wie das Beispiel jener Witwe in einer Ortschaft bei Palermo beweist, deren Mann, selbst ein Mafioso und im Drogenhandel tätig gewesen, unter ungeklärten Umständen umgebracht worden ist. Die Hinterbliebene weiß also nicht, wie er getötet worden ist, bleibt bei Nachfrage aber ängstlich darauf bedacht, den Ursachen und wahren Umständen nicht nachzugehen.

Sie ist nicht die einzige, sondern eine von vielen, und sie hat Kinder. Deshalb schweigt sie. So daß man fragt: Welche furchtbare Kraft ist hier nach wie vor am Werk?

Es stimmt, daß sich das Klima in der Bevölkerung gewandelt hat und eine Art kollektiver Starre der Mafia gegenüber von ihr abgefallen ist.

Meine Erfahrungen und Beobachtungen auf Sizilien gehen dahin, daß die meisten Menschen, mit denen ich gesprochen habe, eher unerschrocken oder indifferent auf Fragen nach der Mafia reagieren.

Der Schlüssel zum erfolgreichen Kampf gegen sie liegt denn auch in den Händen einer Jugend, deren technologisch geprägtes Bewußtsein provinzielle Pferche sprengen kann. Daß sie dabei bessere Ausgangspositionen hat als frühere Generationen, ist den ermordeten Fahndern und denen zu verdanken, die in ihrem Geist weiterarbeiten, Leuten wie Leoluca Orlando, Giuseppe Cipriano, dem Ermittlungsrichter Giancarlo Caselli und vielen anderen.

Doch jede Hoffnung auf ein schnelles Ende der *Cosa Nostra* ist irreal.

Derzeit hat sie sich unsichtbar gemacht und mit dieser Taktik des Unspektakulären eine Minderung des öffentlichen Interesses an ihr erreicht.

Sie will die blutigen Bilder der Letizia Battaglia vergessen machen, die Tausenden von Fotos weinender Kinder und trauernder Mütter, und mimt Abwesenheit, Verschwundensein.

Der Chefankläger Piero Luigi Vigna beschreibt die neue Strategie so: »Den Eindruck erwecken, daß die Mafia nicht mehr existiert, daß sie keine Gefahr mehr darstellt.«

In Wahrheit und Wirklichkeit bereitet sich die *Cosa Nostra* auf das neue Jahrhundert vor. Hinter dem großen Schweigen entledigt sie sich alter Strukturen und Stützpunkte der klassischen Geschäftsbereiche oder reduziert sie – wie Waffen-, Frauen- und Drogenhandel, Bauwirtschaft, Gesundheitswesen, Energie- und Müllsektor –, während der Kern ihrer Aktivitäten auf den Geldhandel verlegt wird.

Leoluca Orlando, zusammenfassend: »Aus den Killern werden Banker!«

So dürfte es sein. Der Grund, warum die Mafia gegenwärtig nicht mehr spektakulär mordet, ist also nicht darin zu suchen, daß sie plötzlich human geworden ist, sondern weil Morde die Öffentlichkeit nur wieder aufschrecken würden und deshalb kontraproduktiv wären – jedenfalls derzeit. Doch eines bleibt so selbstverständlich wie eh und je – der Dolch im Gewand.

Er kann jederzeit gezückt werden.

Nirgends zeigt sich die allgegenwärtige Gefahr denn auch so klar wie an jenen Vorsichtsmaßnahmen und Lebensbedingungen, denen die weiter ermittelnden Begleiter Giovanni Falcones und Paolo Borsellinos unterworfen sind, die Jäger der *superprocura*, die Bluthunde der Justiz, die nach wie vor an den Fersen der *Ehrenwerten Gesellschaft* kleben und sich nicht abschütteln lassen wollen – allen voran Roberto Scarpinato.

Nachdem er Ermittler gegen die Mafia wurde, tut sich ein ihm selbst vollkommen entfremdetes Dasein auf: Ist er jemals in seinem früheren Leben nach dem Frühstück zum Zeitungsstand an der Ecke gegangen oder mit Freunden die Straße entlanggeschlendert? Heute und seit langem schon – kein von Leibwächtern unbegleiteter Schritt nach draußen, keine Spaziergänge, kein Einkauf im nächsten Geschäft. Selbst das Betreten der Terrasse seiner rund um die Uhr bewachten Wohnung steht unter dem Risiko, dort von 182 Punkten der Umgebung her abgeknallt werden zu können. Und das, seit er vor mehr als zehn Jahren in die Hauptstadt Siziliens kam.

»Palermo«, sagt er, »hat mich vollkommen verändert.« Planen? Vielleicht für eine Woche, einen Monat, länger nicht. »Mein Leben ist nur noch provisorisch, meine Zukunft gehört nicht mir, sondern der *Cosa Nostra*.«

Allein für sich ist Roberto Scarpinato nur die kurzen Nachtstunden, bis ihn frühmorgens die Leibwächter holen, deren Leben so bedroht ist wie seines – für tausend Euro monatlich (ein Minimum, das nun auch noch auf der staatlichen Sparliste steht).

Teresa Principato, seine Frau, ebenfalls Ermittlerin gegen die Mafia, lebt gezwungenermaßen von ihm getrennt – alles andere wäre zu gefährlich. Die Mafia sagt über sie: »Die Principato weint erst, wenn es um ihr Kind geht.«

Scarpinato stellt sich seit Jahren den eigenen Tod vor, ein Versuch, mit dem potentiellen Schicksal fertig zu werden, bevor es eingetreten ist. Den Führerschein hat er zerrissen, weil er nur noch gefahren wird.

Seit seine Untersuchungen bis zu den Schaltstellen der politischen Macht vorgedrungen sind, schwappt eine Welle von Verunglimpfungen gegen ihn wie gegen die ermittelnde Staatsanwaltschaft und gegen die geständigen Kronzeugen.

Nach Scarpinatos Definition sind die Mafiosi keine Ungeheuer, sondern die Angehörigen einer Kultur mit anderen Wertmaßstäben – Kriterien, die mit einem zivilisierten und humanen Zusammenleben von Menschen nicht vereinbar sind. Deshalb: »Die Mafia muß nicht nur im Gerichtssaal bekämpft werden, sondern im Alltag.«

Die Leute, die die Altstadt von Palermo mit der Zerstörung unwiederbringbarer Kulturgüter in eine Bauruine verwandelt haben, so Roberto Scarpinato, seien zu jedem Verbrechen fähig. Was ihn mit ihnen verbinde, sei eine Todfeindschaft auf Gegenseitigkeit, allerdings mit höchst ungleichen Überlebenschancen.

Man kann wahrlich nicht behaupten, die Medien in Deutschland hätten sich des Themas so angenommen, wie es seiner Ungeheuerlichkeit wegen angemessen wäre – was durch Ausnahmen nur noch einmal bestätigt wird.

Eine davon war die (leider wieder zur Nachtzeit ausgestrahlte) Sendung des ZDF »Um Kopf und Kragen« von Carmen Butta, die das in unserer Zeit eigentlich unvorstellbare Leben dieses Mafiagegners so sachlich wie erschütternd belichtete, ein hohes Verdienst der Mainzer und der Autorin.

Dabei von allen Sequenzen die erschütterndste am Schluß: Roberto Scarpinato möchte nach langer Zeit wieder einmal das Meer sehen. Dafür hat er sich zwei Stunden abgerungen. Also fahren seine Leibwächter ihn an eine Stelle, wo die Küste Siziliens einsam und übersichtlich ist. Der Ermittler steigt aus, pflückt Früchte von einem Baum und geht ein paar Schritte über den Sand. Hundert Meter, dann Stopp – bei Distanzen darüber hinaus kann die Eskorte nicht mehr für sein Leben garantieren. Die Vorschrift wird auch hier eingehalten, obwohl sich kilometerweit niemand ungesehen nähern könnte.

Bei meiner Arbeit als Fernsehdokumentarist bin ich oft genug Zeuge schauerlicher Szenen geworden. Aber gerade, weil diese da am Strand des Thyrrhenischen Meeres den Schrecken hinter allem so indirekt demonstrierte, übertraf sie fast alles selbst Erlebte.

Da will einem jede Reaktion im Halse steckenbleiben.

Derzeit ist *Italia brutta* am Zug. Es gibt dafür kein überzeugenderes Indiz als die offiziellen Einschüchterungsversuche gegen die Justiz, genauer, gegen bestimmte Richter, Ankläger und Ermittler. Die Zeichen stehen nach dem Gesetz der Gezeiten wieder mal auf Sturm. Zur Stunde dieser Niederschrift haben die Statthalter des Medienmoguls und Staatschefs Berlusconi die Mehrheit in der Autonomen Region Sizilien. Sie wird dafür sorgen, daß öffentliche Gelder weiter in den Süden fließen und beträchtliche Teile davon ihren Weg in die Taschen der Mafia finden.

Mit den stellvertretend für viele andere aufgeleuchteten Namen Falcone, Borsellino, Scarpinato und Letizia Battaglia aber hat ihr der Wandel der Zeit dennoch eine so lesbare wie menetekelhafte Botschaft an die Wand geworfen: daß die Gegenkraft durch Terror nicht besiegt werden kann.

Das immerhin.

Am Ende dieser Rubrik ein Fazit, meines: Leonardo Sciascia – das humane, Mafia – das inhumane, »Der Leopard« – das in seinen Wechseln sich immer gleichbleibende Sizilien: *drei* Gesichter einer Insel.

Sie hat noch viele andere.

SIZILIEN, SIZILIEN! (II)

Eine Deutsche auf Stromboli

Den schmalen Weg hinein, immer auf den alten Leuchtturm zu, in einer sich selbst überlassenen Natur, umgeben von Geranienbüschen, großen Wicken, Jupiterbärten, Indischen Feigen, und über eine Treppe von vier Stufen hinauf auf eine begrünte Felsnase, hoch am Himmel die Sonne, tief unten die Küste – dann stehe ich am äußersten Rand, an der Spitze einer schmalen Halbinsel, einem der nördlichsten Punkte Siziliens: dem Capo di Milazzo.

Ein steiler Abhang, keinen Schritt weiter, wer Höhenangst hat, der hätte hier nichts zu suchen. Doch wer es wagt, wird belohnt.

Das Meer in allen Farben, vorn Türkis, dahinter, irisierend, das von weißen Kämmen geschäumte Tintenblau des Mare Tirreno, glitzernd, schimmernd, funkelnd am Landsaum entlang, bis weithin nach Capo Calava und Capo d' Orlando im Westen.

Nördlich aber, unter hellen Wolkenbänken, wie ein Spuk aus Watte, eine Täuschung, verfliegbarer noch als jede Fata Morgana: die nach dem antiken Windgott benannten Äolischen Inseln – die Isole Eolie!

Schon Homer singt in der »Ilias« und »Odyssee« von diesem Archipel, auf dessen vulkangezeugtem Boden bereits im 6. Jahrhundert v. u. Z. die Griechen ihren Fuß gesetzt hatten, ehe die Inseln dann von etruskischen bis zu osmanischen Piraten entweder als Basis benutzt oder von ihnen einfach nur gebrandschatzt und geplündert wurden – und das wieder und wieder.

Vor mir, nur zwanzig Kilometer entfernt und am besten zu erkennen, Vulcano; dann, weit nach links hinaus, Filicudi und Alicudi, schemenhaft, wie auch die größeren, Lipari, Salina und Panarea, während die äußerste der Inseln nur noch ein Hauch am Horizont ist – Stromboli!

Dahin, zu diesem maritimen Wurmfortsatz Nordsiziliens, soll es gehen.

Also über die schmale Landzunge des Capo zurück, hin zum Hafen und dabei zur Rechten das ungefähr Häßlichste, was die Insel zu bieten hat – Milazzos Elektro-, Chemie- und Ölhorror, nicht ganz so ausgedehnt wie der von Gela, aber scheußlich genug. Riesige Behälter und stählerne Masten, mit der Flamme ewiger Abfackelung obendrauf, und über allem ein beizender Geruch, der nur langsam abgelöst wird von der jodgetränkten Frische des Meers.

Antonio Morten hat für den Nevada wider Erwarten einen bewachten Garagenplatz nahe der Riviera di Levante gefunden, die Billetts sind gelöst, und der *aliscafo* – das Tragflächenboot »Mantegna« – rauscht von der Anlegestelle mit einer Verspätung von nur sechs Minuten und mächtiger Heckwelle leicht nordwestlich auf die offene See zu.

Und während die gewaltige Stauferburg über Milazzo kleiner und kleiner wird, das Drama der Peloritani mit ihren gezackten Graten und gekrümmten Horizonten südlich gleichsam Meter um Meter verdunstet, versuche ich mich auf die zweieinhalbstündige Fahrt einzurichten. Drinnen, in dem beklemmend engen Kabinenraum, geht es nicht, und hier, auf dem winzigen Heck, scheinen sich außer mir auch noch alle anderen Klaustrophoben zu drängen – der Platz für jeden von uns kann nur nach Quadratzentimetern berechnet werden. Der einzige, der mehr Bewegungsfreiheit hat, ist ein Besatzungsmitglied, von dem das Schiff vertäut wird. Es sitzt schaukelnd, doch ohne umzukippen, am Heck auf dem Hosenboden, ein Tau lose in der Hand, die Sonnenbrille auf der Nase, die Beine lang ausgestreckt – und schläft. Schläft ungeachtet des dröhnenden Motorenlärms und der nassen Schwaden, die von starken Böen periodisch über die lufthungrigen Passagiere hier hinten gesprüht werden.

Doch hatte ich je ein schöneres Meererlebnis?

Es schaukelt und rüttelt, aber nicht einmal ein Anflug der befürchteten Seekrankheit. Die Sonne brennt auch noch den letzten handtuchbreiten Schatten aus, wird jedoch durch den Fahrtwind lindernd gekühlt.

Jetzt an Backbord Vulcano, steil, ein trotziger Dorn, der nicht ertrinken will, sein Gran Cratere von einer sanften Fumarole umschmeichelt, und kein Haus, kein Baum zu sehen – das Gebirge, scheint's, ist menschenleer und wasserlos. So hat sich eben wohl jemand geäußert – unvorsichtigerweise.

Denn nun fährt der Matrose hoch aus dem Schlaf und gestikulierend dazwischen, die Sonnenbrille von der Nase auf die Stirn geschoben: Sehr wohl gebe es Süßwasser dort drüben, wenn auch nur eine einzige Quelle, und besonders gute Restaurants dazu. Also wohnten

dort nicht nur Menschen, sondern man könne sich auch gesund-
baden und Ferien machen, wenngleich die Insel auf dieser Tour von
der »Mantegna« nicht angelaufen werde. Früher, ganz früher habe
die Insel mal Thermessa geheißen, aber noch heute existierten Leute,
die Vulcano nach wie vor für den Sitz von Äolus halten, dem Gott
der Winde. Und schon Plinius der Ältere, der große Wissenschaftler,
habe die Kraterinsel in seiner »Naturgeschichte« erwähnt, nicht nur
den Vesuv, bei dessen Ausbruch 79 nach der Geburt des Herrn er
dann leider umgekommen sei ...

Ich traue meinen Ohren nicht. Mir schräg gegenüber, hat er das
einem Passagier nahe an dessen Ohr zugerufen, in einem harten, mir
aber doch verständlichen Italienisch, dessen Pointe ich nun sogleich
auf meinem Band festhalte: »Plinio il vecchio – der Ältere!«

Wort- und gestenreich hat er den Irrtum erklärt, der gelehrte Seemann, und dabei fest auf seinen beiden Beinen gestanden, ganz im
Gegensatz zu mir, der sich dauernd ankrampfen muß, um nicht über
Bord zu kippen. Nun klappt er die Sonnenbrille herunter, legt sich
mit ausgestreckten Beinen wieder auf den Boden und schläft weiter.

Bis Lipari ist es noch ein bißchen hin.

Ich aber will weit nördlich schon die Kegelform von Stromboli
erkennen und frage mich, wieso es bis dahin noch über zwei Stunden dauern soll. Es wird – auf See täuschen die Entfernungen.

Bald nach der Abfahrt aus dem kleinen felsumstandenen Hafen
von Lipari mit seiner Burg dann ein Bild, das weh tut. Auf den
abschüssigen Berghängen großflächig Helles, das irritierenderweise
wie Schnee wirkt, ehe dann darauf Fabriken und Raupenbagger zu
erkennen sind – hier wird Bims abgebaut. Das sieht aus, als würde
der Natur die Haut abgezogen. Der Bims wird mit Bändern bis an
die Küste befördert und in Frachtern weitertransportiert. Ein Deutscher, der auch auf das schaut, was da drüben wie eine große Wunde,
eine örtliche Verstümmelung sondergleichen wirkt, weiß einem
Landsmann neben ihm zu berichten, was alles aus Bims, also zu Ge-
steinsglas erstarrter Lava, hergestellt werden kann, etwa Hausputz-
mittel aller Art, Zahnpasta, Ziegel – und nicht, wie ich meinte, nur
Bimsstein, mit dem, wie mir aus Knabenzeiten erinnerlich, auch der
eigensinnigste Dreck oder die hartnäckigste Farbe vom Körper abge-
schabt werden kann.

Von Siziliens Norden inzwischen keine Spur mehr.

Das Schiff schwankt, schaukelt und stürmt auf die nächste Insel zu – in der Luft ein knatterndes Röhren. Bei höchster Fahrt schätze ich die Geschwindigkeit auf sechzig bis siebzig Kilometer – so etwas von aufgewirbeltem Wasser habe ich noch nicht gesehen. Hinter dem Heck schießt es wie Fontänen hoch, flacht dann zerwühlt ab, bleibt aber als turbulente Spur noch kilometerweit sichtbar.

Salina, Anlegestelle Santa Marina, kurzer Stopp. Eine interessante Architektur – Flachdächer, hochgelegene Fenster, klein wie Bullaugen, Rohre in den Mauern, Zuleitungen zu Zisternen, stumpfe Säulen, viel Wald hoch zum Monte Fossa delle Felci, mit seinen 962 Metern der höchste Berg des Archipels.

Irgendein Wispern, begleitet von genießerischen Schnalzgeräuschen, als würde ein Korken gezogen werden, trägt mir aus der Nähe zu: Salina sei, wie Lipari auch, die Heimat der berühmten Malvasiertrauben, eine Sorte besonderer Art, die dem terrassierten Boden mühsam abgerungen werden müsse, dafür aber um so köstlicher munde. Verborgene Beschämung meinerseits wegen unüberbietbarer Ignoranz gegenüber jeglicher Rebkultur.

Dann, mit scharfem Kurs Nordost, auf Panarea zu, kleiner als die bereits angelaufenen Inseln, grün beschuppt auf dunklen Flächen und das Interesse am dürftigen Hafen San Pietro rasch abgeschlagen von der Neugierde auf zwei abenteuerliche Gebilde, die auf der letzten Etappe da aus dem Wasser ragen: Isola Basiluzzo und Isola Lisca Bianca! Aus der Tiefe der Erdkruste trotzig hoch über den Spiegel des Meers gestoßen, unfruchtbar, unbewohnt und Teil des Naturreservats Panarea. Besonders der Basiluzzo, nackter, blanker Fels, hat es mir angetan – ein bereits halb versunkener Büffel, mächtiger Kopf, riesiger Höcker, zum Schwanz hin abgleitend, wie ein urgewaltiges Rind, das seit Jahrmillionen gegen den Tod des Ertrinkens kämpft.

Dann da vorn – Stromboli.

Ein Name, der vom griechischen »Strongyle« kommt, »die Runde«, obwohl die Insel topographisch eher ein Viereck bildet.

Der *aliscafo* hat die Fahrt jetzt etwas verlangsamt, gerade als wollte der Kapitän den Anblick auf die »Fackel des Meeres«, wie die Seefahrer der Antike den gigantischen Leuchtturm mit seiner nächtlichen Feuerkrone nannten, für uns verlängern – ein majestätischer, ein monumentaler Anblick.

Aber wir wollen an die südliche, dem Krater abgewandte Seite – nach Ginostra. Das liegt an der wildzerklüfteten Küste da wie ein weißer aufgetuschter Flecken – ohne Pier, an die der *aliscafo* anlegen könnte.

Also müssen wir ausgeschifft werden, umsteigen in ein Boot, das aus einem winzigen Hafen auf die »Mantegna« zuhält – besetzt von zwei Männern, Urbildern, wie Landratten sich Seebären vorstellen, nicht mehr jung, bärtig, in wasserresistenter Kluft und Meister ihres Fachs. Erst kommt das Gepäck, dann der Mensch. Kein Wort, kein Griff zuviel, während das Boot bei dem ruhigen Spiegel nur leise schaukelt, die Übernahme aber trotzdem nicht ganz risikolos ist. Für solche Ausschiffung eigens konstruiert dürfte das Tragflächenboot wohl kaum sein. Was ist bei unruhigem Seegang oder gar Sturm?

Aber da läuft das Boot auch schon ein, und wir werden an der Pier empfangen von Birgit D. – Deutsche, zierlich, die jugendlichste Sechzigerin, die mir je begegnet ist, eine Frau, die vor 25 Jahren zum erstenmal ihren Fuß auf Stromboli setzte und seither zwischen Berlin und Ginostra hin und her pendelt. Eine sympathische Begegnung von der ersten Sekunde an, die ich der langjährigen Bekanntschaft meines Begleiters mit Birgit D. verdanke, und eine Vita, auf die ich neugierig bin.

Der Aufstieg zur Unterkunft ist abenteuerlich. In langen, breiten Kehren geht es hoch, zu Fuß, das Gepäck auf dem Buckel. Erste ungewohnte Erfahrung – hier gibt es keine Straßen im üblichen Sinn und deshalb auch keine Motorfahrzeuge.

Der Weg hoch macht denn auch nur zu klar, wie sinnlos sie wären – und kommt mir unendlich weit und anstrengend vor. Aber dann Trost bei der Ankunft. Einige Stufen hoch auf eine Terrasse, das Haus alt, das Zimmer geräumig, die Decke aus Holz, gesichert durch einen Eisenträger, das einzige überhaupt, das keine Patina hat. Bett, Tisch, Schrank; eine Lampe von der Decke herab; ein großes Fenster, das Insektennetz unten mit kleinen Steinen beschwert, und der Blick weit, unendlich weit und von hoch hinab auf das Meer.

Und mitten darin, ein metallener Floh, leise knatternd eine zischende Spur hinter sich herziehend, der *aliscafo* auf der Fahrt nach Ficogrande, auf die andere Seite der Insel.

Antonio Morten hat sich im Nebenhaus einlogiert.

Von der Terrasse aus schaue ich ins Innere von Stromboli, am Hang hoch, vorn noch Häuser, dann nichts als Büsche, Gestrüpp, Macchia und die gewaltige Kuppe des Timpone. Dort, in über 900 Meter Höhe, lag einst der Ursprungskrater, ehe gewaltige Explosionen die Spitze aufspalteten und Haupt- und Unterkrater verlagerten, nach Norden und fast 200 Meter tiefer.

Aber nur ein Drittel der Vulkaninsel ragt aus dem Wasser. Unter dem Spiegel taucht der Gigant noch einmal 2000 Meter tief kegelförmig auf den Meeresgrund hinab. Ein ungeheurer Sockel, der also insgesamt an die 3000 Meter aufsteigt und dort oben seit Jahrtausenden regelmäßig alle zwanzig Minuten mit einem köchelnden Seufzer aus der Serra Vancura Lavabrocken ausspeit, die entweder in die Magmaglut zurückfallen oder über die Sciara del fuoco, die Feuerrutsche, in die See hinabfließen. Bei Dunkelheit und Nacht ein Schauspiel, dessen grandioser Anblick erklärt, warum weitgehend auf Küstenschiffahrt angewiesene Nautiker seit der Antike diesem Leuchtturm der Natur, neben seinem materiellen Nutzen als Orientierungspunkt, auch eine göttergleiche Aura zugeschrieben haben.

Rechts von meinem Quartier liegt eine Kirche, mit der Front zum Meer. Ich lese etwas von einer Restaurierung im Jahr 1940 durch die Brooklyn-Gemeinde und kombiniere, daß nach New York ausgewanderte Bewohner Ginostras dem Heimatort und ihrem Gewissen etwas Gutes tun wollten. Das ist nun schon lange her, wie dem Wind und Wetter ausgesetzten Gotteshaus denn auch anzusehen ist. Drinnen dominiert Blau, bei grüner Decke, und mitten im Kirchenschiff ist eine neue Glocke postiert, noch plastiküberzogen und aufgebockt, bevor sie dann im Turm aufgehängt werden wird.

Von der Empore vor der Kirche aus sind der unbewohnte Basiluzzo und die Umrisse von Panarea und Salina zu erkennen.

Ganz in der Nähe dagegen die einzige Einkaufsmöglichkeit von Ginostra, ein Laden, den man nur mit einer Nummer betreten kann – drinnen ist gerade Platz genug für Giovanni Merlino, den Inhaber, und zwei Kunden, höchstens.

Ich entdecke mich dabei, der Straßenlosigkeit wegen ganz vorsichtig zu gehen, wie auf Eiern. Es fehlt das gewohnte Gefühl von Ebenerdigkeit. Es ist, als ob man an die Hand genommen werden muß, buchstäblich, wie später bis zu jener Pergola, unter der wir drei zu

Abend essen (dabei ich, wie immer seit meiner Ankunft auf Sizilien, Tag um Tag, Spaghetti al pomodoro, ohne Ausnahme, also auch hier).

Nebenan an einem langen Tisch Deutsche, Männer und Frauen, die etwas feiern, hinter dessen Sinn ich nicht komme, vielleicht einen Geburtstag – fröhlich und dezent. Touristen oder Ansässige?

Da hilft Birgit D.

Ja, es gibt Deutsche, die sich hier eingekauft, hier angesiedelt haben, bleibend oder zeitweise, darunter auch Berlinerinnen und Berliner. Massentourismus ist Ginostra erspart geblieben, der Ort mit seinen topographischen Unbilden und seiner nach modernen Maßstäben zum Glück unterentwickelten Infrastruktur bietet sich dafür einfach nicht an. Es darf nicht gebaut werden, die Richtlinien sind streng und werden eingehalten – wir befinden uns auf archäologisch geschütztem Gebiet.

Auf dieser Seite der Insel, der südlichen, hat es immer nur wenige einheimische Familien gegeben – Birgit D. zählt sie an den Fingern ab und nennt erstaunlich niedrige Zahlen, sechs oder sieben. Was bedeutet, daß die verwaltungsmäßig zu Lipari gehörige Kommune heute nicht mehr als etwa zwanzig wahlberechtigte Stimmen aufzuweisen hat. »Sie haben Häuser, die sie an Touristen vermieten und sich selbst dann während der Zeit irgendwo einquartieren. Aber da nicht gebaut werden darf, sind auch keine großen Gelder geflossen und infolgedessen keine mafiosen Einflüsse da.« Es könnte vieles getan werden, doch die Mentalität der Menschen ist nicht danach, so verschlossen und untereinander zerstritten, wie sie sind.

Es ist der Berg, der hier herrscht und alles bewegt, sein glühender Schlund, eine Natur, der alles Menschengemachte nur abgetrotzt werden kann – wie die Terrassen, die unter Mussolini von Strafgefangenen errichtet worden sind.

Zwei gewaltige Ausbrüche, 1930 und 1971, haben das zivile Gefüge der Insel schwer erschüttert und manche Bewohner zur Auswanderung gezwungen, außer nach Brooklyn auch nach Argentinien.

Als der berühmte italienische Regisseur Roberto Rossellini Ende der vierziger Jahre den Liebesfilm »Stromboli – Terra di dio« mit Ingrid Bergman drehte (die er dann später heiratete), verwendete er als dramatischen Höhepunkt die Originalaufnahmen von 1930 – es war einer der größten Vulkanausbrüche des 20. Jahrhunderts.

Ich erinnere mich noch dunkel an den Film von damals, an das leidgezeichnete Gesicht der schwedischen Schauspielerin, und daran, daß die ungeheure Eruption der Anstoß für ihre Flucht von Stromboli war, weg von dem Ehemann und dieser unheimlichen, einsamen Insel, in deren giftigem Rauch die Fliehende laut Drehbuch dann ohnmächtig wird und das Ende also offenbleibt.

Es ist dunkel geworden, aber von der Pergola aus sehe ich noch Bougainvilleen und große Geranien.

Wir haben gegessen und steigen mit Kerzenlicht hinunter, denn hier gibt es keine Laternen oder sonstige öffentliche Beleuchtung. Dafür nun aber über Stromboli und Ginostra einen Sternenhimmel mit so vielen Lichtern, als müßte die Erde hier unten auch bei Nacht in strahlende Helligkeit getaucht sein.

Dann drückt Birgit D. uns die Kerze in die Hand und verabschiedet sich nach rechts hoch in die Finsternis. Und das sicheren Schritts, wie ich bewundernd finde, während wir das weglose Terrain zu unserer Unterkunft so mühsam hinabstolpern, als hätten wir eben gerade das Laufen gelernt.

Morgen werde ich die Deutsche auf Stromboli da oben in ihrem Haus besuchen.

Durch das Moskitogitter meines Zimmers streicht ein sanfter Luftzug, die Nacht fächelt ihren kühlenden Atem über die Insel, und von unten schallt die gleichbleibende Akustik der Brandung beruhigend hoch.

Gerade geht jemand unter dem Fenster vorbei, ein Pärchen, wispernd und tuschelnd, Hand in Hand, vor sich den hüpfenden Kegel einer Taschenlampe.

An den Uhrzeigern der Kirche webt ein leichter Nebel.

Dann liege ich hier in dem Zimmer mit der hohen Holzdecke und lasse die Tür geöffnet. Niemand brauche etwas zu befürchten, hat Birgit D. gesagt, Kriminalität sei hier unbekannt.

Eine wahrhaft himmlische Nacht.

Von wegen! Die Stunden bis zum Morgen werden zur Hölle, zur Mückenhölle, zum Sansaninferno. Fliegende Ungeheuer sind das, winzig, mit so mikroskopisch kleinen Flügeln ausgestattet, daß man sie nicht hört, ganz im Gegensatz zum klassischen Sirren des Mückenanflugs.

Des Gekratzes kein Ende. Ich kriege kein Auge zu. An immer neuen Stellen gebissen und gestochen, wölben sich mehr und mehr kleine Hügel auf der Haut. Zuerst nur ein Punkt, schwellen sie rasch an, und davon so viele, als wollte sich ein ganzes Sansanvolk von meinem Blut nähren.

Das Paradies zeigt seine Kehrseite.

Aber am Morgen dann – ich muß ja doch wohl ein wenig geschlafen haben – ist mit einem Blick aus dem Fenster alles vergessen. Das Meer so ruhig, als würde es leise ein- und ausatmen, die Sonne hinter Schleiern, kein Lüftchen weht und der Timpone von einer Wolke zärtlich behaucht. Aber dann, ganz diesseitig wieder, röhrt der *aliscafo* mit einer langen Gischtspur hinter sich herüber von Panarea, das heute früh noch unsichtbar im Dunst liegt.

Der Anstieg zu Birgit D.s Haus ist beschwerlich. Da muß Fuß vor Fuß gesetzt werden, ganz vorsichtig, um nicht umzuknicken. Jeder Meter aufwärts für den Neuling ein Abenteuer, das die Gedanken fliegen und gleichzeitig fragen läßt, wer hier wohl schon gegangen ist, seit Tausenden und aber Tausenden von Jahren, gibt es doch Zeugnisse dafür, daß Stromboli seit der Steinzeit besiedelt ist. So suche ich nach Spuren, ob Menschenhände vielleicht bemüht waren, eine trittgünstigere Ordnung in das Steingewirr zu bringen, werde aber nicht so recht fündig. Wer hier eine Sehnenzerrung vermeiden will, hat mit dem Blick an der Erde zu haften. Und diesen Weg, dieses felsige Labyrinth ist Birgit D. gestern abend bei völliger Dunkelheit hinaufgestiegen ...

Dann bin ich angelangt, gegen halb zehn. Die Sonne schon stechend, die Hausherrin vor der Tür, und darüber, nun wolkenlos, der Berg in seiner ganzen Gewalt. Eines ist sofort erkennbar – dieses Anwesen bildet so etwas wie die Grenze der Bewohnbarkeit, höher hinauf gibt es nur die Wildnis.

Welch ein Posten zwischen Himmel und Erde.

Die Zisterne. Auf meinen neugierigen Blick hin hebt Birgit den Verschluß – ich sehe da unten Wasser blinken. Davon will ich mehr wissen.

Aber erst umschauen. Draußen Winden, blaue Blumen, wie Gesichter, und knallrote Geranien. Drinnen im Haus Terrakottamasken, Zeugen tragischer Aufführungen, und Bücher, viele Bücher. Sagen über die Äolischen Inseln und ihre Geschichte, von der Antike bis zu den Normannen; »Stromboli«, ein Monument von einem Buch, grandiose Bilder von Ausbrüchen, Farbfotos. Die Ära 1946–49, mir noch gut in Erinnerung – der Film »Vulcano«, mit William Dieterle als Regisseur und Rossano Brazzi als männlichem Hauptdarsteller. Und immer wieder, ich kann mich daran nicht satt sehen, das unvergleichlich beseelte Antlitz der Anna Magnani, das Gesicht einer Frau als die Landschaft ihres Lebens.

Auf einer Liege vor dem Haus, Muße für Fragen an eine Gastgeberin, die das Geheimnis des Jungbrunnens zu kennen und aus ihm getrunken zu haben scheint, ohne daß gesagt werden könnte, es sei die Leichtigkeit des Seins gewesen, die der Sechzigjährigen ihr jugendliches Aussehen erhalten habe.

Birgit D., Mutter zweier erwachsener Töchter, geschieden, aber bis zum Tod des Mannes 1997 freundschaftlich mit ihm verbunden.

Stationen einer Biographie: geboren in Ebingen, Württemberg. Das politische Denken früh bestimmt durch einen streitbaren und selbstbewußten Großvater, der der Enkelin einbleut, nie jemandem zu glauben, der ihr über Hitler Positives einzureden versuche – eher ein nichtexemplarischer Fall. Das parallel zu einem Elternhaus, das versuchte, die Nazizeit zu verharmlosen. Dazu kommen in der Stuttgarter Schule Lehrer, die der Bekennenden Kirche angehört haben und den Schülerinnen und Schüler die erste Dokumentation über KZs, von Erwin Leiser, zeigen. Die Folge: eine kritisch-oppositionelle Grundhaltung, die Birgit D. zu dem formte, was sie eine »notorisch Antiautoritäre« nennt. Etappen: au pair in Paris, die Luft der Freiheit, das Außerhalb; Kontakt mit Organisationen, in der die 68er Revolte vorgedacht wurde. Flugblattabwurf von der obersten Galerie des Lichthofs in der Münchener Universität zum Gedenken an die Geschwister Scholl und als Protest gegen jene Professoren, die 1944 aktiv waren und sich nun, 1964, in Trauerpose gefielen. Mitwirkung beim Aufbau von Kinderläden und der Frauenbewegung in München und Frankfurt, dann, ab 1982, in Berlin. Kontakte mit den Grünen, Mandate bis gegen Mitte der neunziger Jahre, Enttäuschungen. Annäherung an die PDS. In ihr Begegnungen mit radikaler Kritik an der DDR durch alte Kommunisten bei gleichzeitig nostalgischer Beharrung anderer auf DDR-Denken und erheblichen Demokratiedefiziten. Also auch dort für Birgit D. keine politische

Heimat. Was bleibt, ist die »notorisch Antiautoritäre«, das Muß zu sozialem Engagement, Konfession wie Profession. Das konkretisiert sich in der Arbeit zur Förderung und Entwicklung benachteiligter Gruppen – Jugendliche, Migranten, Flüchtlinge. Emanzipatorische Projekte in Deutschland, aber auch in anderen Ländern Europas (Italien, Finnland, Belgien) und potentiellen Beitrittsländern der EU (Polen, Estland). Es ist die Vita einer Frau, die ohne Aufhebens Mitmenschlichkeit praktiziert, bei hoher Übereinstimmung von Veranlagungen und Überzeugungen mit dem Beruf. Das Refugium dieses Lebens: Ginostra.

Ursprünglich war etwas anderes ins Auge gefaßt.

»Ich habe immer davon geträumt, nach Afrika zu kommen. Aber als dann die beiden Kinder da waren, konnte ich mit ihnen nicht vagabundieren.«

Erster Aufenthalt Birgit D.s auf der Insel 1976, eingeladen von einer Freundin, die in dem winzigen Ort an der Südküste Strombolis ein Haus gekauft hatte. Der unerfüllte Traum vom dunklen Kontinent mutiert in die Wiederkehr nach Ginostra. »Das Leben hier war billig, man konnte für nichts ein Haus mieten, und die beiden Töchter, damals Kinder, konnten sich frei bewegen. Ich bin mit ihnen durchs ganze Dorf gezogen, durch fast alle Familie, so viele sind es ja nicht.«

Eine Zeitlang wollte Birgit D. weg, suchte auf anderen Inseln Europas, auf holländischen, englischen, auf Korsika – »es mußte doch noch etwas anderes geben«. Dann Anfang der achtziger Jahre, als die Kinder selbständiger waren, geht es auf Entdeckungsreisen, nach Algerien, nach Marokko, durch Sizilien. »Aber Ginostra war das schönste. Und deshalb bin ich immer zurückgekommen.« Und als eine Freundin 1988 von hier nach Alicudi zog, die westlichste der Äolischen Inseln, kaufte Birgit D. ihr das Haus ab: zwei Zimmer, Küche, Bad, zwei Terrassen und ein Olivengarten.

Da mußte manches renoviert werden, die Böden neu gemacht – »aber das Dach, die wichtigste Voraussetzung, war in gutem Zustand«.

Dächer haben hier eine besondere Funktion – von ihnen wird das Regenwasser durch Rinnen in die Zisterne geleitet. »Deshalb muß das Dach hier zweimal im Jahr gekalkt werden und die Zisterne selbst alle zwei Jahre gesäubert.«

Die Abhängigkeit von der jeweiligen Niederschlagsmenge hat sich insofern verringert, als die Gemeinde von Ginostra vor kurzem zwei große, durch Rohrleitungen miteinander verbundene Wasserreservoire erbauen ließ – eines unten im Dorf, und eines oben auf dem Timpone. »Jetzt kommt regelmäßig ein Tankschiff aus Genua, entleert seinen Inhalt in das untere Reservoir, der dann hochgepumpt wird und dort nach dem Gesetz der Schwerkraft arbeitet. Hauptanschluß und Wasseruhr kosteten etwa 750 Euro, aber seit dem Sommer 2001 ist der Wasserbedarf Ginostras übers ganze Jahr gedeckt.«

Wer nicht will, muß nicht und kann es bei der alten Methode belassen, aber Birgit D. wollte.

Elektrizität war nicht von vornherein da, geleuchtet wurde mit Kerzen und Petroleum. »Es war anstrengend, bei Kerzenlicht zu lesen. Außerdem kriegt man von der Petroleumfunzel schwarze Nasenlöcher.«

Wenn Birgit D. lacht, könnte sie die Schwester ihrer Töchter sein.

Elektrizität zog in Ginostra erst in den achtziger Jahren ein, mit Solaranlagen, die eine staatliche Gesellschaft auf den Dächern installierte. Birgit D., damals an der Technischen Universität Berlin mit Ökotechnik befaßt, hatte vorher schon eine eigene Anlage angebracht. »Das geht über Batterien, eine ganze normale Zwölf-Volt-Anlage.« Gekocht worden ist immer mit Gasflaschen – »das ist auch heute noch so« –, wohingegen Gas in der vorelektrischen Zeit auch die Energie für den Kühlschrank lieferte.

Und wie ist das Verhältnis zu den Einheimischen, den hier Geborenen?

»Die Familien haben gelernt, mit ›ihren‹ Fremden zu leben. Ich bin eine davon. Sie freuen sich darüber, wenn man wiederkommt. Wir haben einen guten Kontakt miteinander, aber es ist ein Kontakt, der nicht über Ginostra hinausgeht.«

Birgit D. verbringt einige Monate im Jahr auf Stromboli, nicht immer »am Stück«, wie sie sagt, was abhängt von der Arbeit, aber doch regelmäßig.

Die Töchter kommen hierher, wenn auch nicht allzu häufig, der Weg ist weit und beschwerlich und eine von ihnen hat ein Kind. »Aber sie sagen, Ginostra sei der Ort, wo sie am meisten Familienleben hätten.« Doch ist die Frau, die so gar nicht wie eine Großmutter aussieht, auch viel allein hier. »Manchmal bin ich richtig süchtig, aus dem Berliner Trubel herauszukommen in diese Einsamkeit.«

Ich schaue mich um, nach hinten, zum Timpone hin – da liegt nicht weit eine Hochfläche, bewachsen mit Macchia und alten Weinreben.

Birgit D. sieht die Kopfbewegung: »Dort gehe ich manchmal spazieren und finde dabei immer wieder Obsidianklingen – dies ist uraltes Siedlungsgebiet, seit der Steinzeit. Da es auf Stromboli kein Obsidian gibt, muß es hierhergebracht worden sein, wahrscheinlich von Lipari, der Hauptinsel, die je zur Hälfte aus Bims und Obsidian besteht.«

Und dann, in das näher kommende Geräusch eines Helikopters: »Ich finde da immer wieder solche alten Klingen und manchmal auch griechische Keramikscherben. Man geht übrigens davon aus, daß früher vom Timpone Seeräuber ausgespäht haben nach Schiffen, die sie überfallen wollten. Dauernder Frieden hat hier wahrscheinlich nie geherrscht.«

In diesem Moment schwebt ein Hubschrauber aus dem wolkenfreien Himmel wie eine Hornisse über dem Hang, kreist lange, geht dann nieder und steigt nach einer Weile wieder auf. Ein Nachbar ruft herüber, daß ein junger Mann aus Bergnot gerettet werde, wieder so ein Unvorsichtiger, der ohne gebührende Ausrüstung den Vulkan herausgefordert und sich dabei ein Bein gebrochen hat.

Krachend zerfetzen die Flügel die Luft, bis der Helikopter seewärts verschwunden und nur noch Vogelgezwitscher zu hören ist.

Wilde Feigen, wuchernd, Eidechsen, schillernd und so nahe, als wären sie zahm. Und hinterm Haus die Wildnis, nichts als die Wildnis.

Als ich mich verabschiede, sagt Birgit D.: »Mir ist, als hätte ich mehrere Leben in einem gelebt.«

Ich steige abwärts, ein vorsichiges Tasten mit dem Fuß, auch am hellichten Tag. Ist der Aufstieg schon beschwerlich, der Abstieg ist es erst recht. Ich bin aufgefordert worden, auch sonst aufzupassen, vor Wolfsfallen – für Kaninchen. Aber es soll auch dreibeinige Katzen geben ...

In der Mitte des Wegs zu meiner Unterkunft bleibe ich stehen.

Der *aliscafo* rauscht übers Meer heran, läßt sich dann, näher gekommen, von seinen Tragflügeln auf den Rumpf nieder, während das kleine Boot zum Ein- und Ausschiffen schon Kreise zieht. Ich sehe drei Insassen. Keine Schwierigkeiten heute, das Wasser ist spiegelglatt. Erst das Gepäck hinauf, danach die Personen.

Dann wieder der hohe Brummton, dicke Abgasschwaden, langsam verebbt das Motorengeräusch, und die Laute der Insel werden wieder hörbar – das schwache Rauschen der Brandung, Stimmen, Hundegekläff, irgendwo wird ein Huftier herumgeführt, auf steinernem Boden, wohl um die Bewegungsfähigkeit zu erhalten – wie das Maultier, das ich von meiner Terrasse aus beobachten kann, an der Leine und mit lautem »Klapp, klapp, klapp«. Töne wie aus einer anderen, autolosen Welt – die hier, unglaublicherweise, ja tatsächlich existiert.

In der Nacht schließe ich vorsorglich die Tür – umsonst. Die Sansan fallen über mich her wie in der letzten Nacht, ehe ich dann, völlig zerstochen, entdecke, daß es ohnehin kein Entkommen gab. Über der Insel ein abnehmender, aber greller Halbmond, war es ein Spalt durch die nicht ganz schließbare Holztür die Lichtschiene, auf der die Sansanheere mühelos den Weg zum Objekt ihrer Begierde fanden, und zwar um so begieriger, je mehr der Gestochene um sich schlug und damit den Kreislauf noch erhöhte.

Daß Antonio Morten nebenan auch diese Nacht auf die gleiche grausame Art zubringen mußte, war weder für ihn noch für mich ein Trost.

Aber am Morgen dann wieder rasche Erholung – die Sonne noch erträglich, das Meer, mit kurzen Wellen, von schöner Unruhe, und am Hafen, über einem vorspringenden Felsen, Möwen, Schwärme von Möwen, schimmernd weiß an Kopf und Brust.

Das Gepäck ist heruntergeschafft, die Stunde der Rückreise gekommen. Mit uns eine alte Frau am Stock – wie will sie aufs Schiff kommen? – und Birgit D. Sie muß auf die andere Seite der Insel, hat in Ficogrande etwas zu erledigen.

Der *aliscafo* ist wider Erwarten pünktlich, die alte Frau mit Stock wird bei schaukelnder See von dem bärtigen Kapitän des kleinen Boots und seinem Maat routiniert an Deck gehievt, dann geht es röhrend weiter. Schäfchenwolken hinter dem Vulkan, dessen Fassade ganz dunkel ist. Das Zentralgestirn inzwischen hoch am Himmel, dann Ficogrande, Piscita, San Vincenzo – eine helle Front, Häuser im maurischen Stil, ein Kirchturm. Und Abschied von Birgit D., der Deutschen auf Stromboli – mir ist merkwürdig zumute. Sie wartet bis zur Abfahrt, dann wird ihre Figur, ohnehin zart, kleiner und kleiner.

Am 12. September 2001, einen Tag nach den Terroranschlägen von New York, Washington und Pennsylvania, wird sie mir schreiben: »Es muß eine neue Weltordnung geben, und die Trennlinie verläuft nicht mehr zwischen den Ländern, sondern zwischen all den Menschen, die einen Funken Humanität in sich haben, und denen, die als Lebende tot und bereit sind, alles totzumachen.«

Ich bin wieder auf dem Heck und halte mich an der Reling fest. Diesmal ist Platz genug da.

Jetzt stürmt der *aliscafo* vor Panarea auf den Basiluzzo zu, den halb im Wasser versunkenen Bison; läßt Salina rasch hinter sich; legt ebenso kurz neben dem bimsgeschundenen Monte Rosa im Hafen von Lipari an; donnert achtlos an Vulcano vorbei und gibt, endlich, den Blick auf das betörend montane Nordsizilien frei – auf die Kuppen, Grate und Gipfel der Peloritani und der Nebrodi.

Und im Westen, noch höher, aber fern, Innersiziliens gebirgige Akropolis – die Madonie!

Nicht so aufschießend wie die Riesenhäupter im Rhonetal, aber...

Von Castellana Sicula erst in östlicher Richtung nach Petralìa Soprana und Petralìa Sottana, ein Doppel-, ein Unter- und Oberstädtchen, das in der Morgensonne wie von kosmischen Scheinwerfern beleuchtet daliegt. Rechts vorn das kahle Haupt des Pizzo Catarineci, 1660 Meter und links, noch gewaltiger, der Zweitausender Monte San Salvatore.

Dann, vor Gangi, ein an einen Felsen geschmiegter Häuserteppich, nach Norden abgebogen und hinein in die Madonie – von Süd nach Nord. Die N 286, so dünn schraffiert, sieht schon auf der Karte gefährlich aus und ist es dann auch: *tornanti*, Steine, Macchia, der

Passo Malo Passeto, schon über tausend Meter. Aber unter der Sonne der Parco Regionale delle Madonie wie ein unberührter Garten Eden.

Nicolo Argonese, lese ich – ein verwunschener Winkel. Treppen hoch zum Kastell – verwittert, mit Flechten an den Steinen, gelb und grün. Vogelperspektive. Die Luft ist dünner, und das Atmen fällt leichter. Nordwestlich, auf einem Grat, Felsennester, unwirklich, wie eine Filmkulisse, bis Pollina, fast schon an der Nordküste. Noch Schnee auf den Riesenhäuptern des Pizzo Carbonara und des Pizzo Antenna Grande, so hoch ragend, als wollten sie den Himmel berühren.

Hier bin ich auf Siziliens Dach, mit seinen Gebirgspanoramen, seinen Tälern, Schluchten und steinernen Zeugnissen, daß Menschen hier seit alters siedelten. Da hinauf haben sie die Steine getragen, für ihre Häuser, ihre Wälle, ihre Wehrmauern, immer nur beseelt von einem Gedanken – möglichst hoch. Also möglichst sicher – vor den Nachstellungen der eigenen Gattung, ihrer Eroberungssucht, ihrer Machtgier, ihrem Plünderungstrieb. Festungsrelikte lassen einen Blick zu auf die Dicke der Mauern, auf Mörtel und Naturstein; Löcher in der Erde der Phantasie Raum, wie hier gewohnt oder, wohl besser, gehaust wurde.

Ich bin im Herzen der Madonie.

Der Cozzo Luminario wird sichtbar, und San Mauro Castelverde, ein Flecken nur, versteckt, wie Castelbuono auch – Heimat durch Jahrhunderte beide Orte, da gewählt, wo sie möglichst unsichtbar waren. Längst von Zeit und Geschichte außer Kraft gesetzte Gesichtspunkte, ohne aber die ursprüngliche Absicht und Notwendigkeit verwischen zu können.

Dann geht es kurvenreich abwärts, vorbei am Monte Miloco, und plötzlich auf der Straße Kühe, behäbig, vertraut und friedlich, als wenn einen nach der Wildnis das Leben wiederhätte. Oben rechts hockt Pollina, je näher, desto mystischer, wie helles Geschmeide auf der Felshaut und immer noch 764 Meter hoch.

Nun wird es wärmer und das Meer sichtbar. Unter einem Viadukt hindurch, einem surrealistischen Gebilde turmhoch auf Pfeilern – die *autostrada* Messina–Palermo – und über Eisenbahngeleise hinweg auf die N 113 und an die Küste – noch acht Kilometer bis Cefalù. Da ist er auch schon, der gewaltige Höcker, narbig, ehern, steil, eine Naturfestung, die Rocca di Cefalù, und im Windschatten des Plateaus, von der Kathedrale, dem Normannendom gekrönt – die Stadt.

Sie hat es mir irgendwie angetan, mit einer Art Appell an meine geschichtliche Neugierde, und das schon seit 1985, als ich zu Dreharbeiten für die Sendung »Araber in Europa« das erste Mal hier war.

Der Name kommt vom griechischen »Kephaloidion«, mit der Wurzel »Kephalos«, »Kopf«, was wohl zu tun hat mit der Form des Felsens, Siedlungs- und Kultplatz seit der Jungsteinzeit. Unbedeutend während der byzantinischen und arabischen Herrschaft über Sizilien (395–1063), verlegte der Normannenkönig Roger II. nach seiner Krönung die Siedlung vom Burgberg an den Fuß der Rocca und stiftete dort unten 1131 den Sakralbau, dessen Weihe erst 1267 erfolgte und das Stadtbild bis auf den heutigen Tag beherrscht.

Gemessen an Palermo, Catania, Messina ein Nest, sollte Cefalù nach Rogers Willen so etwas wie die Grablege der normannischen Dynastie werden. Doch als der König 1154 starb, war der Bau noch unvollendet. Und so wurde er nicht hier, sondern in der Hauptstadt begraben – die beiden Porphyrsärge, die Roger II. für sich und die Königin aufgestellt hatte, ließ Kaiser Friedrich II. in die Kathedrale von Palermo schaffen.

Diese dreischiffige Säulenbasilika fast am Ende des Corso Ruggero hat mit ihrem gewaltigen Querbau und den wuchtigen Türmen vom ersten Anblick an einen urtümlichen Eindruck auf mich gemacht, vor allem der Ostbau, der viel höher ist als das Langschiff. Wobei drinnen die Mosaiken, wieder mit dem segnenden Christus Pantokrator in der Domapsis, das Werk byzantinischer Mosaizisten, es vielleicht nicht ganz aufnehmen können mit der klassischen Großartigkeit von Monreale, dafür gelten sie jedoch als die auf der Insel am besten erhaltenen.

Aber was mich hier, eingestanden, mehr anzieht, als alles andere zwischen der Via Umberto I. und der Via Emanuele, das ist der Fischerhafen von Cefalù, auch der »kleine Hafen« genannt – mit den aufliegenden Booten und der hellen Front der Altstadt dahinter eine Idylle sondergleichen. Hier treibt es mich her, an die Mole, mit den schützenden Felsbrocken davor, über die es jetzt spritzt bis auf die Pier und hin zu mir, eine leise donnernde Brandung. Der Wind spielt mit den blauen Planen, die über die hoch auf den weißen Strand gezogenen Boote gespannt sind. Das Meer gesprenkelt von hellen Wogenkämmen, ein nußschalenkleines Segelschiff auf den kurzen, harten Wellen weiter draußen, während hier vorn, an der Mole und in ihrem Schutz, eine schwimmende Möwe auf und ab tanzt. Einen Augenblick nur weggeschaut, einen Lidschlag – und fort ist sie, nicht wiederzuentdecken, spurlos verschwunden in der salzigen Unendlichkeit.

An den Booten wird repariert, Hammerschläge hallen herüber, dumpfe Laute aus der Stadt, Wäsche gespannt zwischen Häusern – ein Bild des Friedens.

Das war nicht immer so.

Auch hier herrschte über Jahrhunderte ständige Furcht vor Seeräubern, nicht weniger geschickt und nicht weniger gierig als die Bukanier, die die Inseln Süd- und Mittelamerikas plünderten.

Die Bedrohung, überfallen zu werden, war tagtäglich, ohne daß an ernsthafte Gegenwehr gedacht wurde. Sie war auch sinnlos, denn die Piratenmannschaften waren stärker als die Fischer. Denen blieb nichts anderes übrig, als sich bei ihrem Anblick ans Ufer zu flüchten und in die Felder oder weiter noch ins Gebirge hinein. Was ein amtliches Rundschreiben aus dem Jahr 1797 ausdrücklich beklagte. Da von Land her Hilfe nicht zu erwarten war, hatte sich die seenahe Bevölkerung an Entkommen und Tarnungsmanöver gewöhnt. Und obwohl die bösen Zeiten auch für Cefalù schon lang, lang vorbei sind, hockt, wovon ich mich in manchem Gespräch mit Bewohnern vergewissern konnte, in ihnen auch heute noch das Andenken an einen inneren Alarmzustand und einen Fluchtinstinkt, das so rasch nicht erlöschen will.

Nun zurück durch die Madonie, diesmal von Nord nach Süd, auf einer anderen Route – Gibilmanna, Isnello, Polizzi, Castellana Sicula.

Es geht rasch hoch und wird bald schon erhaben, der Blick auf das zurückbleibende Cefalù – die Stadt, rot und weiß, die Türme der Kathedrale mächtig über den Dächern; die Rocca wie ein zyklopischer Würfel und obendrauf die Festung und die Kirche, diese einer patinierten Krone gleich, jene einem verwitterten Zepter.

Und jetzt, noch ferner, von Isnello her, die ganze Breitseite der Burganlage von Cefalù, uneinnehmbar vor der Erfindung des

Schwarzpulvers. Ein ungeheuerlicher Anblick, diese Festung, der Weg hinauf von hier nur die Ahnung eines schmalen Pfads, der unschwer verstellt werden konnte und anrückenden Heeren nichts als die Formation von Mann hinter Mann beließ.

Über das Hochplateau hinaus der schmale Türkisrand der See, dahinter ihr unendliches Blau – dann hat uns die Madonie verschluckt.

Sie zeigt sich, trotz wolkendurchsetzten Himmels, von der bezauberndsten Seite – bewaldet, alles grün, starke Vegetation und doch wie auf der Lauer, es jedem, der hier einzudringen wagt, heimzuzahlen. Neben angestrahlten Felsmassiven Nebelzüge, die wabern, als vollführten sie, von der Thermik getragen oder fallen gelassen, Luftsprünge; ungehobelte Steinbarrieren, wildromantische Schluchten, mit Blick auf den Cozzo Luminario, einen Fünfzehnhunderter. Und am Straßenrand, plötzlich, wie eine unerwartete Erscheinung, ein Mann. Sein Auto auf der rechten Straßenseite geparkt, hat er sich auf der linken niedergelassen und zerkleinert nun mit einem Stein Nüsse, die er hier gefunden hat.

Außer ihm wird uns auf der Nordsüdfahrt durch die Madonie kein einziger Mensch mehr begegnen.

Zwei Kirchtürme, Isnello. Wir fahren über ein Viadukt – ich lese *Parco delle Madonie, Comune del Parco* – und sind im tiefsten Naturschutzgebiet.

Rinnen, Kanäle, Schründe, Wind- und Wettergravuren der Jahrmillionen. Und *tornanti*, nichts als *tornanti*. Dachte ich schon auf den bisherigen Fahrten, die kurvenreichsten Strecken Siziliens zu kennen, hier werde ich eines Besseren belehrt.

Immer noch der Wald, Hochgebirge. Metallstöcke für die Schneemessungen, schwarz, rot und gelb. Manche Gipfel von Wolken bedeckt, immer wieder Nebelflecken, so dick wie rasch verweht, gleich darauf aber strahlende Helligkeit. Es ist das Reich montaner Könige, des Pizzo Dipilo, des Monte Castellaro und Monte Cucullo, Bergzüge an die 2000 Meter. Nicht so hoch ragend, nicht so aufschießend wie die Riesenhäupter der Gletscher im jungen Rhonetal – aber alpin, hochgebirgig genug, das Massiv der Monti dei Cervi und der kahle Kopf des Monte Mufara.

Doch dann unversehens, von der Höhe des Südhangs der Madonie aus, der Blick hinunter, in das Valle di San Nicola.

Die alte Straße neben uns ist in den Fels geschlagen, da käme kein Auto weit. Kiefernwälder hier oben und in Windungen hinab bei blendender Sonne nach Polizzi Generosa – silhouettenhaft, gespenstisch, wie eine Wagner-Kulisse. Aber gleich dahinter wieder nichts als Nebel, der Blick zurück verstellt.

Dann vor Castellana Sicula angekommen, sind die Berge der Madonie nach Norden vollkommen verschwunden. Und auch nach Süden ist die Sicht nicht klar. Und dennoch ist es zu sehen, wenn auch weit, sehr weit weg – Enna.

Trinakria – deine Wächter

Aci Castello.

Der Grat ist so schmal, daß hier nur in die Höhe gebaut werden konnte, eine Wolkenkratzerburg sozusagen – steil steigt sie auf. Tief unten die Brandung gegen das schwarzfelsige Ufer des Ionischen Meers; im Süden der Smog über Catania, zum Glück so fern, daß er nicht zu riechen ist; im Norden die Isole dei Ciclopi, die drei mächtigen Wurfgeschosse des geblendeten Polyphem, die Odysseus und seine Gefährten bei der Flucht aus der Höhle nur haarscharf verfehlt haben sollen. Jetzt ragen die riesigen Brocken wie neugeboren und von der Morgensonne blank poliert aus der glitzernden See – Momentaufnahmen von gestochener Schärfe, als brauchte man nur die Hand ausstrecken, um über sie hinzustreichen.

Ich wage den Anstieg zum Kastell, obwohl hier unten über dem Aufgang ein großes Metallnetz zum Schutz gegen fallendes Gemäuer gespannt ist – und auf dem Gitter auch mancher Stein liegt.

Schilder: *Rauchen und Essen verboten – proibito.* Man weiß, warum. Rechts tut sich, Teil der Festung, eine große Höhlung auf, einst wohl abgeschlossen, jetzt aber bloß und offen – dort würde es ohne solche Untersagungen von Unrat nur so wimmeln.

Nun Schritt vor Schritt aufwärts und hinein in die kalten Eingeweide dieses Forts auf dem Basaltfelsen über dem Hafen von Aci Castello, 1076 von den Normannen errichtet, aber den Funden nach wurde der Felsen schon seit der Bronzezeit über die griechische, römische, byzantinische, arabische und germanische Herrschaft bis zu den Bourbonen des 19. Jahrhunderts von Menschen genutzt. Nicht als Luginsland, sondern wohl eher als Wächter gegen die See.

Dann, endlich, eine Plattform. Es ist warm auf dem gewachsenen Fels. Um mich Mauern, die von außen nicht zu erklettern oder gar zu übersteigen waren. Kluge Ausnutzung von Wehrarchitektur und Naturgegebenheiten. In der pulverlosen Zeit uneinnehmbar, außer durch einen einzigen Feind, falls der Atem der Belagerer lang genug gewesen wäre – die Aushungerung. Wasser immerhin, ein alter Brunnen offenbart es, Wasser wäre dagewesen.

Ich habe erst die halbe Höhe erreicht. Also geht es mit pfeifendem Atem weiter, durch einen Turm hindurch und über einige Treppenstufen hoch – dann endlich bin ich auf der Spitze. Doch nicht hundert Meter über dem Spiegel, die das Auge mißt, sondern im Hochgebirge.

Wie ein Schiffsbug nach vorn in die See gerammt, ist die Festung der äußerste Punkt von Aci Castello, dem Städtchen, dessen Häuserfront in meinem Rücken hell aufscheint.

Ich aber bin hier oben zunächst ganz gefangen vom Anblick einer Pinie, eine »Etage« tiefer an der Außenseite des Mauerwerks verwurzelt. Ein Methusalem von Baum ist das, so vielstämmig und ausladend, daß sein schattiges Dach keinen Sonnenstrahl nach unten durchläßt. Um das glitzernde, glimmernde, funkelnde Meer in der schwindelnden Tiefe zu erblicken, muß ich den Kopf weit zur Seite biegen.

Wie ist das Samenkorn der Pinie hier hochgekommen, welcher Vogel, welcher Wind hat es in diese Spalte getragen, und vor wieviel Jahrzehnten oder gar Jahrhunderten hat es zu keimen begonnen?

Nun durch einen Tunnel, der in den Felsen geschlagen werden mußte, und dann stehe ich vor einer gut fünfzehn Meter tiefen Grube – einst das Verlies.

Ein Hinweis fehlt, er wäre auch überflüssig. Welch ein erschreckendes Symbol, welche stumme Chronik menschlicher Qualen. Unter den Unglücklichen soll einer, der Jäger des Burgherrn, wie es heißt, 39 Jahre lang verkommen sein, weil er in gutem Glauben einen diebischen Vogel getötet hatte, ohne zu ahnen, daß es die Lieblingselster seines fürstlichen Herrn war.

Ein Fensterrahmen aus Fels – wie wurden die Öffnungen damals geschlossen? Davor, ebenfalls aus dem Stein gehauen, Sitzbänke, abgewetzt – mit welchen Erwartungen, Hoffnungen, Trauergefühlen und Ängsten ist von hier nach draußen geschaut worden?

In einem kleinen Museum: Amphoren, die ich betasten darf – für Honig, Oliven, Früchte –, darunter solche aus der Bronzezeit, archäologisch unermeßliche Kostbarkeiten. Viele Funde wurden aus dem Wasser in der Nähe des Kastells geborgen.

Überall raunt hier Historie.

Roberto il Giscardo und Ruggero d' Altavilla, berühmte Normannenherrscher, sollen an dieser Stätte im 11. Jahrhundert ihren eisernen Fuß hingesetzt, Friedrich II. und sein Gefolge das *castello* mehrmals beehrt und Erzbischöfe und spanische Vizekönige die Treppen nachweislich unter hörbarem Ächzen bis zu ihren Kammern erklommen haben. Nachdem die Burg das große Erdbeben von 1693 unbeschadet überstanden hatte, galten seine Verliese über Generationen hin als sicherer Gewahrsam für Sträflinge, die man der Kosten halber darin einfach verhungern ließ, wohingegen die unterirdischen Höhlen im Zweiten Weltkrieg als Siziliens sicherste Schutzunterkünfte bei Fliegerangriffen galten.

Die Luft ist so klar geworden, daß nordöstlich *il continente*, Kalabriens äußerste Spitze, zu erkennen ist.

Ich bin hier auf dem höchsten Punkt von Aci Castello und gestehe, daß mir der Aufstieg schwerfiel. Aber es hat sich gelohnt: Die Piana di Catania; die geschwungenen Konturen der Monti Iblei, die Ahnung von Siracusa und die Küste bis zum Golfo di Noto – da liegt er vor mir, der herrliche Südosten Trinakrias!

So nach antiken Quellen der ursprüngliche Name Siziliens. Was wörtlich mit »drei Vorgebirge« übersetzt werden kann, vielleicht aber auch etwas zu tun hatte mit der ungewöhnlichen Inselgeographie, also einem mit der Spitze nach links umgekippten Dreieck – die Basis im Osten, der südliche und nördliche Schenkel aber spitz nach Westen auf Trapani und Erice zulaufend.

Nun der Abstieg von der Festung nach Aci Castello, Fuß vor Fuß, aber plötzlich innehaltend: Da hält, tief unten, ganz tief, ein alter Mann seine Angel in die türkisfarbene See. Er hält sie am ausgestreckten Arm, unbeweglich, über sich eine gnadenlose Sonne, hinter sich die helle Häuserfront von Aci Castello.

Als ich endlich die Straße erreicht hatte, gut eine Viertelstunde später, steht der Petrijünger noch genauso da – bewegungslos wie eine Vogelscheuche und die Angel in der ausgestreckten Rechten.

Die Kraft und Ausdauer möchte ich haben, denke ich. Und weiter: Hat man die nur hier, auf Sizilien?

Ragusa.

Dahin durch das Val di Noto, endlose Ebene, kultiviert, bepflanzt, voll von Ortschaften, ein einziger grüner Garten, desto übersichtlicher, je höher es in die Monti Iblei geht. Da hinauf, wo auf einem ihrer Felsrücken die alte Bischofsstadt zwischen den tiefgefurchten Tälern des Torrente San Leonardo und des Torrente Santa Domenica liegt. Von den Serpentinen aus, mal rechts, mal links, Blick auf den Ätna im Norden und auf die Küste des Afrikanischen Meers im Süden.

Dann aus der Schlucht hoch durch Ragusa Ibla, die Altstadt, wie eine Wabe am Felsen hängend, Haus an Haus gestückt, rissige Dächer, flatternde Wäsche, Blumen auf den Balkons. Felsen wie eine offene Wunde, aus dem der Stein geschlagen wurde für den Bau der Unter- und der Oberstadt, Ragusa Superiore – eine Etage auf die andere getürmt. An der Piazza San Giovanni die gleichnamige Chiesa, ein Trumm von Kathedrale, an der ein halbes Jahrhundert lang, von 1706 bis 1760, gebaut wurde, zwar nur eine von 83 Kirchen Ragusas, aber die Allesbeherrscherin der Doppelstadt – abweisend, feindlich. Davor steht ein Mann, gemeißelt, mit der Bibel in der Hand, lautlos vor sich hin murmelnd.

Der Anstieg zur Kathedrale wird neu gepflastert, mit weißen Steinen, Tausenden und aber Tausenden, die schon aneinandergefügt sind, aber mehr noch, die es erst müssen. Der Vergleich ist unzulässig, schießt mir aber dennoch durch die Kopf – die Arbeit an den Pyramiden. Und gleich darauf die Frage: Wieviel Zwang und wieviel Glauben dabei, damals wie heute?

In der Mitte des Platzes Palmen, bis hin zur Kirche.

Als ich sie betrete, pralle ich zurück.

Blaue Fenster, oben die Kuppel, die das Licht hereinläßt, und vor mir ein Gekreuzigter, wie ich ihn noch nie gesehen habe – riesenhaft und naturalistisch. Einer stößt Jesus den Spieß in die Seite, ein zweiter, halbhoch auf einer Leiter, schwingt die Keule zu einem Schlag gegen ihn, während die beiden armen Sünder daneben qualvoll mit nur einem Arm an den Balken gebunden sind – Golgatha, eine fürchterliche Momentaufnahme!

Dazu der Heilige Georg, der mit langer Lanze den Drachen besiegt; von der hohen Kuppel her, die extra dafür konstruiert ist, das Heulen des Windes, der bis unten zu spüren ist, und ringsum im dreischiffigen Innern ein ungeheurer Stuckpomp.

Was, sage ich vor mich hin, hat das alles mit Christus zu tun? – kann aber mein eigenes Wort nicht verstehen, so stürmt es von oben herab.

Außer mir sind in der Kathedrale nur noch zwei schwarze Gestalten, Frauen, vor dem Altar, die ganze Zeit bewegungslos.

Raus hier – es ist wie eine Flucht.

In die Stadt, in die Wonne des Alltags, in seine Weltlichkeit. Hinter Schaufenstern, tröstlich, typische Produkte – *miele ibleo*, Käse, Wein, Öl und *cioccolata modicana*. Die würde ich mir gern kaufen. Aber *chiuso* – gerade dieser Laden ist geschlossen.

Eine Allee, Palmen, dick wie überdimensionale Elefantenbeine; links davon Bänke, ein Weg, bestanden mit steinernen Vasen, aus denen Grün sprießt.

Auf einer Bank, teils im Schatten, teils in der Sonne, ein junges Paar mit Kind. Der Mann hat die Beine auf die Bank gelegt, seine Frau lehnt an seiner Brust, während der Dreijährige eine kleine Karre vor sich herschiebt. Die kriegt er nicht über den Bordstein, müht sich aber redlich und schaut sich dabei dauernd um, ob die Eltern seine Tapferkeit auch gebührend bewundern. Der Vater hat die Sonnenbrille über die Stirn geschoben, die Mutter die Hände ineinandergelegt, und beide ermuntern das Kind leise, sich weiter abzurackern. Dann schafft es die Hürde, läßt den Karren stehen, eilt zu den Eltern und setzt sich vertrauensvoll zwischen sie.

Ich gehe ans Ende der Allee, bis zu einer Brüstung, in die Namen gekerbt sind, *Giovanni, Luciana, Pepe, Franca*, und zwei künstlerisch in den Stein gravierte Herzen – Schwerstarbeit aus Liebe.

Und da liegt sie vor mir, tief unten, unendlich, wie besungen von einem überirdischen Frieden – die Region zwischen dem Valle di Noto und den Monti Iblei.

Nur in der Ferne, südlich, glänzt unruhig der gischtige Saum der See.

Dort schlagen hohe Wellenkronen gegen das Gestade von Marina di Ragusa, brüllt der Wind von Afrika her durch die Palmenalleen und über die Dächer des Badeorts, donnert Schaumkamm an Schaumkamm gegen die Mole, habe ich Mühe, nicht umgepustet zu werden – eine phantastische Szenerie.

Am Punto Secco will eine Sintflut die Erde verschlingen: Die Barriere aus ungeheuren Steinen wird ständig übersprüht; Möwen verharren mit starren Flügeln in der Luft, ein einsamer Surfer zieht draußen seine verwegenen Bahnen, das wildbewegte Wasser bricht sich im gleißenden Licht, und über allem ein Luftaroma, das man auf der Zunge zu schmecken meint.

Ein Blick zurück – da liegt es, hoch oben, hell in das Gebirge eingeschmiegt und sehr sichtbar: Ragusa, von dem aus man die See nur schemenhaft erkennen kann.

Aber das Meer sieht die Stadt.

Centuripe.

Von der Straße zwischen Paternò und Adrano am Südosthang des Ätna aus ein wahrer Blickfang, dieses Bergnest, das da plötzlich im Westen auftaucht wie eine Erscheinung, als läge es am Ende der Welt, ohne Zugang und unerreichbar.

Und tatsächlich, es ist, als wollten Paßstraßen, Schluchten, Karst und feindliche Macchia das an den 718 Meter hohen Monte Calvario angelehnte 7000-Seelen-Städtchen auch heute noch vor allem Fremden, vor jedem Zugriff von außen bewahren. Nicht anders wie den vor 2500 Jahren schon von den Griechen »Kentoripa« genannten Ort, der seiner strategischen Lage wegen von den Römern bis zu den Staufern häufig umkämpft war. Und über dem nun, bei unserer Ankunft, Zirruswolken schweben, so lang gestreckt und duftig, als wären sie an den Himmel gepinselt worden.

Auf einer Bergkuppe zwischen den beiden Tälern des Simeto und des Ditaino gelegen, starrt uns das in der Mitte etwas durchgesackte Centuripe mit Hunderten von Fenstern an, wie blinde Augen, die nach Vogelstraußart nicht wahrnehmen wollen, was andere nicht sehen sollen.

Oder ist es Scham, was sich hier so abweisend gibt? Der Anblick der Häuser ist deprimierend, alles macht einen verfallenen Eindruck – verrostete Balkongitter, lebensgefährlich angebrachte Blumenkästen, die Kabelleitungen außen. Nur die Chiesa Madre aus dem 18. Jahrhundert, der *Immacolata Concezione* geweiht, der Unbefleckten Empfängnis, ist restauriert worden, geweißt, gepflegt.

Hier muß es einmal anders ausgesehen haben. Funde aus der hellenischen und der römischen Periode lassen auf eine sorgfältig terrassierte Stadt schließen, mit Marmorskulpturen, Fresken und Ornamenten geschmückten Mauern, vielfarbigen Vasen und mannigfachen Gegenständen der Keramikproduktion, für die Centuripe auch heute noch bekannt ist.

Jetzt gehe ich durch die Straßen und denke: Hier hatte sich doch einer um das alte Centuripe verdient gemacht, vor langer Zeit, Filippo Anzaldi, 1800–1874, von dem die Chronik berichtet und der dringend einen Nachfolger brauchte. Denn hier müßte restauriert werden, sonst zerfällt das Baugut zu Schutt. Aber woher die Mittel?

Über dem Piazzale Belvedere Schwalben, ungezählte, flitzend, Meister der Lüfte. Von hier aus wird der Blick frei auf Regalbuto, Agira, Troina, Cesarò – sie allesamt, gleich welcher Größe und Einwohnerzahl, Bergnester, denen Sizilien buchstäblich zu Füßen liegt.

Jetzt aber zum Nest der Nester.

Von Sciacca schraubt sich die Straße in endlosen Serpentinen hoch, links die Rocca Ficuzza und der Pizzo Telegrafo, beide an die tausend Meter, von der Natur geschaffene Balkons. Dann, nach zwanzig Kilometern, liegt sie vor einem, die Stadt des Schutzheiligen San Pellegrino: sikulischer Herkunft; Königsfeste im zweiten Sklavenaufstand des Salvius Tryphon, 104–99 v. u. Z.; für die Araber die »Burg der Eichen«, Qalat-al-Ballut; von den Normannen erstürmt und mit einem Kastell gesichert, aber an die Staufer verloren, und von Goethe nur aus der Ferne erblickt, am 22. April 1787, auf dem Weg nach Girgenti (Agrigento) – »Von Sciacca hieher starke Tagesreise« – Caltabellotta!

849 Meter hoch, geschmiegt an den Hang des gleichnamigen Bergs, der noch einmal hundert Meter aufwärts sticht, liegt sie da, die Stadt – weiß, alt, ohne Hochhäuser oder andere Verunzierungen moderner Architektur, halb im Licht der späten Nachmittagssonne, halb im Schatten des steinernen Dorns über den Dächern und grandioser noch als Enna durch die Nähe des Meers, die den Höhenunterschied erst richtig sichtbar macht.

Ich stehe auf dem Platz unterhalb der Festung, von der aus man über halb Sizilien blicken kann, und höre Hufe klappern – es naht ein Maultier, dessen Reiter steifbeinig absteigt, sich eine Zigarette anzündet und die Leine in der Hand hält. Dann schläft er ein oder döst vor sich hin, wie das Maultier. Ich rühre mich nicht vom Fleck.

Schwer, sich von hier zu trennen – darüber wird es spät.

Über Ribera an die Küste.

Die Scherenschnitte der Gebirgskämme, Vordergrund ist nicht mehr zu erkennen. Sizilien ertrinkt für eine kurze Weile in Kobaltblau. Dann senkt sich die Nacht herab, und überall auf den Höhen werden die Lichter angezündet.

Trinakria – deine Wächter!

Pirandello oder »Glühwürmchen, die vom Himmel fallen«

Die Anfahrt von der Straße, noch im Weichbild von Agrigento, ist lang, aber dann ist sie erreicht, die *Casa natale di Luigi Pirandello*, das Geburtshaus des großen Schriftstellers (1867–1936). Museum ist es nun, Stätte des Nachlasses, zu anderen Jahreszeiten Wallfahrtsort, doch heute morgen von Einsamkeit umgeben und – geschlossen. Das Haus wird restauriert. Eine Zerbera verbietet den Eintritt, läßt sich nicht erweichen, obschon weit und breit keine Mitbewerber zu sehen sind. Auch Antonio Mortens Überredungskünste im charmantesten Italienisch versagen diesmal. Das Tor bleibt verschlossen.

Doch ganz umsonst war der Anmarsch nicht. Ist hier doch etwas vom Elysium in der Luft hängengeblieben.

Nein, alle 240 Novellen Pirandellos, 15 Bände, habe ich nicht gelesen, ein Leben reichte ja dafür und für die Lektüre seiner Dramen nicht aus. Aber in Erinnerung und als Begleitung geblieben sind mir außer den »Sechs Personen suchen einen Autor«, seinem »Heinrich IV.« und den »Riesen vom Berge« vor allem Hingehauchtes über seine Heimat: Hymnen an Südsiziliens Landschaft, an die Farben des Afrikanischen Meers; Oden an Olivenbäume; der Satz von den »Glühwürmchen, die vom Himmel fallen«, von der »sarazenischen Unvergessenheit« und vom »Leben unterhalb der Hochebene«, dem »Dasein am Fuße des Berges« – womit er nicht nur das Gebirge, sondern auch das bis ins Jahr 1926 »Girgenti« genannte Agrigento meinte.

Leise, fast wispernd, schildert Pirandello wieder und wieder den Ausblick von seinem Haus aus, das zunächst so schmucklos aussieht und doch mit Treppenaufgang, Brüstung und Bougainvilleen noch eine späte Ahnung des einstigen Flairs zuläßt – ein paradiesischer Ort.

Davor, gewaltig und aus Metall, die Büste des Nobelpreisträger für Literatur 1934, der wuchtige Charakterkopf auf einem steinernen Podest. Aufgestellt zu seinem hundertsten Geburtstag, am 28. Juni 1967, ohne daß die zusammengeschlossenen Lion's Clubs von Agrigento, Caltanissetta, Canicattì und Sciacca als Initiatoren und Spender das Licht ihres Mäzenatentums unter den Scheffel gestellt hätten. Jeder soll's wissen.

Die Sonne brennt mörderisch herab, und als wir in Porto Empedocle hitzematt in sozusagen letzter Minute eine Gaststätte erreichen, wollten mir gerade die Sinne schwinden. Doch werden die Geister ganz rasch wieder wach, denn drinnen bin ich plötzlich umstellt, geradezu umzingelt von Pirandello und lauter Andenken an ihn – das Restaurant ist voll davon!

Fotos, schwarzweiße, eine fruchtbare Familie, die Kinder vorn, darunter der kleine Luigi. Eines vom 27. Januar 1894, da war der Dichter gerade 27: »Luigi Pirandello e Antonietta Fortulano ...« Ein Brief, Originalhandschrift: »Ich konnte nicht abreisen, weil es ununterbrochen geregnet hat.« Wohin wollte er?

Der Meister bei der Arbeit, ein Foto, wie alle anderen unter Glas. Auch »Le mani Luigi Pirandello«, Aufnahmen seiner Hände – an der Linken einen breiten Reif auf dem Ringfinger, an der Rechten einen schmaleren auf dem Kleinen Finger. Man meint es gut hier mit dem *famosissimo*, man meint es sehr gut mit ihm.

Der Besitzer der Trattoria, ein älterer, höflicher Herr, Brille, Schnurrbart, blaues Hemd, Jahrzehnte in der Gastronomie Essens beschäftigt gewesen und deshalb mit passablem Deutsch, ist entzückt über mein Interesse. Und bittet zu Tisch in einem Ton, als wollte er sich dafür revanchieren.

Aber ich kann noch nicht und suche weiter an den Wänden dieses als Gaststätte getarnten Privatmuseums.

Pirandellos Theater in Rom; ein Brief an seinen Sohn Stefano während des Ersten Weltkriegs. Fotos von der Aufführung seiner Stücke, und Pirandello selbst, ganz *gentiluomo*, mit Spazierstock. Alles liebevoll gepflegt und sorgsam bewahrt, auch sein Testament, der an Freunde und Feinde abgesandte »letzte Wille«. Der ist erinnerlicherweise, wie bei Leonardo Sciascia auch, nur teilweise befolgt worden, so unmißverständlich Pirandello auch war:

»In der Zeitung bitte keine Berichte darüber, keine Anzeigen und Trauerbekundungen. Im Tod möchte ich nicht bekleidet werden, sondern nackt eingebettet in einem Bettuch. Keine Blumen, keine angezündeten Kerzen. So wie die Armen der untersten Gesellschaftsschicht soll mich keiner begleiten, weder Verwandte noch Freunde. Kein Wagen, kein Pferd, einfach nur so – und Schluß.

Verbrennt mich, meinen Körper, und sobald er verbrannt sein wird und nur noch Asche bleibt, soll sie verfliegen und in alle Winde zerstreut werden. Falls das aber nicht möglich ist, so bringt mich in eine Urne auf Sizilien, eingemauert in den Steinfelsen in der Landschaft von Girgenti, wo ich geboren wurde.«

Das ist geschehen, die Urne ist in der Nähe des Hauses beigesetzt worden, unter einem aus Fels entsprungenen Baum, der aber abbrannte und sich allen Wiederbelebungsversuchen verweigerte.

Der große Wunsch Pirandellos nach einem Hingang in Ruhe ist ihm also nicht erfüllt worden. Ich argwöhne, daß er, in Kenntnis des dramatischen Lebensgefühls seiner Landsleute, wohl selbst nicht so recht daran geglaubt hat.

Jedenfalls deutet der Wirt der Trattoria, vorsichtig darauf angesprochen, nicht nur eine ähnliche Vermutung an, sondern läßt keinen Zweifel, daß alles andere der Würde des *illustrissimo* nicht entsprochen hätte.

Am Tisch dann, direkt vor mir, sehe ich gebannt, wie sich in einem schmalen Bassin ein Wesen windet, das ich nicht Fisch nennen möchte, weil es irgendeiner ätherischen Sphäre jenseits unserer bekannten Welt entsprungen zu sein scheint. Ein wunderbares, großäugiges Tier, schlank wie ein Aal, aber viel stärker und heller, der Schwanz schlangenhaft, ständig in künstlerischen Bögen geschwungen, und auf und unter dem langen Leib zwei schmale Flossen, die wie durchsichtige Fächer zittern. Und das alles mit dem Kopf nach unten quer im Winkel von 45 Grad in dem kaum bewegten Wasser.

Es wird serviert – als Vorspeise *Frutti di mare* in unübersehbarer Auswahl, danach ein Mittelmeerfisch, dessen Namen ich, ganz im Gegensatz zu seinem zungenbetörenden Geschmack, vergessen habe, limonengetränkter Salat, schließlich Marsala und Averner. Danach könnte die Lebensmittelproduktion ohne Bedenken eingestellt werden.

Wir werden bedient von einem jungen Mann, schwarze Hose, weißes Hemd, vor 28 Jahren hier geboren, in Porto Empedocle, stolz darauf und, wie er unbefangen sagt, zufrieden mit seinem Leben. Ich sinniere, ob mir in Deutschland je eine so ungeniert und ehrlich bekannte Zugehörigkeit begegnet ist, kann mich aber nicht erinnern.

Hier kommt und will man nicht so schnell weg. Zumal sich, ein wenig hinter mir, an einem anderen Tisch mit einem Traumpaar von Augen und klassisch gerader Nase eines dieser Gemmengesichter eingefunden hat, deren Physiognomie nur einer Kultur von Hunderten von Generationen entsprungen sein kann.

Während des Mahls und der anschließenden Unterhaltung hat das Naturkunstwerk in dem großen Aquarium da vor mir seine Position nicht um einen Zentimeter verändert – mit dem Schwanzende von oben rechts bis zu dem riesigen Auge unten links, tänzelt es nach einem unhörbaren Rhythmus und ohne Kenntnis seines sicheren Schicksals federnd in dem nassen Element.

Inzwischen freuen sich der Wirt, der junge Ober und alle hinzugekommenen Angestellten, daß ich die Ehrenbürgerschaft von Riesi erhalten werde. »La Sicilia«, ein weitverbreitetes Organ auf der Insel, hat davon Wind bekommen und darüber geschrieben – von dem Schriftsteller aus Deutschland, der, begleitet von Antonio Morten, auf der Suche nach dem Großvater väterlichereits, einem seinerzeit hochberühmten Maestro einer italienischen Blaskapelle nördlich der Alpen, in dem Geburtsort Riesi auf amtliche Dokumente gestoßen ist, und das nach vielen zuvor fehlgeschlagenen Versuchen.

Das schwere Schicksal meines Großvaters am Ausgang seines Lebens wurde von der Zeitung zwar keineswegs unterschlagen, scheint aber angesichts der erfolgreichen Suche des Enkels und den feierlichen Folgen an Tragik eingebüßt zu haben.

Die Leute hier hatten den Artikel schon gelesen.

Also allgemeiner Jubel, zwischen all den Fotos und Andenken an Luigi Pirandello, als nun die Identität zwischen Gast und künftigem

Ehrenbürger aufgedeckt wird (ich denke, nicht zuletzt durch diskrete, sich scheinbar zufällig ergebende Hinweise meines Begleiters, mit denen er auch anderswo seinem Stolz freundschaftlichen Ausdruck zu verleihen pflegt).

Auf der Straße dann, vor der Tür des Etablissements, drehe ich mich um und notiere für die spätere Leserschaft:

»Trattoria e Pizzeria Luigi Pirandello. Specialità marinare, pesce alla brace.«

Nur zu empfehlen.

Ma che giorno – welch ein Tag! Stoße ich doch draußen, ein Stück weiter, auf die Statue des *großen Dramatikers* und *Nobelpreisträgers für Literatur*, ihm verehrt von der Stadt seiner Herkunft und eingeweiht vom Bürgermeiser des von Agrigento eingemeindeten Porto Empedocle:

Al grande dramaturgo Luigi Pirandello, Premio Nobel della litteratura – la città delle sue origini – Il sindaco, 6. Settembre 2000.

Da steht der Sizilianer, der mit seinen Dramen Italiens modernes, antiillusionistisches Theater vorbereitet hat und einer der produktivsten Autoren seiner Zeit war: die linke Hand in der Hosentasche, unangestrengt, lässig; das scharfgeschnittene Gesicht, den durchgeistigten Gelehrtenkopf hochgereckt – ohne Triumph und Herablassung.

Gut getroffen.

Aber weiter und heraus aus der Stadt. Denn die war nur eine, wenn auch wichtige Etappe.

Und dann sehe ich das eigentliche Ziel, von der Straße, von unten her, ein Anblick, mit dessen Erhabenheit nur noch die Sonnen- und die Mondpyramide im mexikanischen Teotihuacán konkurrieren können, die Pyramiden Altägyptens, die steinzeitlichen Monumente von Stonehenge oder die Alhambra aus Spaniens später Maurenzeit, am ehesten aber wohl noch die anderen Denkmale der Magna Graecia auf der Insel:

Das Valle dei templi – das Tal der Tempel!

»Freude, schöner Götterfunken«

Am Parkplatz ein kunterbunt aufgezäumtes Pferd, dessen Besitzer unter einem Sonnenschirm auf Kunden wartet, die über das archäologische Gelände gefahren werden wollen. Aber dahinter eigentlich Schweigen, ein mächtiges, jahrtausendealtes Schweigen, das einen gleich hier vorn schon anfällt.

Aus dem Grün stechen riesige Stümpfe hoch, Torsi von Säulen, die sich nach oben verjüngen, acht zähle ich, verwittert, narbig, aber man sieht noch die Kanneluren – wie Ungetüme aus der Vorzeit ragen sie empor. Daneben zyklopische Blöcke, bearbeitete Steine – wie sind die aufeinandergetürmt worden?

Die Sonne ist tödlich, ich habe den Hut vergessen und mache mich trotzdem auf den Weg bergan, flankiert von den Relikten einer Epoche unvergleichlicher Großartigkeit: den Tempeln des Herakles, der Juno, der Dioskuren, des Zeus, des Äskulap und der Concordia. Vor ihm, einem der besterhaltenen Bauwerke der griechischen Antike, stehe ich jetzt.

»Der Tempel der Concordia hat so vielen Jahrhunderten widerstanden; seine schlanke Baukunst nähert ihn schon unserem Maßstabe des Schönen und Gefälligen, er verhält sich zu denen von Paestum wie Göttergestalt zum Riesenbilde.«

So Johann Wolfgang von Goethe – »Girgenti, Mittwoch, den 25. April 1787« – bei seiner gewissenhaften Aufzählung auch der anderen griechischen Götterburgen. Und in der Tat, die stumme Majestät dieses Tempels läßt eine Ahnung aufscheinen, welchen Anblick das weite Areal geboten haben mag, als noch alle Horizontalen und Vertikalen der Heiligtümer standen. Nördlich die Stadt, Akragas, das heutige Agrigento, alten Quellen nach zu ihren besten Zeiten die Herberge von 200 000 Einwohnern, und im Süden das nahe Meer, von wo im Jahr 583 v. u. Z. die Gründer aus Rhodos gekommen sein sollen.

Sie waren Teil jener explosiven Wanderbewegung, die als Magna Graecia in die Geschichte eingegangen ist. Von Chalkis, Euböa, Korinth, Athen und anderen Regionen des Mutterlandes ausgehend, ist es eine historische Kolonisation, die etwa in der Mitte des 8. Jahrhunderts v. u. Z. begann und in wenigen Jahrzehnten zur Gründung zahlreicher griechischer Städte in Süditalien und auf Sizilien führte.

Dabei ging es nicht mehr, wie davor, um auswechselbare Handelsplätze, sondern um dauerhafte Niederlassungen in Gebieten, die bereits besiedelt waren, also um die gewalttätige Inbesitznahme von bestem Ackerland, von Frauen und Sklaven. Und das durch technisch und organisatorisch weit überlegene Eroberer, denen sich die Einheimischen unterzuordnen hatten, was zu ständigen, wenn auch nicht den einzigen bewaffneten Auseinandersetzungen führte. Immer ging es auch um die Macht zwischen den griechischen Herrschaftszentren, wie Syrakus und Akragas, mal als Bundesgenossen, mal als Gegner der vor allem in Westsizilien engagierten Phönizier. Wechselvolle Kriege waren das, bis hinein in den weltgeschichtlichen Kampf des 3. Jahrhunderts v. u. Z. zwischen Rom und Karthago, der auch auf sizilischem Boden ausgefochten wurde, mit Zerstörungen, von denen sich die Magna Graecia nicht mehr erholte.

Unter römischer Herrschaft erlischt ihre Lebenskraft, geht sie politisch und militärisch unter. Die Spuren ihrer Kultur aber blieben in den Köpfen vieler Generationen und in einer Gräzisierung süditalienischer Sprachelemente mit Ausläufern bis in die Gegenwart. Doch vor allem durch die Beharrung ihres steinernen Erbes, der Tempel der Magna Graecia und ihres urbanes Ambiente, Sinnbilder materieller Leistungskraft, ideellen Schöpferwillens und – einer ungeheuren Glaubenskraft!

In meinem Rücken die Reste des Olympieion, des gigantischen, unvollendeten Zeustempels; weiter östlich die Säulen des Tempio di Juno, und vor mir, goldbeschienen von einer schrecklichen Sonne, der Tempio di Concordia – denke ich: Du bist nicht hergekommen, um zu fachsimpeln über dorische oder ionische Kapitele, über Kanneluren, Architrave und Metopen, Ecktriglyphen und Friese – du bist hergekommen, wie schon beim ersten Besuch des Valle dei templi 1975, um dieser Stätte deinen tiefempfundenen Tribut zu zollen.

»Freude, schöner Götterfunken«, heißt es bei Schiller. Warum dieser Bezug auf Götter, warum nicht auf Gott, den einzigen, ewigen? Warum die Schwierigkeit, den Allmächtigen und Allgütigen der Bibel mit dem Begriff »Freude« zu verbinden?

Ja, diese Tempel sind Götterburgen, und sie lassen für mich jeden monotheistischen Bau an Ästhetik weit hinter sich. Da wird etwas Ursakrales sichtbar, etwas, das mich, den Glaubensfernen und eigentlich doch so – willigen berührt und jeden religiösen Alleinanspruch ad absurdum führt. Die phantastische Götterwelt der Antike, besonders die der Griechen, ihrer Mythen und Sagen, ihrer Genealogie, die die Heroen mit Menschen verband, das tief Chtonische, also Irdisch-Unterirdische – das ist es, was mich unwahrscheinlich anspricht.

Die Götter, zu denen hier vor den Altären gebetet wurde, sind wie Menschen sein möchten, ohne so sein zu können, und sind doch begreifbar, diesseitig – nicht weit entrückt in ein fatales Jenseits.

Gewiß, diese Blöcke sind gebrochen, behauen und an ihre Positionen gehievt worden durch Sklaven und ihre billige Muskelkraft. Aber auch durch die eines Glaubens an die Götter, der in nichts geringer war als der der Schriftreligionen – in nichts.

Das denke ich, nun im Schatten der beiden einzigen Bäume in der Nähe des Concordiatempels. Und erinnere mich, wie ich vor mehr als 25 Jahren auf seinen Stufen mit der endgültigen Niederschrift meines Familienromans begonnen hatte:

»Giacomo Bertini war fünf Jahre alt, als er beschloß, sein erbärmliches Geburtsnest Riesi im sizilianischen Regierungsbezirk Caltanissetta auf dem Rücken eines nachbarlichen Esels unabgemeldet zu verlassen – das Meer, Palermo, Musik!«

Daß hier überhaupt noch etwas steht, ist Dottore Paolo Cilona aus Agrigento zu verdanken. Bodenspekulanten und die Chemieindustrie hatten seit den siebziger Jahren schon die gierigen Hände nach dem Tal ausgestreckt und es unter sich verteilt. Da war Paolo Cilona in den Hungerstreik getreten und hatte sich an den Concordiatempel gekettet. Als ihm nach neun Tagen geraten wurde, den Streik abzubrechen, hatte er sein Ziel erreicht – 10 000 Unterschriften brachten das Verfahren zum Schutz der Zone in Gang, mit dem Resultat, daß von 1986 an in einem Bereich von 1400 Hektar um die Tempel nicht mehr gebaut werden darf.

Von dem turmartigen Grab des Theron aus noch einmal einen Blick über die riesige archäologische Fund- und Weihestätte. Aber so großartig sie auch ist, es gibt noch eine großartigere.

Ich gehe durch ein Tor, und stehe vor einem der größten Steinfelder der Erde – vor dem Sakralbezirk und der Akropolis von Selinunt.

Hier, an der Südwestküste Siziliens, zwischen Sciacca und Castelvetrano, liegen die Reste von acht griechischen Tempeln des 5. und 6. Jahrhunderts v. u. Z., errichtet von Kolonisten aus Megara Hyblaia an der Ostküste der Insel.

Völlige Verlorenheit des Individuums.

Eine weite Fläche, aus der sich als einziges Bauwerk die Ruine des als »E« archivierten Tempels abhebt, daneben, in gehörigem Abstand, was von den Tempeln »F« und »G« übriggeblieben ist – Millionen von behauenen Steinen, die alle einmal auf- und aneinandergefügt waren, dann aber, bis auf einige Stümpfe, eingestürzt sind, ein unentwirrbares, zyklopisches Puzzle, das nicht von Menschenhand gelegt sein kann. Hier haben Naturgewalten, hat ein verheerendes Erdbeben Tabula rasa gemacht und buchstäblich keinen Stein auf dem anderen gelassen. Davon war auch der einst der Hera geweihte Tempel »E« betroffen, ehe er 1957/58, so gut es ging, wieder aufgerichtet wurde. Womit die Restaurierungsenergie erschöpft zu sein scheint. Aber gemach – was hier vor mir liegt, läßt sich nicht restituieren.

So die Trümmer des Tempels »G«, die ihn als einen Giganten ausweisen, der nicht seinesgleichen hatte – die klar zu erkennende Grundfläche des Kolosses dorischer Ordnung bedeckt 5500 Quadratmeter. Heute ragt aus dem ungeheuren Feld nur noch, wie ein geköpfter Riesenfinger, eine einzige Säule hervor.

Mitten in dem niedergelegten Wirrwarr stehe ich vor einem Block, der seine hundert Tonnen auf die Waage brächte, und davon gibt es ringsum viele. Ich werde an Sacsayhuamán erinnert, die Inkafestung oberhalb von Cuzco, ein Monstrum jener weltweit verbreiteten Megalithkultur, die, wie hier, noch bis in die griechische Hochzivilisation nachgewirkt zu haben scheint. Geholt worden ist das Material, Kalktuff, aus den Steinbrüchen von Cusa, etwa zwölf Kilometer nordwestlich von Selinunt. Die mächtigen, von Säulen und Pfeilern getragenen Steinbalken, Architrave, wurden schon an Ort und Stelle in den Brüchen behauen, dann mit einer radartigen Holzarmatur umgeben und von Rindern und Sklaven nach Selinunt geschafft. Mittels eines langen Balkens, der tief in die Erde gerammt war, und einer Seilkonstruktion mit Drehhebeln konnten nach dem Gesetz des Flaschenzugs die ungeheuren Gewichte hochgezogen werden. Bildliche Nachahmungen des Aufbaus lassen erkennen, wie klein der Mensch war gegen die Materie, die er da aufrichtete – Herrschaft von Zwergen über Steine, die tausendmal so schwer waren wie sie.

Stärker, dauerhafter als alles aber ist die sich selbst reproduzierende Flora – vor meinen Füßen, unlöschbares Leben zwischen lauter Trümmern, sprießt Roter Mohn aus Erdritzen.

Den finde ich auch auf dem Boden der einstigen Akropolis, die die Krönung Selinunts gewesen sein muß – siebzehn Hektar groß und von einer Verteidigungsmauer umgeben. Von den fünf Tempeln dort steht nur noch eine Säulenreihe des als »C« archivierten größten von ihnen, monumental und doch bloß ein Bruchstück. Aber selbst aus solchen Resten gewinnt man noch eine Vorstellung der einstigen Größe.

Die Stadt, mit den Trassen ihrer Nordsüdstraßen, den wohlgeordneten Wohnquadraten, den majestätischen Tempelfronten und der Wehrmauer, mit ihren 20 000 freien Bürgern und 100 000 Unfreien eine der größten und bedeutendsten Stätten auf der Insel – dieses Selinunt muß im 6. und 5. Jahrhundert v. u. Z. von See her einen überwältigenden Anblick geboten haben. In einer hochfahrenden Phase der Magna Graecia errichtet, war die Griechenstadt der Ausdruck überlegener Macht, eine Schöpfung absoluter Siegeszuversicht und der Gewißheit bleibenden Triumphes.

Welch ein Irrtum!

Von wechselnden Tyrannen regiert, in ständiger Fehde um Grenzziehungen mit der nördlich gelegenen Elymerstadt Segesta, ein Vorposten gegen die Karthager im Westteil der Insel, wurde Selinunt 409 v. u. Z. von ihnen erobert und zerstört. Fortan unter ihrer Herrschaft, wurden 160 Jahre später, im ersten der drei Punischen Kriege zwischen Karthago und Rom, seine Bewohner verpflanzt und die Befestigungen geschleift. Von da an eine verlassene Stadt, wurde alles, was von ihr übriggeblieben war, und das war architektonisch immer noch phantastisch genug, durch das schwere Erdbeben im 6. Jahrhundert unserer Zeit zum Einsturz gebracht.

Ich setze Fuß vor Fuß, um dem Steinlabyrinth des Giganten »G«
ohne gebrochene Glieder zu entkommen; wate durch die Bauklötze
des kleineren Tempels »F«, betaste die Kanneluren des Heratempels
»E« und stehe, in der Nase das frische Jod des nahen Meers, auf
dem Territorium der Akropolis verzaubert vor der Patina der Tempel-
ruine »C«.

Es gibt nicht viel auf der Welt, was sich mit Selinunt, diesem Zeugen einer untergegangenen Hochkultur, vergleichen ließe.

Und doch – *ein* Platz, *ein* Heiligtum, nicht sehr weit entfernt von
hier, übertrifft selbst dieses noch.

Aber bis da ist es noch lange, lange hin

Nach anstrengender Anfahrt die letzte Prüfung – ein steiler Anstieg
zu Fuß. Nun noch eine Weile im Schatten verharrt, weil es gleich
unter einer gnadenlosen Sonne keine Spur mehr von ihm geben
wird. Und dann steht vor mir, worauf ich so lange gewartet habe,
wie eine überirdische Erscheinung, in grandioser Einsamkeit und
atemverschlagender Erhabenheit – die goldengetönte Ruine, der
Zyklop von Menschenhand, ein schweigendes Ungetüm: der Tempel von Segesta!

Die Säulen unkanneliert, als hätte die Arbeit abrupt abgebrochen
werden müssen. Ich zähle je zwölf Seitensäulen, ohne die Ecksäulen,
und je sechs Quersäulen, sie alle von Wind und Wetter und den Jahrtausenden zermürbt. Alle Waagerechten, außer dem flachen Tympa-
non über den Portalen, sind zerfallen, die ungleich großen Rund-
blöcke der Säulen zernarbt, zerfressen, von Löchern durchsetzt, als
hätten die Äonen das Gestein geduldig da herausgepickt.

Architektonische Eleganz, wie die Relikte von Agrigento und
Selinunt, hat der wuchtige Bau nicht. Aber daß dieser im Westen
Siziliens auf 305 Meter Höhe gelegene Tempel Ausdruck der hoch-
entwickelten und griechisch beeinflußten Zivilisation der Elymer
war, dafür steht sein dorischer Stil. Ebenso zweifelsfrei dürfte sein,
daß es sich hier um ein Monument des Glaubens an das Götter-
pantheon der hellenischen Antike handelte.

Denn so geheimnisumwittert es auch ist, so weiß man heute doch,
daß es sich hier nicht, wie lange angenommen, um ein Heiligtum für

fremde Kulte und Riten handelte, sondern daß ein attischer Baumeister einen reinen griechischen Ringtempel errichten wollte, mit einer Cella, dem typischen Kultraum der hellenischen Götterantike.

Es wird angenommen, daß der Tempel um 420 v. u. Z. von der auf einer Anhöhe gegenüberliegenden Stadt Segesta in Auftrag gegeben worden ist. Den spärlichen Überlieferungen nach war sie die reichste und blühendste, und doch sind von ihr kaum Spuren geblieben. Mehr dagegen von dem etwa in der Mitte des 3. Jahrhunderts v. u. Z. erbauten Theater. Von dessen steinernen Sitzen aus konnten die Zuschauer jenes »Eckchen Meer« sehen, von dem Goethe in seiner »Italienischen Reise« spricht – nicht aber, wie er darin meint, vom Tempelbezirk aus. Hier irrte der Meister – doch sein Text dazu ist wundervoll:

»Segesta, den 20. April 1787

Die Lage des Tempels ist sonderbar: am höchsten Ende eines weiten, langen Tales, auf einem isolierten Hügel, aber doch von Klippen umgeben, sieht er über viel Land in eine weite Ferne, aber nur ein Eckchen Meer. Die Gegend ruht in trauriger Fruchtbarkeit, alles bebaut und fast nirgends eine Wohnung. Auf blühenden Disteln schwärmten unzählige Schmetterlinge. Wilder Fenchel stand, acht bis neun Fuß hoch, verdorrt von vorigem Jahr her, so reichlich und in scheinbarer Ordnung, daß man es für die Anlage einer Baumschule hätte halten können. Der Wind sauste in den Säulen wie in einem Walde, und Raubvögel schwebten schreiend über dem Gebälke.«

Nein, von hier aus, vom Tempel, ist das Meer nicht zu sehen, wohl aber der Wunsch nach seiner Kühle groß – es ist, als müßte die Gegend jeden Moment in Rauch aufgehen. Die Säulen werfen auf der rechten Seite schmale Schatten, die linke liegt in der prallen Sonne. Dort ist der Stein so heiß, daß man sich die Finger daran verbrennen könnte. Wer hat ihn von wo heraufgeschafft, wer ihn gerundet, zu Trommeln behauen, aufeinandergehievt, höher und immer höher hinauf?

Geschichtlich ist von hier Unheil ausgegangen. Segesta befand sich in traditioneller Fehde mit Selinunt, eine Rivalität, die sich über Jahrhunderte hinzog. Die Erbfeindschaft verführte die Stadt zu wechselnden Bündnissen, mit Karthagern, Griechen und Römern, was ihr nicht frommte. Der historische Schrecken trug viele Namen – von Strafexpeditionen Athens über Belagerungen des syrakusischen Tyrannen Dionysios I. bis zu Eroberern oder Bundesgenossen wie Agathokles und Pyrrhos von Epiros. Zu Beginn des Ersten Punischen Kriegs schloß Segesta sich 263 v. u. Z. Rom an und wurde dessen Hauptstützpunkt in Westsizilien. Historiker kommentieren den weiteren Verlauf der Chronik so: »Dann hört die eigene Geschichte der Stadt auf.«

Schon nach der Völkerwanderung, in der Mitte des ersten Jahrtausends, war sie verödet und wie vom Erdboden verschwunden.

Was übrigblieb, war der Tempel außerhalb des Stadtgebiets auf einem Hügel, der an drei Seiten von der Pispinaschlucht umgeben ist.

Aber warum ist das Bauwerk nicht zu Ende geführt worden? Jetzt, an seiner Rückseite, entfährt es mir unwillkürlich: zum Glück nicht.

Denn gerade das sichtbar Unfertige zieht mich an, die Säulen ohne Kanneluren, die nur halb ausgearbeiteten Kapitele, die rohen Stylobate, oberste Stufen des Unterbaus. Natürlich hat der Zahn der Zeit gewirkt, fehlt das Dach, sind die Horizontalen heruntergekracht – aber das erklärt nicht den Eindruck der Unvollständigkeit. Die kommt von den Ursprüngen her, von der unbekannten Kraft, die die Endfertigung verhindert hat – und die dem Tempel von Segesta gerade deshalb diese verstörende Mischung zwischen Kunst und Megalomanie, zwischen Kultur und Grobschlächtigkeit, kurz, seine unvergleichliche Großartigkeit bescherte.

Ich kann mich von dem Anblick nicht trennen.

Hier möchte ich wachen Tag und Nacht und nachsinnen über das Schicksal seiner Planer, seiner Erbauer, seiner Zeitgenossen. Alle Parabeln des Menschengeschlechts, sein ganzes Universum, wären hier beisammen und würden sich auftun.

In der Nähe rauscht das Stakkato des Massenverkehrs sizilianischer Autobahnen, und das gleich zweimal – nordwestlich auf der Strecke Palermo-Trapani, östlich auf der Route Mazara–Palermo.

Der Tempel bleibt davon seltsam unberührt, die Emissionspestilenz der Moderne erreicht ihn nicht – will mir scheinen. Wenn aber doch, dann möchte ich in dieser Welt sowenig leben wie in einer, der die völlige Abholzung des Amazonasregenwalds gelungen wäre.

Ich entferne mich ein wenig von der Stätte, gehe ein Stück auf die freie Fläche, betrachte mir das Bild aus der Distanz – und da tröstet es mich plötzlich, das Unikat aus der Antike, gibt mir geradezu ein Versprechen, daß es überdauern wird, ja, daß es sogar noch stehen werde, wenn es hienieden keine Menschen mehr gäbe, sondern sie längst geflüchtet wären auf ferne Planeten – vor jener gewaltig bis in Erdnähe expandierten Sonne, die alles einschmelzen wird, auch den Tempel von Segesta.

Aber *sie* darf das – abgesehen davon, daß es bis da noch lange, lange hin ist.

Saluti, tapfere Namensvetterin, tanti saluti!

Kurz vor Messina ab von der *autostrada* auf die Landstraße 113, in die nördlichsten Ausläufer der Peloritani – *tornanti*, mit Natursteinen gepflasterte Haarnadelkurven. Hoch und höher geht es, durch riesige Schluchten und über wildromantische Grate. Feigen am Weg, ganze Plantagen, und ein phantastischer Blick aufs Meer. Da klebt etwas auf der Bergkuppe, ein Felsennest, nahe und doch wie unerreichbar. Keine Ausschilderung. Wer sollte hier gefragt werden? Menschen sind nicht zu sehen.

Eher zufällig dann doch vor dem Ortsschild *Gesso*. Im Ort nichts als leere Straßen. Schließlich ein junges Mädchen, mit Hund, schwarz gekleidet, Korkfrisur. Auf unsere Frage erschrickt sie und flüchtet. Mehr Glück haben wir in einer Bar. An der Theke zwei Männer: »Ach, *die*?« brabbelt einer von ihnen und nimmt dabei einen Ausdruck an, als wollte er die Antwort verweigern, sagt dann aber: »Da sind Falken im Haus, das heißt, *sie* müßte eigentlich da sein. Versuchen können Sie es ja.«

Wir fahren in die angegebene Richtung – und finden das Haus, oben auf einer Kuppe, von der aus der Blick herrlich sein muß, kann man doch schon von hier, weithin über die Gebirgslandschaft, die Kämme der Nebrodi erkennen.

Was ich an dieser Stelle erhoffe, ist, Siziliens legendäre Kämpferin für die Vogelwelt zu treffen, die Beschützerin der Milane und Wespenbussarde, der Rohrweihen und der Schwarzen Störche, der Vögel jeder Art und Größe – Anna Maria Giordano!

Von der »Time« geehrt als »Heldin für den Planeten«, Trägerin der Silbernen Nadel des Deutschen Vogelschutzbundes und 1998 ausgezeichnet mit dem Goldman-Umweltschutzpreis (so etwas wie der Nobelpreis für Naturwissenschaftler), hat sich die heute 37jährige der Abknallobsession ihrer Landsleute entgegengestellt. Was bedeutet, daß sie sich in Fehde befindet mit der italienischen Jagdwaffenindustrie, der zweitgrößten nach den USA, und mit einem Männlichkeitswahn, der sich nach alter Sitte der Treue der Ehegattin nur sicher glaubt, wenn ein abgeschossener und ausgestopfter Raubvogel im Haus aufgestellt ist – besonders bevorzugt dabei der Wespenbussard.

»Kann es«, hat die Frau, die ich hier suche, einmal gefragt, »kann es einen ekelhafteren Aberglauben geben als diesen?«

Nein.

Aufmerksam geworden auf Anna Giordano und ihren unermüdlichen Kampf für die bedrohten Vögel, war ich durch die Lektüre eines Artikels des Autors Christopher Matthews im deutschen »Reader's Digest«: »Eine Frau jagt die Vogelmörder«.

Es ist das eindrucksvolle Porträt einer Sizilianerin, die als Kind schon zur Zeugin dieser blutigen, vor allem süditalienischen Tradition wurde. Lag doch einer der großen Tatorte sozusagen direkt vor ihrer Tür – der Stretto, die Meerenge von Messina, die alljährlich auf dem Weg zwischen Afrika und Europa von riesigen Vogelscharen überflogen und dabei schwer gelichtet wird – von den überall lauernden und anschlagbereiten *bracconieri*, Wilderern. Es heißt, daß allein hier 150 000 Vögel mit 40 000 Tonnen Bleischrot vom Himmel geholt werden – ungestraft. Wenn auch ein generelles Antijagdgesetz für Italien 1990 nur knapp scheiterte – lokale und regionale Jagdverbote, Vögel eingeschlossen, sind sehr wohl in Kraft, auch auf Sizilien. Zwar werden sie ständig übergangen, aber schwerer, sehr viel schwerer hat es Anna Giordano den Gesetzesbrechern inzwischen doch gemacht.

Den Kampf gegen die Tötungswut eines nicht unbeträchtlichen Teils ihrer Landsleute begann Anna Giordano schon als Kind. Auf dem sonntäglichen Vogelmarkt von Messina kaufte sie kleine Singvögel – und ließ sie frei.

Dann, mit vierzehn, erstand sie dort in einem Zoogeschäft zwei Wanderfalken – und ließ sie fliegen. Die beiden Raubvögel waren teuer gewesen, aber Anna hatte eisern darauf gespart.

Damals erfuhr sie, daß es eine nationale Lex gibt, die nicht nur verbietet, geschützte Tiere zu töten – und Raubvögel sind geschützt –, sondern auch, sie zu halten oder Handel mit ihnen zu treiben. Als sie dann in einem Zoogeschäft auf einen Turmfalken stieß, der zum Verkauf angeboten war, tat sie den Schritt von der passiven zur aktiven Vogelschützerin. Sie wandte sich an die Polizei, meldete den Fall, stieß aber auf wenig Entgegenkommen. Als sie schließlich erklärte, so lange zu bleiben, bis ihrer Forderung nachgekommen werde, zahlte ihre Hartnäckigkeit sich aus. Drei Polizisten gingen mit ihr, beschlagnahmten den Turmfalken und brummten dem Händler eine erhebliche Geldstrafe auf.

Das stärkte ihr Selbstbewußtsein, sie hatte ihren Weg, ihre Lebensaufgabe gefunden – mit beträchtlichem Erfolg.

Ab Mitte der achtziger Jahre wird die registrierte Zahl der Vögel, die den Stretto überqueren, größer und größer, und heute kann gesagt werden, daß die Jäger jedenfalls aus den Peloritani so gut wie vertrieben sind – die Zahl der getöteten Vögel sank erheblich.

Ungefährlich war und ist solches Engagement nicht. Bis heute, also über Jahrzehnte hin, ist Anna Giordano immer wieder bedroht worden. Sei es, daß ihr Auto in Flammen aufging, sei es, daß sie vor der Haustür einen toten Bussard fand, mit einem Zettel um den Hals, auf dem stand: »Für Anna Giordano, diese Nutte. Wir haben immer Bussarde gejagt, und das bleibt auch so.« Dann wieder erschien ein Mann mit einem großen Jagdmesser, traf sie nicht an, bekannte aber: »Ich suche Anna Giordano, sagt ihr das.« Post mit toten Vögeln an das Vogelschutzzentrum in Gesso ist keine Seltenheit.

Sie hat es am eigenen Leib erfahren – »Die Männer gehen schnell von Drohungen zu körperlichen Angriffen über« – und ist sich ihrer Gefährdung bewußt. Behindern ließ sie sich dadurch aber nicht. Um so weniger, als sie, die 1989 ihr naturwissenschaftliches Studium an der Universität Messina mit Auszeichnung abschloß, eine treue Anhängerschaft hat.

Denn inzwischen ist ihr Kreuzzug zu einer internationalen Bewegung geworden, mit Helfern aus Europa und Übersee, und ihr Kampf zu einem selbstverständlichen Bestandteil der Umweltschutzorganisation World Wide Fund for Nature (WWF).

Dennoch bleibt genug zu tun. In Italien werden von 2,2 Millionen Jagdflintenbesitzern alljährlich Millionen Vögel, vor allem Zugvögel, erlegt. Allein in Kalabrien gibt es 15 000 aktive Vogeljäger. Und im Norden Italiens sind die bevorzugte Beute Singvögel – die Soße des traditionellen Maisbreis, der *polenta*, soll angeblich ohne das Fleisch der kleinen Tiere nicht schmecken.

Wenn ich etwas nicht ausstehen kann, dann ist es diese unsägliche, diese inferiore Jagdwut, die auf die Wehrlosesten der Wehrlosen abprotzt und dabei auch noch das widerwärtigste Machogehabe zur Schau trägt. Im Fall einer Konfrontation fühlte ich mich durchaus fähig und im Recht, jene Verbalinjurien in den Mund zu nehmen, mit denen Anna Giordano bei solchen Begegnungen eingestandenermaßen nicht gespart hat, nämlich: »Mörder«, »Schurken« und »Schweine«! Wenn denn, darf doch wohl gefragt werden, eines Tages alle Vögel abgeknallt sein sollten, was kommt für diese »Waidmänner« eigentlich danach – Bienen, Wespen und Hummeln, ehe dann Ameisen einzeln an der Reihe wären?

Nun aber liegt es da oben vor mir, das Haus in Gesso, doch das Tor ist verschlossen.

Ich hatte rechtzeitig und lange vor der Abreise nach Sizilien an die Stuttgarter Redaktion des »Reader's Digest« geschrieben und unter Angabe des Zwecks um Anna Giordanos Anschrift gebeten. Von dort kam auch eine freundliche Antwort: Die Adresse könne man zwar nicht direkt weitergeben, sie liege aber vor, und man werde mit Anna Giordano Kontakt aufnehmen und ihr meinen Wunsch mitteilen in der Hoffnung, daß sie sich bei mir melden würde.

Diese Erwartung hatte sich leider nicht erfüllt, ohne daß ich der Stummen gegrollt hätte (vielleicht hat die Bitte sie auch gar nicht erreicht, wäre ja, nach so mancher Erfahrung hier, nicht das erste Mal gewesen, daß Post den Adressaten verfehlte). Dennoch wollte ich nichts unversucht lassen, hatte dann auch eine Telefonnummer unter gleichem Namen erhalten, die Antonio Morten mit großer Geduld wieder und wieder anwählte, bis endlich doch noch abgenommen wurde. Aber nur, damit vom anderen Ende her eine ärgerliche Frauenstimme erklärte: Es geschehe häufig, daß sie angerufen und nach Anna Giordano gefragt werde, aber es sei eine Verwechslung oder Vertauschung von Telefonnummern, die sich offenbar nicht korrigieren lasse – und auflegte.

Doch es war der Mühe bis hierher zuviel, um es nicht dennoch zu versuchen.

Das verschlossene Tor ist leicht zu umgehen, Antonio Morten macht kühn die Vorhut und verschwindet für eine Weile. Dann kommt er zurück und winkt mir.

Ich trabe einen steilen Weg hoch, der länger ist, als es aussah – fern Berge, Schluchten, Macchia, Zypressen; nahe Blumen, Kakteen, Wildwuchs auf Felsen. Dann stehe ich vor dem Haus. Es ist schlicht, zweistöckig, hat einen Balkon und ehern verschlossene Fensterläden. Die große Terrasse ist kübelbestanden, Blumen und Pflanzen, viel Grünes, und von irgendwoher kräht ein Hahn.

Ich gehe durch die offene Gartentür – und habe einen Blick wie auf eine Filmkulisse: unten Villafranca; westlicher die lange Landzunge von Milazzo, hinten im Dunst der Capo, und übers Meer hin, frei, Vulcano, die südlichste der Äolischen Inseln.

Im Rücken das Haus. Einsamer, unbewohnter geht's nicht.

Orangenbäume, Palmen, auf einem Tisch ein poröser Stein, auf der Erde ein Schlauch, wie eine weiße Schlange. Steinerne Bänke, ein altes Anwesen. Neben einer braunen Tür zwei Namensschilder, die leer sind, und zwei Klingeln, die keinen Ton von sich geben.

Es ist kühl hier oben, und ich bin zu leicht angezogen. Dazu komme ich mir wie ein Eindringling vor, denn was wir hier tun, ist verboten und strafwürdig.

Aber wenn Anna Giordano plötzlich auftauchte und es mir gelänge, ihr mitzuteilen, wie sehr ich ihrer Aufgabe zugetan sei – ich bin sicher, sie wäre mir nicht böse.

So aber, schade, bleibt nichts, als unverrichteter Dinge abzuziehen, denselben Weg wie gekommen, und mir zu versichern, daß die Abwesende das Buch, mit diesem, auf italienisch übersetzten Kapitel, sofort nach Erscheinen zugesandt bekommt. Bis dahin also:

Saluti, tapfere Namensvetterin, tanti saluti!

»Non ti dimentichero!«

Jetzt zurück, nach Trescastagni, das letzte Mal, denn dort werden die Koffer gepackt – die beiden Gäste im Hof der Villa Billotta ziehen um.

Inzwischen sind ihre Besitzer längst zu unseren Freunden geworden, ist das Anwesen, Ausgangs- und Endpunkt der großen Touren quer über die Insel, zu einem Stück Heimat mutiert, haben Marisa und Andrea Giuffrida uns beide mit der ihnen eigenen, so gleichbleibenden wie unaufdringlichen Noblesse in die Familie aufgenommen.

Marisa, deren Augen und dunkler Schopf es mir angetan haben und die bei jeder Morgenbegrüßung ein »buon giorno« singt, das mir nicht aus dem Ohr will, Marisa also allabendlich bei der Zubereitung des Mahls in ihrer unvergleichlichen *cucina*: Spaghetti pomodoro (mir zuliebe), kleine Makkaroni, *con salsa*, mit Soße; *polpette*, Fleischbällchen; Salate, die vor Frische explodieren wollen; Obst, Süßigkeiten, Eis – das alles im Überfluß und bei nur illuminierendem, nicht erhitzendem Kaminfeuer.

Dazwischen am Tisch die Gespräche mit dem furchterregend belesenen Hausherrn, den man nur anzutippen braucht, um wissenschaftlich bereichert zu werden. Ein Stichwort, und Andrea Giuffrida weiß zu berichten: Über das Siracusa zu Zeiten des Tyrannen Dionysios; Geschichten über das Buch »Der Leopard« und seinen Autor, den großen, aber schweigsamen Tomasi di Lampedusa, »eigentlich Giuseppe Tomasi Fürst von Lampedusa«, und über die *racconti* (Erzählungen) aus seinem Nachlaß. Garibaldi und seiner Ära steht der Avvocato skeptisch-liebevoll gegenüber; lächelt bei der Frage, ob er zu Italien *il continente* zu sagen pflegt, schüttelt als Antwort dann übertrieben mit dem Kopf und ist doch nichts als ein sizilianischer Landedelmann, wie er unverwechselbarer nicht sein könnte.

Es wird regelmäßig spät, während Roberto, Marisas Bruder mit dem gutmütigen Gesicht, sich heute die sechste Orange schält. Er hat es schon auf mehr gebracht.

Dann die Gänge durch mein Paradies – den Park der Villa Billotta.

Poröse Treppen aus Lava; auf steinernen Bänken Moos und Schimmelpilze; Eidechsen, sichtbar erst, wenn sie aufgestört davonstieben; Zitronenbäume mit schweren Früchten; Schildkröten, von denen es ein halbes Dutzend und mehr geben soll, ich aber immer nur die eine sehe, unverkennbar an dem schwarzen Hautpunkt auf ihrem schuppigen Kopf; der mächtige Lavablock neben dem alten Brunnen, aus dem Kaktusgewächse sprießen, und, das Wunder all dieser Wunder hier, die Palme aller Palmen – die Washingtonia!

Turmhoch, wohl an die dreißig Meter. Rinde wie rissige Elefanten-
haut, die Wedel verflossener Blüte schlaff und braun verdorrt am
Stamm herunterhängend, reckt sich darüber, windgefächelt, wie ein
Zepter der Natur, sieghaft die neue Krone – weithin leuchtend übers
Land, als könnte das Wachstum ihres Chlorophylls himmelwärts
durch nichts aufgehalten werden.

Hier gibt es keine gärtnerische Perfektion und gleichzeitig nichts
weniger als Vernachlässigung.

Aber, um es nicht zu vergessen – immer noch klagt nachts das
unsichtbare Hündchen, und das in so regelmäßigen Abständen, daß
man danach die Uhr stellen könnte.

Es ist der gleiche ausdauernde, wilde Schmerz, der da seufzt und
wimmert, wie ich einen Hund noch nie seufzen und wimmern gehört habe, so unglücklich und verschattet, wie nur eines trauern
kann: unerwiderte Liebe. So heult, winselt, schreit das Tier irgendwo
hinter der Villa Billotta in den ungerührt stummen Himmel über
Trecastagni.

Heute nacht aber, der letzten hier und wieder aus dem Schlaf gerissen, werfe ich mir etwas über, gehe hinaus, rechts vorbei an dem
alten Backofen und in jene schmale Nische zum Nachbarhaus, die
von einem Gitterzaun versperrt ist – womit ich dem versteckten
Unglücksort zwar nicht sehr viel näher gekommen bin, wohl aber so
nahe, wie es eben geht.

Vor dem unüberwindbaren Gitterwerk schmerzt mich, den Mit-
liebenden, der feine, gebrochene Ton des Tiers noch mehr als sonst,
dieses Symbol aus der Tiefe der Inselgeschichte, nach allem, was über
sie gekommen ist in den letzten 3000 Jahren. Also sage, nein, rufe ich,
obschon nachts und alles schläft, laut: »Lamenta ti pure, cagniolo,
lamenta ti!«

Ja, Hündchen, klage nur – klage!

Dann Abschied von der Villa Billotta, vormittags, bei – wie denn
anders? – strahlendem Sonnenschein. Wir fünf, Marisa, Andrea,
Roberto, Antonio Morten und ich, auf dem Hof.

Innere Bewegung, die niemand verbergen will, aber keine Senti-
mentalitäten.

Es ist alles beisammen, vor dem äußeren und dem inneren Auge.

Die Pinien, Tannen und Palmen des Parks; der Mohrenkopf aus Lavagestein, dem ein Kaktus entsprießt; drinnen der Kamin mit den gestapelten Holzscheiten; der Weinkeller, sein ungeheurer Preßbalken – und die Blumen, die wir bei der Ankunft mitgebracht hatten und die auf dem Bord hinter der Küche von Marisa eingepflanzt worden waren. Von dort holt sie jetzt ein Sträußchen, sagt »Boraginen« und, während sie mir ein Bund davon überreicht: »Sie sind so blau wie Ihre Augen.«

Hat es je ein zärtlicher kommentiertes Abschiedsgeschenk gegeben?

Also fasse ich Marisa mit der Linken um, greife ihr mit der Rechten sacht von hinten in den dichten Haarschopf, flüstere, für niemanden sonst hörbar, in ihr Ohr: »Ti amo«, und schüttele Andrea Giuffrida so wahrhaft herzlich, wie mir in dieser Stunde und der Erinnerungen an die vielen vorangegangenen zumute ist, die Hand.

Als der Nevada von seinem Besitzer Zentimeter um Zentimeter durch die schmale Toreinfahrt auf die Via Toselli navigiert wird, blicke ich mich um, winke den dreien noch einmal zu und will in der Hosentasche von Roberto eine Wölbung gewahren – eine Orange, hätte ich schwören können.

Dann sind wir um die Ecke.

Es ist vielleicht nicht mehr lange hin, daß ich es kann, doch: »Non ti dimentichero!«

Nein, Villa Billotta, wahrlich – ich werde dich und die deinen nie vergessen!

Aber bleiben konnte ich nicht. Denn da hat etwas lauter und lauter gerufen, wo immer ich auch auf der Insel war.

Und dorthin geht es nun.

RIESI (II)

»Es darf keine Falte bleiben, keine einzige ...«

Die Wohnung im Untergeschoß des großen Hauses ist voller Menschen, besonders aber vor dem Schlafzimmer und drinnen. Dort sind zwei junge Männer damit beschäftigt, ein Bettuch glattzuziehen. Sie streichen wieder und wieder drüberhin, beäugen das Tuch aus allen Richtungen, stellen die Kissen auf, nehmen sie wieder weg, zupfen an dem Laken, scheinbar ohne auf die Zurufe von den etwa acht Frauen zu achten, die im Zimmer stehen und jede Handbewegung auf das schärfste beobachten – Vorbereitung zur Hochzeit der ältesten der drei Miccichè-Töchter!

Die Braut, Sandra, 28, darf das Zimmer nicht betreten, steht aber an der Tür und schaut zu. Der Bräutigam, Francesco Assenato aus Enna, ist nicht da, dürfte jedoch, wäre er es, ebenfalls keinen Fuß über die Schwelle setzen. Dafür ist aber seine Mutter anwesend, ein edles Antlitz, und Francescos Brüder – zwei Hünen, die hier das tun, was nach der Sitte eigentlich zwei Jungfrauen tun sollten: nämlich das Hochzeitsbett so herzurichten, daß keine Falte darin bleibt, nicht eine. Es muß das beste Material sein, das gefunden werden konnte, und das Bettzeug ist schon faltenlos gebügelt worden, bevor es hierhergebracht wurde. Es aber ebenso zu legen, stößt, wie sich nun zeigt, auf größere Schwierigkeiten, als der Laie ahnen kann.

Im Parterre des Hauses drängt es sich, neben Verwandten beider Familien sind auch Bekannte und Freunde gekommen. Die Stimmung ist ernst und aufgeräumt zugleich, und wenn Giuseppina, Sandras Mutter, lacht, kraust sich ihre Nase ein bißchen nach oben und verleiht ihr wieder den koboldhaften Ausdruck drolliger Unbekümmertheit.

Draußen, auf dem Flur und in anderen Zimmern, sind die Geschenke ausgebreitet, und das in kaum überschaubarer Vielfalt: Geschirr, Bestecke, Leuchter, Uhren, Spiegel, Vasen, Tabletts, auch eine Waschmaschine und ein Fernseher sind dabei, dazu Küchengeräte aller Art – es ist ein Anblick wie auf einem Basar. An jedes Geschenk ist ein Zettel geheftet, wer der Geber ist, und es sieht so aus, als wollte jeder von ihnen sein Präsent möglichst vorn postiert haben und nicht irgendwo in der Ecke.

Währenddessen wird im Schlafzimmer unentwegt versucht, die letzte Falte glattzustreichen, was aber offenbar nur dazu führt, daß immer wieder neue enstehen, Bemühungen, die Silvia und Daniela, die beiden jüngeren Miccichè-Töchter, mit Ausdauer auf Video aufnehmen.

Und inmitten des Trubels Antonio Morten und ich.

Wir sind auf Einladung des *sindaco* nebenan einquartiert worden, im Parterre eines der beiden Häuser, die Giuseppe Miccichè für seine drei Töchter unterhalb des eigenen Anwesens hat bauen lassen. Bezogen aber ist bisher nur das eine für die älteste, Sandra, Silvia und Daniela wohnen noch drüben bei den Eltern.

Unser Quartier ist geräumig, drei Zimmer, Küche, Bad – besser könnten wir es nicht getroffen haben. Schon mein erster Versuch, ein finanzielles Äquivalent anzubieten, hat Giuseppe Miccichè, Riesis Bürgermeister, mit einer unmißverständlichen Geste im Keim erstickt. Deshalb Vorsicht – bis zu einer *offesa*, also einer selbst erkennbar unbeabsichtigten Beleidigung, ist es hier nirgendwo weit.

Im Hochzeitshaus – *di nuovo*, immer aufs neue! Denn sie will nicht gelingen, die Faltenlosigkeit, und wenn die Brüder des Bräutigams glauben, es sei geschafft, findet sich stets noch irgendwo eine Delle, der der Garaus gemacht werden muß.

In einem der hinteren Räume hat Giuseppina ein Büfett aufgebaut, um das es jetzt eng wird – Kuchen, Pizza, Snacks. Sie hört nicht auf, Antonio Morten und mich aufzufordern zuzugreifen, und kein Zweifel, wenn wir dem nicht nachkommen, macht sie Anstalten, uns zu füttern.

Wir sind hier aufgenommen worden wie Kinder, wortlos und selbstverständlich.

Morgens gehen wir die kurze Distanz hoch zu dem Hauptbau mit den maurischen Stilelementen, dort in der Küche schon erwartet von Giuseppina, die das Frühstück vorbereitet hat, *la mamma classica* in Person – füllig, lebenssprühend, immer lachbereit. Ihr Mann ist längst im Municipio.

Während mein Begleiter seinen Kaffee und ich meinen Tee schlürfe, schnäbeln die beiden Wellensittiche, Bucciola, das Weibchen, und Lulli, das Männchen, so hingebungsvoll miteinander, wie ich es schon vom Antrittsbesuch her in Erinnerung habe.

Aber nun scheint es hier im Schlafzimmer geschafft zu sein, denn Sandra ruft: »Jetzt kann gesaugt werden«, und in die Mienen der beiden Brüder des Bräutigams kommt so etwas wie eine unsichere

Genugtuung. Eine spätere und sehr heimliche Prüfung durch mich ergibt denn auch, daß Oberbett und Bettuch keineswegs faltenlos sind. Was nicht das mindeste daran ändert, daß diese Form der Quadratur des Kreises immer wieder aufs neue zelebriert werden wird.

Obwohl Alltag und sozusagen erst ein Vorspiel der großen Feierlichkeit, haben viele der Anwesenden ihren Sonntagsstaat angelegt, eine gediegene Eleganz, die ein Licht vorauswirft auf das große Lebensereignis selbst, die Hochzeit. Nach dem, was sich hier tut, sieht es so aus, als würde sie mit allem Pomp gefeiert.

Abends dann noch einmal bei den Miccichès, ich auf der kleinen Treppe vor dem Hauseingang, vor mir, auf einem Gartenstück, rotprangende Geranien; von drinnen Frauenstimmen; an Leinen flatternde Wäsche; weit hinten, in gut 25 Kilometer Luftlinie, wie eine Leuchtinsel, Caltanissetta, daneben die Lichter von San Cataldo, und der Himmel von einem fahlen Halbmond illuminiert.

Giuseppina tritt von hinten an mich heran und legt ihre Hände auf meine Schultern. Ich bin empfänglich für solche Gesten – wenn ich, wie hier, den Eindruck habe, daß sie gefühlt werden.

Später gehe ich noch einmal in die Stadt, zu Fuß, bis zur Kreuzung der Via Vittorio Emanuele und der Via Principe Umberto, dorthin, wo die Karfreitagsprozession und der Abschied stattgefunden hatten – und dann auf die Piazza.

Die Geschäfte und Bars am Rand sind noch geöffnet. Auf dem Platz Männer, im Hemd, gehend, stehend, auf Stühlen unter Bäumen. Frauen mit Kinderwagen, Mädchen auf Motorrollern. Die Kirche, Chiesa Madre, schon angestrahlt.

Ich lehne mich ihr gegenüber an eine sonnengewärmte Wand. Die Glocke auf dem Turm dröhnt neun Schläge herab und dann noch einmal zwei – es ist also halb zehn. Wann hat Opa Rocco mir davon zum erstenmal erzählt? War ich fünf, sechs oder sieben? Und warum kann ich mich jetzt nicht wehren gegen die Tränen, die in mir hochsteigen wollen?

Der *sindaco* hat die Verleihung der *Cittadinanza onoraria* auf einen Mittwoch in drei Wochen festgelegt.

Zeitungen haben sich auf das Ereignis hin angemeldet.

Als ich zurückgehe, wieder über die Kreuzung Vittorio Emanuele und Principe Umberto, ist es dunkel geworden, und auf den Straßen sind kaum noch Menschen.

Mir ist, als wäre ich immer schon hier gewesen. Wann bin ich angekommen auf Sizilien, wann hier eingetroffen? Vor tausend Jahren?
Ich bin in Riesi.

»Tutti Amen«

Am Hochzeitstag gleicht die Auffahrt zum Anwesen der Miccichès
einer Symphonie in *bianco e nero* – die Herren dunkel, die Damen
hell gekleidet. Nur die Mütter von Braut und Bräutigam, Donna
Assenato und Giuseppina, beide in Schwarz, machen eine Ausnahme. Der Autopark reicht bis weit auf die Straße der Sackgasse,
darunter Edelkarossen.

Erster Eindruck: über dem Ganzen sichtbare Eleganz und eine
fiebrige Gelassenheit.

Stimmengewirr, viele Kinder. Sandra, wie ein Gemälde, hält einen
Blumenstrauß in der Hand, während Daniela der älteren Schwester
die Schleppe zurechtrafft.

Dann geht es in endloser Kavalkade mit lautem Gehupe durch
Riesi auf die Landstraße und, an Caltanissetta vorbei, nach Enna.

Dort wird die Trauung stattfinden.

Der Dom, 1307 erbaut und mehrfach erneuert, wirkt wie ein
Denkmal kirchlicher Glanzzeit, Herrschaftssymbol über Stadt und
Seelen, eine ungeheure Fassade, zu der eine breite Treppe hochführt,
auf der jetzt alle warten – Braut und Bräutigam sind noch nicht da.
Jubel, als sie eintreffen, der Chauffeur reißt den Schlag auf, die Braut
steigt aus, mit dem Vater. Der, in Smoking mit Schlips und Kragen,
ist die Würde in Person, wie seine Frau und die Eltern des Bräutigams. Francesco gibt Sandra lachend einen Kuß auf die Stirn, die
Jugend lockert die Szene auf, aber – von jetzt an übernimmt ein anderer die Regie, der Mann hinter der Kamera: kein Schritt ohne seine
Anweisung, die Trauung wird von A bis Z gefilmt.

Drinnen Orgelmusik, die den dreischiffigen Raum bis hoch zu
dem gewaltigen Dachgebälk aus Holz durchströmt – eine einschüchternde Pracht.

Sandra nun an der Seite ihres Vaters; der Bräutigam mit seiner
Mutter, Donna Assenato; neben Don Assenato Giuseppina – sie versucht, ernst zu bleiben, aber ihre eingeborene Lustigkeit kann sie

nicht verbergen. Kleine Mädchen vorneweg, andere tragen die Schleppe der Braut, so bewegt sich die Hochzeitsgesellschaft nach vorn, ein wahres Gefolge von Freunden, Verwandten und Bekannten beider Familien. Plötzlich wirkt das riesige Kircheninnere wie gefüllt und hochbelebt.

»Oggi, Francesco e Sandra, si presentano dinanzi a Dio e alla Chiesa in festa ...« – der Trauungsakt, die *celebrazione alle nozze*, hat begonnen. Don Angelo Grasso, der Priester, *il celebrante*, hebt die Hände.

»Halleluja« – alle stehen, ich an der Seite, von wo ich den Überblick habe.

Die helle Front der Gesichter, darunter, ein Blickfang, das wunderschöne der Braut, neben dem Vater.

»Tutti Amen.«

Die Kamera surrt.

Die Liturgie ist lang – »Parola di Dio« –, aber die Spannung im Auditorium läßt nicht nach.

Dann endlich die große Frage, von der jeder weiß, wie sie beantwortet wird – sich zu lieben und zu ehren *per tutta la vita?* – »Si!«, so beide. Aber dahinter noch einmal vergewissert, ob denn die Kinder, »die Gott euch schenken wird«, auch ganz im Sinn Jesu Christi und seiner Kirche erzogen werden? – »Si!«, von Braut und Bräutigam, die nun Mann und Frau sind.

»Nel nome del Padre e del Figlio e dello Spirito Santo.«

Die Eheleute dürfen sich küssen, die Familien tauschen Händedrücke aus, Orgeltöne schwellen mächtig an – »Tutti Amen«.

Die Kamera surrt.

»Die Freude des Herrn sei unsere Kraft« und Dank an Gott: »Rendiamo grazie a Dio!«

Es ist geschafft, nach gut eineinhalb Stunden.

Vor der Kirche, gegenüber dem Palazzo Varisana, Jubel, Lärm, alles löst sich in Fröhlichkeit auf. Bandnudeln werden in die Luft geworfen, Sandra klaubt sich einige davon aus dem Büstenhalter, Luftballons schweben hoch. Dann küßt sich das Brautpaar und steigt ins Auto. Die Kamera surrt, Brautleute und Mitfeiernde haben sich genau an die Regieanweisungen gehalten.

Auf der Rückfahrt noch einmal an den Rand von Enna, dieser Inselempore.

Unten, auf der *autostrada* Palermo–Catania, die Wagen wie Spielzeuge; drüben Calascibetta, gelblich beschienen; nach Osten zu, ebenfalls auf Höhen gelagert und in unglaublichem Licht: Leonforte und Agira. Die Landschaft – Blumenteppiche, Macchiahänge bis zu den Graten hoch, in der Sonne Felsen wie gebleckte Gebisse, und gegen Norden Wolkengebirge über den weiten Horizont hin, eine riesige Türmung – vor mir Innersizilien in seiner ganzen wilden Schönheit!

Am Abend dann geht es mit der Hochzeitsgesellschaft in die Nähe von Delia, nicht weit von Riesi, zur Villa do Luisa, 18. Jahrhundert. Auf einer Anhöhe gelegen, in maurischem Stil, schloßähnlich, ein Luxusstelldichein, das Maharadschaverhältnisse heraufbeschwört – an dieser Nobelstätte wird weitergefeiert.

Es mögen an die 150 Menschen aus der Region sein, die an den festlich gedeckten Tischen sitzen und fürstlich bedient werden, ein Bankett mit vielen Gängen, und alles wird gefilmt.

Die Beziehungen scheinen weit zu reichen. An unserem Tisch ein Senator, aus Rom angereist, ein Mann mit Humor: »Griechen, Karthager, Römer, Normannen, Franzosen und Spanier – alle sind sie zu uns gekommen. Glauben Sie mir, wir Sizilianer sind die gastfreundlichsten Menschen auf der Welt, sind es immer schon gewesen ...«

Was, verdammt noch mal, alles hinter solchem Scherz steckt. Ist diese Vergangenheit wirklich und für immer vorbei?

Doch hier herrscht nichts als Freude und Ausgelassenheit. Kindergeschrei, überall wuselt es herum zwischen Stühlen und Tischen.

Der *sindaco* geht mit seinen beiden jüngeren Töchtern wiederholt von Tisch zu Tisch, lange Gänge, alle scheinen sich zu kennen. Sandra kommt mit Francesco, er um die dreißig, in grauer Weste, ein Jungengesicht, gelassen und beteiligt zugleich, den kleinen Finger seiner Rechten in den seiner Frau gehakt, gefolgt von Giuseppina. Ihr sonniges Gemüt hat auch den letzten Rest von Feierlichkeit abgelegt, sie lacht, wohin sie auch kommt, mit gekrauster Nase, und ich denke: Zwar war es so, als wenn es drüben, im Haupthaus der Micciches, gelegentlich dicke Luft gab, aber nach dreißig Jahren macht Giuseppina nicht den Eindruck einer unglücklichen Ehefrau, im Gegenteil. Das ginge auch gar nicht, ihre Würde und ihr Humor sind unbesiegbar. Heute hat sie eine kostbare Halskette um, und es ist erstaunlich, schießt es mir durch den Kopf, wie so ein Schmuck einen Menschen äußerlich veredeln kann.

Es darf nicht geraucht werden, und es wird nicht geraucht. Die Ober arbeiten wie die Pferde, ein glänzend geschultes Personal. Auf jedem Tisch steht eine Vase mit Blumen im Wasser, auf dem auch Kerzen schwimmen. Ein bißchen erinnert mich das Ganze an das große, in dem Visconti-Film »Der Leopard« zu lange ausgespielte Bankett, das der Fürst bei der Einführung der Calogerotochter Angelica als Tancredis Zukünftiger gibt.

Um 23 Uhr schwirren die Kinder noch herum. Eine Mutter mit einem roten Kleid wiegt einen Säugling, steckt ihm einen Schnuller in den Mund und geht mit ihm auf und ab.

Gegen Mitternacht bekommt jeder ein Geschenk vom Brautpaar, ein Glasgefäß, in dem man Öl oder auch andere Flüssigkeiten bewahren kann. Und gegen 0 Uhr 30, kulinarischer Epilog, werden draußen, an beleuchteten Ständen unter freiem Himmel, *dolci* serviert – Obst, Kuchen, Weine, Eis, Süßigkeiten. Es ist das reinste Schlaraffenland.

Die Kinder tollen immer noch herum, und die Kamera surrt unentwegt.

Es ist warm unter dem nächtlichen Himmel Südsiziliens, und die Sterne sind so kitschig ans Firmament gesprüht, wie man es nur der Natur verzeihen kann.

Hier hat heute ein politisches und soziales Establishment gefeiert, eine selbstsichere, eingesessene Schicht, und auch wenn die Eltern des Brautpaars gewiß dazugehören – diese Hochzeit muß ein Vermögen gekostet haben.

Was immer dabei mit im Spiel war an Prestige und Zurschaustellung, und was daran gesellschaftlich für notwendig erachtet wurde – ich stoße vor dem Abschied auf ein Bild, das alles relativiert und auf den eigentlichen Kern zurechtstutzt: In einer Ecke des Saals, auf einem Sofa, Giuseppina und Giuseppe Miccichè, zwischen sich die älteste Tochter, die ihre Rechte in die Hände des Vaters, die Linke in die ihrer Mutter gelegt hat: Bindung, Fürsorge, Wärme, Liebe – alles zusammengefaßt in dieser Momentaufnahme.

Ich stehle mich davon, und es gelingt mir, unbemerkt.

»Weil ich meine Freiheit liebe, Mama«

Rosa A. ist eine Frau, an der Männer nicht vorbeigehen, ohne zu stocken und ihr nachzublicken. Unter den weiblichen Gästen der Hochzeitsgesellschaft war sie die auffallendste – im hellen Hosenanzug, blond wie die Sonne, hochgewachsen, ein scharfgeschnittenes und doch frauliches Gesicht. Meine Schätzung, Mitte Dreißig oder wenig darüber, trifft zu.

Sie betreibt einen Laden in der Innenstadt von Riesi, ein Paradies für Brautleute. Kleider, Schleier, Bänder in den Farben Rot, Grün, Blau und Rosa, dazu aber auch, in unerschöpflicher Vielfalt, Geschirr, Statuen, imitierte Blumen, Bestecke, Keramik, Lampen und Figuren, Figuren, Figuren, kleine und größere, Männlein und Weiblein, Phantasiegeschöpfe aus Glas, Emaille, Stein. Manches davon stellt Rosa A. selbst her, in einem kleinen Raum hinten, der gleichzeitig Werkstatt und Büro ist.

Antonio Morten hatte gerade noch vor dem Abschied von der Villa do Luisa bei Delia den Kontakt hergestellt, und Rosa war bereit, Auskunft zu geben.

Damit beschäftigt, in einem Chaos von Pappkartons ein Schmuckstück zu bearbeiten, sagt sie: »Ich mach das hier seit sieben Jahren, acht, neun Stunden am Tag. Sie gefällt mir, diese Arbeit, aber vom Verdienst her ist das Ganze Irrsinn. Riesi hat nicht so viele Brautleute, wie nötig wären, um dies durchzuhalten. Und was die anderen Sachen betrifft«, sie macht eine Handbewegung zu dem mit Tausenden von Einzelteilen bestückten Ladenraum hin, »ehe die Leute hier Geld ausgeben, drehen sie es wieder und wieder um.«

Im Verlauf dieses Vormittags erfahre ich, daß sie etwa 250 Euro Miete bezahlen muß, einen Sohn und eine Tochter hat und geschieden ist. Ihr Vater war in den fünfziger Jahren, wie so viele damals aus Riesi, als Bergmann nach Belgien gegangen, wo Rosa geboren und aufgewachsen ist. Dann hat sie einen Sizilianer kennengelernt, ihn geheiratet, hat mit ihm hier das Geschäft aufgemacht, ist Mutter geworden und seit zwei Jahren geschieden. »Aber wir verkehren freundschaftlich miteinander.«

Rosa A. erzählt das offen und unbefangen, eine Frau, der man anmerkt, daß sie selbständig ist und gewohnt, für sich aufzukommen, ohne aus ihrer Unzufriedenheit ein Hehl zu machen. Sowenig wie daraus, daß sie ihrer Kindheit und ersten Jugend in Belgien nachtrauert. Dort sind Brüder und Schwestern von ihr geblieben, verheiratet und mit Kindern, deren Muttersprache inzwischen eher Französisch als Italienisch geworden ist. Wie um das zu demonstrieren, kriegt sie gerade übers Handy von einem ihrer Neffen aus der Nähe von Brüssel eine Mitteilung, und das in einem »äußerst mangelhaften Italienisch«, wie sie teils belustigt, teils besorgt sagt.

Ich tue mich um zwischen all diesen Körben und Kartons, dem Geschirr und den Lampen, den Statuen und Gemälden, die keinen Anspruch auf Kunst erheben, und denke: Eines ist deutlich zu spüren – Rosa A. ist unzufrieden, möchte am liebsten weg von hier, weiß aber offenbar nicht wie und wohin. In dem Moment geht die Tür auf, und ein schwarzhaariges junges Mädchen tritt ein – Azzurra, Rosas Tochter. Wie sie spricht und sich gibt, schätze ich sie auf sechzehn.

Mit beiden, ich hatte darum gebeten, besuchen wir Rosas Eltern, in einem der ältesten, *canale* genannten Teil der Stadt, in der Via Cristoforo Colombo.

Den Vater kenne ich schon von der Piazza her – hohe Stirn, das Haar zurückgekämmt, starke Brauen, freundliche, aber traurige Augen; die Mutter zierlich, sehr darauf bedacht, die Gäste mit Getränken und Naschereien zu versorgen, beide seit 48 Jahren verheiratet.

Obwohl ich sie an Jahren übertreffe, habe ich hier ein seltsames, nahezu an Ehrfurcht grenzendes Grundgefühl gegenüber älteren Menschen wie den beiden. Ich versuche mir klar zu werden warum, aber bisher vergeblich. Das wird eher noch vertieft durch ein Hochzeitsbild von Rosas Eltern: sie ganz in Weiß, mit einem Strauß Nelken in der Hand, er im dunklen Anzug, mit Fliege und einem Tüchlein in der Tasche – vom Leben noch gänzlich ungegerbte Gesichter. Auf einem anderen Foto aber, nicht sehr viel später aufgenommen, doch von den Anstrengungen des Berufs schon gezeichnet, der Mann, mit Halstuch und Arbeitskluft, im Stollen eines belgischen Kohlebergwerks – damals vielleicht erst um die dreißig und doch schon sichtlich mitgenommen.

Ich sehe mich um: rote Stühle, Sessel mit hellen Bezügen, durch das geöffnete Fenster Wind, der die Gardine bewegt; Spiegel, Vasen, ein wunderbares Marmorparkett. Über dem Sofa ein Gobelin,

Familienidylle, Rokoko, 18. Jahrhundert – ein Herr, Anwärter auf die Ehe mit der Tochter, gehobenes Bürgertum.

Rosas Eltern sind schon Anfang der siebziger Jahre zurückgekehrt, er als Frühpensionär, mit Anfang Vierzig. Die Rente ist karg, aber ohne die Jahre in Belgien hätte das Haus nicht gekauft werden können. Einfachheit ja, aber Armut ist hier unbekannt.

Der Vater, Jahrgang 1931, beginnt unaufgefordert zu erzählen, als wenn er meine Gedanken gelesen hätte.

In seiner Kindheit und Jugend sah es in Riesi ganz anders aus als heute. »Auf den Straßen Pferde, Maultiere, Esel. Was jetzt wie eine Stadt aussieht, war ein von Landwirtschaft geprägter Flecken, bäuerliche Verhältnisse ohne Fabriken und Unternehmen.« Trotz des Schwefelbergwerks gab es nicht genug Arbeit, zumal die Minen Trabia und Talarita immer weiter heruntergefahren wurden. »Es war das blanke Elend in Riesi, Armut, die Leute mußten weg, es gab keine andere Möglichkeit.«

Die Arbeit in Belgien war schwer, die Stollen oft nur fünfzig Zentimeter hoch. »Wir mußten knien. Die meisten von uns wurden krank, auch ich.«

Einen unglücklichen Eindruck macht er dennoch nicht. Azzurra, die Enkelin, geht zu ihm hin, streicht dem Großvater übers Kinn, neigt sich ihm liebevoll zu, lächelt.

»Die Lebensbedingungen sind viel besser geworden«, sagt seine Frau, »da hat sich viel geändert, soviel, wie gar nicht vorauszusehen war.«

Ich will in Rosas Gesicht Skepsis entdecken. Mein Eindruck von ihrer Unzufriedenheit wird sich bestätigen.

Abschied vom gastlichen Elternhaus erst, als sich die Dämmerung auf Riesi senkt, und Abendessen mit Rosa und Tochter im Ristorante Orchidea, wo Giuseppe arbeitet, der »Kleine«, um dessen Schicksal mir ein wenig bang ist. Ich sehe ihn in dem schmalen Spalt der Küche hin und her huschen, eifrig und motiviert. Er stürzt auf uns zu, begrüßt Rosa und Azzurra wie alte Bekannte, strahlt mich an: »Sie sind der Schriftsteller, der Ehrenbürger wird? Habe ich gelesen!«, nimmt die Bestellung auf und flitzt zurück.

Wir sitzen unter einem großen weißen Schirm. Es ist gegen 22 Uhr, und im Garten spielen noch Kinder von Eltern, die an den Nebentischen sitzen. Ein kleines Mädchen, fünf, sechs Jahre, hockt auf einem steinernen Podest und hält ein Handy ans Ohr, eine Attrappe. Dennoch spricht sie da hinein. Jetzt guckt sie auf und mich an, erschrickt, kehrt mir den Rücken zu und spricht weiter. Dabei dreht sie sich dann und wann um, unschlüssig, ob sie angesichts meiner sichtlichen Aufmerksamkeit ihre kleine Schwindelei fortsetzen soll oder nicht. Schließlich bricht sie ab, nicht ohne mir vorher einen vorwurfsvollen Blick zugeworfen zu haben.

Unterdessen ist es zu einem Zwist zwischen Rosa und ihrer Tochter gekommen. Der Grund liegt in einer offenbar generationsbedingten Verschiedenheit ihrer jeweiligen Sicht.

Die von Rosa ist pessimistisch. Sie sagt, die Leute kümmern sich immer weniger um Politik, und die Politiker erfüllen nicht, was sie versprochen hatten, oder gehen Bündnisse ein mit Parteien, die sie vorher bekämpft haben. Immer noch sind Traditionen da, die ihr auf die Nerven gehen, »Fassaden« und »Masken«, hinter denen sich anderes als das Vorgegebene verbirgt. Sie, die geschiedene Frau, muß immer noch darauf achten, wie sie sich in der Öffentlichkeit zu benehmen hat, ob sie bei der Begrüßung diesen so oder den nächsten anders auf die Wange küßt, darauf gucken alle. »Azzurra ist einfach zu jung, um mitzukriegen, was da abläuft, sie sieht das nicht.«

Die Tochter wehrt sich, energisch und eloquent. »Kriegst du nicht mit, was sich alles geändert hat in den letzten Jahren? Du nimmst unwichtige Dinge viel zu ernst, nimmst sie dir zu sehr zu Herzen.« Darauf Rosa: »Wieso? Wenn du einem Schulfreund oder Klassenkameraden ein Küßchen gibst – achtest du nicht darauf, wie das geschieht?« Azzurra: »Mama, was redest du da? Mir geht das ganze Geküsse auf die Nerven, ich mag das nicht, das ist blöd, dieses ewige Geknutsche.« Und dann: »Mir gefällt Riesi, und zwar sehr. Ich mag Riesi und werde es nicht mit dem Norden vertauschen. Ich bleibe hier. Den Familienzusammenhalt, den gibt es doch. Guck doch unsere Familie an. Was wären wir denn ohne sie?«

Rosa macht eine begütigende Bewegung, aber Azzurra fährt fort: »In den Großstädten krepieren die alten Leute, keiner kümmert sich darum. Und wie ist das hier? Das weißt du doch selbst: Mögen die Leute sonst sein, wie sie wollen – hier brauchst du nur ein Wort zu sagen, und schon kommen sie und fragen: ›Wie geht es? Können wir helfen? Können wir etwas für dich tun?‹ Ist es nicht so? So ist es.«

Darauf Rosa, zurückgenommen: »Du schließt dich häufig in deinem Zimmer ein – das haben meine Brüder und Schwestern nie getan, genausowenig wie ich. Warum tust du das?«

Azzurra, aufgebracht: »Weil ich meine Freiheit liebe, Mama, weil ich tun will, wonach mir ist. Weil ich nicht jeden fragen möchte: Darf ich das, oder darf ich das nicht?«

Im Garten spielen Kinder, Giuseppe bringt die Speisen, wie im Triumph, als wäre für uns ganz besonders angerichtet worden, wirft mir einen bedeutungsvollen Blick zu und verschwindet in der Küche, wo ich ihn hin und her flitzen sehe. Wie hatte er damals, als wir uns kennenlernten, gesagt? »Riesi ist schön, es ist meine Heimat. Hier habe ich Arbeit, hier habe ich meine Familie.«

Aufbruch gegen Mitternacht.

Erst da erfahre ich, daß Rosas Tochter nicht fünfzehn oder sechzehn ist, wofür ich sie gehalten habe, sondern zwölf – intellektuell weit über ihr Alter hinaus, hochemotional und von großer Ausdruckskraft, ein erstaunliches Geschöpf.

Bei Ankunft im Quartier wolkenloser Himmel. Das Haus der Miccichès drüben still und dunkel. Auch das Nebenhaus ohne Laut. Sandra und Francesco sind nach Südostasien abgedüst.

Kurz zuvor hatte es noch so ausgesehen, als müßte die Hochzeitsreise abgebrochen werden – die frisch vermählte Ehefrau war mit dem Motorroller gestürzt und hatte sich eine Verletzung zugezogen, aber, wie sich herausstellte, keine ernsthafte. So konnte es losgehen. Zur Erleichterung der Eltern ist ihre glückliche Ankunft schon vermeldet worden.

Das Rot der Geranien vor dem maurischen Domizil des *sindaco* leuchtet trotz der Finsternis bis hier herüber. Und rechts, weithin übers Land, hat Caltanissetta seine Lichter immer noch nicht gelöscht.

Ein lehrreicher Tag das, heute.

»Mi voglio marita«

Samstagsabend schlägt wie immer die Stunde der Jugend, verwandelt sich die Via Principe Umberto zum *corso*, dem großen Laufsteg Riesis, tritt zwischen 19 und 22 Uhr auf dem abgesperrten, autolosen

Teil der Hauptstraße alles an, was junge Beine hat, Sehnsucht im Herzen und Lachen in den Augen.

Heute ist der Strom auf und ab sogar noch dichter als üblich, die Minis noch kürzer und die Hosen noch hautenger.

Wir sitzen wieder dort, wo alle vorbeikommen müssen, am oberen Wendepunkt des *corso*, draußen vor der Bar, besser der Eisdiele von Salvatore, dem Dürren, der nach wie vor kein Gramm Fett am Leib hat, Riesis freundlicher Sohn, starker Raucher, Stadtrat (der mir hinter der Hand etwas zuraunt von den Vorbereitungen zur Verleihung der *Cittadinanza onoraria* in wenigenTagen, an denen er nicht ganz unbeteiligt sei) und Besitzer jenes Etablissements, das »Falkenturm« zu nennen er sich nicht gescheut hat. Es bleibt bei der Duzbrüderschaft und dabei, daß Salvatore für Antonio Morten und mich mit *gelato* und *crodino* den großen Spender macht.

Währenddessen flutet es vorbei, junge Männer mit abenteuerlichem Haarschnitt, Mädchen und Frauen mit Madonnengesichtern und Figuren, als hätten Künstler zur Vervollkommnung Hand an sie gelegt. Dazu lange Beine und manches Blondhaar – wer immer noch glaubt, Sizilianer von heute seien durchweg eher kleinwüchsig und rabenschwarz, den lehrt die neue Generation jedenfalls, daß das ein Irrtum ist. Über allem ein ungeheurer Lärm, Stimmengewirr, Musik, stampfende Rhythmen und, nachdem die Dunkelheit angebrochen ist, hoch über der Flaniermeile das gelbe Licht der dreikugeligen Stadtlaternen. Und an mir vorbei, hin und her wogend, ein ununterbrochener Strom weiblicher, mädchenhafter, fraulicher Schönheit unter einem Himmel mit Sichelmond über der Häuserschlucht.

Die Augen blitzen, die Stimmung ist aufgewühlt und der wogende Reigen dennoch von unerhörter Disziplin. Es gibt hier keine »Anmache«, keine Aggressionen, keine Zudringlichkeiten. Wer den ungeschriebenen Ehrenkodex zwischen den Geschlechtern verletzt, wäre nicht bloß ein Spielverderber, sondern ein Verfemter.

Die heute selbstverständlichen Freiheiten (so Salvatore als Cicerone durch die Geschichte des *corso*) haben hier vor fünfzehn Jahren keineswegs geherrscht. Damals zog sich die Flanierroute nicht über die Via Principe Umberto, sondern über die repräsentive Via Roma, die von der Chiesa Madre, der Kirche, zum Rathaus führt. Und die Spaziergänger waren nicht junge Leute, sondern ältere, zwischen dreißig und fünfzig Jahren.« Mit anderen Worten, es waren die Eltern einer Jugend, die keinen Treffpunkt hatte und nicht wußte, wohin. Damals war es verpönt, sich als Achtzehn- oder Zwanzigjähriger mit der Freundin auf der Straße zu zeigen. Da hat sich also vieles geändert, und zwar unumkehrbar.« Das sagt Salvatore in einem Brustton, als wären die neuen Freiheiten allein auf seine Anordnungen zurückzuführen.

Darauf, zur Feier des Tages und seiner Errungenschaften, also noch ein Eis und einen *crodino*!

Zu meinem Trost erblicke ich in all dem Jugendflor auch Männer und Frauen älterer Jahrgänge, wenngleich ich langsam habe lernen müssen, daß inzwischen da, wo ich bin, mich an Jahren meist niemand mehr übertrifft. So auch hier, ausgenommen vielleicht jene Urgroßmutter, die ihr zweijähriges Urenkelkind aus dem Wagen ihrer Enkeltochter nimmt und es leise singend, als sei außer ihnen beiden niemand sonst auf der Welt, im Arm schaukelt. Gegenüber, vor dem geschlossenen *piccolo negozio*, dem Tante-Emma-Laden des Antonio Vella, steht ein Pärchen, beide vielleicht fünfzehn, sechzehn, Hand in Hand, gegen die Scheibe gelehnt und unbeweglich wie Statuen.

Als der *corso* sich lichtet, machen wir uns auf und gehen noch einmal auf die Piazza.

Auf eines der drei Sofas vor Charlie Brown. Es ist gegen 22 Uhr, die Kirche ist hell angestrahlt, und über den Platz, abgehoben gegen die Chiesa Madre, sausen kleine Jungen mit diesen modernen kleinrädrigen Rollern und Kinderfahrrädern hin und her.

Fächelnder Wind, die Temperatur, nach höllisch heißem Tag, jetzt angenehm. Am Rand der Piazza noch alte Männer auf Stühlen, aus den Bars ringsum schallt Musik.

Als die Kirchturmuhr erst zehn- und dann noch zweimal gongt – also halb elf schlägt –, nähern sich vier kleine Mädchen den Sofas von Charlie Brown, so sechs bis neun Jahre alt, setzen sich aber nicht, sondern beginnen zu tanzen. Sie fassen sich an, mit schlangenhaften Bewegungen, wiegen sich in den Hüften, stemmen die Hände gegen sie und gehen im Kreis herum, ehe sie in einer bestimmten Aufstellung mit dem kleinen Po wackeln. Das haben sie irgendwo abgeguckt, im Fernsehen, aber das Talent zur stilvollen Nachahmung kommt aus ihnen selbst. Als eine hinfällt, rappelt sie sich zwar sofort wieder auf, aber es ist, als hätte sie die Vorstellung geschmissen, solch unglückliches Gesicht macht sie – wenn auch nicht lange.

Ich werde an die drei Mädchen und ihre selbstvergessene Vorstellung in dem Restaurant des peloritanischen Dorfs Antillo zu Anfang der Reise erinnert.

Hier, auf der nächtlichen Piazza von Riesi, gleiten die vier immer wieder zusammen, nach einem zeitlich genau eingehaltenen Rhythmus, legen einander die Hände in den winzigen Nacken und beugen sich tief hinunter, wie Blumen, die ihre Blätter neigen, in immer neuen Mustern und Figuren, und das alles mit Bewegungen von betörender Grazie.

Eines der Mädchen, neun, beginnt zu singen, bricht aber ab, nachdem es neugierig herübergeschielt hat, wie ich auf Tonband spreche, und gesellt sich unbefangen dazu. Tappt nach dem Apparat, läßt sich vorspielen, was ich da hineingesagt habe, und wird aufgefordert, nun selbst ins Mikrophon zu singen. Indes, sie ziert sich. Ich aber gebe nicht nach: »Una piccola serenata, prego!« Schließlich, nach hinhaltendem Widerstand, singt sie doch, ein Kinderlied mit Kinderstimme, voll von Wiederholungen wie »Qua, qua, qua«, »di,di,di«, »da,da,da« und »wahu, wahu, wahu«.

Hübsch, strahlend, ihrer unsäglichen Lieblichkeit natürlich gar nicht bewußt, will sie nun überhaupt nicht mehr aufhören, Lieder auf mein Band zu singen (Kassette 50, 13. bis 20. Minute). Aber nicht mehr Kinder-, sondern Liebeslieder: »La primavera ... il sole ... fuoco d' amore ...« Dazwischen schlägt die Kirchenglocke elfmal. »... guardetta ... casamia ... mi voglio marita ...« Das ist der Kehrreim, »mi voglio marita«, immer wieder – sie will Braut werden.

Da singt mir eine Neunjährige, Mädchen und doch schon kleine Frau, um 23 Uhr angesichts der Chiesa Madre, wo mein Großvater getauft worden ist, sizilianische Lieder vor – vom Frühling, von der Sonne und der Liebe, vom eigenen Haus und dem Wunsch zu heiraten. So jung noch und doch schon getragen von einem dramatischen Lebensgefühl, das sich in ihren Gesten geradeso abzeichnet wie in ihrem taufrischen Gesichtchen.

Plötzlich hält sie inne, eilt auf ein gleichaltriges Mädchen zu, das mit Büchern unterm Arm über die Piazza geht, nimmt es bei der

Hand und führt es zu den anderen. Dann sprechen sie eifrig aufeinander ein.

Natürlich sind die Eltern in der Nähe, nur weiß ich nicht, wo.

Im Quartier angekommen, ist drüben bei den Miccichès noch Licht, Stimmen, Musik. Unter dem Dach der Veranda wird noch getafelt, Antonio Morten und ich, ob wir wollen oder nicht, werden von Giuseppina gespeist, mit Oliven, Mozzarella und Tomaten, gefolgt von Spaghetti, Risotto und Fleisch. An zwei Tischen sitzen Freunde, Kollegen vom Rathaus, Verwandte. Unter freiem Himmel wird ein Gang nach dem anderen aufgetischt, ohne besonderen Anlaß, nur so am Wochenende, aus Freude an der Geselligkeit. Es gibt Wein, Coca und Wasser. Die Luft ist mild, das Haus angestrahlt.

Der *sindaco*, obwohl müde, steht auf, führt mich, ein Versprechen wahr machend, im Haus vor ein Cockpit von Apparaturen, Computern und Fernsehgeräten und demonstriert mir in der nächsten halben Stunde, welch ein anachronistischer Blindgänger in Sachen moderner Kommunikationsmittel ich doch bin (trotz Fax, Computer, Handy und zirka fünfundzwanzig Kabelfernsehprogrammen).

Aber was ist das schon gegenüber jener elektronischen Phantastik, wie sie mir nun vorgeführt wird.

Giuseppe Miccichè, auf einem Sofa sitzend und die Beine auf einen Stuhl davor gelegt, kriegt hier in seinem Domizil am Rand von Riesi nicht nur China, Thailand, Indien und den übrigen Teil der Fernsehwelt auf den Bildschirm, wann und wie er will; er kann auch mit einem Knopfdruck Programme von überall her und in verschiedenen Sprachen herbeizaubern, was immer er über Reisen, Tiere, über Musik, Kochkunst oder Formel-1-Rennen sehen und wissen möchte.

Ich komme mir vor wie der letzte technische Hinterwäldler zu Beginn des 21. Jahrhunderts.

Denn nun sehe ich, und will es zunächst nicht glauben, im tiefsten Sizilien via großformatigem Bildschirm über den Brandenburger ORB und seine Sendung »Blickpunkt« etwas über den Elbebiber und seine wieder hoffnungsvollere Zukunft; über den Stechlin und seine nunmehr hervorragende Wasserqualität; ferner, daß auf dem Territorium der ehemaligen DDR nach dem Fall der Mauer vierzehn Naturschutzreservate und Biosphären eingerichtet und gegen eigensüchtige Privatisierungsinteressen erfolgreich verteidigt worden sind, während die Schwarzstörche endlich zurückkehren und der Landschaft ihr längst verloren geglaubtes Bild wiedergeben konnten. Madonna mia – weiter!

Aber über die Eingabe, etwas von der Geschichte der Erdbeben in Peru zu erfahren, ist der *sindaco* eingeschlafen – Südamerika ist sein großer Traum, da war er mit seiner Frau noch nicht.

Ich habe inzwischen herausbekommen, daß Giuseppe Miccichès Arbeitstag selten weniger als sechzehn Stunden zählt, und daß die Vorbereitungen für die Verleihung der Ehrenbürgerschaft in letzter Zeit ein nicht unbeträchtlicher Teil davon geworden sind. Und so entwinde ich denn seinen Händen die Fernbedienung, ohne daß er erwacht, finde eher zufällig den Knopf, um die Apparatur abzuschalten, und verziehe mich in mein Quartier.

Schon weit nach Mitternacht, leuchtet im Westen ein roter Schein, als wenn die Sonne in einem Riesenkrater unterginge und daraus noch hervorglühte. Erst wird die helle Schicht langsam bläulich, dann tiefblau, ehe das Sternenkollier des Südens wie eine smaragdene Milchstraße vom schwarzen Himmel herabfunkelt.

Unruhige Nacht, flacher Schlaf, zu viele Eindrücke und Emotionen, die auf mich einwirken, zu viele Gedanken – über Sizilien, über den Großvater, über das, was bevorsteht.

Morgens dann wieder erst einmal bei Giuseppina – der *sindaco* ist schon im Dienst.

Während Antonio Morten, wie jeden Tag, von Giuseppina seinen Kaffee gebraut kriegt, führt sie mich an einen Pflaumenbaum, von dem ich futtern kann, solange und soviel ich will. Das tue ich denn auch nur zu gern, bis eine Nachbarin kommt, Giuseppina umarmt und mich einlädt, bei ihr im Haus Feigen und Pfirsiche aus dem eigenen Garten zu essen. Ich drohe an Obst zu ersticken, wage aber keine Widerrede, aus Furcht, es könnte als Zurücksetzung aufgefaßt werden. Also schlage ich mir den Magen voll, danke und setze mich auf eine Bank.

Die Sonne steht über dem Hügelkamm im Norden, schon ziemlich hoch und kreisrund. Es sind Vögel in der Luft, ihr Zwitschern ist weit zu hören. Aus dem Tal dringen Töne, Hundegebell, menschliche Stimmen. Ringsum Elstern, wie überall auf Sizilien sehr dicke – *gazze*.

Auch im Haus Stimmen. Giuseppina kommt heraus, sie lacht, und ihre Nase kraust sich dabei koboldartig. »Nun ist es bald soweit«, sagt sie und reicht mir eine Zeitung.

Es ist »La Sicilia«.

»Noi siamo parenti«

[handschriftliche Notiz: wie bei uns: Sylvester]

Darin wird unter dicken Versalien »Deutscher Schriftsteller mit sizilianischen Wurzeln erhält Ehrenbürgerschaft von Riesi« unerwartet ausführlich über das bevorstehende Ereignis und seine Vorgeschichte berichtet: Über den Großvater, *nonno* Rocco Giuseppe Giordano – »naque a Riesi il 9 gennaio 1865 in una abitazione di Via Madrice« –, seinen frühen Weggang aus der Stadt und märchenhaften Aufstieg als Maestro eines der bedeutendsten Blasorchester in Europa vor dem Ersten Weltkrieg; über seine Triumphe, seinen tragischen Abstieg und das Ende in Hamburg. Dann über seinen Enkel, *il scrittore*, der ein Buch über Sizilien schreibt, dabei seinen Wurzeln nachgegangen ist und nach langer vergeblicher Suche früherer Zeiten nun in Riesi auf das amtliche Dokument der großväterlichen Geburt gestoßen ist. Es folgt eine schmeichelhafte Aufzählung meiner Publikationen als Fernsehautor und Schriftsteller, »Die Bertinis« hervorgehoben. Das alles illustriert von einem Foto an der Seite des Bürgermeisters in seinem Büro und beendet mit der Ankündigung, daß zu der anstehenden Feier – *ceremonia prevista* – alle zivilen, militärischen und kirchlichen Autoritäten der Region geladen seien, eingeschlossen der deutsche Honorarkonsul aus Catania, stellvertretend für den Botschafter in Rom.

Und so erscheint es, wenn auch ein wenig gekürzt, in den nächsten Tagen noch mehrere Male gedruckt.

Ich lese das und mir ist seltsam zumute. In seiner Unvorhersehbarkeit hat das etwas Beunruhigendes an sich, als würde, so spät, ein neues Kapitel über einen längst vergangenen Lebensabschnitt aufgeschlagen werden, wobei sich in mir seltsamerweise Freude und Trauer mischen und unspaltbar ineinanderfließen.

Die Veröffentlichung aber tut ihre Wirkung, wie bald zu spüren ist. So auch jetzt, Sonntag morgens auf der Piazza, wo ich freundlich begrüßt werde, besonders von den alten Männern vor der *Associa-*

zione pensionati coltivatori diretti – die Zeitungen sind also gelesen worden, es hat sich herumgesprochen.

Ich stehe vor der Kirche, der Chiesa Madre, schaue hoch zu den drei Glocken, deren mittlere schwerer ist als die beiden anderen, und gehe dann durch das kleine Tor in der großen Pforte hinein, unter das herrliche Weiß und Blau der Säulen und Gewölbe.

Morgenpredigt. Etwa fünfzig Leute auf dem Gestühl, die meisten vorn, die Mitte leer, einige Andächtige hinten. Bei denen bleibe ich.

Am Altar elektrische Kerzen. Der Gesang schallt hell durch den Raum, mit klaren Stimmen, unter denen man die jungen heraushören kann. In einer Ecke die Statue von Johannes XXIII., dem gütigen, von aller Welt, auch von mir, geliebten Papst. Die linke Hand hat er vor die Brust gelegt, die rechte mit ausgestreckten Fingern erhoben.

Als ich wieder heraustrete, baut der Händler mit dem Zeltladen auf der Piazza sein wirres Warenangebot auf, Posten um Posten: Sonnenbrillen, Spiele, Lebensmittel, Süßigkeiten, Puppen, Zahnpasta, Kinderwagen, aufblasbare Gummifiguren – die Vielfalt der Artikel ist unglaublich. Unentwegt schleppt der kleine Mann ein Stück nach dem anderen herbei und verteilt alles an seinem Platz. Neben den Alten der *Associazione pensionati* verschwindet er in einen höhlenartigen Eingang, um bald darauf vollbepackt wieder herauszustürmen. Welch ein Aufwand, welche Mühe. Aber wird da auch etwas gekauft? Ich habe das noch nie gesehen. Trotzdem sieht das Männchen keineswegs unterernährt aus.

Die Straßen sind fast wie ausgestorben. Es ist erst kurz nach neun, doch wohin die Sonnenstrahlen fallen, ist es schon jetzt glühend heiß.

Ich ertappe mich unentwegt bei dem Gedanken, wo der Fuß meines Großvaters den Boden Riesis begangen und betreten haben könnte, besonders aber hier, im Zentrum, hat er doch ganz in der Nähe gewohnt. Und natürlich ist immer auch die Frage da: Was würde er sagen, wenn er das Riesi von heute sähe, und mich mittendrin?

Morgen sollen im Municipio die letzten Formalitäten für die Ehrung besprochen werden.

Es wird, wovon ich keine Ahnung hatte, so etwas wie eine Wende in meinem Leben.

Als ich eintreffe, die Treppe hoch in den ersten Stock das Rathauses gehe und das Vorzimmer des Bürgermeisters betrete, sitzt dort ein älterer Herr – adrett gekleidet, soigniert, mit weißem Haar und ungefähr in meinem Alter, vielleicht etwas jünger. Als er mich sieht, steht er auf, geht auf mich zu, blickt mir forschend in die Augen, streckt mir die Hand entgegen und sagt laut und mit fester Stimme: »Ich habe von Ihnen in der Zeitung gelesen, Signor Giordano, wir sind Verwandte – *noi siamo parenti!*« Dann stellt er sich vor: »Dottore Salvatore Michele Mirisola«, holt ein Papier hervor und weist mir auf einer handgeschriebenen Genealogie nach, auf welche Weise wir miteinander verwandt sind.

Ich will meinen Ohren und Augen nicht trauen:

Domenico Giordano, Vater meines Großvaters, also mein Urgroßvater – *bisnonno*, geboren am 15. Dezember 1833 – hatte fünf Brüder: Giuseppe, Luigi, Salvatore, Rocco und Gaetano. Während der Stammbaum von Luigi und Salvatore Giordano nur bis 1874 und 1872 geht, setzt sich der von Rocco in Gestalt eines Urenkels bis 1992 fort, während die Linie von Giuseppe und Gaetano Giordano bis in die Gegenwart reicht.

»Und ich gehöre dem Zweig von Giuseppe Giordano an, meinem Urgroßvater, der der Bruder Ihres Urgroßvaters Domenico war.«

Ich sehe, daß seine Hand zittert, als er erklärt, wie sich der Name Giordano durch Heirat weiblicher Angehöriger erst in Calogero, dann in Mirisola verwandelt hat. »Giuseppes Tochter, Catena Giordano, meine Großmutter, heiratete Calogero Sardella, und deren Tochter Filippa, meine Mutter, ehelichte Cateno Mirisola, meinen Vater. So kam ich zu meinem Namen, und so sind wir miteinander verwandt.« Pause. »Ich bin Jahrgang 1931, also siebzig, und Sie?« – »Achtundsiebzig.«

Wir geben uns wieder die Hand, ich schlucke – vor mir steht der erste aus einer sizilianischen Verwandtschaft, von der ich bis zur Stunde keine Ahnung hatte.

»Und aus der Linie von Gaetano Giordano – wer ist das?« frage ich – »Aldo D' aleo, sein Urenkel, 1948 geboren. Er ist Lehrer, und Sie werden ihn bald kennenlernen. Wie auch andere Mitglieder der Familie, denn natürlich haben wir Kinder und Kindeskinder.«

Ich schlucke wieder und kann und will meine Bewegung nicht verbergen, neben mir, wie immer, Antonio Morten, der ebenfalls berührt ist.

Plötzlich muß ich lachen, unwillkürlich, unterdrücke es aber mittendrin, weil ich das Motiv eigentlich gern für mich behalten hätte. Doch Salvatore Michele besteht auf Klärung, die ich sogleich liefere, schon um nicht mißverstanden zu werden.

Also erzähle ich die Geschichte, hier im Vorzimmer des *sindaco*, wo sich seltsame und unvorhergesehene Dinge zu ereignen pflegen.

Wenn ich in all den vergangenen Jahrzehnten von meinem Großvater sprach, zu Freunden, Bekannten, Kolleginnen und Kollegen, von dieser verworrenen und unerfüllten Geschichte, diesem verqueren und offenen Verhältnis zu Sizilien, vor allem aber zu Riesi, dann kam es, neben der unvermeidlichen Assoziation mit der Mafia, immer wieder zu der scherzhaft gemeinten Warnung: »Forsch da bloß nicht so genau nach, ob es noch Verwandtschaft gibt oder nicht. Du hast doch keine Ahnung, worauf du da stößt, und plötzlich hast du die ganze sizilianische Mischpoke am Hals ...«

Da ist es heraus, und das erste, was Salvatore Michele und ich tun, ist, daß wir uns um den Hals fallen und beschließen, einander zu duzen.

Dann verabreden wir uns für den Nachmittag auf der Piazza.

Wie lange bin ich schon in Riesi? Mir ist inzwischen, als wäre ich hier zur Schule gegangen.

»Eine Erde, ein Dach, eine Hoffnung«

Als wir beide zur gleichen Zeit eintreffen, ist die Piazza voll und jeder Stuhl besetzt. Und so weichen wir auf den Platz neben der Büste des großen Gynäkologen D' Antona aus, ergattern zwei Sitzplätze des Cafés davor und lassen uns mit Tee und Espresso bedienen, ehe sich Antonio Morten dazugesellt, weil ich seiner Dienste gerade hier und jetzt nötiger denn je bedarf.

Salvatore Michele, mein »neuer« Verwandter, trägt eine helle Hose und ein blaues Hemd, hat gescheitelte graue Haare und sieht für seine siebzig Jahre geradezu jugendlich aus. Und dann kriege ich, inmitten des Trubels im Zentrum von Riesi, eine Lektion in Orts-

und Familiengeschichte, wie ich sie mir kompetenter nicht hätte wünschen können.

Die Giordanos kommen aus Caltanissetta. Die erste Urkunde nennt Michele Angelo, der von dort nach Riesi zog und am 4. Juni 1726 Giuseppa di Patti heiratete. Offizielle Standesamtsregister gibt es zwar erst seit 1820, aber in den Kirchenpapieren sind seit der Gründung Riesis im Jahr 1654 alle Heiraten, Geburten und Todesfälle eingetragen. Der Stammbaum der Giordanos läuft über die Generationen weiter, bis zum 12. Juni 1830. »An dem Tag heiratete Rocco Giordano hier in Riesi Francesca Sardella. Das Ehepaar bekommt sechs Kinder, darunter am 15. Dezember 1833 Domenico, deinen Urgroßvater, Giuseppe, meinen Urgroßvater, und Gaetano, Aldos Urgroßvater.«

Mir schwirrt der Kopf von den Zahlen, die Salvatore Michele da nennt, ohne Zögern und Nachdenken, als hätte er jeden Tag mit ihnen zu tun. Im übrigen verhalte ich mich mucksmäuschenstill, um den Fluß seiner Rede nicht aufzuhalten, zumal meine Neugierde kaum im Zaum zu halten ist. Der Lärm ringsum bleibt außerhalb meines Hörbewußtseins.

»Die Gebrüder Giordano waren Handwerker, dein und Aldos Urgroßvater Schuster, der meine Barbier. In der sizilianischen Gesellschaft des 19. Jahrhunderts und zu Anfang des 20. war der Handwerkerberuf hochgeschätzt. Im damaligen Sizilien gab es so gut wie keine Industrie, und alle Manufakturwaren wie auch Reparaturen und Erneuerungen kamen von Handwerkern. Um ein Geschäft zu eröffnen, brauchte man einen hohen Grad an Professionalität, man brauchte Ansehen und Seriosität. Voraussetzung für Erfolg bei der Kundschaft war, ein richtiger Meister zu sein, *lu mastru* im Dialekt. Wenn Eltern ihren Sohn *a lu mastru* schickten, also zum Meister, dann bedeutete es das Tor zu einem einträglichen Handwerk mit einem ganz bestimmten Lebensstil und Verhaltenskodex.«

Und dann sagt Salvatore Michele: »Ob Domenico Giordanos Sohn Rocco ein Handwerk erlernte, weiß ich nicht genau, es war ungewiß von einer Schneiderlehre die Rede. Was später kam, wie wir es nun aus der Zeitung erfahren, nämlich, daß er dann der Maestro eines großen Orchesters wurde, war, soweit ich weiß, hier nicht bekannt.«

Mir ist, als wäre mir ein Schlag versetzt worden – dies ist die erste Nachricht in der großväterlichen Chronik, die auf *Opa Roccos* musikalischen Ursprung, auf seine Praxis als Musiker hinweist, darauf, daß er mit Noten und Instrumenten zu tun hatte – Organist in Riesi! Ob ich darüber mehr erfahren werde? Salvatore Michele zuckt mit der Schulter: »Wer lebt denn noch von damals? Übrigens, Aldos Großvater, auch ein Rocco Giordano, hat jahrzehntelang die Musikkapelle Riesis geleitet. Das war etwas bescheidener, aber höchst verdienstvoll.«

Wir sitzen vor der Bar, haben *granita* bestellt, und mir ist seltsam zumute. Dann bitte ich Salvatore Michele um einige persönliche Angaben und was er mitzuteilen für richtig und wichtig hält.

Jahrgang 1931, gelernter Jurist, mit abgeschlossenem Studium, zunächst Rechtsanwalt, Militärdienst, dann über dreißig Jahre Inhaber eines Busunternehmens mit Sitz in Caltanissetta, das er verkaufte, als er 1987 in Rente ging, um seither Olivenöl auf biologischer Basis herzustellen. »Das tu ich heute noch.«

1966 heiratete er Edvige Maida, Grundschullehrerin aus Sommatino, eine Ehe, der drei Kinder entsprossen. Er holt ein koloriertes Foto hervor, das seine Frau und ihn mit den Töchtern Valentina (25, Psychologin), Daniela (34, Statistikerin) und dem Sohn Tito (32, Pharmakologe) zeigt. Edvige Mirisola, neben ihrem Mann, wirkt wie eine ältere Schwester ihrer Töchter.

Links von uns ein Tisch mit jungen Leuten, die sich lebhaft unterhalten. Ein Glatzkopf mit Brille kriegt sich vor Lachen nicht mehr ein, und auf der Piazza gehen die alten Männer unentwegt auf und ab.

Ich bitte Salvatore Michele um Einzelheiten aus seinem Leben.

Er war zwölf, als 1943 die Amerikaner kamen – »am 11. oder 12. Juli« –, immer in Patrouillen zu dritt, Schokolade und Zigaretten verteilend. Vorher hatte für Riesi eine gewisse Gefahr bestanden. Wehrmachtformationen hatten sich so postiert, daß jeder Punkt der Stadt von ihren Geschützen bestrichen werden konnte. »Aber es hat nur zwei Abschüsse gegeben, dann waren sie weg.« Die große Schlacht fand in der Nähe statt, zwischen Barrafranca und Mazzarino. »Westsizilien war rasch erobert, mit Hilfe der Mafia, wie jeder weiß. Aber im Osten hatten die Deutschen Furcht, daß die Meerenge von Messina blockiert werden könnte. Darum die schweren Kämpfe.«

Salvatore Michele öffnet eine schwarze Aktentasche, holt daraus zwei Bücher hervor und reicht sie mir: »Ich habe immer eine Leidenschaft für Geschichte gehabt, besonders für die lokale. Und diese beiden Bücher von mir handeln davon.«

Ich wiege sie in den Händen, sie sind schwer, und ihren Titeln und Untertiteln ist zu entnehmen, daß sich das eine – »Una Terra, un Tetto, una Speranza« (Eine Erde, ein Dach, eine Hoffnung) – mit Riesi und seinem Boden von der Prähistorie bis zum Jahr 1700 befaßt, während das andere – »Una Sicilia minore« – die überregionale Vorgeschichte Südsiziliens behandelt. Ich bedanke mich und blättere – in einer ungeheuren Fleißarbeit auf den ersten Blick.

»Die Bücher haben Erfolg gehabt«, sagt er bescheiden, als müßte er sich dafür entschuldigen, »beim Publikum und bei den Kritikern.« Und dann: »Ich habe mein ganzes Leben in Riesi zugebracht, obwohl der Sitz meines Unternehmens in Caltanissetta war. Die ganzen dreißig Jahre bin ich jeden Tag hierher zurückgekommen, jeden Tag. Meine Familie gibt es in Riesi schon seit dreizehn Generationen.«

Ich sitze vor meinem vierten *granita*, mein Magen ist eisgekühlt, die Sonne steht niedriger, aber die Piazza will sich nicht leeren.

Ich zeige hinüber und frage: »Bist du immer hier?« – »Immer, auch sonn- und feiertags.« – »Sag mir, worüber ihr sprecht.« – »Über das, was so täglich passiert, in der Stadt, in der Politik, im Fernsehen.« – »Ist das unerschöpflich?« – »Es ist unerschöpflich, so alt können wir gar nicht werden, daß uns der Stoff ausginge.«

Dann: »Ich frage nicht gern, weil es so klischeehaft klingt – aber was ist hier mit der Mafia?«

Salvatore Michele stockt, ehe er antwortet: »Einer von uns ist durch sie ermordet worden, 1992. Er hieß Gaetano Giordano, war der Enkel von Rocco Giordano, einem der Brüder deines Urgroßvaters Domenico, und hatte in Gela einen Friseursalon und zwei Drogerien, die gut gingen. Als er kein Schutzgeld bezahlen wollte, haben sie ihn umgebracht. Seine Ermordung stand in allen Zeitungen und hat großes Aufsehen erregt. Gaetanos Ehefrau lebt noch. Die Mörder sind zu lebenslanger Haft verurteilt worden. Ich habe ihn gut gekannt. Im Gemeinderat wird darüber nachgedacht, eine Straße nach ihm zu benennen. Es hat sich manches geändert hier.«

Pause.

»Während der Zeit des Faschismus ist die Mafia ganz kleinlaut gewesen. Auch hier bei uns gab es, wie in jedem Kreis, einen von Mussolini ernannten Hauptsekretär der *Bewegung*, auch einen Bürgermeister, aber nicht im Sinn des heutigen *sindaco*, sondern eines autoritären Vormunds. Groß geworden ist die Mafia erst, nachdem die Amerikaner da waren.«

Wieder Pause. Dann: »Es hat hier eine Zeit gegeben, da hat die Mafia absolut geherrscht, auch über die Seelen, ohne daß man widersprochen oder sich dagegen gewehrt hätte. Jetzt ist das anders, etliche von ihnen sind im Gefängnis. Natürlich existiert sie weiter, ein Rest ist geblieben, aber sehr viel weniger als früher. In Riesi hat sich viel geändert, auch wenn es immer noch eine hohe Jugendarbeitslosigkeit gibt. Ich habe Glück gehabt in meinem Leben, ich konnte immer arbeiten – bis heute.«

Wir stehen auf. Ich klemme mir die Bücher unter den Arm, schiebe meinen rechten unter seinen linken und mische mich mit ihm unter all die anderen auf der Piazza.

Er lächelt, als er gewahrt, daß ich von vielen gegrüßt werde. »Ja«, sagt er, »auch ich bin erst durch die Zeitung auf dich gekommen.«

Da gehen sie auf und ab auf dem Platz vor der Kirche, in Hemden oder Jacketts, die Hände in den Hosentaschen oder auf den Rücken gelegt, in Sandalen oder festen Schuhen, zu dritt, zu viert oder zu fünft, wie Wogen, die anschwappen und zurücklaufen. Immer wieder verändert sich die Zahl, sind es plötzlich acht, wo eben noch sechs zusammenstanden, lösen sich die Reihen auf, finden sich wieder zusammen – und keine Frau ist auf der Piazza zu sehen.

Alle Läden und Bars ringsum sind geöffnet wie die Klausen für die Rentner und Handwerker, der *circolo artigiani*. Offene Türen, Gänge hinein ins Parterre, davor die ältesten der Alten auf gelben und weißen Stühlen. Ein kühlender Wind weht, es staubt – Riesi ist die staubigste Stadt, die ich kenne. Aber das, wiederhole ich, kommt nicht von außen, das kommt, hat der *sindaco* nicht ohne einen Anflug von Stolz gesagt, durch all die aufgerissenen Straßen der Stadt, die neue Infrastruktur von Asphalt und Röhren, die längst fällig war und die Riesi ein neues Gesicht geben soll.

Sei's drum – es staubt eben, und niemanden scheint es zu stören.

»Morgen wirst du Aldo sehen,« sagt Salvatore Michele Mirisola beim Abschied. »Wir fahren zusammen zum Solfaraio, zu den stillgelegten Schwefelminen Trabia und Talarita – auch darüber habe ich in ›Eine Erde, ein Dach, eine Hoffnung‹ geschrieben. Wer die Minen nicht kennt, der kennt die Geschichte Riesis nicht.«

»Oh Mutter voller Schmerzen, was soll ich tun?«

Dottore Aldo D' aleo, Urenkel von Gaetano Giordano, Bruder meines Urgroßvaters Domenico, ist ein kleiner, quirliger Mann, 53 Jahre alt, Lehrer an der hiesigen Mittelschule, Brillenträger, ein grundgütiges Gesicht – die Begrüßung in der Via Carlo Alberto fällt stürmisch aus. Er ruft so laut, als sollte es die ganze Umgebung mithören: »Mein Vater war Dirigent der Stadtkapelle von Riesi, lange. Das ist nicht ganz so hoch, wie dein Großvater gestiegen ist, aber es hat ihm bestimmt genausoviel Spaß gemacht.«

Dann versucht er, seinen viel zu eng eingeparkten uralten Citroën freizumanövrieren, was ihm mühselig genug gelingt, ehe er, Salvatore Michele, Antonio Morten und mich an Deck, durch Riesis Straßen in Richtung Sommatino davonstiebt.

Der Motor quietscht dabei, als würde er von innen her gefoltert, bis es sich kurz vor der Ankunft so anhört, als wäre das Triebwerk endgültig und für immer abgesoffen.

Das Land westlich von Riesi hat beinahe Wüstencharakter, der Boden ist karstig, dürr – nirgends tröstet Grün, kein Ginster, keine Stechpalme und Agave, keine Myrthe oder Tamariske, von denen die Insel sonst nur so strotzt. Dafür wird die Industrieruine der Schwefelmine sichtbar, rostbraun, mit fensterlosen Gebäuden, die aussehen, als wären ihnen die Augen ausgestochen worden, ein Anblick, der einen trotz der Hitze frösteln läßt. Wir sind jetzt an die zehn Kilometer gefahren, und Salvatore Michele sagt: »Diesen Weg, diesen langen Weg haben die Arbeiter von Riesi bei allen Wettern zu Fuß zurücklegen müssen, zweimal am Tag, ob Regen, ob Sonne, Sommer oder Winter, hin und zurück.«

Dann sind wir angekommen, in Talarita, der ehemaligen Mine, die zu Riesi gehörte und durch den Salso getrennt war von Trabia, die zur Gemeinde Sommatino zählte.

Was ich hier in Talarita um mich herum erblicke, ist die gewaltigste Werksleiche, der ich je begegnet bin. Ein von Trockenheit zerrissener

Grund; riesige Hallen, dumpf, leer und mit offenem Dach; gewaltige Motoren mit noch gewaltigeren Schwungrädern, roststarrend und zu schwer, um weggebracht zu werden; dazu abgebrochene Rohre und überall Spinnweben.

»Hier haben einst bis zu 1500 Menschen gearbeitet, in beiden Minen, davon etwa achtzig Prozent aus Riesi in Talarita, die anderen aus Sommatino in Trabia«, sagt Salvatore Michele. »Ausgebeutet wurde die Mine schon Anfang des 17. Jahrhunderts, schlage mal nach in meinem Buch ›Una Terra ...‹, Seite 242, da gibt es ein Dokument vom August 1619. Und auf Seite 300 findest du das Dokument von der Gründung der ersten Schwefelgesellschaft – ausgestellt am 17. März 1697.«

Es ist vormittags, aber schon glühend heiß. Jeder Schritt wirbelt den trockenen Boden auf, aber Salvatore Michele Mirisola, nicht wie Antonio Morten und ich in Arbeitskluft, sondern in Tuchhose und Hemd, scheint von den Schwaden nicht berührt zu werden.

Jetzt auf holprigen Wegen und durch mannshohes Unkraut zu den Gruben. Türme wie verrostete Grabmale, stählerne Skelette, mit dem großen Rad oben, dem Seil und den Förderkörben, Wahrzeichen einer industriellen Archäologie von erschreckender Verfallenheit.

Wir bewegen uns, wie Schilder ausweisen, auf verbotenem Terrain, doch Salvatore Michele macht eine wegwerfende Bewegung.

Die Grubeneingänge sind gesperrt, aber man kann, wenn man sich vorbeugt, tief hinabsehen – ein Blick wie in den Orkus. Schächte, Abgründe, das tägliche Grauen beim Ein- und Ausfahren; in Käfigen, die verquer steckengeblieben sind, als wären sie abrupt gestoppt worden, ohne daß jemand entkommen konnte; martialische Paternoster, bis hinunter zu Sohlen von 400 Meter Tiefe, jenseits des Salso, in Trabia, sogar von 500 Metern.

Salvatore Michele: »Dazwischen lagen über- und untereinander bis zu 22 Stollen, in denen der Schwefel abgebaut und hochbefördert wurde. Oben gab es ein Gebäude, in dem nach der Arbeit die Lampen zurückgegeben wurden, und an der Zahl der Lampen konnte man erkennen, ob alle, die unter Tage gewesen waren, auch wieder zurückgekommen sind. Es hat in den Jahrhunderten des Minenbetriebs verschiedene Unglücke und viele tödliche Unfälle gegeben. Die tragischsten am 21. Juli 1883, mit 41 Todesfällen, und am 20. August 1957, mit elf Toten. Die Mütter und Frauen Riesis waren immer in Unruhe, und wenn die Nachricht kam, daß etwas Schlimmes geschehen war, gab es herzzerreißende Szenen.«

Auf die Brücke über den Salso, der heute träge dahinfließt, sich zur Regenzeit aber in einen reißenden Strom verwandeln kann. Jetzt ist es so heiß, daß das Rinnsal eigentlich bis heute abend verdunstet sein müßte.

Drüben, nur durch den *fiume* getrennt, das Sommatiner Bergwerk Trabia, auch da Wellblech, leere Hallen, Türme, darunter einer hoch wie ein Leuchtturm – Talaritas fürchterliches Ebenbild.

Schwefel wurde für vieles gebraucht – für Dünger und Streichhölzer, für Pflanzenschutzmittel, Arzneien und Feuerwerkskörper, vor allem aber von der Waffenindustrie für die Herstellung von Pulver.

Das Werksgelände war scharf geschieden in einen Teil für die, die buchstäblich und im übertragenen Sinn unten arbeiteten, und einen anderen für die, die oben lebten – die »Privilegierten«, wie sie genannt wurden, die Führungskräfte und Angestellten, mit Wohnungen, Häusern und Schulen für die Kinder. »Meine Mutter war hier Lehrerin und hat zwei Jahre in der Grundschule unterrichtet«, sagt Salvatore Michele. Einige Gebäude davon stehen noch, aber das in gerade so abgewracktem Zustand wie alles andere hier auch. Noch am besten erhalten, weil am spätesten errichtet, ist ein Gebäude, das einmal der Bahnhof werden sollte – für eine Eisenbahn, die nie gebaut worden ist. »Es war alles vorbereitet«, erinnert sich Salvatore Michele, »in der Zeit des Faschismus, sieh mal da hinüber – die Trasse für die Geleise, angebohrte Tunnel, die Station. Nur – ein Zug ist da nie angekommen. Als Italien in den Zweiten Weltkrieg eintrat, 1940, sind alle Pläne eingestellt und nach 1944/45 nie wiederaufgenommen worden.«

Beide Gruben wechselten mehrfach die Besitzer, französische, sizilianische, italienische Gesellschaften, bis eine neue Methode der Schwefelgewinnung entdeckt und auch hier der Betrieb in den sechziger Jahren des 20. Jahrhunderts eingestellt wurde.

»Für Riesi war das eine Katastrophe – tausende Arbeitsplätze weg, auf einen Schlag. Auf der anderen Seite – Talarita war wie Trabia auch ein Ort des Schreckens, der ständigen Furcht um Angehörige. In diesem Sinn ist das Denkmal in der Stadt errichtet worden.«

Wir stehen in dem Staub und in der Öde, als Aldo sagt: »Die

Geschichte der Mine wird in den Schulen gelehrt, schon die kleinen *Riesine* und *Riesini* kriegen das mit. Und in der Mittelschule und dem Gymnasium gibt es Experten, die die Schülerinnen und Schüler davon unterrichten, was und wie es hier war.«

Ringsum die Berge, stumm, stummer noch die alten Schwefelgruben, ein Kapitel der sizilianischen Industriegeschichte für sich. Nicht zu zählen die Tränen, die Schweiß- und Blutstropfen, die an der Stätte geflossen sind.

Und ich gehe hier über diese Erde mit zweien meiner sizilianischen Verwandten – wer hätte mir das voraussagen können?

Dann, nach gut zwei Stunden unter einer mordsüchtigen Sonne, besteigen wir Aldos alten, aber offenbar unsterblichen Citroën, und er prescht so heftig davon, als könnte er dem Ort gar nicht rasch genug entfliehen.

Als Salvatore Michele unterwegs meine Anspannung bemerkt, lächelt er erst, ehe er so laut, daß Aldo es hören kann, versichert: »Das geht mir genauso wie dir, seit Ewigkeiten schon, wenn ich mit ihm fahre. Aber passiert ist noch nie etwas.«

Dennoch bin ich froh, heil angekommen zu sein – am Denkmal für die Grubenarbeiter.

Seit zehn Jahren geplant, ist es gerade fertiggestellt worden – aufwendig und eindrucksvoll, am Ortseingang, wenn man von Norden kommt.

Salvatore Michele führt mich vor die Gedenktafel der *miniera*, mit dem Gedicht »La Pirera« (Die Lore) von Giuseppe Paterna, und murmelt Textteile vor sich hin:

»Der Tunnel fiel ein, brach, alles wurde zerstört, oh Mutter voller Schmerzen, was soll ich tun? All meine Gefährten sind gestorben, einzig und allein ich bin geblieben, so allein, wie eine Maus nur sein kann. Mir wird es noch schlimmer ergehen als einer Maus. Ich kam in das Bergwerk, weil es mein Schicksal war. Hier drinnen ist der Tod, der mich umschlingen wird.«

Weshalb wie eine Maus? Salvatore Michele erklärt mir die Metapher. Ihr tieferer Sinn besteht darin, daß Mäuse oft in einer Falle sterben wie der Bergmann in der Falle des Schachts und des Korbs, der ihn hinunter-, oft genug aber nicht wieder hinaufbefördert hat.

Es sind auf der Tafel nicht 100 eingeschriebene Namen, wie ich beim ersten Besuch hier überschlägig geschätzt hatte, sondern die von 64 Toten. »Aber die Dunkelziffer ist größer«, sagt Salvatore Michele, »wahrscheinlich viel größer. Die Gesellschaften hatten kein Interesse an hohen Opferzahlen.«

Und da oben, gespenstische Szenerie in glänzendschwarzem Metall, Männer in Arbeitszeug, schuftende Kinder, Loren, Stahlgerüste, Förderkorb und Förderturm – grell angestrahlt nach Einbruch der Dunkelheit.

Riesi läßt sich seine Erinnerung an Talarita etwas kosten.

Jetzt geht es weiter, zu Aldos Garten, den er mir unbedingt zeigen will – etwas außerhalb der Stadt gelegen.

Unterwegs gibt die Hupe seines Citroëns quäkende Töne von sich, und hustete der französische Veteran schon im zweiten Gang auf das erschreckendste, so dringen jetzt unter der Haube Geräusche hervor, die jeden anderen Chauffeur zu sofortigem Stopp veranlaßt hätten – Aldo muß auf einem von Schlaglöchern perforierten Schotterweg in den ersten Gang schalten. Doch ungerührt brettert er drauflos, bis vor ein Tor, das er behende öffnet, ehe es den Weg hochgeht, hinauf zu einem Haus, das etwa in der Mitte des Grundstücks steht. »4000 Quadratmeter«, sagt Aldo stolz und macht eine raumgreifende Bewegung, »seit langem in Familienbesitz.«

Der Platz ist erhöht, weiter Blick über das Land, Riesi hinter Hügeln, ringsum nah und fern Rauchsäulen von den Feldern, am Himmel kein Wölkchen – und ich in einem Obstparadies sondergleichen. Birnen, *la perita*, klein und schmackhaft; Pflaumen, von denen zu essen man nicht aufhören kann, wenn man erst einmal damit begonnen hat; an Bäumen und Sträuchern Äpfel, die aussehen, als müßten sie noch Monate reifen und doch ganz süß sind; *mandole gelso* – eine rote, stachelige Frucht, die in Speiseeis verarbeitet wird, ähnlich wie Himbeeren aussieht, aber wie Brombeeren schmeckt; *amarena*, Kirschen, noch sauer, nur die von Vögeln angepickten nicht.

Ich fühle mich zurückversetzt in den Schrebergarten meiner Großeltern mütterlicherseits in Hamburg-Bramfeld, als Kind immer drauf aus, dort von Baum oder Strauch zu pflücken, was nur irgendwie eßbar war, verbotenerweise. Hier, wo alles platzt vor Saft und

Kraft, werde ich aufgefordert zuzugreifen, was ich tue, unvernünftig und unersättlich. Besonders angetan haben es mir die Pflaumen, die großen, dunklen, weichen, die man in der Saison auch in Deutschland kriegt. Aldo selbst geht überall mit gutem Beispiel voran und hat sich mit der kleinen roten Frucht schon etwas vollgeschmiert, während Salvatore Michele mich, wo der Boden uneben ist, an die Hand nimmt und so ein Stück geleitet, eine Geste, die mich rührt.

Vor mir unten das weite Land; die roten Dächer der Ortschaften; dazwischen, ausgedehnt, grüne Flächen – »Pfirsiche«, sagt Aldo, »alles Pfirsiche.«

Ich bleibe stehen. Auch hier will ich wieder nicht glauben, was ist, kommt mir ganz unwirklich vor, daß ich mit zweien meiner sizilianischen Verwandten zusammen bin, so spät und so unerwartet.

Und das erst recht, als Aldo jetzt im Haus Fotos hervorholt, alte, angebräunte, Männer und Frauen aus dem Zweig von Gaetano, Bruder meines Urgroßvaters Domenico – wo ich auch hinsehe, Giordanos über Giordanos, Frauen mit dem häufigen Vornamen Teresa, Männer mit dem noch häufigeren Rocco. *Donne* mit langen Kleidern, junge und alte, streng gescheitelt, hochgeschlossen und alle, ausnahmslos, mit ernsten Mienen. Kleine Paßfotos von Aldos Mutter, Teresa Giordano, die Giuseppe D' aleo heiratete, beide verstorben. Alte Herren, edel aussehend, mit weißen Haaren, weißem Schnurrbart, im Anzug, mit Schlips und Kragen und einem Tüchlein in der Westentasche. Und jüngere, Soldaten, martialisch Uniformierte, stehend und sitzend, aus der Zeit des Ersten Weltkriegs.

Die Fotos sind auf dem Tisch ausgebreitet, ich stehe davor und versuche, Ordnung in die Verwandtschaft zu bringen, aber so schnell gelingt mir das nicht. Ich sehe nur, daß sie alle die personifizierte *italianità* sind, in der Sonderform der *sicilianità*, sie alle, Frauen und Männer, davon gestempelt. Es fiele mir schwer, das zu erklären und zu definieren, aber kein anderes Volk, kein anderer Menschenschlag löst in meinem Inneren das gleiche aus wie ihr Anblick. Es sind, unabhängig vom Geschlecht, die Ebenbilder von Rocco Giordano, meinem Großvater, ein Potpourri aus Memoiren und Gerüchen, ganz bestimmten Lauten und Gebärden, einer Sphäre, die gespeichert ist in meinem Kopf, solange ich leben werde, und sei das noch weit hinaus.

Im Haus ist es kühl, Küche und Wohnzimmer hier unten, wie der Kamin; treppauf Schlafzimmer, Bad und Gästezimmer, mit Fliesen ausgelegt; überall fließend Wasser und Stromanschluß, modern und doch patiniert, geschützt gegen die Sonne und stadtnah. »Zehn Minuten bis zur Via Roma«, sagt Aldo. »Du kannst hierherkommen, wann immer du willst.« Und als er die Fotos zusammenpackt: »Ich mach dir Abzüge davon.«

Ungeachtet der unterschiedlichen Jahrgänge – Salvatore Michele 1931, Aldo 1948, ich 1923 – sind beide mit mir in gleicher Generationsfolge: unsere Urgroßväter waren Brüder.

Dann zurück. Unterwegs erfahre ich von Aldo, warum er sich einen Citroën zugelegt hat: »Ohne seine Hydraulik käme ich hier weder hin noch zurück.«

Trotzdem schrammt es von unten heftig. Bis der Wagen vor einer Schafherde steckenbleibt, lange.

»Morgen kommt deine große Stunde«, sagt Salvatore Michele. Es ist der Tag, an dem ich Riesis Ehrenbürger werden soll.

Cittadinanza onoraria

Der Saal hinter dem Municipio, Tagungsort der Stadträte von Riesi, ist groß, hell und bis auf den letzten Platz besetzt. Tatsächlich sind sie gekommen, die Autoritäten des Regierungsbezirks Caltanissetta und Riesis, der deutsche Honorarkonsul aus Catania, Paolo aus Rom, ein alter Freund Antonio Mortens und mein langjähriger Kollege aus der italienischen Redaktion des Westdeutschen Rundfunks; gekommen sind auch Marisa und Andrea Giuffrida aus Trecastagni, und in der Menge der *Riesine* und *Riesini* sehe ich, vorn, die Gesichter von Salvatore Michele und Aldo.

Der Saal hat eine Empore, eine Art wuchtiges Pult, hinter dem Giuseppe Miccichè, mit der Schärpe in den Nationalfarben Italiens um die Schulter, steht, nun eine Mappe aufschlägt und daraus eine kartonierte und, wie ich sehen kann, an den Rändern kolorierte Urkunde hervorholt. Dann dreht er sich mit einer kleinen Wendung hin zu mir, der ich zu seiner Rechten postiert bin, und liest den Text vor.

Der macht die Anwesenden bekannt mit der Person des Geehrten, Schriftsteller aus Deutschland (*scrittore tedesco*) und Enkel von

Rocco Giordano, hier geboren (*naque a Riesi il 9 gennaio 1865 in Via Madrice*) und berühmter Dirigent (*famoso direttore d'orchestra di grande successo*). Danach erfährt die Versammlung einiges aus meiner Biographie: Geburtstag und Geburtsstadt, das Dasein unter den Gesetzen des nazistischen Deutschland (*vittima delle leggi razziali del regime nazista tedesco*) und die Befreiung (*liberato il 4 maggio 1945 dall'Armata Britannica ad Amburgo*). Dann von meiner publizistischen Arbeit, unter besonderer Erwähnung des Romans »Die Bertinis« (*la storia della sua famiglia*). Es folgt die Ankündigung, daß ich auf der Suche nach den Wurzeln (*alla ricerca delle sue radici*) ein Buch über Sizilien vorbereite (*prepara un libro sulla Sicilia*), und eine schmeichelhafte Bewertung meines politischen und literarischen Engagements, um in hervorgehobenen Versalien so auszuklingen:

»Wegen der obengenannten Gründe wird an Doktor Ralph Giordano, Enkel von Rocco Giuseppe Giordano, die Ehrenbürgerschaft von Riesi verliehen.«

Gegeben am 27. Juni 2001, *Il sindaco Prof. Giuseppe Miccichè*, und sein Namenszug.

Der Bürgermeister überreicht mir die Urkunde – Umarmung, das Auditorium steht, und ich versuche, wenn auch vergeblich, meine Bewegung zu verbergen.

Das Dokument fühlt sich fest an, ist in verschiedenen Farben heraldisch dekoriert und mit *Comune di Riesi* überschrieben. Ich kehre es dem Saal zu und achte darauf, daß auch nicht der kleinste Knick entsteht.

Dann beginne ich mit meiner Dankesrede – auf italienisch.

Diese Arbeit hatte Antonio Morten nach meinem Text übernommen, sozusagen in Tag- und Nachtschicht, versiert und mit großer Kenntnis, trotz der unterschiedlichen Struktur zwischen der deutschen und der italienischen Sprache eine möglichst hohe Angleichung an das Original zu finden. Und ich hatte geübt und geübt, meine linguistischen Kenntnisse nun mit den rethorischen Akzenten zu versehen, die den Dank über einen bloß umgangsprachlichen Dilletantismus herausheben würden (was mir, nach Meinung des Übersetzers, dann auch gelungen sein soll).

Und so beginne ich denn:

»Per me, adesso, questo è un grande momente, e anche se di sólito ben abituato di trovare le parole giuste, ora mi trovo in grande difficoltà ad esprimere i miei sentimenti più profondi ...«

Und in der Tat, es war so, wie vorausgesehen: Ich, der Wortgewohnte, habe Mühe, in der für mich besonderen Stunde meine Gefühle so auszudrücken, wie sie in mir sind – an dieser Stelle, 136 Jahre nach der Geburt und 71 nach dem Tod des Großvaters.

Aber dann klappt es doch, und ich berichte: von seinem durchdringenden Pfiff (»fischio insistente«), dem Zwirbeln der Ohrläppchen, die mich schnurren ließen wie ein geliebkostes Kätzchen (»ronzavo come un gattino coccolato«); dem klagenden »Zitschilia, Zitschilia!«; von seinen Triumphen als Maestro einer italienischen Blaskapelle nördlich der Alpen (»veri e propri trionfi oltre le Alpi al nord«) und der tragischen Zerstörung seines Lebenswerks durch den Ersten Weltkrieg (»distruggendo da un momento all' altro, l'opera di tutta la sua vita«).

Ich bin in Fluß, die wunderbare vokalreiche Sprache klingt mir in den Ohren, und ich rede mich in Rage: Über den frühen Wunsch zu schreiben; die so lange mißglückten Versuche, die Familiengeschichte zu erforschen, und dem späten Glück, hier bei den Recherchen für mein Sizilienbuch doch noch auf die Spuren der großväterlichen Herkunft zu stoßen, mit Dokumenten und einer Verwandtschaft, von der ich keine Ahnung hatte. Vor allem aber: »Grazie, egregi signore e signori, voi tutti, che siete qui riuniti, grazie« – »Dank für die Ehrenbürgerschaft, nochmaligen Dank an sie alle, die Sie hier versammelt sind«.

Das ist verkürzt wiedergegeben, und ich weiß bis heute nicht, ob ich zu lange gesprochen habe. Jedenfalls erinnere ich mich an die aufmerksamen Gesichter von Marisa und Andrea Giuffrida, an Salvatore Micheles Gespanntheit und an ein mucksmäuschenstilles Auditorium. Und daran, daß mich nach dem Ende meiner Rede erst der Bürgermeister umarmte, danach, lange und nachhaltig, ein großer Mann, den ich nicht kannte, von dem Giuseppe Miccichè mir aber später sagen wird, daß er ein »hohes Tier« aus Caltanissetta gewesen sei, von dem niemand erwartet hätte, daß er jemals zu einer solch persönlichen Geste fähig wäre.

Das hört sich gut an, und ich hoffe, die Stunde würdig bestanden zu haben. Dabei haben mir in Wahrheit die Knie geschlottert, langsam abnehmend zwar, aber durchgehend. Die Urkunde, mit einem rot-weiß-grünen Schleifchen versehen und in einer großen Faltmappe geborgen, behandele ich wie ein rohes Ei, außerordentlich bedacht darauf, daß nichts an sie herankommt.

Ihr zugesellt worden ist ein Blatt, in dem der Stammbaum des männlichen Familienzweigs aufgeführt wird – »Albero Genealogico della famiglia di Ralph Giordano«. Und zwar von ihren Ursprüngen aus Caltanissetta in Gestalt eines Pasquale Giordano an, dessen Sohn Michele Angelo Giordano, geboren am 4. Juni 1726, nach Riesi umsiedelte und der Urgroßvater meines am 16. Januar 1864 geborenen Urgroßvaters Domenico Giordano war. Und so sehe ich mich denn über meinen Großvater Rocco und meinen am 15. Dezember 1896 geborenen Vater Alfons Giordano in direkter Linie mit einer Verwandtschaft, deren legendäre wie auch amtlich belegte Herkunft weit in die Geschichte Siziliens und Riesis zurückreicht.

Das gehe ich am Abend noch einmal durch mit dem Rechercheur des Stammbaums, Giuseppe Miccichè, und zwar im »Lo Spero«, einem renommierten Restaurant noch im Weichbild der Stadt, wo ein Menü nicht enden wollender Gangfolgen – von *Tris di Mare* und *Risotto Asparagi e Gamberi* über *Spigola al Cartoccio Ripiena* bis *Insalata Capricciosa* und *Frutta* – die Feier gourmethaft beschließt. Aber keineswegs nur deshalb wird er für mich unvergeßlich bleiben. Wichtiger war: Es hat den ganzen Tag über, obwohl tausend Möglichkeiten gegeben waren, keinen einzigen falschen Ton gegeben.

»Sind Sie gern Bürgermeister?«

Morgens, vor jeder Abfahrt, geht Antonio Morten wie üblich aus unserem Quartier den kurzen Weg hinauf zum Haus der Miccichès, seinem Kaffee entgegen, ich meinem Tee, beides zubereitet von Giuseppina, die einen Fütterungstrieb hat, der mich an meine Mutter erinnert. Und so, wie sie, Lilly Giordano, eine richtige »jiddische Momme« war, so ist Giuseppina »la mamma siciliana« in Person.

Heute morgen führt sie mich wieder an eine Stelle, noch auf dem Grundstück, die erhöht liegt, guckt, beschattet die Augen, schüttelt dann aber den Kopf und sagt: »Nein, auch jetzt nicht. Aber es gibt Tage, da ist die Luft so klar, daß man von hier beide sehen kann – den Ätna und Enna.«

Ich habe diese Frau nie anders erlebt als fröhlich, hilfs- und lachbereit, wobei ich mich immer wieder ergötzen konnte, wie sich ihre Nase krauste, desto mehr, je tiefer der Grund ihrer Heiterkeit war. Die beiden Töchter Daniele und Silvia wohnen noch im Haus, sind aber oft weg, und der Bürgermeister, selbst wenn er gewollt hätte, wäre kaum eine Stütze bei der Hausarbeit gewesen. Da lastet eine Riesenarbeit auf Giuseppina Miccichè. Aber das macht nicht allein aus, was sie ist. Sie ist vielmehr die Macht, auf der alles Interne ruht, der Untermann der Familie, der Stützträger – und das so gelassen wie temperamentvoll. Ich müßte lange nach einem ebenbürtigen Beispiel suchen.

Wir konnten kommen und gehen, wann und wie wir wollten, waren immer willkommen, ob auf der großen Terrasse mit der überdachten Veranda, ob Freunde, Bekannte und Verwandte da waren oder nicht. Mit anderen Worten: Mit diesen Gastgebern hatten wir das große Los gezogen.

Der *sindaco* war, wie mir rasch klar wurde, eine Begegnung der besonderen Art, und im Lauf der Zeit entlockte ich ihm manches, was er kaum jedermann preisgegeben hätte – ein Zutrauen, das mich berührte.

Ich habe nicht herausbekommen, ob Giuseppe Miccichè lieber wieder auf den Direktorposten des hiesigen Gymnasiums zurückgekehrt wäre oder ob er es vorziehen würde, bei der nächsten Wahl abermals zum Bürgermeister gewählt zu werden. Aber so manches andere doch, ein Stück Riesi, ein Stück Sizilien, oft im Vorübergehen, meist aber nach Feierabend, wenn der *sindaco* es sich in kurzen Hosen unter dem Verandadach bequem gemacht hatte.

Nach dem Abitur Studium, italienische Geschichte und Literatur, Sprachen, mit Spezialisierung auf Französisch – aber bereits davor von starkem Bildungsdrang. Mit zwölf macht er sich über das philosophische Wörterbuch Voltaires her, studiert die Bibel, auch in der Luther-Übersetzung. Mit dreizehn und vierzehn sind Bücher von Dostojewski dran: »Der Idiot«, »Die Brüder Karamasow«, »Schuld und Sühne«, und Werke von Tschechow: »Der Kirschgarten«, »Onkel Wanja«, »Drei Schwestern«. Eine Lektüre, bei der er nach Parallelen zwischen der Auflösung des russischen Gutsadels mit dem Einflußverlust des sizilianischen Feudalismus sucht.

Aber das Leben nahm nicht den erwünschten Lauf. Lehrer in einem palermitanischen Internat zu sein entpuppt sich nicht als das Erstrebte. In der Hoffnung auf mehr Glück zurück nach Belgien, wo er seine erste Jugend verbracht hatte, nun aber verheiratet mit Giuseppina und Vater eines Kindes, des ersten, Sandra. In ihrer Geburtsurkunde steht: »Tochter einer Hausfrau und eines Milchproduktarbeiters«. Dabei sollte, durfte es nicht bleiben. 1974 Rückkehr nach Riesi, Lehrer, nun »mit Liebe dabei«, dann stellvertretender Direktor, dann Schulleiter. Die Mühen des akademischen Aufstiegs bleiben ungesagt, doch der Lebensort, der endgültige nach langer Odyssee, war gefunden: diese sizilianische Stadt, aus der Eltern und Vorfahren stammten.

Aber viel überschüssige Energie neben Lehramt und Direktorat. Unter dem Verandadach seines Hauses am Rand von Riesi liegt, die Beine auf einen Stuhl gelegt, ein Kraftbündel mit Ehrgeiz, der sichtbar wird und dennoch gebändigt ist. Giuseppe Miccichè ging in die Politik und – schaffte den Sprung an die Spitze der Kommune.

»Sind Sie gern Bürgermeister?«

»Ja«, sagt er, ganz spontan, »ja«.

Daraufhin wage ich, nach den sozialen Problemen der Stadt zu fragen, deren Ehrenbürger ich gerade geworden bin. Schwerarbeit für den Übersetzer Antonio Morten.

Zwei Hauptprobleme: Armut und Arbeitslosigkeit, an die zwanzig Prozent. Gelernte, Ungelernte, auch Akademiker. Daneben viel Schwarzarbeit, ohne Papiere, ein Nebenschauplatz, der in der sozialen Statistik nicht auftaucht. Aber: »Es gibt kein Elend im alten Stil, keine Misere im traditionellen Sinn, mit Hunger. Den hat es gegeben, aber das ist lange her. Und ich glaube nicht, daß er zurückkehrt.«

Und die Jugend? Wandert sie noch ab?

»Eher Stagnation, auf jeden Fall wandern weniger ab als früher. Einige kehren sogar zurück, weil sie hier, in ihrer Heimat, Arbeit gefunden haben.« Ich denke an Salvatore, vom *Falkenturm* in der Via Principe Umberto; an Giuseppe, den »Kleinen« vom Ristorante L'Orchidea und an Paolo aus der Bar Wuppertal mit dem dramatisierten Gemälde der Schwebebahn – alle drei mit dem festen Vorsatz hierzubleiben.

Und der Tourismus?

»Riesi ist keine Touristenstadt. Natürlich verirren sich manche hierher, aber das ist kein Standard. Es gibt bei uns keine alten Tempel, und auch das Meer ist zu weit weg.«

Wie ist das mit der Piazza und ihrem maskulinen Ritual?

»Das hat seine Geschichte. Die Piazza war sozusagen das, was die Griechen die ›agora‹ nannten – und die waren ja lange genug auf Sizilien. Es war der Treffpunkt, wo sich die Männer nach der Arbeit versammelten, aber nicht als Freizeitvertreib, sondern als ein Platz, der ursprünglich so etwas wie eine Art Börse war. Da wurden Arbeitskräfte gesucht, für den nächsten Tag auf dem Feld – Bauern, die nach Tagelöhnern, Maurer, die nach Gehilfen suchten. Jeder, der eine Tätigkeit zu verrichten hatte, die er selbst nicht oder nicht allein verrichten konnte, ging dann einfach auf die Piazza, den Ortsmittelpunkt, wie in Riesi, und hat sich dort jemanden gesucht. Das war eine Notwendigkeit, dieser Treffpunkt. Und als der seine eigentliche Funktion verloren hatte im Wandel der Zeiten, da ist es trotzdem so geblieben. Nur, daß man nicht mehr sucht, sondern spazierengeht, aus einer Gewohnheit, die inzwischen längst zu einem selbstverständlichen und vergnüglichen Ritual geworden ist.«

Und der Ausschluß der Frauen dort?

»Was das anbelangt – die Piazza abends, das war immer die Domäne der Männer. Da trauten sich die Frauen nicht hin, wohl weil sie Belästigungen und Anzüglichkeiten fürchteten, Angst hatten, daß schlecht über sie gesprochen wurde. Die Frauen sind deshalb dahin gegangen, wo nicht schlecht über sie gesprochen wurde, etwa in die Via Roma, zu jungen Leuten, die sich auch schon mal umarmten und ein Küßchen gaben. Das vor alten Männern zu tun, ist ja nicht ganz passend. Was können die schon darüber sagen? Aber sonst – das Verhältnis zwischen den Geschlechtern hat sich geändert, ganz erheblich. Die normalen, tagtäglichen Beziehungen sind so, wie man sie auch sonst in Europa antrifft, in Brüssel oder Frankreich.«

Und die Mafia?

»Es gibt das Problem, immer noch. Aber auch das hat seine Geschichte. In der alten Mafia gab es durchaus Respekt gegenüber Frauen, Kindern und Familien. Deshalb existierte ihr gegenüber auch eine gewisse Toleranz. Im Süden Italiens, besonders aber in Sizilien, war der Zentralstaat nicht verankert. Deshalb konnte die Mafia so etwas werden wie ein Pseudostaat. Die Bosse waren nicht nur Schwerverbrecher, sondern sie schlichteten auch. Das war ein anderes Zeitalter, bevor sie, wie bekannt, zu einer ausschließlich kriminellen Organisation wurde, mit Drogen, Entführungen, Erpressungen. Da hat sich vieles verändert, auch was die stärkere Präsenz des italienischen Zentralstaats betrifft. Die öffentliche Meinung hat sich gegenüber der Mafia gewandelt, weil sie merkte, daß es da nur noch um Geschäfte ging und alles pervertiert wurde. Vor allen Dingen aber die Ermordung von Falcone und Borsellino hat eine Wende gebracht. Diese und ähnliche Morde stellen in Wirklichkeit eine Niederlage der Mafia dar. Heute gibt es keine spezifisch sizilianische Mafia mehr, die agiert überall gleich, ob in Hamburg oder New York. Tot ist sie also keinesfalls, im Gegenteil. Nur – hier bei uns bestimmt sie die Geschicke nicht.«

Es ist dunkel geworden, der Bürgermeister steht auf und sagt, bevor er mit freundlichem Gutenachtgruß schlafen geht: »Vergessen Sie nicht, über den *Servizio* zu berichten – ohne ihn würde heute in Riesi manches anders aussehen.«

Keine Professionalität, kein Managertum, sondern Herz

Die Fahrt ist kurz.

Der Servizio Cristiano Valdese auf dem Monte degli Ulivi, dem Ölberg, liegt am Rand der Stadt – eine diakonische Einrichtung der im 12. Jahrhundert von Petrus Waldus aus Lyon gegründeten Laienpredigerbewegung, später Teil des reformierten Protestantismus und in Deutschland unter dem Namen »Waldenser« bekannt.

Die hatten hier schon 1871 eine Gemeinde, aber ein neues Kapitel ihrer lokalen Geschichte wird 1961 aufgeschlagen, durch den Pastor Tullio Vinay. Und das zu einer Zeit, als die Schließung der Schwefelbergwerke zwischen Agrigento und Enna auch Riesi in schwere soziale Nöte stürzte.

Aus den bescheidenen Anfängen vor mehr als vierzig Jahren, mit einem Haus und ringsum freiem Land, ist ein stattliches Anwesen geworden. Ich betrete ein weitläufiges Areal, auf dem sich eine

Grundschule und ein Kindergarten erheben, Werkstätten, Berufs- und Familienberatungsstellen, Konzert- und Sporträume, Gäste- und Verwaltungsgebäude sowie ein Landwirtschaftliches Zentrum, seit 1984 mit biologischem Anbau.

Das alles gepflegt, mit Blumen geschmückt und geleitet von einer jungen Frau, Sizilianerin aus der Gegend von Syracusa, hochgewachsen, dunkel und schön wie aus einem Bilderbuch – Eliana Briganti. Ihr zur Seite Ulrich Eckert, ihr Mann, Pfarrer aus Straubing in Niederbayern. Die beiden haben sich in Rom kennengelernt und 1990 geheiratet, eine Ehe, der zwei Jungen entsprossen, heute fünf und sieben Jahre alt. Wie alle Waldenser Pastorinnen, hat Eliana Briganti in Hof studiert, hat dort ihre praktische Ausbildung gemacht und sich danach in Straubing mit Ulrich Eckert sechs Jahre lang eine Pfarrstelle geteilt, ehe beide am 1. September 2000 hier ihren Dienst antraten.

Ich bekomme Einblick in eine Institution, ohne deren Lehrerinnen, Sozialarbeiterinnen, Psychologinnen, Ärzte und Frauenärzte Riesi nicht mehr denkbar wäre.

Die etwa 150 Kinder in der Grundschule und im Kindergarten kommen meist aus schwierigen sozialen und familiären Verhältnissen, mit Eltern, die arbeitslos und besonders arm sind.

»Aber als Tullio Vinay hier begann, war die Situation noch weit schlechter«, sagt Ulrich Eckert. »Damals war die Mafia stark und höchst mißtrauisch. Tullio Vinay wurde bedroht, bis hin zu Schwarzweißfotos von Umgebrachten und dem Kommentar: ›Paß auf, daß du nicht zuviel redest. Es wäre besser, wenn du weggingst.‹ Vinay ist geblieben, und es ist ihm nichts passiert. Aber die Botschaft war klar: Der Servizio Cristiano Valdese wurde hier nicht gern gesehen.«

Die Chronik des Platzes vermeldet, daß auch versucht wurde, Schutzgelder zu erpressen, zum Beispiel nach monatelang aufgeschobener Reparatur eines Wasserrohrs: »Das habe ich für Sie getan!« erklärte der Installateur vielsagend – eine Aufforderung, sich zu bedanken. Darauf ist nicht eingegangen worden, und im großen und ganzen ist der Servizio verschont geblieben. »Offenbar, weil von ihm nicht genug Geld zu holen war«, meint Eliana Briganti. »Aber noch 1998 ist hier eingebrochen und ein Teil der teuren technischen Einrichtung gestohlen worden, darunter auch der Computer. Man wollte Informationen bekommen. Doch obwohl immer zu befürchten ist, daß die Mafia sich meldet, sobald öffentliche Arbeiten ausgeschrieben werden – es hat sich inzwischen manches geändert.«

Offenbar. Denn als hier im März 2001 die vierzigjährige Gründung des Servizio gefeiert wurde, stand sie im Zeichen des Antimafiakampfes. Ohne daß es eine direkte lokale Motivation dafür gegeben hätte, war es vielmehr ein Signal für den allgemeinen Klimawandel. Auftakt der Feier mit Symposien, Konzerten und Festgottesdiensten war ein Vortrag mit dem Thema: »Der Kampf gegen die Mafia – gestern und heute«. An diesen Feierlichkeiten nahmen Baptisten, Methodisten, Angehörige anderer Waldenser Gemeinden und sogar ein katholischer Priester teil – »was vor zwanzig Jahren noch völlig unmöglich gewesen wäre«, so Eliana Briganti.

Ein wirkliches Dauerproblem dagegen ist das Geld, die Finanzierung des Servizio.

Die Lehrerinnen werden aus staatlichen Mitteln bezahlt, aber das Gros der Kosten muß durch Spenden aufgebracht werden. Nur dreißig Prozent der Eltern können das Schulgeld für ihre Kinder aufbringen, die übrigen gar nicht. Alle Dienste sonst sind kostenlos. Die Spenden kommen aus Deutschland, den USA, Frankreich und den Niederlanden. »Aber es ist immer wieder ein Hängen und Würgen, jedesmal, und oft genug weiß man nicht ein und aus«, gesteht Eliana Briganti in fabelhaftem Deutsch.

Der Blick von der Terrasse der Schule weithin übers Land ist wunderbar. Kinder dürfen übrigens hier nicht hinauf, weil die Brüstung zu niedrig ist – eine Fürsorge, die ganz in das Bild paßt, das ich gewinne.

Unten sehe ich auf dem Gelände junge Leute, dienstleistende Freiwillige aus vielen Nationen: acht Stunden Arbeit pro Tag in der Biologischen Anbau- und Verarbeitungsgemeinschaft; Betätigung in den Werkstattgruppen Tanz, Bewegung, Theater, Literatur, Musik; Kost und Logis frei und hundertfünfzig Euro Taschengeld pro Monat.

»Das kostet. Aber ob sie aus Schweden, der Schweiz, Kroatien, Deutschland oder Holland kommen – es gibt nichts Besseres, als mit ihnen zusammen zu sein«, sagt Ulrich Eckert. »Wie mit den Kindern aus Riesi.«

»Und welche Haltung hat die katholische Kirche dazu? Die Kinder kommen doch in eine protestantische Einrichtung.«

»Die Waldenserkirche hat im 19. und zu Beginn des 20. Jahrhunderts evangelische Mission betrieben. Aber heute spielt der Missionsgedanke keine Rolle mehr. Wir wollen zwar bewußt Alternativchristen sein, und wenn sich jemand uns anschließen möchte – gern. Doch unsere Ideen und unser Glaube sind ökumenisch bestimmt, nicht in Frontstellung zu anderen Christen, sondern neben und mit ihnen. Biblische Kunde – das ist schon das Maximum.«

Das klingt glaubhaft. Es gibt keinen Religionsunterricht, keine konfessionelle Erziehung. Hier wird der katholischen Bevölkerung von Protestanten ein Service geboten, und das offenbar ohne klerikale Hintergedanken. Es geht um konkrete, um praktische Dinge: um Familienberatung, Bildung, Frauen in Not; auch um häusliche Gewalt und um den Kampf gegen Kindesmißbrauch in den Familien.

Der Servizio nimmt kein Blatt vor den Mund und verschickt »Nachrichten aus Riesi«, in denen Mißstände nicht ausgeklammert werden.

»Das trifft in der Kommune und im Rathaus auf offene Ohren, auch weil man sieht, es ist nicht mehr möglich, solche Dinge auszublenden«, sagt Eliana Briganti. »Wir können nur dafür dankbar sein, daß wir ein tatkräftiges Gegenüber haben und nicht Behörden, die gegen uns arbeiten. Der Servizio gehört heute dazu, er ist kein Paradiesvogel mehr, kein Stachel, sondern ein verläßlicher und loyaler Partner – für die öffentliche Hand, für die Stadt, aber auch für katholische und andere Partner. Das ist eine neue Rolle. Man weiß, man kann und muß mit ihm rechnen.«

Was sich geändert hat, ist die allgemeine Atmosphäre, und der Servizio hat dazu beigetragen – durch weiterführende Schulen mit gemischten Klassen und weiblichen Lehrkräften und durch taktisch kluge Hinweise auf Einstellungen, über die früher geschwiegen wurde.

»Die größte Veränderung, die ich bemerke, betrifft sicherlich die Rolle der Frauen in der Gesellschaft Riesis. Weniger aufgrund des Raums, den ihnen die Männer zugebilligt haben, sondern weil die Frauen sich selbst langsam, aber sicher Platz und Einfluß in der Öffentlichkeit erobert haben.«

Das sagt Elke Grüner Di Legami, Deutsche aus Schweinfurth in Bayern, aufgewachsen in Turin, seit 1965 in Riesi, wo sie heiratete, drei Kinder gebar und seit September 2000 Sekretärin des Servizio ist. Heute sei selbstverständlich, was vor zwanzig Jahren noch unmöglich gewesen wäre, nämlich daß Frauen allein mit dem Bus fahren oder öffentliche Angelegenheiten auf der Post oder der Bank regeln, ohne Begleitung von Sohn, Mann oder Bruder. »Da hat sich wirklich viel geändert.«

Diesen Satz habe ich nun schon so oft aus ernsthaftem Mund gehört, daß etwas dran sein muß.

Und von hier aus sind dafür Impulse ausgegangen, mit Stichworten wie Hygiene, Schwangerschaftskunde, Kindererziehung, sexuelle Aufklärung, Gesundheitsfürsorge und Seelenberatung. In der Planung sind ein Frauenhaus, ein Krankenhaus und ein Polyambulatorium.

Ich gehe noch einmal auf das Dach der Schule und blicke vom Monte degli Ulivi herab. Alles, was sich um den Gebäudekomplex herum weithin dehnt, ist ökologisches Anbaugebiet.

Ich bin hier in eine Sphäre geraten, deren Unaufgeregtheit für mich in seltsamem Widerspruch zur sozialen und mentalen Bedeutung des Servizio steht. Seit Tullio Vinay gegangen ist, 1984, sind weniger als zwanzig Jahre verstrichen, aber es waren Dezennien, die Europa bis hinein in diesen sizilianischen Winkel verändert haben, bis Riesi, von dem ich glaube, daß es nie mehr in den alten Schlaf zurückfallen wird.

Beim Abschied winken Eliana Briganti und Ulrich Eckert vor dem Stammhaus uns noch lange nach. Beide haben Zeitverträge, beide werden also nicht für immer bleiben, haben aber eine Saat gelegt – praktizierende Christen, unpenetrant gläubig.

Ich übertrage, direkt vom Band, Originalton Ulrich Eckert:

»Was mitsprechen muß, ist kein Professionalismus oder Managertum, sondern das Herz, der Geist und der Glaube an das Gute im Menschen.« Wo konnte ein solcher Satz gesagt werden, ohne daß ein falscher Ton mitklang?

Gut, daß ich diesen Abstecher gemacht habe – ein lehrreicher Tag gegen Ende meines Aufenthalts in Riesi.

Sieht man sich je wieder?

Via Lo Giudice, Nebenstraße der Via Roma, nahe der Piazza.

Eine Tür wird geöffnet, es geht eine Marmortreppe hoch, und oben steht zur Begrüßung Edvige Mirisola. Eine Frau in den Jahren, Mutter und Großmutter, aber von jener zarten, unzerstörbaren Jugendlichkeit, die ich schon auf dem Foto wahrgenommen hatte, das Salvatore Michele bei unserer ersten Begegnung hervorholte – altersunabhängig und einen bestimmten Typ mediterraner Weiblichkeit verkörpernd.

Ich bin in einer Wohnung, wie man sie hinter der unscheinbaren Hausfassade nicht vermuten würde. Geräumig, mit hohen Decken, alten Möbeln, an den Wänden Gemälde; Spiegel, Schränke, hinter Glas kostbares Geschirr; Vasen, große Krüge; eine hölzerne Uhr mit Zeigern aus Metall und überall Fotos, gerahmt und liebevoll gepflegt. Das Eßzimmer, rotbezogene Stühle, schwerer Tisch, eine Installation dauernder Festlichkeit. Dann, nach hinten heraus, ein Garten, überall Grün, Kieswege, Pflanzen in Töpfen und eine gewaltige Palme, vor siebzig Jahren eingewurzelt und an die fünfzehn Meter hoch; dazu eine mächtige Amphore, mit zwei Henkeln, von denen einer abgebrochen ist. Keramik hat eine Tradition seit prähistorischer Zeit, hier wurden schon vor 4000 Jahren Krüge aus Ton hergestellt (und drei von ihnen sind in Riesis Wappen).

Ich sehe mich inmitten einer hohen einheimischen Wohnkultur, über deren altmodische Ästhetik vielleicht in Mitteleuropa die Nase gerümpft würde, angesichts mancher Ingredienzien, die gern kleinbürgerlich genannt werden, was jedoch an der gewachsenen Gediegenheit der Accessoires vollkommen vorbeizielte. Es ist ein Interieur, in dem ich mich sogleich wohl fühle, auch, weil es mich ein bißchen an das großelterliche Wohnzimmer in Hamburg erinnert.

Das ganze Haus ist, seiner Anlage und Bauart nach, ein kluges Ensemble, geprägt vom Klima, Siziliens Temperaturen, und bedacht auf Kühle und Sonnenabwehr. Dabei handelt es sich offensichtlich, ideell und materiell, um bedeutende Werte, und wenn man bedenkt, daß diese Menschen, schätze ich mal, über ein Arbeitsleben hin durchschnittlich weniger als die Hälfte von dem verdienen, was ihre Berufsgenossen im westlichen und nördlichen Europa an Salär ernten, dann wird hier ein großes kulturelles Format sichtbar.

Außer Edvige und Salvatore Michele sind auch seine Schwester Rosetta da, ihre Tochter Elvira, eine junge Frau, und der Vater und Ehemann, Giovanni Manuguera, 1930 geboren, also etwas älter als Salvatore Michele. 35 Jahre lang Direktor der hiesigen Bank, ist er vor mehr als zehn Jahren mit sechzig pensioniert worden und hat, wie er jetzt lachend zum besten gibt, »das Gebäude, meinen Arbeitsplatz, nie wieder betreten – obwohl ich doch ständig in seiner Nähe bin«. Er scheint ein aufgeräumter Mensch zu sein, redselig und vertrauensvoll, als würden wir uns seit Urzeiten kennen. Mit den anderen und ihm im Garten sitzend, erfahre ich, daß er Klavier spielt, Computerfan, Leser von Wirtschaftszeitschriften und passionierter Fotograf ist. »Es fehlt mir an Zeit, nach wie vor – das Los der Rentner.«

Tochter Elvira war in Israel, hat offenbar eine tiefe Beziehung zu dem Land, fragt mich nach meinen Kenntnissen aus und sagt dann: »Wissen Sie, worüber ich mich oft gewundert habe? Daß es da so viele Blonde gibt.« War mir auch schon früh aufgefallen, denke ich, und weiter: Wie selbstverständlich es für diese Generationen ist, in ferne Länder zu reisen. Und: Wie viele mehr von ihnen würden nach Israel kommen, wenn dort Frieden wäre. Aber ich will hier nicht schwermütig werden.

Edvige Mirisola hat mich ständig im Auge, immer darauf bedacht, etwas anzubieten, Getränke, Naschereien, *pane*. Sie trägt eine moderne Brille mit großen Gläsern, hat braunes, dichtes Haar und die Schlankheit einer Zwanzigjährigen.

Salvatore Michele, ich sehe es zum erstenmal, raucht kleine Stumpen. »Italienische Havannas«, sagt er, »eine der ältesten Zigarren der Welt.«

Dann führt er mich vor die Fotos – er als kleiner Junge, vielleicht drei Jahre, mit einem Reifen in der Hand; dann größer, mit neun, zehn, schon nahe am Ende der faschistischen Ära. Sohn Tito, 33, eine Mann von 1 Meter 96. »Er ist in den USA und setzt da das von mir biologisch gewonnene Öl ab.« Tochter Valentina, 35, Biologin an der Universität von Verona, unverheiratet, aber *fidanzata*, verlobt. Dann ein angegilbtes Foto, das Porträt einer alten Dame, im dunklen Mantel und dunklen Kleid, schwarzer Hut, schwach umschleiert, das Gesicht fast weiß, mit dem Anflug eines Lächelns – Maria Catena Giordano, geboren am 22. Januar 1874, Tochter von Giuseppe

Giordano, Bruder meines Urgoßvaters Domenico und Großmutter von Salvatore Michele.

Und nun komme ich noch einmal hinter den Namenswechsel von *Giordano* auf *Mirisola*.

Maria Catena Giordano heiratete mit sechzehn, am 8. September 1890, Calogero Sarella, eine Ehe, der am 1. Mai 1899 Tochter Maria Filippa entsproß. Sie heiratete am 30. Juli 1930 Cateno Mirisola, und beide werden ein Jahr später die Eltern von Salvatore Michele.

Der steht jetzt im Eßzimmer vor mir, sieht meine Erleichterung – »hai capito?« –, faßt mich um die Schulter und zieht mich an sich.

Es wird spät, mit Abendessen, Pralinen, Averner und gleitenden, ruhigen Gesprächen – Fragen, Antworten, Pausen.

Maria Catena, die Großmutter, ist mit 93 Jahren gestorben. »Auch andere Familienmitglieder sind alt geworden, einige uralt.«

Der Hausherr hat Sciascia gekannt und ist ihm mehrmals begegnet. »Einmal in der Bahn, von Caltanissetta bis Palermo. Ein Freund hatte ihn mir vorgestellt. Es ging zu einer politischen Kundgebung. Sciascia hat nicht viel gesprochen.«

Als es dämmert, zitiert Salvatore Michele ein altes Gedicht, es soll aus der Mitte des 17. Jahrhunderts sein, so um 1645–48, gerade als Riesi gegründet worden war. »Es gab noch keine richtigen Häuser damals, sondern nur Hütten, wohl aber Frauen, die schön waren wie die Rosen.« Da kam einer von weit her, und als bekannt wurde, daß er sich niederlassen wollte, begrüßte man ihn freudig und bot ihm an, was das Land an Früchten hergab – Nüsse, Mandeln, Kastanien, Kirschen. »Aber das wollte er nicht. Was er wollte, war eine von den jungen Frauen, schön wie die Rosen.«

Wir sind im Garten, und es ist, als wollten die Worte, der alte Dialekt des Gedichts in der warmen Luft stehenbleiben.

»Ich halte dich von deinem täglichen Gang auf der Piazza ab«, sage ich.

Da legt Salvatore Michele seine Hand auf die meine.

Als ich mich von allen verabschiede, spüre ich meine Unruhe – ich werde achtzig, und da ist es nur natürlich, daß sich wie von selbst die Frage stellt: »Sieht man sich je wieder?«

Und so ergeht es mir hier auch jetzt, aber diesmal noch eindringlicher als sonst.

»Das ist die traurige Geschichte deines Großvaters«

Es ist abends, gegen acht Uhr, als Giuseppina ganz aufgeregt herüberruft: »Wir müssen gleich losfahren – Giuseppe hat eben telefoniert, er hat jemanden gefunden!«

Jemanden gefunden?

Also geht es zu dritt mit dem Wagen aus Riesi heraus, ein ganzes Stück, dann Halt vor einem Haus, wo der *sindaco* schon wartet, »Venga subito« (Kommen Sie rasch) – hervorstößt und uns hineinführt. Vor eine Frau mit schlohweißem Haar, in den Ohren kleine goldene Ringe, dunkel gekleidet und erwartungsvoll lächelnd. Sie heißt Philomena di Legami, ist 95 Jahre alt, mißt einen Meter fünfzig, »und ihre Mutter«, so Giuseppe Miccichè, »kannte jemanden, eine Freundin, die Rocco Giordano gesehen und erlebt hat, als jungen Mann«.

Gut, daß ein Stuhl in der Nähe ist.

Ich gebe hier wieder, was die rüstige Greisin berichtet und ich auf mein Band gesprochen habe.

»Es war mein Sohn, der mich aufmerksam gemacht hat auf das, was jetzt über dich in der Zeitung stand: ›Der Großvater, von dem da die Rede ist‹, hat er gesagt, ›das ist doch der Mann, von dem du immer gesprochen hast!‹ Er ist es, eine traurige Geschichte, die meine Mutter von einer Freundin erfuhr und an mich weitergegeben hat – ich habe sie nie vergessen. Zuerst, als ich jetzt davon las, habe ich gar nicht geglaubt, daß ein Enkel gekommen ist, um nach ihm zu suchen. Ich habe es nicht geglaubt, aber jetzt sitzt du vor mir.

Dein Großvater spielte in unserer Kirche auf der Orgel, ganz wunderbar soll er gespielt haben, und gut ausgesehen dazu. In ihn verliebte sich eine junge Frau, die wie ich Philomena hieß, und das so sehr, daß sie ihm richtig nachstellte. Aber ihr Gefühl wurde von ihm erwidert, ganz tief, denn er steckte ihr, wenn sie die Kirche besuchte, kleine Zettelchen zu, Liebesbriefe, von denen natürlich keiner etwas wissen durfte. Dafür trug Philomena einen Schal, wie die Frauen ihn sich damals umwarfen, nur war ihrer etwas größer als die üblichen, ein Pompadourschal – dahinein steckte er die Liebeszettelchen. Manchmal soll er auch jemanden beauftragt haben, sie Philomena zuzustecken, weil er es nicht konnte. Den Überbringern gab er dann als Belohnung Bonbons und andere Süßigkeiten. Damals war es ganz unüblich, daß Männer Frauen ansprachen oder gar Frauen Männer, was als Schande betrachtet wurde, und so mußte das auf diese geheimnisvolle Weise getan werden.«

Die Greisin vor mir ist erregt, und Antonio Morten, wahrlich ein geübter *traduttore*, hat Mühe, alles so zu übertragen, wie sie es erzählt.

»Es war ein ungleiches Paar, denn Philomenas Familie war reich, hatte ein großes Haus, Grundstücke, und wie es so ist, Leute, die etwas haben und besitzen, wollen immer, daß ihre Kinder jemanden heiraten, der ebenfalls etwas hat und besitzt. Dein Großvater aber zählte zu denen, die, wie man hier sagt, ›das Brot vom Bäcker holen mußten‹, was hieß, daß er arm war. Denn die Reichen ließen sich das Brot bringen.

Und so einer war Paolo, ein anderer junger Mann, aus begüterter Familie, der ebenfalls ein Auge auf Philomena geworfen hatte. Ihr Vater, der von der Romanze zwischen seiner Tochter und dem Orgelspieler offenbar Wind bekommen hatte, war damit nicht einverstanden und befahl ihr, jemanden zu heiraten, der ihr etwas zu bieten hatte – eben Paolo.

Aber den mochte sie nicht, und die Freundin meiner Mutter, die das alles mitbekam und ihr später berichtete, sagte, Philomena sei so traurig gewesen, daß sie sterben wollte. Wie dein Großvater auch, als er von dieser Heirat erfuhr und von der vorangegangenen Zwangsverlobung mit Paolo. Trotzdem blieben die beiden miteinander in Kontakt, und er hat ihr weiter die Briefchen und Zettelchen zugesteckt, die Philomena dann ungeduldig in ihrem großen Schal versteckt und noch in der Kirche heimlich gelesen hat.«

Philomena di Legami hat zwei rote Flecken auf den fahlen Wangen bekommen, die Geschichte nimmt sie immer noch mit. Ich mache eine beschwichtigende Bewegung, aber sie fährt fort:

»In ihrer Verzweiflung sollen die beiden unglücklich Liebenden sogar Fluchtpläne geschmiedet haben. Sie hat ihm geschrieben: ›Wenn Du mich wirklich willst, mich wirklich gern hast, dann beschaffe Dir eine Kutsche – *una carrozza* –, und laß uns fliehen.‹ Die Freundin meiner Mutter hat erzählt, daß Philomena sich aber auch geschämt hat, weil das alles nach den damaligen Sitten verboten und unschicklich war. Und woher schließlich sollte dein Großvater damals das Geld für eine Kutsche nehmen?

So wurde Philomena mit dem ungeliebten Paolo verheiratet, ob sie wollte oder nicht, sie konnte sich nicht dagegen wehren. Glücklich geworden ist sie nicht, obwohl es ihr materiell gutging. Dein Großvater soll dann Riesi verlassen haben, aber niemand wußte, wohin.

Das ist es, was meiner Mutter von einer Freundin berichtet wurde, die Zeugin dieser traurigen Geschichte geworden war. Daraus hat meine Mutter den Schluß gezogen, nur den zum Ehemann zu nehmen, den sie mag und den sie liebt, ob er nun reich ist oder nicht, und nicht einen Fehler zu begehen, der einen ein Leben lang unglücklich macht. Ich weiß nicht, wie oft sie davon gesprochen hat, vor allem von den Briefchen – die einzige Möglichkeit, sich zu verständigen. Wahrscheinlich haben die beiden nie ein direktes Wort miteinander reden können. Er muß sie wirklich geliebt haben und sie ihn, denn die Briefe waren ihr heilig, und wann immer sie in die Kirche ging, trug sie diesen Schal, wegen der Liebeszettelchen. Sie soll sie alle aufbewahrt haben.

Von früh an habe ich gehört, man sollte seinen Gefühlen folgen und nicht auf das Geld schauen und was an Besitztümern da sei. Meine Mutter hat sich danach gerichtet und ist glücklich geworden, wie ich, die vielleicht anders gehandelt hätte, wenn ich die Geschichte mit dem jungen Orgelspieler und seiner Philomena nicht gekannt hätte.«

Ich sitze da wie betäubt, in einem kahlen Zimmer um einen gelben Korbtisch, ringsum Korbstühle, an der Wand eine Leiter, Besenstiele und von der Decke her das Licht einer elektrischen Funzel.

Während ihres Berichts hat die Greisin immer wieder nach meiner Hand gegriffen, und jetzt steht sie neben mir, reicht mir gerade bis zur Schulter und hält meine Hand weiter umklammert.

Alle sind bewegt, Giuseppina bis zu feuchten Augen, und der *sindaco* zeigt eine gewisse Anspannung, die sich deutlich von seiner üblichen Gelassenheit abhebt. Ich begreife plötzlich, was hier soeben geschehen ist. Wenn es denn wahr sein sollte, was da in seinen rührenden und tragischen Einzelheiten höchst authentisch klang, dann hat das Unglück meines Großvaters zwei glückliche Ehen gestiftet. Auch wurde etwas von dem weißen Fleck getilgt, der bis zur Stunde über seiner Jugend in Riesi lag: durch den Hinweis, daß er schon früh zur Musik gekommen war, daß er Noten kannte und ein Instrument spielte. Also endlich war ein gewisser Rückschluß möglich auf die außerordentliche Laufbahn eines Orchesterleiters, dessen Vater Schuster war.

Organist in der Chiesa Matrice von Riesi! Das war eine epochale Eröffnung.

Aber nun weiß ich auch, was ihn aus Riesi vertrieben haben könnte – Liebeskummer; weiß ich, warum die Erinnerung blieb an das Weißblau des Kircheninneren und an den vollen Stundenschlag der Glocke vor jeder Viertelstunde, wovon der Großvater so wenige Jahre vor seinem Tod noch dem kleinen Enkel erzählt hatte; weiß ich auch, warum er sich erinnerte an den mächtigen Gong, der ihm vielleicht in das eigene Orgelspiel gefahren war und es zeitweilig übertönt hatte. Hier war der Schauplatz, der Treffpunkt einer Tragödie, eines großen Kummers zwischen zwei jungen Menschen, und ohne die kleine Frau vor mir, ja, ohne den Hinweis ihres Sohnes auf die Zeitung, hätte ich nie davon erfahren.

Von unserem Treffen sind Aufnahmen gemacht worden, nicht besonders gut belichtet oder von technischer Perfektion, sogenannte Sofortbilder, aber eines davon will ich mitnehmen und bewahren: Es zeigt Philomena di Legami, sie mit dem linken Arm unter meinem rechten, ich mit meiner linken Hand auf ihrer rechten – das weiße Haar der 95jährigen glänzt wie auch das Gold ihrer kleinen Ohrringe, doch mehr als beides noch leuchten ihre Augen. Ich kenne schon den Platz, wo das Bild bei mir zu Hause aufgestellt wird.

Jetzt treten wir alle vor die Tür.

Draußen ein dramatischer Himmel – am westlichen Horizont, schwarz, tintig, ein langer, langer Streifen, und im Norden, über Caltanissetta, Wolkengebirge, mondnah getürmt, als wollten sie sich irdischer Schwerkraft entziehen und irgendwo im All verdunsten.

Übermorgen geht es zurück.

Es wird ein schwerer Abschied werden.

Ciao, nonno, caro nonno mio – ciao!

Ich gehe noch einmal durch die Straßen von Riesi.

Nachts hat es geregnet, dicke, schwere Tropfen, aber die Autos sind trotzdem voller Staub.

Von der Via Capitano am Municipo vorbei in die Via Regina Elena, eine schmale Gasse.

Morgenstimmung. Auf Fenstersimsen zahlreiche kleine Töpfe mit Pflanzen, dahinter Kinderstimmen, grell und scharf. Am schmalen Ausschnitt zwischen den Dächern droben flitzt es nur so vorbei, turbulenzhaft, Schwalben, die sich in künstlerischen Ausweichmanövern überschlagen, ehe der Spuk von einer auf die andere Sekunde nichts als den leergefegten Himmel zurückläßt. Eine Frau reinigt hingebungsvoll das Gitter ihres Balkons, Strebe um Strebe, daß es wölkt vom Staub, der hier allmächtig und allgegenwärtig ist. In abenteuerlicher Höhe Wäsche, von Haus zu Haus gespannt, riesige Bettlaken.

Nun hinein in einen Torbogen und durch eine Klause, viele Jalousien noch herabgelassen und vorsorglich durch Markisen abgedämmt gegen ein Sonnenlicht, das bald hier einfallen wird.

An den Fassaden überall freiliegende Kabel.

Hinein in die Via Principe Umberto, Riesis Flanier- und Geschäftsstraße, die nicht mehr sein will, als sie ist – das ehrliche Aushängeschild eines begrenzten, aber deutlichen Wandels. Der Laden »Orizontali musicali«, Instrumente über Instrumente, blitzend, metallen, wie ein Angebot, kostenlos in Tasten zu greifen und Klappen zu drücken; ein Möbelgeschäft, Bänke, Stühle draußen, darauf Sonne und Schatten; manche Ladenfronten sind modernisiert, die Eingänge erneuert und vergrößert, viel Glas. »Cartoleria edicola« – ein Kiosk, Spiele, Mausfiguren, Tand, Zeitungen und Zeitschriften, überquellend. Lebensmittelgeschäfte, zwischen Tante-Emma-Laden und schüchterner Selbstbedienung; die moderne Apotheke neben der Golden Bar. Dann wieder Altes und Uraltes am Weg, verbogene Häuserfronten, Mauern von unbehauenen Steinen, nur flüchtig gemörtelt, Riesis historisches Fundament.

Draußen vor dem »Falkenturm« von Salvatore sitzt ein kleines Mädchen und löffelt Eis, es grüßt freundlich, verschluckt sich dabei und lächelt tapfer weiter.

In der Via Carlo Alberto ein Nönnchen, vor einem wohlrestaurierten Gebäude, Istituto Don Salvatore Riggio, mit einer Inschrift, die auf ein Amt für die Förderung des Mezzogiorno, Italiens armen Süden, schließen läßt – unten alles schwer vergittert, während aus geöffneten Fenstern ein törichter Schlager herausschallt.

Todesanzeigen, großformatig an die Wände geklebt. Martello,

Angela, 88 Jahre alt geworden; wie auch Salvatore Terranova – »No fiori, ma opere di bene« – also statt Blumen ein gutes Werk tun. So oder ähnlich ist es an vielen Stellen angeschlagen.

Vor mir eine alte Frau, gebeugt, Schritt für Schritt. Wenn ein Auto auftaucht, wartet sie, lange ehe es sie erreicht. Sie hat eine schwere Wolljacke an und eine Tasche unter die rechte Achselhöhle geklemmt. So geht sie an der Schattenseite der Straße entlang, von der Via Carlo Alberto zur Via Principe Umberto, mühselig, den linken Arm weit von sich gestreckt, um das Gleichgewicht zu wahren. Und gleich hinter ihr kommt eine junge Mutter aus dem Haus, mit einem Kinderwagen, in dem ein Säugling liegt.

Ich gehe in der Via Roma, einst Strada della Chiesa Matrice, noch einmal durch das Tor und auf den Hof, wo die Wohnung meiner Urgroßeltern, Maria Filippa, geborene Piceri, und Domenico Giordano, zur Zeit der Geburt ihres Sohnes Rocco gelegen haben soll. Da stehe ich und drehe mich einmal um mich selbst. Nein, Ähnlichkeiten mit damals gibt es hier nicht mehr, die Häuser sind zu neubauartig, zu jung, zu modern, als daß auch nur der Anflug einer Illusion aufkommen könnte. Bis auf ein Gebäude, ganz hinten in der Sackgasse mit altem Gemäuer – wo vielleicht die Schusterwerkstatt gewesen sein konnte. Aber niemand weiß das mehr.

Nun über den Corso Vittorio Emanuele auf die Piazza. Da will ich mich verabschieden.

Auf gelben und weißen Plastikstühlen alte Herren, die reden und lachen, Mützen auf dem Kopf, Hände in den Hosentaschen oder auf Stöcke gestützt. Sie grüßen freundlich und nehmen dabei ihre Kopfbedeckungen ab.

Der Regen ist wie weggewischt, aber der Himmel noch bewölkt. Es hat sich wunderbar abgekühlt.

Ein junger Mann geht an der Kirche vorbei und bekreuzigt sich.

Ich setze mich auf einen der Stühle, mitten auf der Piazza Garibaldi von Riesi, im Angesicht der Chiesa Madre, und warte. Dann kommen die Schläge. Vom Glockenturm, erst elf, danach drei – es ist also Viertel vor zwölf.

»Noi siamo parenti!« – Ciao, Salvatore, ciao, Edvige.

»Nimm diese Frucht, die anderen sind noch sauer.« – Ciao, Aldo.

»Von hier, von dieser Stelle, kannst du bei klarer Luft beide sehen, den Ätna und Enna.« – Ciao, Giuseppina.

»Wegen der obengenannten Gründe – *per i motivi sopra elencati* – wird die Ehrenbürgerschaft von Riesi verliehen an …« – Ciao, Signor sindaco, ciao, Giuseppe Miccichè.

»Das ist die traurige Geschichte deines Großvaters.« – Ciao, Philomena.

Und ciao, nonno, caro nonno mio – ciao!

Rimpatrio oder Die doppelte Heimkehr

Wie sich im Lauf des Lebens das Verhältnis zu den Autoritäten der Kindheit ändert und verselbständigt, wie sich der natürlichen Liebe zu Eltern und Verwandten ebenso natürlich Kritisches hinzugesellt, geradeso erging es mir mit der übermächtigen Gestalt des Großvaters Rocco Giordano, den ich, wenn auch mit hoher Eindringlichkeit, ja nur von meinem vierten bis ins achte Lebensjahr kannte. Was hätte ich damals ahnen oder gar wissen können von dem, was ich später erfuhr, wie begreifen, was der Absturz von einer großen Höhe in die profanen fünfzehn Hamburger Jahre bis zu seinem Tod bedeutete?

Kein Dasein hat nur Lichtseiten, und Charaktere ebensowenig.

Ich glaube, so manches, was ich an mir selbst argwöhnisch beobachte und was jenseits eines wünschenswerten Gleichgewichts liegt, könnte von meinem Großvater stammen – ungezügeltes Aufbrausen, vorschnelle Reaktionen, ebenso rasche wie bereute Aggressionen, die mich danach viel unglücklicher machen als den Attackierten. Und wohl noch etliches andere, was weniger begütigend kommentiert werden könnte. In mir steckt eine ganze Menge von dem Rocco Giordano, dem ich, wäre ich zu unserer Begegnungszeit erwachsener gewesen, durchaus skeptisch entgegengetreten wäre. Leicht haben es seine Mitmenschen, allen voran seine Frau, meine Großmutter Emma, bestimmt nicht mit ihm gehabt, weder während seiner Triumphe noch gar seiner Niederlagen danach.

Obwohl die kindliche Anbetung als unauslöschliche Emotion geblieben ist, gesellten sich nach späteren Kenntnissen und Erkenntnissen andere Beurteilungskriterien hinzu; sah ich selbstverständlich auch den nie fehlenden Gabelstoß, mit dem der Großvater bei der allmonatlichen *Spaghettata* das Fleisch vom Teller seiner Frau auf den seinen holte, mit anderen Augen; war mir so manche schroffe Behandlung der Orchestermitglieder nicht geheuer, und die Pistole in der Gesäßtasche als Mittel ihrer Disziplinierung unheimlich genug. Doch all das, ohne dabei jemals eines außer acht zu lassen oder es gar zu vergessen: den kreativen Kreisel, der sich da in dem großen Musiker gedreht hat, seine Verlorenheit an das Schöpferische, kurz den künstlerischen Nukleus in ihm. Ich meine damit jenen Funken, der entweder in einem Menschen ist und dort durch ein gütiges Schicksal angeblasen oder auch durch ein widriges ausgelöscht, nie aber von außen in ihn hineingelegt werden kann.

In der Stunde dieser Niederschrift bin ich 14 Jahre älter, als mein bereits mit 65 Jahren gestorbener Großvater geworden ist, und im Gegensatz zu ihm habe ich das Glück, daß sich der kreative Kreisel, der sich in mir dreht und dreht, bis heute ohne Unterbrechung ausleben konnte. Nicht auszudenken, was sein würde, wenn ich fünfzehn Jahre lang daran gehindert worden wäre, zu publizieren, so, wie er daran gehindert worden ist, zu musizieren und zu dirigieren.

Alles, was in mir schöpferisch ist, habe ich von ihm, und dieses Bewußtsein hat, je älter ich geworden bin, mein inneres Verhältnis zu meinem Großvater mehr und mehr geprägt.

Und so kann ich denn – eingebettet in die Arbeit dieses Buches und seiner Berührungen mit Siziliens Natur und Geschichte, seiner Kultur und seiner Menschen – hier jene zweifache Heimkehr feiern, die ich mir wünschte, ohne zu wissen, ob es sie denn auch je geben würde: eine lokale, biographisch-geographische, in Riesi selbst, seinem Geburtsort, in den ich mich tief hineingelebt habe, und wo, obschon so spät, für mich ein neuer Daseinsabschnitt beginnt.

Dann aber auch eine weitere, eine Heimkehr im Proustschen Sinn, also »Auf der Suche nach der verlorenen Zeit«, was die Umschreibung ist für die »Suche nach dem verlorenen Paradies«, dem Elysium der Kindheit, der Insel der Seligen.

Und so kann ich nur noch einmal bestätigen: Die wenigen von meinem Großvater Rocco Giordano bestimmten Jahre, vom vierten bis hinein ins achte, sie waren die einzig wirklich unbeschwerte Zeit meines bisherigen Lebens. Nie wieder hat es ihre Luftigkeit und Leichtigkeit, ihren Duft und ihre himmlischen Erwartungen gegeben, nie wieder ihren Frieden und den Glauben an seine Grenzenlosigkeit.

Denn bald nach seinem Tod schon begannen die politischen Straßenkämpfe, vor denen ich auf dem Weg von oder zur Schule in Treppenhäuser flüchten mußte, um nicht verletzt zu werden, wenn es um mich herum knallte und brüllte. Und das im Vorfeld von 1933, dem Jahr, mit dem jene Dunkelheit begann, deren Schatten mich bis heute verfolgen.

Diese Heimkehr, diese doppelte Heimkehr habe ich gesucht, eigentlich mein ganzes Dasein lang, und habe sie, wenn auch spät, gefunden.

Postskriptum.

Und nun stehe ich gegen 22 Uhr am Heck der Fähre Palermo–Genua, die mit einer halben Stunde Verspätung abgelegt hat und aus ihrem fauchenden Schornstein glühende Funken sprüht, während ein ballonartiger Vollmond seine funkelnde Bahn hinter dem Schiff herglitzert.

Die See ist glatt, die Lichter von Palermo noch nah und der Ufersaum vom Monte Pellegrino bis zum Capo Mongerbino hell illuminiert.

Dann, auf der Höhe von Capo Gallo, röhren die Maschinen plötzlich auf, wird das Wasser von den beiden Schrauben gepeitscht, stürmt der 20 000-Tonner davon.

Mir ist kalt, aber ich bleibe an der Reling, starre nach Süden und fürchte mich, daß sich der Horizont verdunkelt und so schwarz wird wie die Nacht über dem Meer.

Obwohl Monate dazwischenliegen, ist die Erinnerung an die Ankunft da, als wäre es gestern gewesen – ich am Bug der Fähre Genua–Palermo, um den Augenblick nicht zu verpassen, wenn das Land, wenn die Insel auftauchen würde »mit ihrer charakteristischen Topographie, jener Silhouette von Bergen, die sich bis zum Afrikanischen Meer auf der anderen Seite erstreckt, vollgepackt dazwischen mit Geschichte, ihrer Vergangenheit, ihrer Gegenwart und den Zeichen ihrer Zukunft, grün und ausgedörrt, erdbeben- und vulkanbedroht, heiter und grausam, und mittendrin der Ort einer sehr persönlichen Suche«. Ich bin kein besonders ordentlicher Kofferpacker, aber die Ehrenbürgerurkunde, die habe ich in meiner Kabine so sicher und fest verstaut, daß ihr kein Eckchen gekrümmt, kein Fingerabdruck angetan werden kann.

Ich werde mir heute nacht hier draußen den Wind lange um die Ohren blasen lassen, aber, wie ich mich kenne, mindestens jede halbe Stunde nachschauen, ob ich den kostbaren *certificato* noch so unversehrt vorfinde, wie ich ihn verlassen habe. Und das auf der ganzen Rückreise.

Meine Augen brauchen seit langem eine Lesebrille, doch weit sehen kann ich immer noch. Und so verglimmt sie langsam, die Lichterkette im Süden, doch dann wird sie schwächer und schwächer, so daß ich in einer hilflosen Anstrengung die Reling erklettere. Nur – wer kann schon etwas gegen die Krümmung das Erdballs machen?

Um mich jetzt nichts als Wind und Wasser.

Und in mir, bohrend, bereits die kommende Aufgabe – das Buch. Wieder die Abschrift der hundert Tonbänder. Wieder das Puzzle der zehntausend Notizen. Dann die erste Niederschrift. Die zweite. Die Reinschrift. Also wieder den Himalaja mit dem Teelöffel abtragen.

Über allem aber die heimliche Frage: Wann kommst du hierher zurück? Kommst du überhaupt zurück, hast du noch soviel Zeit?

Wie gut, daß Salvatore Michele mir in die Hand versprochen hat: »Wenn du eintriffst, wird schon ein Brief von uns vorliegen, verlaß dich drauf, *caro parente*.«

Und was wird der »liebe Verwandte« tun? Antworten natürlich, umgehend antworten.

Sizilien, Sizilien!

Ustica

T y r r h e n i s c h e s

Capo Gallo

Capo San Vito

■ **PALERMO**

Ägadische Inseln

●**Erice**

Trapani

Termini Imerese

Cefa

Gibilma

Segesta

Bosco della Ficuzza

Isne

M

Polizzi

Corleone

Castellana Si

M

a

d

c

Marsala

S I Z I L I

Ca

Selinunte

●**Menfi**

Caltabelotta

Sciacca

Racalmuto

Canicatti

Agrigento

Sommatino

Porto Empedocle

Valle dei Templi

Ravanusa

Palma di Montechiaro

Marina di Palma

Castello di Palma

Licata

A f r i k a n i s c h e s   M e e r